بسم الـلـه الرحمن الرحيم

دور السياسة النقدية
في الاستقرار والتنمية
الاقتصادية
(نظرية - تحليلية - قياسية)

رقم الإيداع لدى المكتبة الوطنية (2009/1/247)

338.9

القطاربي، محمد

دور السياسة النقدية في الاستقرار والتنمية الاقتصادية /نظرية - قياسية / محمد ضيف الله القطابري عمان: دار غيداء، 2009.

عمان: دار غيداء للنشر والتوزيع، 2009

( ) ص

ر:أ: (2009/1/247)

الواصفات: التنمية// السياسة المالية// النقود // المصارف المالية/

*تم اعداد بيانات الفهرسة والتصنيف الأولية من قبل دائرة المكتبة الوطنية

دار غيداء للنشر والتوزيع

تلاع العلي- شارع الملكة رانيا العبد الله
مجمع العساف التجاري - الطابق الأول
تلفاكس: 2043535 6 269 +
خلوي: 143 95667 7 692 +
ص: ب: 520946 عمان 11152 الأردن
E-mail:darghidaa@gmail.com

دور السياسة النقدية
في الاستقرار والتنمية الاقتصادية
(نظرية - تحليلية - قياسية)

The Role of Monetary Policy
In Stabilization And Economic Development

الدكتور
محمد ضيف الـلـه القطابري

الطبعة الأولى
2011م - 1432هـ

الإهـــــداء

إلى من جعل من تعليمنا هدفاً مقدساً له وتحمل من أجله متاعب الحياة..... روح والدي الحبيب.

رحمه اللـه

إلى صاحب القلب الإنساني الكبير من أنار لنا دروب العلم وشجعنا على ارتياده..... خالي العزيز.

حفظه اللـه

إلى ينبوع الحنان والعطف من تحملت مرارة الفرقة وعناء الاغتراب...... أمي الحنونة.

أبقاها اللـه

إلى زوجتي الحبيبة والى الأمل الجميل في الحياة أبنائي: هيا - هديل - وسام - هاجر.

أصلحهم اللـه

إلى وطني الحبيب -يمن الإيمان والحكمة - اليمن السعيد.

حماه اللـه

إليهم وإلى جميع أفراد أسرتي أهدي هذا الجهد المتواضع.

المؤلف

شكر وتقدير

بعد حمد الله تعالى وشكره أن وفقني بإنجاز هذه الكتاب لا يفوتني أن أتقدم بجزيل الشكر وعظيم الامتنان إلى الأستاذين الفاضلين..

الأستاذ الدكتور/ محمد إبراهيم منصور

والأستاذ الدكتور/ عبد النبي إسماعيل الطوخي

على ما أحاطاني به من الرعاية وقدماه لي من النصح والتصويب خطوة بخطوة في كل فصل من فصول هذا الكتاب ، فكان لملاحظاتهما القيمة الدور الأكبر في إخراج هذا الجهد المتواضع والتوجيهات العلمية الصحيحة، فأسال الله تعالى أن يجزيهم عني خير الجزاء.

والشكر أيضاً لكل من قدم لي خدمة أو أسدى لي معروفاً ساهم في إنجاز هذا الكتاب، وأخصُّ بالذكر العاملين في كل من: إدارة الدراسات والأبحاث في البنك المركزي اليمني، ومكتبة الجمعية المصرية للاقتصاد والإحصاء والتشريع والعاملين في مكتبة جامعة عين شمس ومكتبة جامعة القاهرة، ومكتبة جامعة حلوان.

فجزى الله الجميع عني خير الجزاء

المؤلف

فهرس المحتويات

فهرس الجداول والأشكال البيانية

تعتبر السياسات النقدية من أهم السياسات الاقتصادية نظراً للدور الذي تلعبه في تحقيق أهداف المجتمع جنباً إلى جنب مع السياسات الأخرى، وتأتي أهميتها من تأثيرها الكبير على النظام الاقتصادي، فأي اختلال في أداء النظام النقدي يلقي بظلاله على أداء النظام الاقتصادي لوظائفه من حيث معدلات النمو ومستوى الإنتاج والتشغيل وتوزيع الثروة والدخل الحقيقي.

ويعود استخدام مصطلح السياسة النقدية إلى القرن التاسع عشر، إلا أن الاهتمام به ودراسته بشكل أكثر تم خلال القرن العشرين إثر أزمة الكساد وعدم الاستقرار التي تعرضت لها البلدان الرأسمالية في ثلاثينيات القرن العشرين، وقد دار جدل اقتصادي كبير حول أهمية السياسة النقدية في تحقيق الاستقرار الاقتصادي، ففي حين ينظر الاقتصاديون التقليديون (النقديون) إلى السياسة النقدية على أنها المسئولة عن التوزيع الاقتصادي وتحقيق مستوى التشغيل الكامل في الاقتصاد، نجد الاقتصاديون الكنزيون يشككون في قدرة النقود والسياسة النقدية في تحقيق ذلك بمفردها، ويرون ضرورة استخدام السياسة المالية لتحفيز الطلب الكلي من أجل الوصول إلى مستوى التشغيل الكامل في الاقتصاد، نظرا لعجز السياسة النقدية عن تحقيق ذلك، كونها تؤثر على المتغيرات الحقيقية للاقتصاد القومي بشكل غير مباشر من خلال تأثيرها على معدلات الفائدة التي تؤثر بدورها على الطلب الكلي، ويرى الكنزيون أن السياسة النقدية تصبح عديمة الفعالية عند المستويات المنخفضة لمعدلات الفائدة، لذلك يؤمنون بأهمية ودور السياسة المالية كوسيلة أساسية لتحريك النشاط الاقتصادي.

وسنتناول في هذا الكتاب الإسهامات النظرية التي تناولت دور وأهمية السياسة النقدية في تحقيق الاستقرار والتنمية الاقتصادية، كما سنتناول كنموذج بالبحث والتحليل السياسة النقدية المنفذة في الجمهورية اليمنية خلال الفترة (1990-

2004)، للتعرف على دور هذه السياسة ومدى فعاليتها في تحقيق الاستقرار الاقتصادي والتنمية الاقتصادية ، خصوصاً وأن اليمن تصنف ضمن أقل البلدان النامية نمواً، وتمثل التنمية الاقتصادية فيها أهمية بالغة سواء في برامج الحكومة الإصلاحية أو خططها الخمسية، من أجل الدفع بعملية النمو نحو الأمام.

المؤلف

الفصل الأول

النظريات والسياسات النقدية

المبحث الأول : أهمية وأهداف السياسة النقدية

المبحث الثاني : أدوات السياسة النقدية الكمية والنوعية

المبحث الثالث: النظريات النقدية التقليدية والحديثة

المبحث الرابع : دور وأهمية السياسات النقدية فى النظريات النقدية

الفصل الأول
النظريات والسياسات النقدية

المبحث الأول: أهمية وأهداف السياسة النقدية (Targets of Monetary Policy):

كانت السياسة النقدية من أهم السياسات الاقتصادية المسيطرة في المجال الاقتصادي قبل الحرب العالمية الأولى باعتبارها أداة هامة في تحقيق الاستقرار الاقتصادي من خلال خاصية المرونة التامة للأجور والأسعار، وظلت تحظى باهتمام العديد من الاقتصاديين حتى حدوث الأزمة العالمية التي تعرضت لها اقتصاديات البلدان الرأسمالية حيث عانت خلالها من الكساد الكبير خلال الفترة (1929 - 1933)، وإثر هذه الأزمة تزعزعت ثقة العديد من الاقتصاديين في فعالية السياسة النقدية وقدرتها في تحقيق التوازن الاقتصادي من خلال التحكم في إدارة عرض النقد، مما أحدث تحولاً هاماً من السياسة النقدية إلى السياسة المالية كأداة هامة لتحقيق التوازن الاقتصادي الذي عجزت عن تحقيقه السياسة النقدية، وقد تبنى هذا التوجه الاقتصادي الإنجليزي (جون مايناردكينز) الذي انتقد السياسة النقدية ورأى أن السياسة المالية إلى جانب السياسة النقدية قادرة على إحداث التوازن والقضاء على مشكلة الكساد من خلال زيادة الانفاق الحكومي لتحفيز الطلب الكلي(1).

وسنتناول في هذا المبحث تعريف السياسة النقدية ومراحل تطورها وأهم الأهداف التي تسعى إلى تحقيقها .

(1) أحمد جامع، " النظرية الاقتصادية - التحليل الكلي "الجزء الثاني،دار النهضة العربية، القاهرة، 1987م، ص 547.

(1) مفهوم السياسة النقدية (Definition of Monetary policy):

عُرفت السياسة النقدية بأنها عبارة عن سيطرة وتحكم البنك المركزي في كمية النقود ومعدلات أسعار الفائدة بغرض تحقيق أهداف السياسة الاقتصادية، حيث تعمل على زيادة كمية النقود وتخفيض أسعار الفائدة في فترات الانكماش، ورفع أسعار الفائدة وتخفيض كمية النقود في فترات التوسع بهدف المحافظة على الاستقرار والتوازن الاقتصادي [1]. كما عرفها البعض بأنها مجموعة الإجراءات التي تتخذها السلطات الحكومية من أجل تحقيق أهداف معينة[2] وآخرون يعرفونها بأنها مجموعة من الإجراءات والوسائل التي تطبقها السلطات المهيمنة على شئون النقد والائتمان من خلال التأثير على كمية وسائل الدفع عن طريق إدارة حركة التوسع والانكماش في العرض النقدي بالقدر الذي يزيد من مستوى النشاط الاقتصادي [3]، ونستخلص من التعاريف السابقة أن السياسة النقدية هي مجموعة من الإجراءات والوسائل المباشرة وغير المباشرة الهادفة إلى التأثير في كمية العرض النقدي لتحقيق الأهداف الاقتصادية خلال فترة زمنية محددة.

---

(1)Eduin mans field " Principles of Macroeconomices " www.norton and Company New York. 1988. P. 910

(2) جودة عبد الخالق، " الاقتصاد الدولي من المزايا النسبية إلى التبادل اللامتكافئ " دار النهضة العربية، ط4، القاهرة، 1990م، صـ 215.

(3) عزة رضوان أحمد " السياسة النقدية في مصر (1970 - 1985) " رسالة دكتوراه غير منشورة، كلية الاقتصاد والعلوم السياسية، جامعة القاهرة، 1989م، صـ 84.

(2) مراحل تطور السياسة النقدية (Developing Stages Of Monetary Policy):

مرت السياسة النقدية بتطورات هامة انعكست تلك التطورات على أهمية ودور السياسة النقدية من مرحلة لأخرى، وفيما يلي نوضح أهم المراحل التي مرت بها السياسة النقدية:

المرحلة الأولى: كانت السياسة النقدية في هذه المرحلة تهدف إلى حماية قيمة العملة من التقلبات التي تؤثر على مستوى الأسعار من خلال التحكم في كمية وسائل الدفع، ثم تطور الأمر ليصبح الهدف منها تحقيق الاستقرار النقدي ودعم ومساندة السياسة الاقتصادية في تحقيق أهدافها [1] .

المرحلة الثانية: وهي المرحلة التي ظهرت فيها الأفكار الكنزية إثر الأزمة العالمية حيث قللت كثيراً من قدرة السياسة النقدية في تحفيز الطلب الكلي والحفاظ على التوازن الاقتصادي، ورأت أن السياسة المالية هي الأداة الوحيدة القادرة على تحقيق ذلك.

المرحلة الثالثة: وهي المرحلة التي عاد الاهتمام فيها بالسياسة النقدية خلال الفترة (1951- 1955) حيث تراجعت أهمية السياسة المالية كونها لم تفلح في محاربة التضخم الذي اشتد بعد الحرب العالمية الثانية من خلال أدواتها المتمثلة في زيادة الضرائب وتخفيض الإنفاق، لأن الحكومات بعد الحرب لم تستطيع تقليص الخدمات الاجتماعية وفي الوقت نفسه لا يمكنها رفع الضرائب لزيادة حجم الإيرادات[2]، لذلك

(1) نبيل سدرة محارب، " النقود والمؤسسات المصرفية "، مكتبة النهضة المصرية، القاهرة 1968، صـ 329.

(2) أحمد عبده محمود " النقديون والسياسات النقدية "، المجلة العلمية للاقتصاد والتجارة، كلية التجارة، جامعة عين شمس، العدد 2، 1982م، صـ 449.

أصبحت السياسة النقدية هي السياسة الأكثر قدرة على تحقيق أهداف السياسة الاقتصادية من خلال التحكم في كمية العرض النقدي [1].

المرحلة الرابعة: وهي المرحلة التي احتدم فيها النقاش والجدل بين أنصار السياسة المالية وأنصار السياسة النقدية، وقد بدأ هذا الجدل على يد الاقتصادي الأمريكي (ملتون فريدمان M.Fridman) الذي أمن هو ومجموعة معه بقدرة السياسة النقدية وحدها دون غيرها في تحقيق الاستقرار الاقتصادي، وعلى النقيض من ذلك يرى الماليون أن السياسة المالية لديها التأثير الأقوى في إعادة الاقتصاد إلى مستوى التوازن وتحقيق الأهداف الاقتصادية، وتوالت الدراسات الاقتصادية التي تؤيد هذا الفريق أو ذاك حتى جاء فريق ثالث بزعامة الاقتصادي الأمريكي (والتر هللر) الذي يؤمن بأهمية كل من السياستين النقدية والمالية في تحقيق الاستقرار الاقتصادي، من خلال المزج بين أدوات السياستين بالقدر المناسب لتحقيق الهدف المطلوب[2].

ويشار إلى أن اقتصاديي البنك وصندوق النقد الدولي يعطون السياسات النقدية الأولوية في البرامج الاقتصادية الدولي التي يوصي بها صندوق النقد الدولي، إلا أنهم لا يهملون السياسة المالية ويرون بأهميتها في رفد السياسة النقدية لتحقيق الأهداف الاقتصادية المطلوبة.

---

(1) **Johanson, Hary, " Essays in Monetary Economics ", 2nd ed, London, George Allen, 1964, p. 275.**

(2) **حمدي عبد العظيم " السياسات النقدية والمالية في الميزان ومقارنة إسلامية "، مكتبة النهضة المصرية، الطبعة الأولى، القاهرة، 1986م، صـ 323، 324.**

(3) أهداف السياسة النقدية (Targets of Monetary Policy):

على الرغم من اختلاف أهمية السياسة النقدية من مدرسة اقتصادية لأخرى ومن نظام سياسي لآخر، إلا أن الكل يكاد يجمع على أهمية السياسة النقدية في تحقيق الأهداف التالية:

أ - العمالة الكاملة (Full Employment):

على الرغم من صعوبة وجود تعريف محدد ودقيق للعمالة الكاملة بسبب عدم وجود إحصائيات دقيقة وشاملة لكل العاطلين إلا أن مفهوم العمالة الكاملة أطلق على توفر فرصة العمل لكل شخص قادر على العمل وباحث عنه[1]. فالمعدلات العالية للبطالة تؤدي إلى زيادة عرض العمل وبالتالي انخفاض الأجور الحقيقية للعاملين[2]، وتعمل السياسة النقدية على التأثير في عرض النقد بما يؤدي إلى ارتفاع الأسعار، فيتسبب ذلك في انخفاض الأجر الحقيقي للعامل، مما يدفع أصحاب العمل إلى تشغيل المزيد من الأيدي العاملة لزيادة حجم مشروعاتهم، وقد يؤثر ذلك في الطلب على الناتج الحقيقي من خلال تخفيض معدلات الفائدة التي تشجع المستثمرين على القيام بالمزيد من المشروعات، مما يؤدي بالتالي إلى زيادة الطلب على الأيدي العاملة، ويرجع اهتمام الحكومات بحل مشكلة البطالة إلى ما تمثله من خطورة على المستوى الاجتماعي، حيث يشعر العاطلون بفشلهم وعدم أهميتهم في المجتمع، كما أن القضاء على البطالة يعمل على تعظيم هدف النمو الاقتصادي[3].

---

(1) Horivtz, paul, m " monetary policy and the financial system" 4 thed, New Jersay, prentice, hall. 1979. P. 486-487.

(2) Milton, Friedman, "The optimum quantity of money and other essays "، London, macmilln, 1973, p. 102.

(3) عزة رضوان، " السياسة النقدية في مصر "، مرجع سابق، ص 89.

ب - استقرار الأسعار (Prices Stability):

يتم اللجوء للسياسة النقدية لحل إشكالية عدم استقرار الأسعار باعتبار أن النقود أكثر العوامل تأثيرًا في تقلبات الأسعار، ويرى (فريدمان) أن هناك صعوبة في ضبط الأسعار بمعزل عن ضبط معدل زيادة كمية النقود، وقد استشهد بتجارب ألمانيا وإيطاليا وفرنسا بعد الحرب العالمية الثانية[1].

وهذا لا ينفي وجود عوامل أخرى قد تمارس تأثيرا في تقلبات الأسعار كالاحتكارات والنقابات العمالية وتغيرات سعر الصرف وغيرها، إلا أن تغيرات عرض النقد تظل الأساس في تحقيق الاستقرار الاقتصادي، لذلك تسعى السلطات النقدية للتحكم في كمية عرض النقد بما يتناسب مع متطلبات النمو الاقتصادي، وفي الوقت الذي يرى فيه الكثير من الاقتصاديين أن التضخم مشكلة اقتصادية يجب محاربتها يرى البعض الآخر أن قليلاً من التضخم قد يكون مفيداً للنمو الاقتصادي وخاصة في حالات الرخاء[2]

جـ - رفع معدل النمو الاقتصادي (Increasing Of Economic Growth Rate):

يعتبر تحقيق معدل مرتفع للنمو الاقتصادي من الأهداف الطويلة الأجل، في حين يعتبر استقرار الأسعار والاستقرار النقدي من الأهداف القصيرة الأجل، والتوفيق بين هذين الهدفين يعتبر أمراً صعباً خصوصاً في البلدان النامية التي تعاني الكثير من

---

(1)Molton Friedman, "Fashioning A Wise National Monetary Policy", U.S Congress, Joint Economics Committee, Hearing, May 1959, p ???????.

(2) ماجدة فايق جندى، "السياسة النقدية في الكويت"، رسالة ماجستير غير منشورة، جامعة القاهرة، كلية الاقتصاد والعلوم السياسية، 1982، ص 149.

العقبات وبالذات فيما يتعلق بالسياسات الإنتاجية والتجارية وموازين المدفوعات، وتعمل السياسة النقدية على المساهمة في رفع معدلات النمو في هذه البلدان من خلال تحقيق معدل مرتفع للمدخرات والتأثير على معدل الاستثمار في السلع الرأسمالية من خلال التوسع الائتماني حتى يمكنها الوصول إلى معدلات النمو المطلوبة[1] وتوجيه الائتمان المصرفي والادخارات نحو الأهداف التنموية، بالإضافة إلى دعم وتشجيع إقامة المؤسسات المالية والائتمانية المتخصصة[2].

د - توازن ميزان المدفوعات (Equilibrium Balance of payment):

تلعب السياسة النقدية دوراً كبيراً في تخفيف العجز في ميزان المدفوعات من خلال رفع سعر إعادة الخصم الذي يدفع البنوك التجارية إلى رفع أسعار الفائدة على القروض التي تمنحها لعملائها، فيتسبب ذلك في انخفاض حجم الائتمان والطلب المحلي على السلع والخدمات، مما يؤدي إلى انخفاض أسعار السلع المحلية، الأمر الذي يشجع المستوردين من خارج البلد على زيادة استيرادهم من السلع والخدمات المحلية، كما أن ارتفاع أسعار الفائدة المحلية يعتبر عامل جذب للأموال الأجنبية للداخل، وهذا من شأنه زيادة تدفق رءوس الأموال الأجنبية ومن ثم تقليل العجز في ميزان المدفوعات[3] ويرى البعض أن السياسة النقدية قد تحقق التوازن في ميزان المدفوعات في

(1) محمد زكي شافعي، "التنمية الاقتصادية"، الكتاب الأول، دار النهضة العربية، القاهرة، 1970، ص 54.

(2)W.J. Baumol " Dynamic Economics " Second Edition, Macmillan, 1970, p 201.

(3) محمد كامل مروان، " فعالية السياسة النقدية والائتمانية وبرنامج الإصلاح الاقتصادي "، المجلة العلمية للاقتصاد والتجارة، كلية التجارة، جامعة عين شمس، 1994، صـ 652.

حال اتباع سياسة تعويم سعر الصرف، أما في حالة ثبات سعر الصرف فإن السياسة المالية تكون أكثر فعالية في تحقيق ذلك[1].

والتوازن قد يكون داخلي وقد يكون خارجي، فالداخلي: هو ذلك التوازن الذي يحقق التوظف الكامل دون تضخم، أما التوازن الخارجي فيتم عن طريق التوازن في ميزان المدفوعات الذي يشمل تحركات النقود كونها أكثر نجاحًا في تحقيق التوازن الخارجي، في حين تكون السياسة المالية أكثر نجاحاً في تحقيق التوازن الداخلي، إلا أن المشكلة التي تواجه الاقتصاديين عند وضعهم للسياسة النقدية تتمثل في التعارض بين الأهداف المختلفة لتلك السياسة، فعندما يصممون سياسة نقدية تهدف إلى تحقيق العمالة الكاملة والنمو الاقتصادي، فإنهم يواجهون مشكلة ارتفاع الأسعار (التضخم) لأن زيادة مستوى التشغيل يؤدي إلى زيادة الدخل ومن ثم زيادة الطلب على السلع والخدمات مما يؤدي إلى ارتفاع أسعارها[2].

كما أن هدف تحقيق العمالة الكاملة وتوازن ميزان المدفوعات يظهر نوعًا آخر من التعارض، حيث يتطلب زيادة حجم الصادرات خفض مستوى الأسعار وتحسين الجودة للقدرة على المنافسة مع الدول الأخرى، إلا أن زيادة الصادرات تؤدي إلى زيادة الدخل ومن ثَمَّ زيادة الطلب على السلع المحلية التي ترتفع أسعارها بسبب زيادة الطلب عليها مما يؤدي إلى انخفاض حجم الصادرات ومن ثم اختلال التوازن في ميزان المدفوعات، أما التعارض الآخر فيظهر بين هدف زيادة النمو واستقرار الأسعار، حيث

(1)Robert p.Flood, " Activist policy in the open economy "، The American Economic Review، May 1982, Vol. 72. No2،P. 51.

(2)حمدى عبد العظيم، مرجع سابق، ص 117.

يرى البعض أن النمو في الأجل الطويل يتطلب استقرار مستوى الأسعار في حين يرى البعض الآخر أن التضخم يعتبر أمرًا ضرورياً للدفع بعملية التنمية [1].

وللتوفيق بين تلك التعارضات يسعى متخذو القرار إلى اختيار السياسات التي تحقق أفضل الأهداف بأقل تأثيرات سلبية ممكنة على التوازن الاقتصادي الناتج من تطبيق السياسة النقدية المنفذة.

([1]) عبد المنعم راضي " مقدمة في النقود والبنوك والتجارة الخارجية " الجزء الثاني، دار النهضة العربية للطباعة والنشر، القاهرة، 1975م، صـ 20، 21.

المبحث الثاني
أدوات السياسة النقدية الكمية والنوعية

يقصد بأدوات السياسة النقدية مجموعة الوسائل التي يستخدمها البنك المركزي من أجل تنظيم وتوجيه الائتمان وفقًا للموقف النقدي، من خلال تحكمه في حجم السيولة النقدية التي تحتفظ بها البنوك التجارية ومن ثم التحكم في قدرة هذه البنوك على منح الائتمان وفقًا لمتطلبات السياسة الاقتصادية التي يرمي البنك المركزي إلى تحقيقها، وتنقسم الأدوات التي يستخدمها البنك المركزي إلى ثلاثة أنواع " أساليب " هي:

أولا: أساليب الرقابة الكمية (The Quantity Tools):

وتسمى في بعض الكتب بالأدوات العامة أو الأساليب الغير مباشرة، وتهدف إلى التأثير على الحجم الكلي للنقود والائتمان بصرف النظر عن وجوه استعمال هذه الائتمان ومن أدواتها:

(1) إعادة الخصم: (Re – Discount Price):

وهو عبارة عن سعر الفائدة الذي يتقاضاه البنك المركزي، من البنوك التجارية مقابل إعادة خصم الحوالات التي لديها، أو تلك الفائدة التي يتقاضاها البنك المركزي على قروضه وسلفياته للبنوك التجارية [(1)].

وتعتبر سياسة سعر الخصم من أقدم أساليب السياسة النقدية التي اتبعتها البنوك المركزية للرقابة على الائتمان، حيث بدأ بنك انجلترا في استخدام هذه السياسة منذ النصف الأول من القرن التاسع عشر، وكانت من الأدوات الرئيسية

([1]) محمد زكي شافعي، " مقدمة في النقود والبنوك "، دار النهضة العربية، القاهرة، الطبعة التاسعة، 1981م، ص 295.

للسياسة النقدية في الولايات المتحدة حتى عام 1925 ،حيث بدأ استخدام أدوات السوق المفتوحة[1]، ويرتبط تحديد سعر الخصم بظروف سوق الائتمان، حيث تلجأ السلطات النقدية إلى تخفيض سعر إعادة الخصم عندما تريد التوسع في حجم الائتمان والعكس في حال رغبتها في تقليص حجم الائتمان.

وقد ثار جدل كبير حول جدوى سياسة سعر الخصم، حيث نادى البعض باستبعادها كأداة من أدوات السياسة النقدية ومنهم " ملتون فريدمان " وذلك للأسباب الآتية[2]:-

أ - أنها تتأثر بالمناخ الإعلامي السائد، فإذا سار الإعلام يوجه الناس على تخفيض نفقاتهم وتأجيلها للمستقبل في الوقت الذي تنتهج فيه السلطات النقدية سياسة توسعية، فإن سياسة سعر الخصم ستخفق في تحقيق أهدافها بسبب التأثير الإعلامي المعاكس .

ب - ضرورة حذو البنوك التجارية حذو البنك المركزي في الخطط التي يضعها كشرط لنجاح سياسة سعر الخصم، وتحديداً تلك البنوك التي تعتمد على البنك المركزي في توفير أموالها، أما تلك التي لا تحتاج للاقتراض من البنك المركزي وتمتلك السيولة اللازمة لتسيير نشاطها، فإن سياسة سعر الخصم بالنسبة لها تصبح عديمة الفعالية، لذا تصنف سياسة سعر الخصم بأنها أقلّ أدوات السياسة النقدية فعالية، سواء في

---

(1) مايكل ايدجمان " الاقتصاد الكلي - النظريات والسياسات "، ترجمة: محمد إبراهيم منصور، عبد الفتاح عبد الرحمن عبد المجيد، دار المريخ للنشر، المملكة العربية السعودية، الرياض، 1998م، صـ 255.

(2) Thomas F. Car Gilll, " Money: The Financial System and Montary Policy " N. J: Prentice Hall, 1979., P. 295-297.

أوقات التضخم أو في أوقات الكساد، ويرى البعض أن فاعلية هذه الأداة ترتبط بما يلي[1]:-

أ - وجود سوق نقدي منظم تتحقق فيه علاقة وثيقة بين سعر الخصم وبقية أسعار الفائدة في سوق النقود .

ب - وجود أسواق مالية متقدمة لبيع وشراء الأوراق المالية الأخرى.

(2) نسبة الاحتياطي القانوني: (Reserve Ratio)

وهي تلك النسبة أو الرصيد من النقود التي يُلزم البنك المركزي البنوك التجارية الاحتفاظ بها لديه في شكل نقود سائلة، أو ودائع جارية أو آجلة .

وقد بدأ استخدام هذه الأداة من قِبَلِ السلطات النقدية لمراقبة وتوجيه الائتمان بعد الحرب العالمية الثانية، وتعتبر من أهم أدوات وأساليب السياسة النقدية حيث يقوم البنك المركزي برفع نسبة الاحتياطي القانوني عندما يرغب في تنفيذ سياسة انكماشية لعلاج حالة التضخم، في حين يقوم البنك بتخفيض تلك النسبة عندما يرغب في انتهاج سياسة توسعية لعلاج حالة الكساد التي يعاني منها الاقتصاد، وتستخدم هذه الأداة في البلدان النامية لتمويل الاحتياجات الموسمية اللازمة لتسويق بعض المحاصيل الزراعية، حيث تقوم السلطات النقدية بتخفيض نسبة الاحتياطي القانوني من أجل زيادة قدرة البنوك التجارية على منح المزيد من السلفيات والقروض[2]، كما أن هذه الأداة لا تتطلب وجود سوق كبير من السندات كما هو الحال في سياسة السوق المفتوحة، ولا يترتب على استخدامها تحمل البنك المركزي

(1) ناجي التوني، " أدوات السياسة النقدية الحديثة "، المعهد العربي للتخطيط، الكويت، 2002، ص 15.

(2) نبيل سدره محارب، مرجع سابق، ص 475، 476.

أي خسائر رغم أن أثرها يشمل كل المصارف في حين أن سياسة السوق المفتوحة ذات أثر محدود[1].

وتعتبر سياسة الاحتياطي القانوني ذات أفضلية على سياسة السوق المفتوحة من حيث الرقابة على الائتمان لعدة اعتبارات أهمها[2]:

1- أنها وسيلة مباشرة وتحقق نتائج فورية بمجرد إصدار التوجيهات من البنك المركزي، وبذلك فهي تقلل من الوقت اللازم لظهور أثرها على البنوك التجارية.

2- أنها لا تحتاج إلى سوق واسعة ومتقدمة للتعامل ولذلك فهي مناسبة للاستخدام في البلدان النامية .

إلا أن هناك بعض الموانع التي تجعل فعالية هذه السياسة محدودة وخاصة في البلدان النامية ومن أبرز تلك الموانع ما يلي [3]:

1- وجود فائض احتياطي لدى بعض البنوك التجارية وبالتالي فإنَّ تغيير نسبة الاحتياطي لن يؤثر على النشاط الائتماني للبنوك التجارية .

2- إذا لم يتغير طلب الائتمان في نفس الاتجاه الذي يريده البنك المركزي فإن تخفيض نسبة الاحتياطي قد لا تكون ذات أثر فعال على الائتمان وخاصة أثناء فترات الكساد .

---

(1) ناجي التوني، مرجع سابق، ص 12، 14.

(2) سامي خليل، " اقتصاديات النقود والبنوك "، دار النهضة العربية، القاهرة، 2002، صـ 575، 576.

(3) مصطفى رشدي شيحة، " الاقتصاد النقدي والمصرفي "، الدار الجامعية للطباعة والنشر والتوزيع، الإسكندرية، 1982، صـ 254، 255.

3- رغم أن هذه السياسة سريعة وفعالة في تأثيرها على تغيير مقدار الاحتياطي النقدي لدى البنوك التجارية إلا أن هذه السياسة لا يمكن استخدامها بشكل متكرر في تغيير كمية العرض النقدي .

4- إن هذه السياسة هي سياسة انتقائية في أثرها حيث يقتصر أثرها على البنوك التجارية أما المؤسسات المالية غير المصرفية فلا تأثير لهذه السياسة عليها وبذلك فإن هذه السياسة غير عادلة [1].

ورغم كل ما سبق فإن هذه السياسة تظل من أفضل الأدوات التي يمتلكها البنك المركزي وخاصة في ظل عدم فعالية سياسة السوق المفتوحة بسبب عدم توفر الشروط اللازمة لنجاحها وخاصة في البلدان النامية، إلا أنها ليست بديلًا عنها، وأفضل طريقة لنجاح البنك المركزي تكمن في المزج المناسب لكل الوسائل الكمية من أجل التوجيه والرقابة على الائتمان خصوصًا في البلدان النامية التي تفتقر للأسواق المالية والنقدية المتطورة [2].

(3) عمليات السوق المفتوحة: (Open Market Operations)

وهي عبارة عن قيام البنك المركزي ببيع وشراء الأوراق المالية الحكومية في سوق الأوراق المالية، كأذونات الخزانة، وبعض الأوراق المالية الأخرى بهدف التأثير في سيولة السوق النقدية، حيث يقوم البنك المركزي بشراء الأوراق المالية من البنوك التجارية والسوق المالي عندما يرغب في زيادة حجم سيولة السوق النقدية، في حين يقوم ببيع الأوراق المالية للجمهور والبنوك التجارية في حالة رغبته في تنفيذ سياسة انكماشية

---

(1) سامي خليل، المرجع السابق، صـ 579.

(2) عبد الحميد القاضي، " السياسة النقدية والائتمانية كأداة للتنمية الاقتصادية "، مصر- المعاصرة، يناير، 1974، صـ 15، 16.

بهدف تخفيض سيولة السوق النقدية للحد من قدرة البنوك التجارية على خلق الائتمان[1].

ويتوقف نجاح عمليات السوق المفتوحة على العوامل الآتية [2]:-

أ - مدى حجم وطبيعة السوق النقدية بحيث تكون معبرة بشكل كبير عن إمكانيات النقود والائتمان لاقتصاد ما .

ب - مدى توفر الصكوك المتمثلة في أذونات الخزانة والأوراق المالية الأخرى التي يمكن تداولها في السوق النقدية .

جـ- مدى تلاقي مصالح البنوك التجارية مع توجه البنك المركزي حيث تزداد فعالية عمليات السوق المفتوحة بتلاقي تلك المصالح وتقل بتصادمها.

د - درجة تقدم الوعي الائتماني والمصرفي يعتبر محددًا هَامًا لزيادة فعالية سياسة السوق المفتوحة .

ويُذْكَرُ أن استخدام سياسة السوق المفتوحة في البلدان النامية لا تزال محدودة بسبب ضيق أسواق الأوراق المالية في بعض هذه البلدان وانعدامها في البعض الآخر، لذا يتم الاستعاضة عنها بالأساليب والسياسات المباشرة كسياسة الاحتياطي القانوني وسياسة سعر الخصم [3].

(1) Paul A. Meyer, " Monetary Policy And Financial Markets " University of Maryland, U.S.A., 1982, P.304, 305.

(2) مصطفى رشدي شيحة، " الاقتصاد النقدي والمصرفي "، مرجع سابق، صـ 250، 251.

(3) نبيل سدره محارب، مرجع سابق، ص 475.

(4) نسبة السيولة [1]: (Liquidity Ratio)

وهي عبارة عن نسبة الأصول السائلة لـدى البنـك إلى مجمـوع التزاماتـه وتعنـي إلزام البنوك التجارية بالاحتفاظ بجزء من أصولها في شكل أصول عالية السـيولة لضـمان سـيولة البنـك وحمايـة حقـوق المـودعين، وأصـبحت هـذه الأداة منـذ عـام 1945م مـن الأدوات الأساسية المستخدمة في الرقابة عـلى مقـدرة البنـوك التجاريـة في مـنح الائـتمان وحماية حقوق المودعين[2].

ثانياً: أساليب الرقابة الكيفية (The quality tools):

تعرف الرقابة الكيفيـة بأنهـا تلـك السياسـة التـي تسـتهدف توجيـه الائـتمان إلى مجالات الإنتاج السـلعي والحـد مـن الائـتمان في المجـالات غـير الإنتاجيـة كالمضـاربة في أسواق الأوراق المالية وأسواق المواد الأولية[3].

وقد بدأ اسـتخدام أسـاليب الرقابـة الكيفيـة في انجلـترا منـذ عـام 1924م بهـدف مسـاندة السياسـة الاقتصـادية التـي تسـعى الحكومـة إلى تحقيقهـا، مـع أن البلـدان الرأسمالية لم تعطي أساليب الرقابة الكيفية أي اهتمام، ويرجع ذلك إلى أن اهتمام هذه البلدان يقتصر على تحقيق الاستقرار النقدي، مما جعلهـا تركـز عـلى اسـتخدام أسـاليب الرقابة الكمية لعلاج حالات التضخم، ويتوقف نجاح استخدام أساليب الرقابة

(1) وتحسب من خلال العلاقة الآتية:

$$\text{نسبة السيولة} = \frac{\text{الأصول المتداولة - أقل الأصول تحولاً إلى نقد}}{\text{الخصوم المتداولة}}$$

(2) M. C. Vaish. " Money Banking and International Trade ", New Delhi، Vikas, Publishing House, 1978, P 308, 309.

(3) محي الدين الغريب، " اقتصاديات النقود والبنوك "، دار الهنا للطباعة، القاهرة، 1979م، صـ90.

الكيفيـة عـلى مـدى التـزام المقترضـين في اسـتخدام القـروض في الأنشـطة التـي تعاقدت بموجبها الجهات المقترضة مع البنوك عند طلب القرض[1].

أما أبرز أساليب الرقابة الكيفية فيتمثل فيما يلي: [2]

أ - تحديد أسعار فائدة متفاوتة حسب نوع القرض .

ب - تحديـد حصـص معينـة لكـل نـوع مـن أنـواع القـروض كزيـادة القـروض الموجهة لأغراض الصناعة على حساب القروض الموجهة للإنفاق على السـلع الاستهلاكية.

جـ- زيادة القروض التـي يكـون ضـمانها الأوراق الماليـة الحكوميـة عـن غيرهـا تشجيعا للأفراد والمصارف في اقتناء هذا النوع من الأصول.

د - تحديد أجل الاستحقاق لكل قرض بحسب أوجـه اسـتخدامه، بحيـث يزيـد الأجل في القروض الصناعية والزراعية ويقل في القروض الاستهلاكية .

هـ- ضرورة الحصول على موافقة البنك المركزي لقروض المصارف التجارية التـي تتجاوز قيمة معينة .

ثالثاً: أساليب الرقابة المباشرة (The Direct Tools):

يقصد بالرقابة المباشرة مجموعة الأساليب التي يلجأ إليهـا البنـك المركـزي بهـدف دعم وتقوية دور أساليب الرقابة الكمية والكيفية .

(1) K.C. Shekhar, " Banking Theory and Practice "، New Delhi: Vikas Publishing, House, 1982. P. 492, 495.

(2) محي الدين الغريب، المرجع السابق، ص 91.

أما أبرز أساليب الرقابة المباشرة فيتمثل فيما يلي:

أ - أسلوب العلانية: وفيه يقوم البنك المركزي بنشر بيانات صحيحة عن حالة الاقتصاد القومي وما يناسبه من سياسة معينة للائتمان المصرفي ووضعها أمام الجمهور، وذلك بهدف كسب ثقة الرأي العام والبنوك التجارية من أجل إقناعهم في مساندة ودعم السياسة النقدية التي يقرها البنك المركزي في التوجيه والرقابة على الائتمان(1) ويرتبط نجاح هذا الأسلوب بدرجة التقدم الاقتصادي والوعي المصرفي حيث يعتبر أكثر نجاحًا في الدول المتقدمة عنه في الدول النامية(2).

ب - **أسلوب الإقناع الأدبي:** ويتمثل في التوجيهات والتصريحات والنصائح التي يوجهها البنك المركزي للبنوك التجارية من خلال عقد اللقاءات مع مسئولي هذه البنوك لتوضيح هدف البنك المركزي الذي يرمي تحقيقه في شئون النقد والائتمان(3) ويتوقف نجاح هذا الأسلوب على مدى تفهم البنوك التجارية لسياسة البنك المركزي طواعيًا، وفي حال عدم نجاح هذا الأسلوب، فإن البنك يضطر إلى استخدام أسلوب الأوامر والتعليمات الملزمة.

جـ- **أسلوب الأوامر والتعليمات الملزمة:** وفيه يصدر البنك المركزي الأوامر والتعليمات المباشرة للبنوك التجارية والتي تصبح ملزمة بتنفيذها وإلا تعرضت للعقوبات من قبل البنك المركزي، ويحقق هذا الأسلوب نجاحا

---

(1) C. L. Jahin. " Contemporary Monetary Economics Theory And Policy "، U. S. A Graseway Publishing, 1981, P. 222.

(2) K.C. Shekhar، Op. Cit, P 493.

(3) محي الدين الغريب، مرجع سابق، صـ 92.

في الرقابة على الائتمان وخاصة في البلدان المتخلفة التي لا تنجح أساليب الرقابة الكمية والنوعية في تحقيقها [1].

أما فيما يتعلق بأي الأدوات أكثر استخدامًا في مجال السياسة النقدية فذلك يختلف باختلاف النظام الاقتصادي، حيث نجد أن الأنظمة الرأسمالية التي تتميز بوجود أسواق نقدية متطورة تستخدم الأساليب الكمية، أما الأنظمة الاشتراكية التي تتميز بمباشرة البنوك المركزية فيها لأعمال الرقابة على البنوك التجارية وتلزمها بتنفيذ تعليماتها وفقا لخططها النقدية، فإنها تستخدم الأدوات المباشرة لتنفيذ سياستها النقدية، أما البلدان النامية التي تتصف بتخلف بنيانها الاقتصادي وضعف هياكلها المصرفية، فإنها تستخدم مزيجًا من الأساليب الكمية والكيفية، لذا نجد أن السياسة النقدية في هذه البلدان أقل فعالية عن مثيلاتها في البلدان المتقدمة [2].

كما أن ما يسمى بالفجوات الزمنية (Time-Lags) يحد من فعالية السياسة النقدية، وتعرف الفجوة الزمنية بأنها الوقت الذي يفصل بين حدوث المشكلة الاقتصادية وبين الأثر الفعلي للسياسة، وتنقسم الفجوات الزمنية إلى ثلاث مجموعات هي: [3]

1- **فجوة الإدراك:** وهي الفترة بين الوقت الذي يظهر عنده الحاجة إلى العمل والوقت الذي تدرك عنده الحاجة للعمل، وذلك بسبب الوقت اللازم لجمع البيانات وتحليلها.

2- **فجوة الإنجاز:** وهي الفترة التي تدرك عندها الحاجة للعمل ووقت التغير الفعلي في السياسة .

---

(1) محمد زكي شافعي، " مقدمة في النقود والبنوك"، مرجع سابق، صـ 374.

(2) عبد الحميد القاضي، " السياسة النقدية والائتمانية كأداة للتنمية الاقتصادية "، مرجع سابق، ص10.

(3) مايكل أيد جمان، " الاقتصاد الكلي- النظريات والسياسات "،مرجع سابق، 525- 526.

3- **فجوة الاستجابة:** وهي الفترة بين التغير الفعلي للسياسة والوقت الذي تـؤثر عنده السياسة الجديدة على الاقتصاد تأثيرًا فعليا.

وعادة ما يكون تأثير هذه الفجوات على السياسة المالية أكثر منهـا عـلى السياسـة النقدية .

المبحث الثالث

النظريات النقدية (The Monetary Theories)

تعتبر النظرية النقدية من أهم النظريات الاقتصادية التي ركزت الاهتمام على دراسة الأثر الذي يحدثه التغير في كمية النقود على المستوى العام للأسعار، وقد تبنى هذا الاتجاه الاقتصاديون الكلاسيك الذين ركزوا على تفسير العوامل التي لها علاقة بتحديد قيمة النقود، وأهملوا العوامل التي تتحكم في مستوى الإنتاج والتشغيل كونهم يفترضون سيادة مبدأ التشغيل الكامل [1]، وقد صاغ الاقتصاديون الكلاسيك أفكارهم هذه على شكل نظرية أطلقوا عليها نظرية كمية النقود التي تؤكد بأن مصدر التغير في الأسعار ناتج عن مقدار التغير في كمية النقود فقط، وظل هذا الفكر مسيطراً حتى حدوث الأزمة العالمية (1929- 1932) التي كشفت عن قصور في النظرية الكلاسيكية، مما أدى إلى بروز نظرية نقدية حديثة على يد العالم الاقتصادي " جون ماينرد كينز " هاجم فيها الكلاسيك حول فرضيتهم سيادة مبدأ التشغيل الكامل، والعلاقة الطردية بين تغير كمية النقود والأسعار، وتبع (كينز) في هذا الرأي عدد من الاقتصاديين الذين طوروا الفكر الكينزي وأُطلق عليهم (الكينزيون الجدد) [2]، واستمر هذا الفكر مسيطراً حتى بعد الحرب العالمية الثانية، حيث سادت الاقتصاديات الرأسمالية موجه من الزيادات المرتفعة للإنتاج والتشغيل مصحوبة بميول تضخمية عالية، الأمر الذي أعاد من جديد إحياء النظرية النقدية الكلاسيكية في ثوب جديد حمل لواءه العالم الاقتصادي " ملتون فريدمان" الذي ربط بين كمية النقود ودورها في تحقيق التوازن الاقتصادي، بعكس نظرية كينز التي ترى أن حجم الانفاق القومي هو

---

(1) عبد الرحمن يسري، " اقتصاديات النقود "، دار الجامعات المصرية، القاهرة، 1979، صـ138.

(2) محمد زكي شافعي، " مقدمة في النقود والبنوك "، دار النهضة العربية، القاهرة، 1962، صـ 210.

المحدد الرئيسي لمستوى النشاط الاقتصادي ومن ثم تحقيق التوازن الاقتصادي [1]، وقد أطلق على رواد هذا الاتجاه بالكلاسيكيين الجدد أو النيوكلاسيك، وفيما يلي نتناول أهم النظريات النقدية الكلاسيكية والكنزية التقليدية منها والحديثة، ثم نتناول السياسات النقدية التي تستند إليها كل نظرية من هذه النظريات .

أولاً: نظرية كمية النقود التقليدية: (The Quantity Theory of Money)

تعتبر نظرية كمية النقود الإسهام الرئيسي للاقتصاديين الكلاسيك وخلاصة تطور الفكر الاقتصادي الكلاسيكي في نظرته للظواهر النقدية، ولذلك فسنتناول هذه النظرية بشيء من التفصيل فيما يلي:

أ - نشأة النظرية:

بدأت فكرة النظرية منذ القرن السادس عشر عندما حصل ما سمي بثورة الأسعار إثر تدفق المعادن النفيسة إلى أوربا بكميات كبيرة، وترافق معه ارتفاع شديد في الأسعار، الأمر الذي أثار الجدل حول أسباب ذلك الارتفاع وطبيعته، وحاول الاقتصاديون أنذاك الربط بين زيادة كمية النقود وارتفاع الأسعار، وكان الاقتصادي الفرنسي (جان بودان) أول من ربط بين زيادة كمية النقود التي حدثت بسبب تزايد كميات الذهب والفضة التي تدفقت من المستعمرات الإسبانيه بعد اكتشافها وبين الارتفاع في الأسعار، وتبعه في هذا الرأي العديد من الاقتصاديين أمثال (جان لوك)الفيلسوف الأسكتلندي (دافيد هيوم)، ثم الاقتصادي (كانتيون) الذي يعتبر أول من أشار إلى فكرة سرعة التداول، أما العالم الاقتصادي (ريكاردو) فقد طبق هذا التحليل على النقود الورقية مفسراً حالة التضخم التي سادت أوربا، حيث خلص في تحليله إلى أن قيمة الوحدة النقدية تتغير عكسياً ونسبياً مع كميتها، وأكد بأن مضاعفة كمية النقود ستؤدي إلى مضاعفة الأسعار، وتعود أول محاولة لصياغة نظرية

(1) السيد عبد المولي، " اقتصاديات النقود والبنوك "، دار النهضة العربية، القاهرة، 1999، صـ 194.

كمية النقود في شكل رياضي للاقتصادي (سيمون نيوكمب) عام 1886م، إلا أنها لم تنتشر ولم تطبق، حتى جاء العالم الاقتصادي (إيرفنج فيشر) بصيغته الرياضية المشهورة عام 1917م، والذي أطلق عليها صيغة فيشر نسبة إلى مكتشفها أو معادلة التبادل أو صيغة دوران المعاملات، الذي تم تطويرها لاحقاً على يد مجموعة من الاقتصاديين في جامعة (كامبردج) على رأسهم (مارشال وبيجو)، وأطلقوا على معادلتهم اسم معادلة (كمبردج) نسبة إلى الجامعة، وتسمى من قبل البعض بصيغة الأرصدة النقدية أو أثر بيجو تمييزاً لها عن صيغة (فيشر) [1] .

ب - الفروض الأساسية للنظرية الكمية:

تستند النظرية الكمية على مجموعة من الفروض الأساسية [2]:

1- إن المستوى العام للأسعار (P) متغير تابع للتغيرات الحاصلة في كمية النقود (M).

2- إن الحجم الكلي للمبادلات (T) لا يتأثر بتغير كمية النقود (M) بل يتوقف على التطور التكنولوجي والموارد الطبيعية، كما أنه ثابت في الأجل القصير لأن العوامل المؤثرة عليه لا تتغير إلا ببطء .

3- إن سرعة الدوران (V) عامل مستقل وثابت في الأجل القصير لأنها تتوقف على عوامل خارجية، كعادات الدفع والسداد وغيرها، وبذلك يقرر (فيشر) أن التغيرات في كمية النقود هي وحدها المسئولة عن التغيرات في المستوى العام للأسعار [3].

---

(1) مصطفى رشدي شيحة، " الاقتصاد النقدي والمصرفي "، مرجع سابق، صـ 520.

(2) سامي خليل، " النظرية والسياسات النقدية والمالية "، شركة كاظمة للنشر والتوزيع والترجمة، الكويت، 1982، صـ 115.

(3) محي الدين الغريب، " اقتصاديات النقود والبنوك "، مرجع سابق، صـ 159.

جـ- الصيغة الرياضية لنظرية كمية النقود:

ظهر للنظرية الكمية التقليدية صيغتان الأولى صيغة (فيشر) أو صيغة دوران المعاملات، والثانية صيغة الأرصدة النقدية أو معادلة كمبردج، نتناولهما تفصيليًا فيما يلي:

1- معاملة التبادل (صيغة سرعة دوران المعاملات):

تعتبر هذه المعادلة حجر الزاوية في نظرية كمية النقود، وقد صاغها (فيشر) على الشكل التالي:

$$mv = pt$$

حيث إن:

m: متوسط كمية النقود في الاقتصاد خلال فترة معينة .

v: سرعة تداول النقود خلال نفس الفترة .

p: المستوى العام للأسعار .

t: إجمالي المبادلات التي تمت خلال نفس الفترة .

وطبقاً للافتراضات السابقة التي ترى بثبات سرعة الدوران (v) وحجم المبادلات (t)، فإن المعادلة تؤكد أن تغير كمية النقود يؤدي إلى تغير المستوى العام للأسعار بنفس النسبة وفي نفس الاتجاه [1].

ويلاحظ أن معادلة التبادل تحتوي على طرفان، أحدهما يعبر عن الجانب النقدي (mv)، عرض النقد، والآخر يعبر عن الجانب الحقيقي السلعي (pt)، ولأن طرفا المعادلة يعبران عن نفس الشيء فإنها تسمى (متطابقة) كونها تقر حقيقة واقعة هي

(1) المرجع السابق، صـ 161.

أن مجموع قيم عمليات التبادل (pt) خلال فترة زمنية معينة والذي يمثل الطلب الكلي للنقود أو القيمة النقدية للسلع المشتراة خلال فترة معينة تساوي مجموع المبالغ النقدية المستخدمة في تسوية عمليات التبادل (mv) . بمعنى أن كمية النقود المعروضة تساوي كمية النقود المطلوبة، وبإعادة ترتيب معادلة التبادل فإن المستوى العام للأسعار (p) هو:

$$P = \frac{mv}{t}$$

وهذا يعني أن مستوى الأسعار (p) يتوقف على كمية النقود مضروبة في سرعة تداول النقود (m) مقسومة على الحجم الحقيقي للمعاملات (t)، كما يشير إلى أن مستوى الأسعار يتناسب طردياً مع كمية النقود في سرعة دورانها (mv) وعكسياً مع الحجم الحقيقي للمبادلات [1] . وبما أن (v,t) ثابتان حسب افتراض (فيشر) فإن الأسعار (P) تتوقف على التغيرات في (m) كمية النقود بنفس النسبة وفي نفس الاتجاه.

وهناك صيغة أخرى لمعادلة التبادل تسمى الصيغة الدخلية، تم فيها استبدال حجم المعاملات (t) بالناتج القومي (tO) باعتباره متغير حجم ممثل لمستوى النشاط الاقتصادي تمثيلاً جيداً، كما استبدلت سرعة الدوران (v) بسرعة الدوران الدخلية (VO) التي هي عبارة عن عدد المرات التي تتحرك فيها النقود من مستلم للدخل إلى مستلم آخر[2]، وبما أن الدخل الكلي معلوم (Pg ty) وعرض النقد (m) معلوم أيضاً فإننا نستطيع الحصول على سرعة الدوران بصيغتها الدخلية من خلال معادلة التبادل كما يلي:

---

(1) محمد زكي شافعي، " مقدمة في النقود والبنوك "، مرجع سابق، صـ 402.

(2) محمد عزت محمد إبراهيم غزلان، " دور السياسات النقدية في التنمية والاستقرار الاقتصادي"، رسالة دكتوراة غير منشورة، كلية التجارة، جامعة الإسكندرية، 1993، صـ 2.

$$V = \frac{P_y t_y}{m}$$

حيث Py تمثل مستوى أسعار التجزئة للبيع النهائي

والصيغة الدخلية تمهد لمنهج الأرصدة النقدية أو صيغة كامبردج .

2- معادلة كامبردج (صيغة الأرصدة النقدية):

ارتبط هذا المفهوم بالاقتصاديين (مارشال وبيجو)، ويطلق البعض على صيغة الأرصدة النقدية بأثر (بيجو) نسبة إلى العالم الاقتصادي (بيجو)، وتعتبر هذه الصيغة الجسر الرابط بين نظرية كمية النقود التقليدية وبين النظرية الكمية الحديثة، وقد ركزت هذه الصيغة في البحث عن المحددات الاقتصادية لرغبة الأفراد في الاحتفاظ بالنقود، حيث تطلب النقود من أجل الخدمات التي تقدمها كتوفير الأمان لحائزيها لمواجهة الظروف الطارئة وتنفيذ المعاملات الجارية[1]، ويمكن الحصول على معادلة (كمبردج) من معادلة (فيشر) كما يلي[2]:

$$MV = PT \qquad , \quad M = \frac{PT}{v}$$

ويمكن كتابة المعادلة السابقة كما يلي:

$$M = \frac{1}{v} PT \qquad\qquad PT = r$$

فإذا جعلنا $\frac{1}{v} = k$ ، PT= r فإن المعادلة تصبح:

M= kPT

(1) المرجع السابق، صـ 2.

(2) عصام البدراوي، " النقود والبنوك "، مطابع دار الأصدقاء، جامعة المنصورة، 2001م، صـ 44.

وهذه المعادلة الأخيرة هي ما يطلق عليها بمعادلة (كمبردج) أو صيغة الأرصدة النقدية، وتعتبر (k) سر تفوق تحليل (مارشال بيجو) على تحليل (فيشر)، وتسمى (k) أحياناً بنسبة مارشال؛ وهي النسبة التي يرغب الأفراد في الاحتفاظ بها من النقود على شكل نقود سائلة، وتربط هذه الصيغة بين كمية النقود والدخل عن طريق (k)، حيث يمثل عرض النقد (M) الجانب الأيسر منها، أما الجانب الأيمن منها (kT) فيمثل تلك النسبة من الحجم السنوي للمبيعات التي يحتفظ بها الأفراد في صوره نقدية، (طلب النقود)، بمعنى أنها توضح في جانبيها عرض النقود (M) والطلب عليه (kPT) [1] ويرى مارشال أن الطلب على النقود يتحدد تبعاً للدخل فعندما يزداد طلب الأفراد للاحتفاظ بالنقود بشكل سائل (k) فإن مستوى الأسعار يظل ثابت في حال قيام النظام المصرفي بتوفير العرض اللازم من النقود، أما إذ لم يتجاوب النظام المصرفي فإن الأفراد سيخفضون طلبهم للسلع لتوفير السيولة اللازمة، مما سيؤدي إلى تراجع الطلب على السلع ومن ثم انخفاض أسعارها فينخفض الإنتاج ومن ثم الدخل ويستمر في الانخفاض حتى يتوازن مع كمية النقود الثابتة، ويحدث العكس في حال تراجع رغبة الأفراد في الاحتفاظ بالنقود بشكلها السائل [2].

ومما سبق نستنتج الآتي: [3]

1- أن مارشال (اقتصاديي مدرسة كمبردج) يولي أهمية قصوى لـ (k) نسبة التفضيل النقدي، بحيث يعتبرها العامل الرئيسي الذي ينتج عن تغيره تغير مستوى الدخل والأسعار، عندما تحصل تقلبات مفاجئة في التوقع أو

(1) سامي خليل، " اقتصاديات النقود والبنوك "، مرجع سابق، صـ 795.

(2) سهير محمود معتوق، " النظريات والسياسات النقدية "، الدار المصرية اللبنانية، القاهرة، 1989، ص 36، 38.

(3) سهير محمود معتوق، " الاتجاهات الحديثة في التحليل النقدي "، الدار المصرية اللبنانية، القاهرة، 1988، ص 39.

الحالة النفسية للأفراد أو غير ذلك من العوامل الأخرى، وبذلك فإن أنصار هذا الاتجاه لا يقصرون تغير الأسعار على تغير كمية النقود بشكل مباشر كما هو الحال في تحليل (فيشر)، برغم أنهم يؤيدون العلاقة الطردية بين كمية النقود والأسعار إلا أنهم يعتبرونها غير مباشرة .

2- هناك علاقة عكسية بين (K) التفضيل النقدي ومستوى الأسعار (P)، بمعنى أن زيادة طلب الأفراد على النقود السائلة يعمل على انخفاض الأسعار والعكس صحيح .

3- تأتي الأهمية الأخرى لمعادلة الأرصدة النقدية من كونها توضح أن البنك المركزي لا يستطيع إدارة الأسعار، فهو يتحكم في كمية النقود الاسمية (M) فقط أما كمية النقود الحقيقية فالأفراد هم الذين بإمكانهم إدارتها من خلال التاثير على الأسعار صعوداً وهبوطاً [1].

د- أهم الانتقادات الموجهة للنظرية الكمية التقليدية:

تعرضت نظرية كمية النقود لانتقادات شديدة وخاصة بعد الأزمة الاقتصادية العالمية (1929)، وقد جاءت الانتقادات الشديدة على يد الاقتصادي الانجليزي (جون ما ينارد كينز) إثر نشر كتابه " النظرية العامة للعمالة والفائدة والنقود "، وأبرز تلك الانتقادات هي[2]:-

1- **السلوك الفعلي لسرعة الدوران (V) أو (K):** يفترض أصحاب نظرية كمية النقود أن (V) مستقرة نسبياً كونها تتوقف على عوامل لا تتغير

---

(1) سامي خليل، " نظريات الاقتصاد الكلي الحديثة "، الكتاب الثاني، مطابع الأهرام، القاهرة، 1994، ص 1373.

(2) انظر: أ - سامي خليل، المرجع السابق، صـ 1374، 1375.

ب - سامي خليل، " اقتصاديات النقود والبنوك "، مرجع سابق، صـ 478- 480.

بسرعة ونفس الشيء ينطبق على (K) كونها مقلوب (V1) ($K = \frac{1}{V}$)، إلا أن الدراسات الميدانية أوضحت أن (V) غير مستقرة، لذا فإن الصيغة النظرية لكمية النقود غير صحيحة .

2- **فرض التوظف الكامل:** تفترض نظرية كمية النقود أن النظام الاقتصادي متوازن وبالذات في الأجل الطويل، بسبب المرونة التامة للأجور والأسعار، إلا أن الكساد الكبير أثبت عدم صحة هذا الفرض حيث استمر التضخم لفترة طويلة ولم تتمكن النظرية الكمية من إنهائها، كما أنكر (كينز) أشد منتقدي النظرية الكمية صحة قانون ساي، وأثبت أن النظام الاقتصادي ممكن أن يتوازن عند مستوى أقل من التوظف الكامل .

3- تقر النظرية الكمية أن زيادة كمية النقود قد يؤدي إلى تغير في بعض القيم الحقيقية وتكون صحيحة فقط في الأجل الطويل، وبما أن الأجل الطويل هو عبارة عن سلسلة من فترات قصيرة الأجل فإن صحة النظرية في الأجل الطويل يكون ضعيفاً .

4- استند (فيشر) على النقود (M) باعتبارها المحدد الوحيد لتغير الأسعار (P)، مع أن هناك عوامل أخرى قد تتسبب في ارتفاع الأسعار، فعندما يسود روح التفاؤل لدى رجال الأعمال فإنهم يزيدون قروضهم من البنوك للقيام بالمزيد من الاستثمارات الجديدة، وبذلك تزداد كمية النقود فيزداد حجم التعامل (T) الذي يؤثر في سرعة الدوران (V)، وبذلك تكون الأسعار سبباً في زيادة كمية النقود لا العكس كما تفترض نظرية كمية النقود .

5- إن نظرية كمية النقود تحتوي في عناصرها نوعاً من التناقض الفني، حيث تشير (M) إلى كمية النقود في لحظة زمنية معينة، في حين تشير

(V) إلى سرعة الدوران خلال فترة زمنية معينة، وبذلك فإن (MV) هما عاملان غير قابلان للمقارنة ومن غير الصحيح ضرب أحدهما في الآخر.

6- اعتُبرت نظرية (فيشر) غير كاملة لأنها افترضت أن الأفراد ينفقون كامل دخلهم وهذا ناتج من قناعة الاقتصاديين الكلاسيك بأن النقود هي وسيلة للتبادل فقط وليست مخزن للقيمة، لكن الصحيح أن الأفراد يحتفظون بجزء من دخلهم النقدي لمواجهة متطلبات المستقبل، وهذا يعتبر خطأ كبير وقعت فيه نظرية (فيشر)، إلا أن تحليل (مارشال بيجو) تلافى هذا الخطأ رغم أنه يؤخذ على تحليل (بيجو) فرضيته بأن نسبة الرصيد النقدي لا تتأثر بالتغيرات في كمية النقود لأنها دالة للعوامل العديدة التي تحدد متوسط الرصيد النقدي الذي يحتفظ به الأفراد والمشروعات خلال فترة معينة من الزمن لإتمام معاملاتهم، وهذا فرض غير واقعي فالنقود تطلب لكونها أصل سائل إلى جانب أغراض المعاملات وليس لأغراض المعاملات فقط كما تزعم معادلة الأرصدة النقدية [1].

وجملة الانتقادات السابقة التي وجهت لنظرية كمية النقود مهدت لظهور النظرية الكنزية والكنزية الجديدة، على يد كينز وأتباعه .

ثانياً: النظرية الكنزية (The Keynesian theory):

أ - نشأة النظرية الكنزية:

بدأت الأفكار الكنزية في الظهور عقب أزمة (الكساد الكبير) التي تعرضت له البلدان الرأسمالية خلال الفترة (1929- 1932)، والذي أثبت فشل النظرية النقدية الكلاسيكية وإخفاقها في حل المشاكل الاقتصادية والتي من أبرزها تفشي البطالة وهبوط مستوى الإنتاج واضمحلال النشاط الاقتصادي، وفشل فرض التلقائية الذي

(1) السيد عبد المولي، مرجع سابق، صـ 206.

افترض الكلاسيك أنه يحقق التوازن عند مستوى التشغيل الكامل، فقد استمرت الأزمة فترة طويلة لتؤكد قصور المذهب الكلاسيكي في التحليل النقدي[1]، وقد ظهرت أفكار (كينز) في التحليل النقدي على شكل انتقادات وجهها للنظرية الكلاسيكية هاجم فيها الفروض التي استندت عليها النظرية النقدية الكلاسيكية، ويمكن القول إن التحليل الكنزي مر في تطوره بثلاث مراحل [2]:

المرحلة الأولى: وتتمثل في تحليله للنقود عام 1930 م، حيث قدم تحليلاً محدوداً للنقود تضمن التشكيك في صحة النظرية الكمية للنقود .

المرحلة الثانية: وهي تلك التي قدم فيها تحليلاً مفصلاً عن تفضيل السيولة عام 1936م .

المرحلة الثالثة: وقد جاءت في مقاله المنشور عام 1937م في المجلة الاقتصادية عقب النقد الذي وجهه بعض الاقتصاديين للنظرية العامة أمثال (أوهلين وروبرتون)، وقد كان المقال منصبًّا على التحليل الخاص بالطلب على النقود.

ومما لا شك فيه أن كتاب كينز (النظرية العامة للتشغيل والفائدة والنقود) قد أحدث تغييرات كبيرة في الفكر الاقتصادي، وفتح طريقاً جديداً للتحليل في النظرية الاقتصادية [3].

---

(1) سهير محمود معتوق، " النظريات والسياسات النقدية "، مرجع سابق، ص 61.

(2) المرجع السابق، صـ 62.

(3) حازم الببلاوي، " النظرية النقدية مقدمة إلى الاقتصاد التجميعي "، مطبوعات جامعة الكويت، 1975، ص 287.

ب- أهم الافتراضات العامة للنظرية الكنزية:

تتمثل أبرز الافتراضات الكنزية فيما يلي: [1]

1- أن الاقتصاد الخاص غير مستقر، وبالتالي لا يمكن أن يتحقق التوظف الكامل، وذلك لأن التغيرات في توقعات الأعمال ينتج عنها عدم الاستقرار في الاستثمارات.

2- قوى التصحيح الذاتي ضعيفة وبطيئة، لأن مرونة الأسعار منخفضة بسبب عدم كمال الأسواق، وسيحتاج الاقتصاد لوقت طويل لاستعادة التوازن لوحده بدون تدخل، مما قد ينتج عن الوقت اللازم لاستعادة التوازن سلبيات غير مقبولة اجتماعياً وسياسياً.

3- الإدارة النشطة للطلب ضرورية وخصوصاً عندما تظهر على الاقتصاد القومي علامات الانكماش والتراجع.

جـ- مميزات التحليل الكنزي:

اتسم تحليل كينز، بعدة صفات جعلته متقدماً على التحليل الكلاسيكي في الجانب النقدي الذي جعل من التغير في كمية النقود العامل الرئيسي- في التأثير على المستوى العام للأسعار، وتتلخص أبرز سمات التحليل الكنزي فيما يلي:

1- ركز التحليل الكنزي على دراسة الطلب على النقود باعتبارها مخزن للثروة، وانتقد الفرض الكلاسيكي القائل بأن النقود لا تطلب لذاتها كونها مجرد وسيلة للتبادل، ولا تأثير لها على النشاط الاقتصادي، وأكد كينز أن النقود تطلب باعتبارها مخزن للثروة وأطلق على ذلك (طلب النقود لغرض المضاربة) وهو ما يميز التحليل الكينزي عن

[1] سامي خليل، " نظرية الاقتصاد الكلي "، الكتاب الثاني، مرجع سابق، صـ 757.

التحليل الكلاسيكي؛ الذي أوضح إمكانية أن تحدث التغيرات النقدية تأثيراً على النشاط الاقتصادي، مما يفسر إمكانية عدم حدوث توازن العرض الكلي مع الطلب الكلي .

2- تميز تحليل كينز بعدم الفصل بين الاقتصاد العيني والاقتصاد الحقيقي كما فعل الكلاسيك [1] .

3- أوضح التحليل الكنزي بأن القوانين الصالحة للتطبيق على الاقتصاد الكلي، قد لا تتفق مع التصرفات الخاصة، بمعنى أن تخفيض أجر فرد عاطل قد يؤدي إلى تشغيله ولكن التخفيض العام للأجور قد لا يؤدي إلى حالة التشغيل الكامل، ويعتبر كينز أول من طرح مشكلة التجميع أي الانتقال من التصرفات الجزئية إلى القوانين الاقتصادية الكلية .

4- اعترض (كينز) على مبدأ التوظف الكلاسيكي وأوضح أن الأسعار والأجور لا تتمتع بالمرونة الكاملة كما اعتقد الكلاسيك، حيث أوضح فيما يخص عرض العمل أن العمال يهتمون بالأجر الأسمى أكثر من الأجر الحقيقي مما يجعلهم يتعرضون للخداع النقدي (الوهم النقدي)، كما افترض أيضاً أن الأجور جامدة في الاتجاه التنازلي بسبب معارضة نقابات العمال لتخفيض أجور العمال، كما أن الأثمان أيضاً حسب كينز تخضع للجمود في الاتجاهين [2] .

5- رفض (كينز) قانون (ساي) الكلاسيكي القائل بأن كل عرض يخلق الطلب المساوي له، وأنه يحافظ على بقاء الاقتصاد متوازناً عند مستوى التشغيل الكامل، حيث أكد كينز إمكانية حدوث البطالة واستمرارها

---

(1) صبحي تادرس قريصة، " النقود والبنوك "، الدار الجامعية للطباعة والنشر والتوزيع، الإسكندرية، 1986، صـ 282.

(2) سهير محمود معتوق، " النظريات والسياسات النقدية "، مرجع سابق، صـ 62، 65، 67.

في حال عدم تدخل الدولة من خلال تحفيز الطلب الفعال، وفيما يتعلق بأثر زيادة كمية النقود، يتفق (كينز) مع الكلاسيك في أن زيادتها في حال التشغيل الكامل ستؤدي إلى زيادة الأسعار، إلا أنه يرى أن حالة التشغيل الكامل لا تتحقق بشكل دائم، وبالتالي فإن زيادة كمية النقود ستؤدي إلى زيادة الإنتاج والتشغيل في حال وجود موارد عاطلة، وتؤدي إلى ارتفاع الأسعار في حال كان الاقتصاد عند مستوى التشغيل الكامل [1].

د- الطلب على النقود في النظرية الكنزية:

بين (كينز) أن هناك ثلاثة دوافع لطلب الأفراد للنقود وهي: -

1- طلب النقود بدافع المعاملات (Transactions Motive):

وهذا الدافع الوحيد الذي أقره التقليديون في نظريتهم، حيث يعتبرون أن النقود تطلب فقط لأغراض المعاملات كوسيط للتبادل فقط، أما (كينز) فيرى أن هذا الدافع يمثل واحد من عدة دوافع أخرى للطلب على النقود، ويعتمد طلب النقود بدافع المعاملات حسب التحليل الكنزي على النمط الزمني بين استلام الأفراد للدخل وإنفاقه، وبالنسبة للمشروعات يعتمد على الوقت الذي يفصل بين نفقات المشروع وبين متحصلاته، كما يعتمد هذا الدافع أيضا على مدى انتشار المؤسسات المالية في المجتمع، حيث يقل طلب الأفراد والمشروعات للاحتفاظ بالنقود بشكل سائل في ظل مجتمع تتوفر به أعداد متزايدة من المؤسسات المالية[2].

كما يوضح كينز أن طلب الأفراد بدافع المعاملات يعتمد على مستوى الدخل ويتناسب معه طردياً.

([1]) حازم الببلاوي، مرجع سابق، صـ 88.

([2]) **Norma. C. Miller. " Macroeconomics ", Houghton Co. 1st edd, U. S. A, 1983, P. 103.**

2- طلب النقود بدافع الاحتياط (Precautionary Motive):

أضاف كينز لدافع المعاملات دافع الاحتياط، حيث يرى أن الأفراد يحتفظون بالنقود لمواجهة ما قد يطرأ لهم من أشياء غير متوقعة في حساباتهم، ويحكم هذا الدافع عدة عوامل منها طبيعة الفرد وظروفه النفسية حيث يقل طلبه للنقود في حالة تفاؤله ويزداد طلبه لها عندما تسيطر عليه حالة من التشاؤم، كما أن درجة عدم التأكد تزيد من طلب الأفراد للنقود استعدادًا لمتطلبات المستقبل، وأخيرًا مدى نمو وتنظيم أسواق رأس المال حيث يقلل طلب الأفراد للاحتفاظ بالنقود كلما كان بإمكانهم تحويل الأوراق المالية إلى نقود بسهولة ويسر، ويتناسب هذا الدافع طرديًا مع مستوى الدخل [1].

3- طلب النقود بدافع المضاربة (speculative Motive):

ويعتبر هذا الدافع ما تميز به تحليل كينز عن النظرية التقليدية، وقد أعطى هذا الدافع أهمية خاصة للنظرية النقدية، وطلب النقود بدافع المضاربة هو عبارة عن الفرق بين الثمن الحاضر للسندات وثمنها في المستقبل، فعندما يتوقع الفرد أن أسعار الفائدة على السندات سيرتفع في المستقبل فإنه يقوم بزيادة مشترياته منها ويقلل ما بحوزته من النقود، بمعنى أن الأفراد يفضلون السندات عن النقود عند ارتفاع سعر الفائدة على الأوراق المالية بشكل كبير، وبذلك فإنهم يتنازلون عن السيولة النقدية أملاً في حصول انخفاض لأسعار الفائدة في المستقبل، والعكس في حال انخفاض سعر الفائدة في السوق عن مستواه العادي، حيث يقوم الأفراد ببيع ما بحوزتهم من السندات ذات القيمة السوقية المرتفعة ظنًا منهم بأن سعر الفائدة المستقبلي سيرتفع وستنخفض القيمة السوقية للسندات [2].

(1) فؤاد هاشم عوض، " اقتصاديات النقود والتوازن النقدي"، دار النهضة العربية، القاهرة، 1974، ص 99.
(2) حازم الببلاوي، " الطلب على النقود "، مصر المعاصرة، العدد (343)، 1971، ص 62.

ويتضح من العرض السابق أن الطلب الكلي للنقود في النظرية الكنزية ُقسم إلى قسمين:-

القسم الأول: يرتبط بعلاقة طردية بمستوى الدخل ويضم الطلب على النقود بدافع المعاملات وطلب النقود بدافع الاحتياط وقد جمعهم كينز في معادلة واحدة هي: -$L1= L1 (Y)$

حيث $L1 (Y)$ تعبر عن طلب النقود للمعاملات والاحتياط $L1 (Y) › o$.

القسم الثاني: وفيه يتوقف الطلب على النقود على سعر الفائدة (I) ويرتبط بعلاقة عكسية معها . $L2 = L2 (I)$.

وبذلك تكون معادلة الطلب الكنزية هي: $L = L_1 (Y) + L_2 (I)$

وللوصول إلى التوازن في سوق النقود فإن الأمر يتطلب حصول توازن بين عرض النقد والطلب عليه. وبما أن عرض النقد يتحدد من قبل السلطة النقدية كونه متغيراً خارجيًا فإن التوازن في سوق النقد يحدث عند تقابل منحنى عرض النقد الثابت الرأسي مع منحنى الطلب الكلي النقدي .

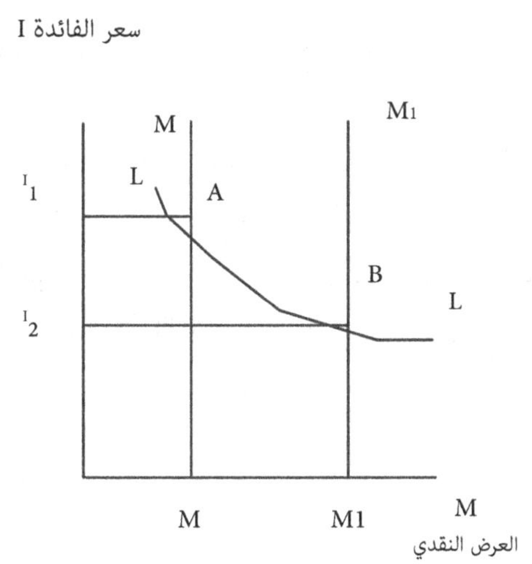

شكل (أ)

يوضح الشكل (أ) المقابل أن التوازن في سوق النقد يحدث عند النقطة (A) حيث يتقاطع منحنى العرض النقدي (M) مع منحنى الطلب النقدي (LL) .

فإذا قامت السلطات النقدية بزيادة العرض النقدي إلى (M1) حيث ينتقل منحنى العرض الرأسي إلى (M1) فسيحدث التوازن في سوق النقد عند النقطة (B) عند مستوى منخفض لسعر الفائدة يمثل a (I2) والعكس في حال زيادة الطلب النقدي مع ثبات كمية عرض النقد حيث يحصل التوازن النقدي عند مستويات مرتفعة من سعر الفائدة ويحصل عدد من التوازنات المختلفة لسوق النقد على منحنى (LL) الذي تعبر كل نقطة عليه عن توازن معين في سوق النقد.

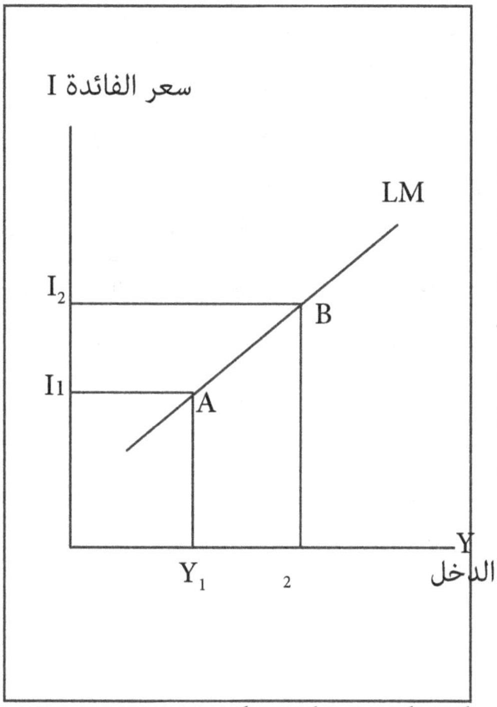

أما الشكل (ب) المقابل فيوضح أن النقطة (A) تحدد مستوى من الدخل مساويًا لـ (Y)، وعن ارتفاع الفائدة من (I1) إلى (I2) فإن الدخل يرتفع من (Y1) إلى (Y2) محققًا توازنًا أخر على منحنى (LM) عند النقطة (B) وLM يعبر عن علاقة طردية بين سعر الفائدة والدخل، وتفسير ذلك أن ارتفاع سعر الفائدة يقلل من الطلب على النقود بدافع المضاربة مما يوفر قدرًا أكبر من النقود للمعاملات تساهم في رفع مستوى الدخل[1].

هـ- الانتقادات الموجهة للنظرية الكنزية:

رغم أن النظرية الكنزية أحدثت تطوراً كبيراً وتحليلاً جاداً في الفكر الاقتصادي الحديث، إلا أن البعض يرى أن الأفكار الكنزية احتوت على بعض القصور المتمثل فيما يلي [2]:

(1) محمود على إبراهيم القصاص، " فعالية السياسة النقدية المستخدمة في الإصلاح الاقتصادي في مصر وأثرها على البنوك "، رسالة ماجستير كلية التجارة، جامعة عين شمس، 1995م، ص 26، 27.

(2) مصطفى رشدي شيحة، مرجع سابق، صـ 554، 555، 556.

1- يعتبر البعض بأن الأفكار الكينزية هي مجرد صياغة أخرى لنظرية كمية النقود تبحث نفس الشيء (تأثير كمية النقود في الأسعار)، وبدلاً من أن تسلم بالتأثير المباشر لتغير كمية النقود في مستوى الأسعار، حاول كينز البحث عن وجود وسيط آخر تؤثر فيه النقود ويؤثر هو بدوره على الأسعار، والنتيجة واحدة كمية النقود والأسعار، والخلاف في أن التأثير مباشر في النظرية الكلاسيكية وغير مباشر في النظرية الكنزية.

2- تُحمل النظرية أو لأفكار الكنزية عنصر العمل مسئولية زيادة النفقات وبالتالي الأسعار، وبذلك فإن تثبيت الأجور يعتبر العنصر الوقائي لمنع التضخم والمحافظة على قيمة النقود، مع أن زيادة الأجور يقابلها زيادة في الإنتاجية وقد تفوق زيادة الأجور ومع ذلك ترتفع الأسعار مما يؤكد أن هناك عوامل أخرى تتسبب في رفع الأسعار، وفي النظام الرأسمالي قد تنتج الزيادة في الأسعار من قرارات المشروعات والمنتخبين بغية الوصول إلى أقصى ربح ممكن من خلال تحميل المستهلكين نفقة الاستثمارات الجديدة، بحيث أي زيادة في النفقات لا يترتب عليها انخفاض للأرباح، كما هو في الشكل الاحتكاري وشبة الاحتكاري للمشروعات الحديثة التي يتم فيها تحديد الأسعار بطريقة تحكمية من خلال التفاهم وبالشكل الذي يحقق لهؤلاء المحتكرين امتصاص كافة دخول المستهلكين، وكل الزيادات التي حصلت عليها الطبقات المنتجة.

ثالثاً: النظرية الكنزية الجديدة (الكنزيون الجدد):

أ – ظهور الكنزيون الجدد:

بدأت الأفكار الكنزية الجديدة في الظهور إثر الحرب العالمية الثانية على يد مجموعة من الاقتصاديين المؤمنين بأفكار كينز، حيث قاموا بتطويرها وتلافي جوانب النقص في التحليل الكنزي، ومن أبرز هؤلاء الاقتصاديين (جيمس توبن، وليام بايمول)

وينطلق الكنزيون الجدد في تحليلهم من نفس مبدأ كينز القائل بعدم توازن السوق، بسبب فشل آلية الأسعار عن تحقيق المواءمة كونها بطيئة وتحتاج إلى بعض الوقت لاستعادة التوازن، إلا أن التحليل الجديد قدم تفسيراً أكثر تقدماً من تحليل كينز فيما يتعلق بجمود الأجور وبطء المواءمة واستعادة التوازن، وركز المنهج الكنزي الجديد على تحليل العوامل المحددة للطلب الفردي على النقود، وصولاً إلى تحليل العوامل المحددة لدالة الطلب الكلي على النقود[1].

ب- أهم مرتكزات الفكر الكنزي الجديد:

تنطلق الأفكار الكنزية الجديدة من الافتراضات الأساسية الآتية: [2]

1- لا توجد قوى ذاتية تعمل على إعادة التوازن والتصحيح الذاتي للاقتصاد .

2- يسود معظم الأنشطة الاقتصادية عدم التأكد، لأن معظم القرارات يتم اتخاذها بواسطة الخبرة والبداهة .

3- اتحاد العمال والشركات هما المسيطران، وفرض وجود بائعين ومشترين مستقلين فرض لا يتفق مع الواقع .

4- يؤمن الكنزيون الجدد بأهمية النقود، إلا أنهم يعتبرونها سلبية فهي تستخدم كوسيلة لعدم التأكد وصلة بين الماضي والحاضر .

---

(1) Gordon.R.J, " Macroeconomics", 5th Edition, 1985, P. 498-499.

(2) سامي خليل، " نظرية الاقتصاد الكلي "،الكتاب الثاني، مرجع سابق، صـ 768، 769.

جـ- مميزات التحليل الكنزي الجديد عن التحليل الكنزي:

يمكن أن نوضح أبرز مرتكزات التحليل الكنزي الجديد في النقاط التالية:

1- تفسير الكنزيون الجدد للجمود الحقيقي للأجور [(1)]:

يتفق النموذج الكنزي ونموذج الكنزيين الجدد في أن الأسعار تتواءم ببطء للوصول إلى حالة التوازن، ويختلفان في أن نموذج (كينز) يفترض أن ثبات الأجور النقدية هو الذي يتسبب في بطء المؤامة بين الأجور والأسعار، أما نموذج الكنزيين الجدد فيفسر بطء المؤامة بأنه ناتج عن التصرفات الرشيدة للأفراد في محاولتهم تعظيم أجورهم بالإضافة إلى سلوك المنشآت في تعظيم أرباحها، ولم يكتفي الكنزيون الجدد بالقول بجمود الأجور فقط بل حاولوا تفسير رأيهم من خلال ما أطلقوا عليه بنظرية نموذج العقد الضمني ونموذج الأجور الكفاءة، حيث ترى نظرية العقد الضمني أن الاتفاقات بين العمال والمنشآت لا يشترط أن تكون مكتوبة فقد تكون ضمنية، وترى هذه النظرية أيضاً أن العمال والموظفون أكثر عرضة لعدم استقرار دخولهم بسبب الدورات الاقتصادية، كما أوضحت النظرية أن العمال يهتمون باستقرار دخولهم الحقيقية وليس النقدية، إلا أنها لم تفسر عدم إصرار العمال على ربط أجورهم النقدية بالأرقام القياسية للأسعار .

أما نظرية نموذج الأجور الكفاءة فهي قائمة على فرض أن إنتاجية العامل تتوافق مع مستوى الأجر الحقيقي، فهي تهتم بالأسباب التي تجعل المنشأت لا ترغب في تخفيض الأجور التي تدفعها مقارنة بالأجور التي تدفعها المنشأت الأخرى، كما توضح النظرية لماذا لا تقوم كل منشأة بربط الأجور النقدية التي تدفعها بالطلب النقدي، حيث تفسر النظرية بأن رفع المنشأة لأجور العاملين ستؤدي إلى رفع إنتاجية عمالها لأنهم سيبدلون جهداً أكبر ويقللون من الوقت الضائع، وتتوقف المنشأة حسب هذه

(2) James Rtobin, "Liquidity Preference as Behavior Towards Risk", Review of Economics Studies, Vol. 25, Feb. 1958, P. 60-67.

النظرية عن دفع أجور العاملين حين يتساوى مقدار الكفاءة (e) الذي يتوقف على الأجر الحقيقي مع الأجر التوازني الذي تتساوى عنده الإنتاجية مع أجر الكفاءة (W)، ولأن أجر الكفاءة خاضع لعوامل تكنولوجية ومؤسسية تحتاج لبعض الوقت فإن المنشأة تقوم بتخفيض عدد العمال والموظفين في حالة انخفاض الطلب على منتجاتها بدلاً من تخفيض الأجور حيث تفضل العدد القليل من العمال بنفس الأجر مقابل اختيار الأفضل كفاءة منهم، وبذلك فالكنزيون يوضحون السبب في جمود الأجور، والأسعار من خلال نظرية أجور الكفاءة التي توضح لماذا تقاوم المنشآت تخفيض معدلات الأجور عند انخفاض معدلات الطلب على منتجاتها .

2- تفسير الكنزيون الجدد للطلب على النقود:

ركز الكنزيون الجدد على تحليل العوامل المحددة لدالة الطلب الفردي على النقود بالنسبة لدوافع الاحتفاظ بالنقود، كل دافع على حدة، وصولاً إلى العوامل المحددة لدالة الطلب الكلي، وسنتناول كل دافع من دوافع الطلب الفردي على النقود فيما يلي:

أ- طلب الفرد للنقود بغرض المعاملات:

أوضح العالمان الاقتصاديان ("James Tobin ،William Baumol) أن طلب النقود بغرض المعاملات حساس لتغيرات أسعار الفائدة، حيث افترضا أن شخصاً يتسلم دخلاً شهرياً ثابتاً وينفقه كاملاً على مدار الشهر، فإنه وبدافع الفائدة يحتفظ بجزء من دخله نقداً في شكل نقود حاضرة (M) ويستمر الجزء المتبقي في أصول عالية السيولة كسندات الخزانة التي يستطيع تحويلها إلى نقود بسهولة، إلا أن الفرد يواجه تكاليف سمسرة تحويلها إلى نقود وتكاليف الذهاب إلى البنك، وبذلك فهو يقارن بين

العائد الذي يحصل عليه من السندات وبين تكاليف تحويلها إلى نقود عند الحاجة [1]، وبالتأكيد فإن الفرد كلما قلل كمية النقود التي يحتفظ بها على شكل نقود سايلة فإن الفائدة التي سيجنيها سترتفع، وتزداد بالتالي سرعة دوران النقود:

$$V = \frac{PY}{M}$$

وتوضح المعادلات التالية مدى حساسية طلب الفرد للنقود بغرض المعاملات لتغيرات أسعار الفائدة حيث إن:

$$Mt = \frac{1}{2n}\left(\frac{V}{365}\right) \quad \alpha \qquad (1)$$

Mt: متوسط ما يحتفظ به الفرد من أرصدة نقدية بغرض المعاملات .

Y: الدخل السنوي للفرد .

α: عدد الأيام التي يدفع للفرد خلالها (يسحب من رصيده المستثمر) .

N: عدد المعاملات الكلية في السنة (بيع وشراء السندات).

وتمثل المعادلة التالية مقدار ما يحتفظ به الفرد من سندات:

$$Bd = \frac{n-1}{2\,n}\left(\frac{Y}{365}\right) \quad \alpha \qquad (2)$$

والعائد الذي يحصل عليه من السندات (R) نحصل عليه من خلال ضرب سعر الفائدة (I) في المعادلة (2)

$$R = i\left(\frac{n-1}{2\,n}\left(\frac{Y}{365}\right) \alpha\right) \qquad (3)$$

(1) Mishkin, F, S,"The Economics Of Money، Banking and Financial Markets", Boston: Uttle, Brown and Company، 1986, p. 412, 413 .

وبضرب تكلفة العملية الواحدة (a) في عدد المعاملات (n) نحصل على التكلفة الكلية للمعاملات

$$c = an \qquad (3)$$

وبالتالي فإن صافي العائد التي يحدد مقدار ما يحصل عليه الفرد من عائد استثمار جزء من دخله في أصول عالية السيولة (أذون الخزانة) .

$$N = R - C$$

فكلما زادت (N) كلما عظم الفرد العائد الذي يتسلمه .

ويعتبر تحليل الكنزين الجدد هاماً ومتقدماً لأنه أوضح أن الفرد يختار بين الأصول المختلفة لاستثمار أصوله السائلة، كما أثبت أيضاً أن سرعة دوران النقود غير ثابتة وهو تدعيم للفكر الكنزي، وأهم ما ركز عليه هذا التحليل هو الإثبات أن طلب النقود للمعاملات حساس لسعر الفائدة [1] وأن هناك علاقة عكسية بين طلب النقود للمعاملات وسعر الفائدة .

ب- طلب النقود بغرض الاحتياط:

إن أحد الافتراضات الرئيسية للكنزيين الجدد تنص على أن الاقتصاد يسوده حالة من عدم التأكد، ويتضح هذا الفرض في طلب النقود للاحتياط فطلب النقود لغرض الاحتياط يأتي لكون النقود تستخدم كوسيط للتبادل أو مستودع مؤقت للقيمة، وبحسب النموذج الكنزي الجديد فإن سلوك الفرد في الطلب على النقود يتسم بتحقيق المساواة بين الدخل والإنفاق على مدى عدة فترات الدخل، فعندما يتجاوز دخل الفرد إنفاقه فإنه يستثمر الجزء الفائض في السندات أما إذا تجاوز إنفاقه دخله فإنه يسحب من ثروته لتغطية متطلبات إنفاقه، لذا فالفرد يحتفظ بجزء من ثروته على شكل أرصدة سائلة للسحب منها عند الحاجة [2].

---

(1) سامي خليل، مرجع سابق، صـ 1412.

(2) محمد عزت إبراهيم عزلان، مرجع سابق، صـ 7.

والنموذج الخاص بطلب النقود بـدافع الاحتيـاط مشـابه لنمـوذج (Baumol - Tobin) الخاص بطلب النقود بدافع المعاملات، فالفرد يوازن بين الفوائـد التـي يجنيهـا من استثمار النقد وبين الاحتفاظ بالنقود بشـكل سـائل فكلـما ارتفعـت أسـعار الفوائـد كلما ارتفعت كلفة الفرصة الخاصة بالاحتفاظ بأرصدة نقدية احتياطية وستكون النتيجة هنا مشابهة لتحليـل (Baumol - Tobin) والتـي تقضي أن طلـب الأرصـدة النقديـة بدافع الاحتياط إنما هو دالة عكسية في سعر الفائدة[1].

جـ- طلب النقود بغرض المضاربة:

على الرغم من أن دافـع الطلـب للنقـود بغـرض المضـاربة يمثـل أحـد الإسـهامات الجديدة للتحليل الكنزي، إلا أنه لاقى انتقاداً شديداً بسبب افـتراض كينـز أن الفـرد إمـا سيحتفظ بالنقود أو بالسندات بحسب سعر الفائدة المتوقع، أما تحليل الكنزيون الجدد فقد افترض أن الأفراد لا يهتمون فقط بالعائد المتوقع مقارنة بالعائد المتوقـع مـن أصـل أخر، وإنما يهتمون أيضـاً بمخـاطر العائـد مـن كـل أصـل، وأوضـح (Tobin) أن الأفـراد يقللـون مقـدار المخـاطر مـن خـلال تنويـع الأصـول التـي يمتلكونهـا، حيـث يحتفظـون بالسندات والنقود معاً كمخزن للثروة، وهو منطق أكثر واقعية مـن تحليـل كينـز، وأكـثر استخداماً في الحياة الواقعية، لأنه يعبر عن حقيقة السلوك الرشيد للفرد[2].

د - الانتقادات الموجهة للنظرية الكنزية الجديدة:

أبرز انتقاد وجـه للكينـزيين الجـدد التفسـير الـذي قـدموه حـول جمـود الأجـور والأسعار والمتمثل بالعقود الضمنية ونقابـات العـمال، ويـأتي الانتقـاد لهـذا النمـوذج أن الدورات الاقتصادية ظهرت قبل ظهور نقابات العمال، كما أنـه لم يحـدد أي مصـدر مـن مصادر الجمود أكثر أهميـة هـل الجمـود النقـدي أم الجمـود الحقيقـي، مـع أن درجـة جمود

---

(1) سامي خليل، مرجع سابق، صـ 1414.

(2) James. Tobin, " Liquidity Preference as Behavior Toward Risk", Opcit, p. 65- 67 .

الأجور والأسعار تختلف عبر الدول والعصور المختلفة، وأحد الأسباب التي تفسر مرونة الأسعار في بلد عن بلد أخر مرتبط بالتوقعات الرشيدة[1]. لذلك يؤخذ على هذا النموذج عدم تحديده أي من مصادر الجمود أكثر أهمية، وهل يختلف من بلد لآخر أم لا .

رابعاً: النظرية الكلاسيكية الجديدة (النيوكلاسيك) (The New Classical Theory):

أ - نشأة النظرية:

ظهرت الأفكار الأساسية للكلاسيكيين الجدد في أواخر الخمسينات من القرن العشرين، على يد مجموعة من الاقتصاديين بزعامة " M. Friedman " من جامعة (شيكاغو) لذلك يطلق عليهم بأصحاب مدرسة شيكاغو، ومدرسة الكلاسيكين الجدد قائمة أساساً على الجمع بين التوقعات الرشيدة وخاصية التصحيح الذاتي للأسعار والأجور التي تتصف بمرونتها العالية، وقد جاءت هذه المدرسة كإحياء للنظرية الكمية التقليدية ولكن بتحليل جديد قدم تبريراً لأبرز الانتقادات التي وجهت للنظرية الكمية التقليدية من قبل كينز حول فرض ثبات سرعة دوران النقود، وقد أكدت النظرية الكمية الحديثة على أهمية النقود واعتبرت أنها مسيطرة على بقية الأصول والأدوات المالية لذلك يطلق البعض على أصحاب هذه المدرسة اسم (النقديين) بعكس الكنزيين الذين يرون بأهمية السياسة المالية كونها تلعب دوراً هاماً في النشاط الاقتصادي أكثر من السياسة النقدية.

---

(1) **سامي خليل، " نظرية الاقتصاد الكلي "، مرجع سابق، صـ 1031.**

ب - أهم فروض النظرية الكلاسيكية الجديدة:

ارتكز المنظور الكلاسيكي الجديد على مجموعة من الفروض الأساسية تتمثل أبرزها فيما يلي [1]:

1- أن الاقتصاد الخاص أساس مستقر بسبب مرونة الأجور والأسعار التي تحقق التصحيح الذاتي .

2- تحقيقاً لفرض التوقعات الرشيدة التي تستند إليها النظرية، فإنها ترى أن على جميع الوحدات الاقتصادية استخدام كافة المعلومات المتوفرة عند اتخاذ القرار.

3- ترى النظرية أن التغيرات المتوقعة في عرض النقد يؤثر فقط على الأسعار, أما التغيرات غير المتوقعة فقد يكون لها تأثيراً على الإنتاج والتوظف في الأجل القصير فقط، وهذا يعني أنها ترى أن النقود محايدة .

4- السياسات الاقتصادية الهادفة للاستقرار تكون غير فعالة، لأن استمالة الاقتصاد القومي سيترتب عليها زيادة الأسعار فقط، كون الوحدات الاقتصادية تعرف الآثار الطويلة الأجل للسياسة الاقتصادية .

جـ- محددات الطلب على النقود عند الكلاسيكيين الجدد:

يتحدد الطلب على النقود عند (فريدمان) على العوامل الآتية [2]:

1- **الثروة الكلية (V):** حدد (فريدمان) الثروة الكلية بأنها عبارة عن الثروة البشرية وغير البشرية أي أنها تشمل كل مصادر الحصول على الدخل

([1]) نفس المرجع، صـ 762، 763.

([2]) سهير محمود معتوق، " النظريات والسياسات النقدية "، مرجع سابق، صـ 152.

والثروه، وهي تقابل قيد الميزانية الذي يعتبر فيه الدخل القيد الأساسي لإمكانية حصول الفرد على السلع والخدمات، والثروة حسب (فريدمان) تتضمن عدة أصول أهمها النقد والأصول النقدية (السندات ذات الدخل الثابت) والأصول المالية (الأسهم) والأصول الطبيعية (رأس المال العيني) ورأس المال البشري.

وترى هذه النظرية أن الأفراد يراعون ثلاثة عوامل في طلبهم للنقود، العامل الأول يتمثل في المنفعة التي يجنيها الأفراد من الاحتفاظ بالنقود لمواجهة الظروف غير المتوقعة، أو استغلال فرصة معينة كالتخفيض المفاجئ لسعر سلعة معينة أو ما شابه ذلك، أما العامل الثاني فيتمثل في التكلفة التي يتحملها الفرد نتيجة احتفاظه بالنقود وتتمثل بتكلفة الفرصة البديلة فيما لو استثمر المبلغ المحتفظ به وكلفة خسارة القوة الشرائية في حال ارتفاع مستوى الأسعار، أما العامل الثالث الذي يراعيه الفرد عند احتفاظه بالنقود فهو قيد الدخل، ويرى (فريدمان) أن طلب الفرد للنقود يزداد بزيادة الدخل وبنسبة أكبر من زيادة الدخل [1].

2- **الائتمان والعوائد من الثروة الكلية:** يقوم الفرد بتوزيع ثروته على الأصول المختلفة وفقاً للمنفعة التي يحصل عليها، فالعائد بالنسبة للنقود يتمثل في سيولتها, حيث توفر لحائزها الأمان وهو عائد غير نقدي بالإضافة إلى عائدها النقدي المتمثل في سعر الفائدة في حال إيداعها في البنك، ويعبر عنها (فريدمان) بـ (P) أي قيمتها الحقيقية التي تمثل نسبة مبادلتها بالسلع والخدمات، أما السندات فتمثل دخلاً ثابتاً كنسبة من قيمتها السنوية (سعر الفائدة السنوي)، الشكل الثالث من الثروة يتمثل في الأسهم التي تدر عائداً سنوياً يتمثل في الأرباح

(1) سامي خليل، " الاقتصاديات النقود والبنوك "، مرجع سابق، صـ 806، 807.

السنوية، أما رأس المال المادي فبحسب العائد عليها من خلال تقدير أثمانها وتغيراتها بنسبة لمدد استخدامها[1] أما رأس المال البشري فقد حُدد الطلب عليه بنسبة رأس المال البشري إلى نسبة رأس المال غير البشري، أو نسبة الدخل من المصدر البشري إلى الدخل من المصدر غير البشري[2].

3- **العوامل التي تؤثر في الأذواق وترتيب الأفضليات لحائزي الثروة:** يقرر هذا العامل أن العائد ليس المحدد الوحيد لتوزيع الثروة، حيث يرى (فريدمان) أن الطلب على النقود يمكن أن يتغير مستقلاً عن حجم ثروة الفرد وعن معدلات العوايد من الأصول المختلفة لمجرد حدوث تغير في الأذواق [3].

ومما سبق يتضح أن الطلب على النقود أو الأرصدة الحقيقية يتحدد من خلال العوامل الآتية [4]:

1- منفعة الأرصدة النقدية (U) .

2- مستوى الأسعار (P).

3- سعر فائدة السوق (i).

4- مستوى الدخل الحقيقي (y).

5- معدل التغير في الأسعار ($\hat{p}$) .

(1) مصطفى رشدي شيحة، مرجع سابق، صـ 313.

(2) سهير محمود معتوق، مرجع سابق، صـ 154.

(3) نفس المرجع، ص 154 - 155.

(4) سامي خليل، " نظريات الاقتصاد الكلي "، الكتاب الثاني، مرجع سابق، صـ 1384.

وحسب (فريدمان) يمكن كتابتها في الصورة التالية:

$md = f\left(u, p, i, y, \hat{p}\right)$ حيث (md) تمثل طلب الأفراد للنقود .

ولأن (u) المنفعة تتصف بالاستقرار و (p) لا تتغير إلا في فترات طويلة وفي حالات التضخم الجامح، فإنه يمكن استبعادهما من المعادلة بحيث تصبح دالة الطلب على النقود كما يلي:

$$md = F\left(P, Y, i\right)$$

وحسب تحليل (فريدمان) فإن الأفراد يحددون استهلاكهم وفقاً لدخولهم الدائمة الذي هو عبارة عن متوسط مرجح للدخل الجاري والدخل السابق [1].

وهو مرتبط بالسلوك الاقتصادي لتوقعات الفرد بالنسبة لدخله المستقبلي، كما أن الدخل الدائم مفهوم مرتبط بالأجل الطويل بحيث يسمح بتكوين علاقة مستقرة وثابتة، أما الدخل الجاري فهو مفهوم يرتبط بالأجل القصير وينقسم إلى دخل دائم (Yp)، ودخل انتقالي (Yt) [2].

ومما سبق نلاحظ أن فريدمان وأتباعه من الكلاسيكيين الجدد يرون أن الطلب على النقود السائلة يزداد بزيادة ثروة الفرد، (دخله الحقيقي) وانخفاض تكلفة الفرص البديلة للاحتفاظ بالنقود، وزيادة درجة تفضيل الأفراد للاحتفاظ بثروتهم بشكل سائل.

---

(1) المرجع السابق، صـ 1086.

(2) محمد عزت غزلان، مرجع سابق، صـ 21، 22.

المبحث الرابع
دور وأهمية السياسات النقدية في النظريات الاقتصادية

اختلفت المدارس الاقتصادية فيما بينها في الدور الذي تلعبه النقود والسياسة النقدية في التأثير على النشاط الاقتصادي، وما إذا كان هذا التأثير بشكل مباشر أو غير مباشر .

وسنوضح فيما يلي أهمية السياسة النقدية في كل مدرسة من المدارس الاقتصادية.

أولاً: السياسة النقدية في التحليل الكلاسيكي والنيوكلاسيكي:

1- دور السياسة النقدية في تحقيق الاستقرار التحليل النقدي:

(أ) السياسة النقدية في التحليل الكلاسيكي: يؤكد أصحاب النظرية النقدية التقليدية على مبدأين أساسيين الأول المرونة التامة للأجور ولأسعار والثاني الحيادية التامة للنقود، وهذان المبدأن لم يتركا أي تأثيرات نقدية بين القطاعين النقدي والحقيقي جراء تغير كمية النقود وتحديداً في الأجل القصير، الأمر الذي جعل الهدف النهائي للسياسة النقدية في النظرية النقدية التقليدية يتركز في تحقيق الاستقرار النقدي، من خلال الحرص على توازن العرض النقدي في الاقتصاد، بالاعتماد على آلية السوق المفتوحة المتمثلة في بيع وشراء السندات بما يؤدي إلى التحكم في العرض النقدي بالشكل الذي يحقق الاستقرار الاقتصادي والتشغيل الكامل[1] .

(ب) السياسة النقدية في التحليل النيوكلاسيكي: أدخل (فريدمان) تحسيناً على النظرية النقدية التقليدية من كونه فرق بين الزمن القصير والطويل من

(1) Gradner Ackly, "Macroeconomic Theory" Printing, Hong Kong, Woke Printing Press, 1970. P. 105.

حيث تأثير السياسة النقدية, حيث بين أن السياسة النقدية قد يكون لها تأثير على النشاط الاقتصادي في الأجل القصير, أما في الأجل الطويل فإنه لا تأثير لها على النشاط الاقتصادي وأن التأثير الأساسي لها يكون على المستوى العام للأسعار والمتغيرات النقدية الأخرى, ومن حيث العلاقة بين القطاعين النقدي والحقيقي فيقف (فريدمان) مع الرواد الأوائل بأن العلاقة تتم بشكل مباشر من القطاع النقدي إلى القطاع الحقيقي[1], وقد أوضح (فريدمان) أن السلطات النقدية سوف تنتهج سياسة نقدية توسعية إذا كانت تستهدف تخفيض معدل البطالة عن المعدل الطبيعي لأن زيادة العرض النقدي يؤدي في البداية إلى انخفاض سعر الفائدة مما يؤدي إلى زيادة الإنتاج والدخل الحقيقي وتكون الأسعار مستقرة لبعض الوقت، إلا أن أسعار المنتجات تستجيب لزيادة الطلب الناتج عن ارتفاع الدخل بزيادة أسعار المنتجات بشكل أسرع من عوامل الإنتاج، فيؤدي ذلك إلى انخفاض الأجور الحقيقية للعاملين فيدفعهم ذلك إلى طلب أجور نقدية أعلى لتفادي ارتفاع الأسعار، فينخفض بالتالي الطلب على العمال فيصبح معدل البطالة في السوق أقل من المعدل الطبيعي، وبذلك فإن هناك علاقة تبادل بين التضخم والبطالة ومن ثم مستوى الناتج الحقيقي، وهو ما يوضح أن التغيرات في السياسية النقدية (حجم العرض النقدي) لها تأثير على مستوى الدخل النقدي والحقيقي والأسعار في الأجل القصير، أما في الأجل الطويل فيقتصر تأثيرها على مستوى الأسعار ومن ثم على الدخل الحقيقي[2].

---

(1) M.Friedman, "The Role Of Monetary Policy", American Economic Review, Vol IVII, March, P. 5 - 8.

(2) H.G. Johnson, "Essays in Monetary Economics" G.Allen Unwin ltd, London, 1969, P. 286.

2- دور السياسة النقدية في التنمية الاقتصادية في التحليل النقدي (الكلاسيكي):

وحول الدور التنموي للسياسة النقدية تؤكد النظرية النقدية التقليدية على ضرورة الادخار كشرط مسبق لعملية الاستثمار، وأن التوسع النقدي ما هو إلا وسيلة لنقل الموارد الحقيقية من الحائزين السلبيين لها إلى الأفراد والمؤسسات المستثمرة الذين يستخدمونها في المجالات الإنتاجية، وبذلك فإن الادخار يعتبر العامل الرئيسي في عملية النمو الاقتصادي باعتباره المصدر الأساسي لتمويل التراكم الرأسمالي الذي يعتبر الأساس في عملية التنمية والنمو الاقتصادي على المدى الطويل [1].

ويكمن الدور الأساسي للسياسة النقدية في التحليل النقدي في الدور الذي يؤديه سعر الفائدة، حيث يعمل زيادة سعر الفائدة على زيادة معدل الادخار، لذلك يركز الاقتصاديون النقديون على رفع الفائدة لحث الأفراد على زيادة مدخراتهم، مع ضرورة زيادة العرض النقدي بالقدر الملائم للزيادة في عرض الناتج الحقيقي، أما الائتمان المصرفي فلا دور له في عملية التنمية لأنه حسب رأيهم يؤدي إلى مضاعفة الدخل النقدي فقط دون أن يصاحبه ارتفاع في الإنتاج الحقيقي، مما يتسبب في خلق ضغوط تضخمية كبيرة [2].

- نجوي عبد الله سمك (علاقة النمو المالي بالنمو الاقتصادي) تحديات النمو والتنمية في مصر والبلدان العربية، مؤتمر قسم الاقتصاد، جامعة القاهرة، 1998، ص 193.

(1) W.J. Baumol, "Dynamic Economic", 2nd Edition, Macmillan, 1959, P.15.

(2)عبد المنعم السيد على، "دور السياسة النقدية في التنمية الاقتصادية"، المنظمة العربية للتربية والثقافة والعلوم، معهد البحوث والدراسات العربية، القاهرة 1975، ص 113.

ثانياً: السياسة النقدية في التحليل الكنزي:

1- دور السياسة النقدية في الاستقرار الاقتصادي:

يري أصحاب هذه المدرسة أن النظام الاقتصادي غير مستقر بعكس الكلاسيكيين (النقديين)، لذلك فهم يرون أن التدخل الحكومي ضرورياً، كما أنهم لا يؤيدون ما يذهب إليه النقديون من أن النقود هي العامل الرئيسي المتسبب في حدوث التضخم بل يرون أن هناك عوامل أخرى تؤثر في ارتفاع الأسعار، ومن حيث العلاقة بين القطاع النقدي والقطاع الحقيقي فهم يرون أنها علاقة غير مباشرة على عكس النقديين حيث يتم الاتصال بين القطاع النقدي والقطاع الحقيقي من خلال جدول الكفاية الحدية للاستثمار والتي ترجع الإنفاق الاستثماري إلى مستوى سعر الفائدة[1].

وليس معنى ذلك أن النقود غير هامة لدى الكنزيين، فهي المحددة للدخل، إلا أن (كينز) يرى أن الأثر الأساسي لتغيرات عرض النقد يكمن في النسبة التي يحتفظ بها الأفراد من الدخل بشكل سائل والتي تتأثر بعدة عوامل أهمها سعر الفائدة، حيث يقوم الأفراد بتغيير محفظتهم المالية من خلال نظرية تفضيل السيولة، وبذلك فإن النظرية الكنزية ترى أن السياسة النقدية ليست كافية لوحدها لتحقيق الاستقرار النقدي، وأن السياسة المالية النشطة مطلوبة لتحقيق ذلك بسبب السلوك غير المستقر للعوامل غير النقدية والتي تعتبر هامه في تحديد الطلب الكلي[2]

2- دور السياسة النقدية في التنمية الاقتصادية في التحليل الكنزي:

ومن حيث الدور التنموي للسياسة النقدية فإن التحليل الكنزي لا يشترط المدخرات المسبقة كشرط أساسي لعملية التنمية، كما يرى الكلاسيك، بل يرى أن

(1) سامي خليل، " نظرية الاقتصاد الكلي"، الكتاب الأول، مرجع سابق، ص 93.

(2) J.M.Keynes, "The General Theory of Employment, Inters, and Money"، 1936, 119, 168, 207.

الاستثمار يعتبر العنصر الأساسي في عملية التنمية، وبذلك فإن السياسة النقدية في التحليل الكنزي تعمل على خفض سعر الفائدة السائدة مقارنة بالمعدل الأسمى للمردود على الاستثمار، مما يشجع المستثمرين في التوسع في الإنفاق الاستثماري على منتجاتهم، وبذلك فإن السياسة النقدية تساهم في التنمية الاقتصادية من خلال تغيرات سعر الفائدة، حيث يرى (كينز) ضرورة تخفيضه ليسهل توفير الأموال بكلفة منخفضة، مما يشجع المستثمرين ويحثهم على الاستثمار ومن ثم دفع عملية النمو الاقتصادي [1].

ثالثاً: السياسة النقدية عند الكنزيون الجدد (Neo-Keynesian):

إن الفكر الكنزي الجديد يتميز عن الفكر الكنزي الأصلي بميزتين أساسيتين هما[2]:-

1- التمييز بين تحديد الأجور في أسواق العمل وتحديد الأسعار في أسواق السلع، وقد أيد النموذج الكنزي الجديد فرض جمود الأجور الذي افترضه النموذج الأصلي، إلا أنه اختلف عنه في وضع نظرية يشرح فيها أسباب ذلك الجمود.

2- التمييز بين الجمود النقدي والجمود الحقيقي، حيث يرى الكنزيون الجدد أن فجوة الأجور أو الأسعار إنما هي نتيجة لعوامل تجعل موائمة الأسعار مكلفة مثل تكاليف قائمة الأسعار (طباعة قوائم الأسعار والكاتلوجات الجديدة) وتجاوز العقود غير المتوافقة التي تحد من مرونة

---

(1)D.R. Katkhate, "Analytical Basis of Working of Monetary Policy in Less Development Countries", IMF, Staff Papers, No. 11, 1972, P.543.

(2) سامي خليل " نظرية الاقتصاد الكلي "، الكتاب الثاني، مرجع سابق، ص 985.

كل من الأجور والأسعار، وهذه العوامل تفسر الجمود النقدي للأجور ولأسعار، كما توضح الجمود الحقيقي للأجور بأنه جمود الأجور بالنسبة لأجور آخرين أو جمود سعر بالنسبة لسعر آخر، والنظريات التي توضح ذلك في سوق العمل تشمل نماذج العقود الضمنية وأجور الكفاءة الحقيقية[1].

وقد ركز الكنزيون الجدد تحليلهم على الجانب المالي بعكس الكلاسيكيين الذين ركزوا على الجانب النقدي منطلقين في ذلك من أن الفرد لديه محفظة مالية متنوعة وفقاً لتفضيلاته للعائد والمخاطر، حيث يتنازل الفرد عن الأمان مقابل زيادة العائد، والنقود حسب رأيهم هي أصل من بين عدة أصول والتغيرات في كميات هذه الأصول يؤدي إلى تغيرات في مكونات المحفظة[2] ومن هنا يشعر الكنزيون الجدد أن الطلب على النقود غير مستقر، فزيادة عرض النقد تجعل محفظة الأفراد في حالة غير متوازنة، لأن انخفاض سعر الفائدة يؤثر على النسبة التي يحتفظ بها الأفراد من الأصول المالية، ويصبح العائد من رأس المال العيني أعلى من العائد على السندات، مما يجعل الأفراد يميلون لزيادة عدد الوحدات من الأصول المالية، الأمر الذي يتطلب بعض الوقت ومزيد من الاستثمارات الجديدة, وهذا يمثل عملية الانتقال من القطاع النقدي إلى العيني من وجهة نظر الكنزيين الجدد، وبذلك فإنهم يرون أن تأثير السياسة النقدية على العرض النقدي والقطاع المالي ينتقل بشكل غير مباشر إلى القطاع الحقيقي بعكس النقديين الذين يفترضون أن هذه العلاقة تتم بشكل مباشر.[3]

(1) Mishkin.F, "The Economics Of Money, Banking And Financial Markets", OpCit,P.94, 95.

(2) سامي خليل، المرجع السابق، ص 987.

(3) Brown.W.S, "Macroeconomics", New Gersey: Prentice-Hall, International. 1990, P. 141,142.

رابعاً: السياسة النقدية عند الكلاسيكيين الجدد:

يرتكز النموذج الكلاسيكي الجديد على الفروض التالية [1]:-

أن الأفراد لديهم توقعات رشيدة تجاه السياسات التي تنتهجها السلطات .

أن الأجور والأسعار ذات مرونة تامة بالنسبة للتغيرات المتوقعة في مستوى الأسعار .

وقد أوضح سارجنت (Sargent) من خلال النموذج الذي اعتمد عليه في توضيح أثر التوقعات الرشيدة على الناتج ومستوى التوظف أن الارتفاع في المستوي العام للأسعار بسبب زيادة العرض النقدي ينتج عنه رفع فوري لمنحنى العرض الكلي، إذا كان هذا الارتفاع متوقعاً من قبل الأفراد وتحقق فعلياً، وهو ما يبطل أثر السياسات، فالسياسة النقدية التوسعية المفاجئة من قبل السلطات النقدية الهادفة إلى زيادة مستوى الناتج وتخفيض معدل البطالة تؤدي الهدف بالفعل في حال عدم توقع الأفراد للزيادة المفاجئة في العرض النقدي، أما في حال توقع الأفراد تلك الزيادة التوسعية فإن السياسة النقدية ستكون عديمة الجدوى في زيادة الإنتاج وتخفيض البطالة وسيقتصر دورها على ارتفاع الأسعار.

وبذلك فإن فعالية السياسة النقدية تتوقف على دقة التوقعات الرشيدة للأفراد من عدمها حول السياسات المتبعة.

3- الدور التنموي للسياسة النقدية في التحليل الكلاسيكي الجديد:

وبالنسبة لدور السياسة النقدية في التنمية الاقتصادية، فقد لاحظنا أن التحليل الكلاسيكي ركز على الادخار كشرط مسبق لعملية التنمية في حين ركز التحليل الكنزي على الاستثمار، أما أصحاب النظرية الحديثة فقد اعتبروا أنه من الخطأ التركيز على أحد المتغيرين دون الآخر، إذ لا يمكن الاستمرار في النشاط الاستثماري وتحقيق التراكم الرأسمالي دون أن يكون هناك ادخار يكرس لأغراض الاستثمار

---

(1) سامي خليل، "نظرية الاقتصاد الكلي"، الكتاب الثاني، مرجع سابق، ص 917، 920 - 921.

الضروري لتحقيق النمو، الأمر الذي يتطلب الاهتمام بالادخار والاستثمار على حد سواء كونهما يلعبان دوراً حاسماً في عملية التنمية.

ولذلك فإن النظرية الحديثة تؤكد ضرورة أن تستهدف السياسة النقدية في البلدان النامية جمع وتعبئة الادخارات ومحاولة رفع نسبتها إلى الدخل القومي، لما يؤدي إلى زيادة نسبة الاستثمار إلى الدخل القومي أيضاً، من خلال توجيه الادخارات نحو القطاعات التي تخدم عملية التنمية، كما يرى أصحاب هذه النظرية ضرورة تنظيم كمية النقود من خلال الائتمان المصرفي والإصدارات النقدية بالشكل الذي يشجع على الادخار النقدي من خلال أسعار الفائدة.

ويمتد دور السياسة النقدية نحو تحقيق معدل مرتفع للادخار والتأثير على معدل الاستثمار في السلع الرأسمالية من خلال التوسع الائتماني الذي يساهم في وضع الاقتصاديات النامية على طريق النمو الذاتي السريع [1].

خامساً: مقارنة بين السياسة النقدية في التحليلين النقدي والكنزي:

للتعرف على الفرق بين التحليل النقدي والتحليل الكينزي من حيث العلاقة بين النقود والنشاط الاقتصادي، وما الآلية التي تعمل من خلالها السياسة النقدية في كلا التحليلين، يتضح ذلك من خلال الآتي:

---

(1) محمد زكي شافعي، "التنمية الاقتصادية"، الكتاب الأول، دار النهضة المصرية، القاهرة، 1975، ص 54 -55.

1- علاقة النقود بالنشاط الاقتصادي:

يرى النقديون أن تغيرات عرض النقد تؤثر بشكل مباشر في النشاط الاقتصادي، حيث تعمل هذه التغيرات على إحداث تغيرات في الإنفاق الكلي ومن ثم الإنتاج الكلي، أما الكنزيون فينظرون إلى أن تغيرات عرض النقد تؤثر في النشاط الاقتصادي من خلال تغيرات سعر الفائدة الذي يغير من كمية الإنفاق الاستثماري وربحيته ومن خلاله يؤثر على الإنفاق والإنتاج الكلي (من خلال المضاعف) [1].

2- مدى إحلال النقود مع الأصول الأخرى:

يرى النقديون أن النقود تعد بديلاً لكافة الأصول الأخرى في حين يرى الكينزيون أن النقود تعد بديلاً للأصول المالية فقط، فهم يرون أن تغير كمية النقود يؤدي إلى إعادة توزيع محفظة الأوراق المالية المكونة من النقود وبدائلها من خلال تغيرات سعر الفائدة، أما النقديون فيرون أن النقود لا تطلب لذاتها وبل بصفتها وسيطاً للتبادل، ولذلك فهي تعد بديلاً لكافة الأصول وليس للأصول المالية فقط[2]

3- توازن كمية النقود ومحفظة الأوراق المالية:

يعتبر المحافظة على توازن كمية النقود ومحفظة الأوراق المالية الأساس لدى التحليل النقدي في تحليل كيفية انتقال أثر السياسة النقدية إلى الجانب الحقيقي للاقتصاد، أما التحليل الكينزي فيري في سعر الفائدة حجر الزاوية بين التغيرات في الطلب والتقلبات في النشاط الاقتصادي.[3]

(1) سهير محمود معتوق، " النظريات والسياسات النقدية "، مرجع سابق، ص 179، 180.

([2])W.l. Silber, "Portfolio Substituabilility Regulations and Monetary Policy", Q.J. Economic, Vol., LXXX, 1969, P.197.

([3]) سهير محمود معتوق، المرجع السابق، ص 182.

وخلاصة لما سبق فإن طبيعة تأثير السياسة النقدية في النشاط الاقتصادي لدى كل من النقديين والكنزيين قد أثر على دور السياسة النقدية لدى الفريق, حيث قلل الكنزيون من أهمية السياسة النقدية بسبب التأثير غير المباشر للنقود في النشاط الاقتصادي (الدخل والتشغيل) من خلال سعر الفائدة الذي يتسم بتأثيره المحدود بتقلبات عرض النقد، كما أن الاستثمارات أيضاً تعد قليلة المرونة بالنسبة لتغيرات سعر الفائدة (كلفة الافتراض) ولذلك ينادي الكنزيون بضرورة استخدام السياسة المالية كونها تؤثر بشكل مباشر في الإنفاق الكلي ومنه على الدخل والاستخدام.

أما النقديون فلكونهم يعتبرون أن التغيرات في عرض النقد هي السبب الأساسي للتغيرات الحاصلة في الدخل النقدي، وبذلك فقد أكدوا أن التغيرات في عرض النقد تمارس تأثيراً هاماً على النشاط الاقتصادي في المدى القصير، ومع ذلك فإنهم يرون أن استخدام السياسة النقدية كوسيلة لتحقيق الاستقرار الاقتصادي في الأجل القصير قد ينتج عنها بعض الآثار السلبية وعزوا ذلك إلى فترات الإبطاء التي تظهر فيها نتائج استخدام السياسة النقدية بالإضافة إلى عدم توافق السياسات التي يتبعها البنك المركزي بما يناسب الوضع القائم، فيتسبب ذلك في عدم الاستقرار الاقتصادي، ولتفادي ذلك يرى النقديون ضرورة نزع سلطة البنك في اتخاذ القرارات المتعلقة بعرض النقد، وعلى أن يتم زيادة عرض النقد بمعدل سنوي ثابت [1].

وحول أي من التحليلين الكنزي أو النقدي يناسب البلدان النامية فإن الملاحظ من خلال الاستعراض السابق أن السياسة النقدية في التحليل الكنزي تعمل من خلال تغيرات سعر الفائدة، ولنجاح هذا التحليل فإنه يتطلب توافر أسواق نقدية ومالية متطورة، وعدم وجود الإزدواجية الاقتصادية التي تقلل من تأثير تغير عرض النقد على

(1) انظر: صبحي تادرس قريصه، النقود والبنوك، مرجع سابق، ص 307.

- محي الدين الغريب، "اقتصاديات النقود والبنوك"، مرجع سابق، ص 80، 81.

- سهير محمود معتوق, المرجع السابق، ص 184.

سعر الفائدة، ولأن هذه الأمور غير متوفرة بالشكل المطلوب في البلدان النامية فإن التحليل الكنزي يصبح أقل ملائمة للتطبيق في البلدان النامية[1].

أما التحليل النقدي الذي يرى بأن تغيرات كمية النقود تؤدي إلى التأثير المباشر في النشاط الاقتصادي فيبدو أنه أكثر ملائمة للبلدان النامية لأن السياسة النقدية تلعب دوراً هاماً في إدارة الطلب في هذه البلدان وبالذات في أوقات التضخم, فهي تستهدف التحكم في النقود والائتمان وتحقيق الاستقرار في الأسعار والنمو الاقتصادي، كما أن السياسة النقدية في البلدان النامية تعمل على تحقيق التوازن في ميزان المدفوعات من خلال تخفيض معدلات الفائدة في حال كان ميزان المدفوعات يعاني من فائض ورفعها في حالة العجز من أجل تشجيع تدفق رؤوس الأموال الأجنبية[2]، وبذلك فإن شروط تطبيق النظرية الكمية قد يكون أكثر قبولاً لدي البلدان النامية إذا قارناها بالنظرية الكنزية، رغم أن هناك من اعترض على ذلك مشككاً في عدم قابلية النظرية الكمية النقدية للتطبيق في البلدان النامية بسبب غياب بعض الفروض الأساسية لها، فمثلاً النظرية تفترض التشغيل الكامل في حين أن البلدان النامية تسودها البطالة، كما أن عرض السلع وبالذات الغذائية منها ليس جامداً إلى الدرجة التي لا يتجاوب مع أي ارتفاع للطلب[3].

إلا أن السياسة النقدية المرتكزة على التحكم في العرض النقدي تعتبر أكثر ملائمةً للبلدان النامية كون تطبيقها لا يتطلب توفر الأسواق المالية المتطورة والأصول

(1) عبد الحميد القاضي، مرجع سابق، ص54.

(2) سهير معتوق، المرجع السابق، ص 199، 100.

(3) رمزي زكي، "مشكلة التضخم في مصر، أسبابها ونتائجها" الهيئة المصرية العامة للكتاب القاهرة، 1980 ص 78، 79.

المتنوعة فهي تعتمد على التحكم في عرض النقد والائتمان بشكل مباشر دون الحاجة لأسعار الفائدة للوصول إلى الاستقرار والنمو الاقتصادي.

الفصل الثاني

هيكل ومؤشرات أداء الاقتصاد اليمني

المبحث الأول: مساهمة القطاعات الاقتصادية في الناتج المحلي الإجمالي

المبحث الثاني: تطور أهم المؤشرات الاقتصادية خلال الفترة (1990-2004)

المبحث الثالث: برامج الإصلاح الاقتصادي في الجمهورية اليمنية.

الفصل الثاني

هيكل ومؤشرات أداء الاقتصاد اليمني

تعتبر اليمن من الدول المتأخرة التي خاضت غمار عملية التنمية، فقد كان التوجه الاقتصادي في فترة التشطير مختلفاً، حيث كان النظام الاقتصادي في الشطر الشمالي يتيح قدراً من الحرية للقطاع الخاص لممارسة النشاط الاقتصادي إلى جانب القطاع العام، أما في الشطر الجنوبي فقد اتسم النظام الاقتصادي فيه بالملكية العامة ولم يتح للقطاع الخاص أي دور في النشاط الاقتصادي، لذلك كان أسلوب التخطيط المركزي وملكية وسائل الإنتاج الأسلوب المتبع في الشطر الجنوبي سابقاً، في حين كان الشطر الشمالي يتبع أسلوب التخطيط أيضاً إلا أنه لم يكن يمتلك كل وسائل الإنتاج، وبذلك فإن دولة الوحدة ورثت كيانين اقتصاديين متباينين، من حيث دور القطاع العام في كل منهما، وقد تبنت دولة الوحدة النظام الاقتصادي القائم على الحرية الاقتصادية وإتاحة المجال للقطاع الخاص للعب دور أكبر في النشاط الاقتصادي، إلا أنها تعرضت للعديد من الصعوبات الاقتصادية أبرزها على المستوى المحلي التكاليف الباهظة لدمج مؤسسات الشطرين، أما على المستوى الإقليمي فقد كانت حرب الخليج الثانية التي كان لها أشد الأثر على الاقتصاد اليمني، حيث تسببت في عودة حوالي (800) ألف عامل من دول الخليج، وفقدت اليمن بذلك مورداً مالياً هاماً، ولم يقف الأمر عند هذا الحد بل نشبت خلافات سياسية بين الحزبين الحاكمين (المؤتمر الشعبي والحزب الاشتراكي) انتهت بحرب أهلية في صيف عام 1994، وقد كان لهذه الأحداث المحلية والإقليمية انعكاسات سلبية على الاقتصاد اليمني، تسببت في تراجع معدلات نمو الناتج المحلي الإجمالي وانخفاض متوسط دخل الفرد، وتزايد معدلات التضخم والبطالة، وتفاقمت الأزمة الاقتصادية بشكل حاد، الأمر

الذي جعل الحكومة تتبنى برنامجاً للإصلاح الاقتصـادي في منتصـف عـام 1995م بغية السيطرة على الأوضاع المتدهورة ووضع الاقتصاد اليمني على المسار الصحيح.

وللتعرف على الوضع الاقتصادي لليمن خلال الفترة (1990- 2004) سيتم تنـاول ذلك من خلال المباحث الآتية:

المبحث الأول: مساهمة القطاعات الاقتصادية في الناتج المحلي الإجمالي.

المبحث الثاني: تطور أهم المؤشرات الاقتصادية خلال الفترة (1990- 2004).

المبحث الثالث: برامج الإصلاح الاقتصادي في الجمهورية اليمنية .

المبحث الأول

مساهمة القطاعات الاقتصادية في الناتج المحلي الإجمالي

يعتبر النمو السنوي للناتج المحلي الإجمالي مقياساً هاماً لتحديد معدل النمو الاقتصادي لأي بلد وتحديد أدائه الاقتصادي، وبالنسبة لليمن فإن هذا المؤشر شهد تذبذباً خلال فترة الدراسة، وكانت الفترة (1990- 1994) الأكثر تذبذباً لهذا المؤشر، وهي الفترة التي شهدت إعادة توحيد اليمن بما رافق تلك الوحدة من إرهاصات على المستويين المحلي والدولي أثرت سلباً على الأداء الاقتصادي لمختلف القطاعات المكونة للناتج المحلي الإجمالي، الأمر الذي دفع الحكومة إلى تبني برنامجاً للإصلاح الاقتصادي بالتعاون مع البنك وصندوق النقد الدوليين، وعملت الحكومة على تبني استراتيجيه طويلة الأمد تمتد حتى عام 2025م، تنفذ على شكل خطط خمسية، تم تنفيذ الخطة الخمسية الأولى (1996- 2000)، تلاها تنفيذ الخطة الخمسية الثانية (2001- 2005)، وسنتناول في هذا المبحث تطور الناتج المحلي الإجمالي ومكوناته الأساسية خلال فترة ما قبل برنامج الإصلاح الاقتصادي وما بعدها .

أولاً: أداء القطاعات المكونة للناتج المحلي خلال الفترة (1990- 1995):

من أجل التعرف على مساهمة أبرز القطاعات الرئيسية المكونة للاقتصاد اليمني في تكوين الناتج المحلي الإجمالي، نوضح ذلك من خلال الجدول الآتي:

جدول (1 -2)

معدلات نمو قطاعات الناتج المحلي الإجمالي وأهميتها النسبية خلال الفترة (1990-1995) (1990 = صفر) (%)

البيان	معدلات نمو الناتج المحلي (%)						الأهمية النسبية (%)					
السنوات	1990	1991	1992	1993	1994	1995	1990	1991	1992	1993	1994	1995
1- الزراعة والغابات والصيد	-	7.42-	19.09-	4.44	3.42-	9.56	24.21	21.98	24.16	24.25	22.92	22.49
2- الصناعات الاستخراجية	-	5.57-	15.42-	4.24	42.65	19.90	13.62	12.62	9.85	9.87	13.78	14.80
أ- الاستخراجية بدون النفط	-	1.06	9.06	2.88	3.11-	1.58	0.22	0.22	0.22	0.22	0.21	0.21
ب- الاستخراجية النفطية	-	5.68-	15.86-	4.27	43.70	20.05	13.40	12.39	9.63	9.65	13.57	14.59
3- الصناعات التحويلية	-	3.60	4.44	6.01	5.34-	23.75	9.30	9.45	9.11	9.28	8.60	9.53
4- الكهرباء والمياه والغاز	-	13.93	1.86	1.82	- 10.29	13.60	1.16	1.29	1.22	1.19	1.04	1.06
5- البناء والتشييد	-	8.07	17.00	1.73	- 17.17	23.14	2.70	2.86	3.09	3.02	2.45	2.70
6- التجارة والمطاعم والفنادق	-	4.77	1.92	6.59	- 11.09	15.94	8.09	8.31	7.82	8.01	6.97	7.24
7- النقل والتخزين والمواصلات	-	5.97-	17.45	13.89-	19.20	2.34-	14.79	13.64	14.79	12.24	9.68	8.47
8-التمويل والتأمين والعقارات	-	4.35	2.35-	3.80	5.75	0.73	8.29	8.48	7.65	7.63	7.88	7.11
9-الخدمات الاجتماعية	-	5.47	3.14	2.91	3.60	1.61-	1.10	1.14	1.08	1.07	1.09	0.96
10-الخدمات الحكومية	-	18.75	20.81	13.20	13.62	12.68	15.49	18.04	20.12	21.89	24.34	24.57
11-الهيئات اللاربحية والرسوم الجمركية	-	42.93	44.48-	91.43	12.86	43.73-	3.32	4.68	3.20	3.56	3.46	2.93
12- ناقصاً الخدمات المصرفية	-	22.08	8.75-	0.075-	13.00	6.15-	2.08 -	2.49 -	2.10 -	2.00 -	2.22 -	1.87 -
معدل نمو الناتج المحلي الإجمالي	-	1.97	8.32	4.07	2.16	11.56	100	100	100	100	100	100

المصدر: الجهاز المركزي للإحصاء، كتاب الإحصاء السنوي لعام 2001، ص 433، 434.

يتضح من الجدول أعلاه (1-2) أن الاقتصاد اليمني يعاني من اختلالات اقتصادية، حيث تزداد نسبة مساهمة القطاعات الخدمية والغير إنتاجية في تكوين الناتج المحلي الإجمالي مقارنة بالقطاعات الإنتاجية الرئيسية (الزراعة والصناعة الاستخراجية والتحويلية، والكهرباء والمياه، والتشييد والبناء)، حيث بلغ متوسط نسبة مساهمة هذه القطاعات في الناتج المحلي الإجمالي حوالي (49%) فقط خلال الفترة (1990- 1995) في حين شكلت القطاعات الخدمية النسبة الأكبر (51%) خلال نفس الفترة، وبتحليل مساهمة أهم القطاعات الرئيسية الإنتاجية في تكوين الناتج المحلي الإجمالي نلاحظ الآتي:

1- **القطاع الزراعي:** يحتل هذا القطاع أهمية قصوى في الاقتصاد اليمني كونه يستوعب حوالي ثلثي قوة العمل، حيث يعمل فيه حوالي (2.3) مليون عامل[1]، إلا أن مساهمته في تكوين الناتج المحلي الإجمالي تراجعت في بعض السنوات (92، 94، 1995) وظلت شبه ثابتة في السنوات الأخرى (90، 91، 1993) وتشير الإحصاءات الرسمية أن المساحة الصالحة للزراعة ظلت كما هي خلال الفترة (1990-1995) بل حصل تراجع في حجم المساحات المزروعة من (1.20.605) هكتار عام 1990م إلى (1.052.786) هكتار عام 1994[2]، الأمر الذي أدى إلى تراجع إنتاج المحاصيل الزراعية خلال عام 1991م بنسبة (1.37%) مقارنة بالعام 1990، وبالنسبة لإنتاج الحبوب (قمح، ذرة) فقد حققت تراجعاً خلال الفترة (1992- 1995) بمقدار (29608) طن وبنسبة (3.3%)، مما جعل نسبة مساهمته في تكوين الناتج المحلي الإجمالي تتراجع من (24%) عام 1990 إلى (22%) عام 1995، ويعزى سبب ذلك إلى عدة عوامل أبرزها الجفاف الذي تعرض له اليمن بسبب نقص الأمطار، حيث تعتمد الزراعة على مياه الأمطار

(1) الأمم المتحدة، اللجنة الاقتصادية والاجتماعية لغربي أسيا (أسكوا)، " أبرز القضايا الاقتصادية التي يواجهها اليمن الموحد "، نوفمبر، 1993، صـ 17.

(2) الجهاز المركزي للإحصاء، كتاب الإحصاء السنوي لعام 1994، يوليو 1995، صـ 75.

بنسبة (35%) [1]، بالإضافة إلى تزايد أسعار المدخلات الزراعية بسبب انخفاض أسعار العملة المحلية أمام العملات الأجنبية.

ونظراً لأهمية هذا القطاع فإن الخطة الخمسية الأولى (1996- 2000) التي تم تنفيذها في ظل برنامج الإصلاح الاقتصادي قد أولت القطاع الزراعي أهمية خاصة، وخططت لرفع إنتاجية العاملين من خلال استخدام التقنيات الحديثة وترشيد استخدام المياه، كما أكدت الخطة على ضرورة تعزيز دور القطاع الخاص في النشاط الاستثماري الزراعي، وبالنسبة للثروة السمكية فإن اليمن يمتلك ثروة هائلة منها تنتشر على شريط ساحلي يبلغ طوله حوالي (2000) كيلو متر، يقع (1500) كيلو متر منه على البحر العربي وخليج عدن و (500) كيلو متر على البحر الأحمر، إلا أن هذه الثروة لم تستغل الاستغلال الأمثل حتى الآن، رغم أن الدراسات العلمية أثبتت أن المياه اليمنية تحتوي على حوالي (400) نوع من الأحياء المائية، وحددت هذه الدراسات أن الحد المسموح باصطياده سنوياً يبلغ حوالي (400) ألف طن، ولم يتجاوز ما تم اصطياده خلال الفترة (1990- 1995) حوالي (30%) من حجم المخزون القابل للاصطياد، ولم يتجاوز العاملين في هذا القطاع حتى عام 1995 حوالي (30) ألف عامل [2]، ومن حيث مساهمة الثروة السمكية في الناتج المحلي الإجمالي فتبين الاحصائيات الرسمية أن متوسط مساهمتها لم تتجاوز (0.48%) [3] خلال الفترة (1990- 1995)، وهي نسبة ضئيلة جداً إذا ما قورنت بإمكانيات هذه الثروة في حال استغلالها، حيث يعد القطاع السمكي من القطاعات الواعدة

(1) محمد ضيف الله القطابري، " إمكانية إنشاء سوق للأوراق المالية في الجمهورية اليمنية "، رسالة ماجستير منشورة، جامعة اليرموك، أربد - الأردن، 1998، ص 40.

(2) الجمهورية اليمنية وزارة التخطيط والتنمية، الخطة الخمسية الأولى (1996- 2000)، يونيو، صـ41.

(3) البنك المركزي اليمني، نشرة إحصائية فصلية (أكتوبر - ديسمبر)، 2002، صـ 66.

في الاقتصاد اليمني ويعول عليها زيادة مساهمتها في الناتج المحلي الإجمالي بشكل ملحوظ خلال السنوات القادمة، لذلك ركزت الخطة الخمسية الأول بشكل كبير على الاهتمام بالنشاط السمكي وزيادة إنتاجيته من خلال زيادة الإنتاج السنوي بمعدل (9%) سنوياً، وتحسين وسائل نقل وتعبئة وتغليف المنتجات السمكية طبقاً للمواصفات والمقاييس العالمية .

2- **القطاع الصناعي:** يعتبر القطاع الصناعي في اليمن من القطاعات الهامة التي يعول عليها في رفد التنمية الاقتصادية وزيادة دخل الفرد، خصوصاً وأن اليمن يمتلك المقومات الأساسية اللازمة للنهوض بالنشاط الصناعي وأبرزها توفر النفط والمعادن غير المستغلة، إلى جانب الإمكانيات البشرية القابلة للتدريب والعمل في هذا القطاع، كما أن اليمن يمتلك سوقاً محلية قادرة على استيعاب العديد من المنتوجات الصناعية، وقد استشعرت الحكومة أهمية هذا القطاع الحيوي فأصدرت العديد من القوانين المحفزة للاستثمار الصناعي المحلي والأجنبي، إلا أن مساهمة هذا القطاع بشقيه الاستخراجي والتحويلي لا تزال أقل من المتوقع، بسبب وجود عدة معوقات أبرزها[1]:

1- ضعف مستوى التكامل والترابط بين المنشآت الصناعية، حيث يقتصر أغلبها على الصناعات الغذائية القائمة على تعبئة وتغليف المنتج النهائي، مع بعض العمليات البسيطة للمواد الخام .

2- تدني مستوى مهارة العاملين في الأنشطة الصناعية، حيث تتصف أغلب قوة العمل اليمنية بأنها عمالة غير ماهرة أو شبه ماهرة، إلا أنها تملك القدرة على التحول إلى عمالة ماهرة من خلال التدريب.

أ. تركز الصناعات، حيث يتمركز حوالي (90 %) من الصناعات القائمة في أربع مدن هي صنعاء والحديدة وتعز وعدن .

(1) الأمم المتحدة، (الاسكوا)، " القطاع الصناعي في الجمهورية اليمنية "، الأوضاع الراهنة والآفاق المستقبلية "، ديسمبر، 1993، صـ 10- 12.

ب. عدم توفر التمويل اللازم لتلبية احتياجات التنمية الصناعية .

ج. الافتقار للتكنولوجيا الحديثة، إلى جانب ضعف مراقبة جودة الإنتاج .

د. ضعف روح الريادة والمخاطرة لدى رجال الأعمال اليمنيين وإقبالهم على النشاط التجاري باعتباره أقل مخاطرة إلى جانب كونه مضمون الربحية .

وبالنظر لمساهمة قطاع الصناعة بشقيه الاستخراجي والتحويلي خلال الفترة (1990- 1995)، يتضح بالنسبة للصناعات الاستخراجية أن اليمن تعتمد بدرجة رئيسية على إنتاج النفط الذي بدأ اكتشافه في اليمن منذ عام 1986م، إلى جانب كميات قليلة من الملح والأحجار والجبس، ويتضح من خلال بيانات الجدول (1-2)، أن متوسط مساهمة الصناعات الاستخراجية في الناتج المحلي الإجمالي بلغ خلال الفترة (1990- 1995) حوالي (12.42%) شكلت صناعة استخراج النفط الخام النسبة الأكبر منه حيث بلغت حوالي (12.20%) من متوسط مساهمة الصناعات الاستخراجية، مما يشير أن النفط يشكل الركيزة الأساسية للصناعات الاستخراجية في اليمن، وبالنسبة للصناعات التحويلية فإن الصناعات الغذائية تشكل حوالي (50 %) منها، تليها الصناعات الكيمائية وتكرير النفط , ثم تأتي بعد ذلك صناعة مواد البناء، ومن حيث نسبة مساهمة قطاع الصناعات التحويلية في الناتج المحلي الإجمالي فقد بلغ متوسطها حوالي (9%) خلال الفترة (1990- 1995)، شكلت صناعة تكرير النفط حوالي (1.8%)[1] منها خلال نفس الفترة .

3- **قطاع التجارة الخارجية:** تتمتع اليمن بموقع استراتيجي هام جعلها تتحكم في خط سير التجارة العالمية الذي يربط بين دول القارة الهندية وجنوب شرق آسيا وشرق أفريقيا بدول شبه الجزيرة العربية والشام وشمال أفريقيا، وقد شهد القطاع التجاري في اليمن تطوراً ملحوظاً، إلا أنها لا تزال تعتمد بشكل كبير على توفير احتياجاتها المختلفة على العالم الخارجي وخاصة من السلع

(1) الجهاز المركزي للإحصاء، كتاب الإحصاء السنوي لعام 2001، ص 434.

الغذائية، ويلاحظ من الجدول أن قطاع التجارة ساهم بنسبة (8 %) في تكوين الناتج المحلي الإجمالي خلال الفترة (1990- 1995) شكلت تجارة الجملة والتجزئة النصيب الأكبر منها , وللتعرف على مساهمة القطاعات الإنتاجية والخدمية في تكوين الناتج المحلي الإجمالي.

ونتناول ذلك من خلال الجدول التالي:

جدول (2-2)

متوسط معدل نمو مساهمة القطاعات الإنتاجية والخدمية في تكوين الناتج المحلي الإجمالي خلال الفترة (1990- 1995) %

(1990 = صفر)

م	السنوات / البيان	1990	1991	1992	1993	1994	1995	متوسط الفترة %
1	مساهمة القطاعات الإنتاجية (صناعة , زراعة، كهرباء ومياه وغاز، تشييد وبناء)	51	48	47	47	49	51	49
2	مساهمة القطاعات الخدمية (تجارة ،نقل، تمويل وتأمين، خدمات شخصية وحكومية وأخرى)	49	52	53	53	51	49	51
3	معدل نمو القطاعات الإنتاجية بالأسعار الحقيقية	-	2.5	2.4-	3.6	1.3	18	4.6
4	معدل نمو القطاعات الخدمية بالأسعار الحقيقية	-	8	2-	17.4	5.2	4.01	6.5

المصدر: جدول (1-2)

شكل1-2 متوسط معدل نمو مساهمة القطاعات الإنتاجية والخدمية في تكوين الناتج المحلي الإجمالي خلال الفترة

(1990- 1995)

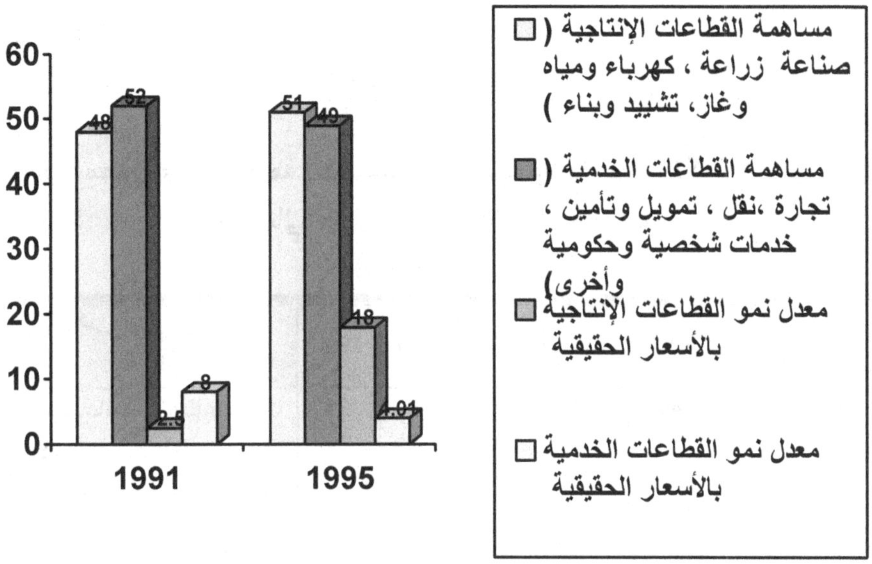

نلاحظ من الجدول (2-2) أن الاقتصاد اليمني خلال الفترة (1990- 1995) كان يعاني من تذبذب إنتاجية نمو القطاعات الإنتاجية الرئيسية والخدمية المكونة للناتج المحلي الإجمالي، حيث كانت مساهمة القطاعات الإنتاجية متواضعة، فالقطاع الزراعي يعاني من شحة الموارد المائية إلى جانب توسع زراعة القات[1] على حساب المحاصيل الأخرى النقدية وغير النقدية، حيث بلغت القيمة المضافة للقات كنسبة من

(1)القات عبارة عن نبات دائم الخضرة لا ثمر له، يتم استهلاك (مضغ) أغصانه من قبل معظم اليمنيين لفترات تتراوح بين (3-6) ساعات يومياً، ويحتوي القات على ثلاثة عناصر منبهة حسب دراسة لمنظمة الصحة العالمية هي (الكاثين، الكاثنين، الكاثدين).

الناتج المحلي الإجمالي حوالي (7%)[1] خلال الفترة (1990- 1995) وإلى جانب كون القات يستهلك محلياً[2] فإنه لا دور له في تحسين وضع الميزان التجاري لليمن رغم إنه يستهلك كميات كبيرة من الماء، مما فاقم من مشكلة شحة المياه وانعكس ذلك سلباً على توفير المياه للمحاصيل الأخرى، وبالنسبة للقطاع الصناعي فإن سيطرة الصناعة النفطية عملت على كبح جماح النمو الاقتصادي، لبقية القطاعات في الاقتصاد اليمني، وظل القطاع الخدمي يساهم بشكل كبير (أكبر من نصف حجم الناتج)، وفي توجه من الحكومة استهدف الدفع بالنمو الاقتصادي وتحسين إنتاجية القطاعات الاقتصادية المكونة للناتج المحلي الإجمالي فقد تبنت الحكومة خطتين خمسيتين الأولى (1996- 2000)، والثانية (2001- 2005)، وسنتطرق لبعض مؤشرات أداء أبرز القطاعات الاقتصادية خلالهما ومدى تحقيقها للأهداف المرسومة خلال سنوات الخطتين .

ثانياً: أداء أبرز القطاعات الرئيسية في الاقتصاد اليمني خلال الفترة (1996- 2004):

إذا كانت الخطة الخمسية الأولى (1996- 2000) قد سميت بخطة التثبيت الاقتصادي كونها ترافقت مع برنامج التثبيت الاقتصادي الذي نفذته الحكومة خلال برنامج الإصلاح، فإنها استهدفت تحقيق استقرار الاقتصاد اليمني وزيادة مساهمة قطاعاته في توليد الناتج المحلي الإجمالي وتقليل الاعتماد على الإيرادات النفطية في تمويل الإنفاق الحكومي إلى غير ذلك من الأهداف الأخرى، أما الخطة الخمسية الثانية (2001- 2005) فقد استهدفت إعادة هيكلة الاقتصاد وتطوير الأداء الاقتصادي والاجتماعي , لذلك سميت بالخطة الخمسية للتنمية الاقتصادية والاجتماعية، وكان من أبرز أهداف هذه الخطة تحقيق نمو في الناتج المحلي الإجمالي

([1]) البنك الدولي، " النمو الاقتصادي في الجمهورية اليمنية "، الدراسات القطرية، 2005، ص 23، 24.

([2])هناك كميات قليلة يتم تهريبها إلى بلدان مجاورة.

الحقيقـي خـلال سـنوات الخطـة يصـل إلى متوسـط (5.6%) سـنوياً، وزيـادة مساهمة قطاعات الإنتاج السلعي في توليد الناتج المحلي الإجمالي، مـن خـلال تحقيـق متوسـطات نمـو سـنوية في هـذه القطاعـات تـتراوح بـين (6.1- 13%)، والاهـتمام بالاستثمارات الخاصة المحلية والأجنبية وزيادة حصتها إلى إجمالي الاستثمارات إلى حـوالي (58%) في المتوسط، والعمل على تخفيض البطالة الحالية بمفهومها الشـامل إلى (22) [1]، إلى غير ذلك من الأهداف الأخرى للخطة الخمسية الثانيـة، والجـدول التـالي يوضـح لنـا معـدلات النمـو المسـتهدفة والمحققـة للنـاتج المحـلي الإجـمالي الحقيقـي والقطاعـات الاقتصادية المكونة له خلال الفترة (1996- 2004) .

([1]) وزارة التخطيط والتنمية، الخطة الخمسية الثانية للتنمية الاقتصادية والاجتماعية (2001- 2005)، الجزء الثاني، صـ 61.

جدول (3-2)

معدلات النمو المستهدفة والمحققة للقطاعات الاقتصادية المكونة للناتج المحلي الإجمالي

خلال الفترة (1996- 2004)

(%)

الانحراف (%)	متوسط معدل نمو الأربع سنوات	المعدلات المحققة خلال للأربع السنوات للخطة				معدل النمو المستهدف في الخطة الخمسية الثانية (2001-2005)%	الإنحراف (%)	معدل النمو الفعلي (%)	معدل نمو المستهدف في الخطة الخمسية الأولى (1996- 200)%	القطاع / البيان
		2004**	2003*	2002*	2001*					
3.18-	2.92	3.14	2.13	0.18	6.26	6.1	0.9-	6.1	7	الزراعة والغابات والصيد والأسماك
14.86-	4.86-	4.56-	1.76-	0.75	0.62	10	7	7.6	0.6	صناعة استخراج النفط والغاز والتعدين
6.28-	3.72	3.67	3.94	3.86	3.20	10	5.4-	2.6	8	الصناعة التحويلية
0.44-	7.06	8.05	7.23	6.46	6.50	7.5	2	6	4	الكهرباء والمياه والغاز
4.36-	6.63	6.74	7.50	6.59	5.71	11	4.7	12.7	8	البناء والتشييد
-	7.22	6.05	7.10	6.99	8.77	9	1.1-	5.9	7	تجارة الجملة والتجزئة والمطاعم والفنادق والصيانة
1.12-	7.97	10.35	5.90	6.04	9.60	9.1	7.8-	2.2	10	النقل والتخزين والمواصلات
8.96-	1.04	3.60	4.03	2.75-	0.72-	10	1.6-	6.4	8	التمويل والتأمين والعقارات
12.22	18.72	18.05	24.68	13.49	18.68	6.5	1.3-	6.7	8	الخدمات الشخصية والاجتماعية
0.66-	4.03	4.04	4.01	4.23	3.85	4.7	4.3-	5.7	10	الخدمات الحكومية
1.57-	4.03	3.87	3.77	3.49	4.99	5.6	1.6-	5.4	7	الناتج المحلي الإجمالي الحقيقي

المصدر:- وزارة التخطيط والتنمية،الخطة الخمسية الثانية(2001- 2005)، الجزء الثاني، صـ 136- 157.

- الجهاز المركزي للإحصاء، كتاب الإحصاء السنوي لعام 2001، ص 433، كتاب الإحصاء السنوي لعام 2004، صـ 375 .

* أرقام فعلية أولية، ** أرقام تقديرية أولية .

شكل 2-3 معدل النمو المستهدف ومعدل النمو الفعلي خلال الخطة الخمسية الأولى

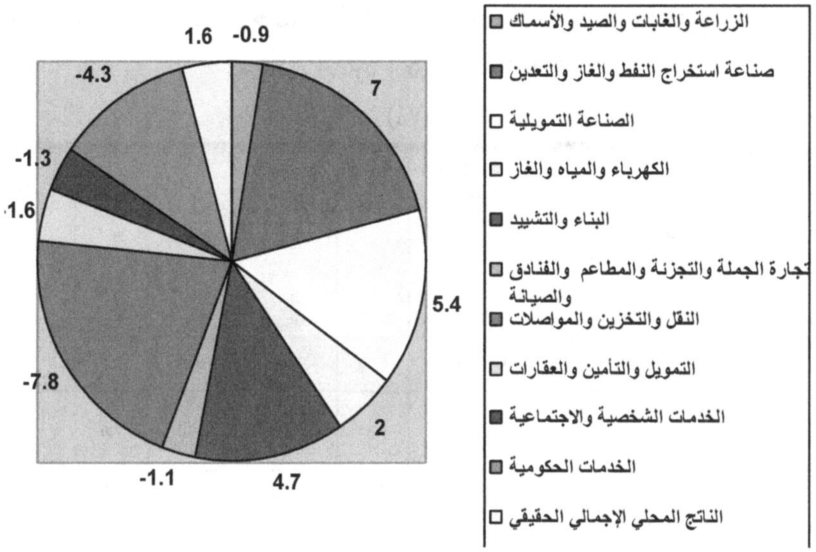

معدل النمو المستهدف ومعدل النمو الفعلي خلال الخطة الخمسية الثانية

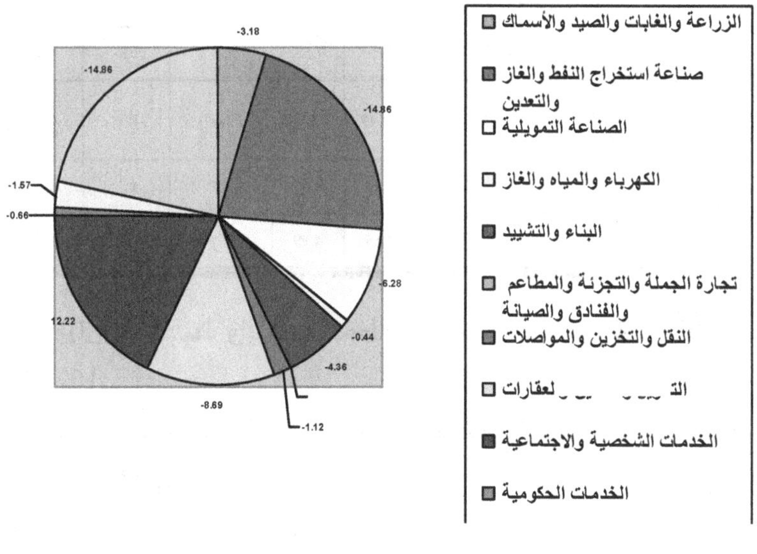

يتضح من الجدول أعلاه أن معدلات النمو المحققة خلال الخطة الخمسية الأولى (1996- 2000)، والسنوات الأربع من الخطة الخمسية الثانية (2001- 2004) لم تكن عند مستوى طموح أهداف الخطتين، حيث حققت معظم القطاعات انحرافاً عن المعدلات المستهدفة، باستثناء قطاع النفط الذي حقق أداءاً متنامياً خلال الخطة الخمسية الأولى تجاوز التقديرات المخططة , حيث حصلت زيادة في إنتاج النفط بمقدار (436) ألف برميل يومياً في عام 2000 في حين كان المتوقع أن يصل حجم الإنتاج إلى (331) ألف برميل يومياً، أما خلال الخطة الخمسية الثانية فعلى الرغم من توقع الخطة حصول تناقص في إنتاج النفط بمعدل (2.5%) بحيث يظل ينخفض الإنتاج إلى (385) ألف برميل يومياً بحلول عام 2005م، إلا أن معدل نمو استخراج النفط شهد تراجعاً كبيراً خلال السنوات الأربع الأولى من الخطة الخمسية الثانية بسبب انخفاض الكميات المنتجة بنسبة (8%) وكانت معدلات نموه خلالها (0.46%)، (0.54%)، (-2.10%)، (-5%) على التوالي ولذلك فقد سجل متوسط معدل نموه خلال الأربع سنوات نمواً سالباً بنسبة (-8.7%)، مما جعل قطاع الصناعة الاستخراجية يحقق انحرافاً كبيراً عن المعدل المستهدف رغم أن الصناعات الاستخراجية غير النفطية سجلت متوسط معدل نمو بنسبة (6.98%) خلال الأربع السنوات الأولى من الخطة .

وإجمالاً فإن مؤشرات النمو القطاعية خلال الخطتين الخمسيتين الأولى والثانية تشير إلى ضعف أداء الاقتصاد اليمني وعدم تمكن الإجراءات والسياسات المنفذة من تجاوز المعوقات أمام تحقيق هذه القطاعات أهدافها المخططة، الأمر الذي يتطلب من الحكومة مضاعفة جهودها في تذليل تلك المعوقات بما يؤدي إلى زيادة معدلات نمو الناتج المحلي الإجمالي والقطاعات الاقتصادية المكونة له .

ويبدو أن الانحرافات عن الأهداف المخططة كانت بسبب الطموح الكبير لواضعي الخطة، حيث تم استهداف معدلات نمو أكبر من قدرة القطاعات الاقتصادية الفعلية، بالإضافة إلى المعوقات الرئيسية القطاعية التي شكلت قيوداً رئيسية أمام

تحقيق هذه القطاعات أهدافها المخططة , وسيتم التطرق لهذه الإجراءات تفصيلاً في الفصل الرابع من هذه الدراسة.

أما من حيث مساهمة القطاعات الاقتصادية في الناتج المحلي الإجمالي خلال الخطتين الخمسيتين الأولى والثانية، فيوضحها الجدول التالي:

جدول (4-2)

" الأهمية النسبية لمساهمة القطاعات الاقتصادية في الناتج المحلي الإجمالي الحقيقي خلال الفترة (1996- 2004)

البيان / السنوات	1996	1997	1998	1999	2000	2001	2002	2003	2004
الزراعة والغابات والصيد والأسماك	21.77	21.80	23.34	22.98	20.95	21.20	20.52	20.20	20.06
صناعة استخراج النفط والغاز والتعدين	15.84	15.77	15.18	15.93	17.45	16.81	16.37	15.49	14.24
الصناعات التحويلية	9.04	8.46	8.25	8.08	9.58	9.41	9.45	9.46	9.44
الكهرباء والمياه والغاز	1.13	1.06	1.02	1.07	1.21	1.23	1.27	1.31	1.36
البناء والتشييد	3.27	3.89	3.71	3.63	2.04	2.05	2.11	2.19	2.25
إجمالي مساهمة القطاعات الإنتاجية	51	51	52	52	51	51	50	49	47
التجارة والمطاعم والفنادق والصيانة	7.35	7.24	8.70	7.38	7.97	8.26	8.54	8.81	8.99
النقل والتخزين والمواصلات	6.88	7.53	7.52	7.50	11.43	11.963	12.23	12.48	13.25
التمويل والتأمين والعقارات	6.53	6.33	7.00	7.59	9.98	9.44	8.87	8.89	8.87
الخدمات الشخصية والاجتماعية	1.02	0.99	0.98	1.00	1.07	1.21	1.33	1.60	1.82
الخدمات الحكومية	25.03	24.98	23.67	24.40	20.48	20.26	20.40	20.45	20.48
القطاع العائلي خدمات المنازل	0.20	0.20	0.19	0.06	0.13	0.13	0.12	0.12	0.12

منتجو الهيئات اللاربحية والرسوم	3.10	2.84	2.17	2.04	2	2.08	1.94	1.90	1.85
ناقصاً الخدمات المصرفية المحتسبة	-1.15	-1.10	-1.73	-1.68	-4.39	-3.92	-3.15	-2.89	-2.74
إجمالي مساهمة القطاعات الخدمية	49	49	48	48	49	49	50	51	53
الناتج المحلي الإجمالي	100	100	100	100	100	100	100	100	100

المصدر: الجهاز المركزي للإحصاء، كتاب الإحصاء السنوي لعام 2001، صـ 433 .
الجهاز المركزي للإحصاء، كتاب الإحصاء السنوي لعام 2004، صـ 376 .

بتفحص بيانات الجدول (4-2) يتضح أنه بالنسبة للقطاعات الإنتاجية يظل القطاع الزراعي يحتل مركز الصدارة على بقية القطاعات من حيث مساهمته في الناتج المحلي الإجمالي خلال سنوات الخطتين الأولى والثانية، إلا أن الملاحظ أن القطاع الزراعي حقق تراجعاً خلال الخطة الخمسية الثانية مقارنة بمساهمته خلال الخطة الخمسية الأولى، ويعزى ذلك إلى تراجع المساحات المزروعة لبعض المحاصيل الزراعية مما أثر بالتالي سلباً على إنتاجيتها، فعلى سبيل المثال تراجعت إنتاجية المحاصيل النقدية (البن، السمسم، القطن، التبغ) من (7242) طن للهكتار خلال عام 2001م إلى (68346) طن للهكتار خلال عام 2004م بنسبة انخفاض قدرها (7%)، بسبب انخفاض المساحات المزروعة من المحاصيل النقدية بنسبة (28%) خلال نفس الفترة، وكذلك الحال بالنسبة لإنتاجية الفواكه فقد تراجعت بنسبة (9%) بسبب انخفاض المساحات المزروعة منها بنسبة (15%) خلال نفس الفترة [1] .

ويأتي في المرتبة الثانية من حيث الأهمية النسبية قطاع الصناعات الاستخراجية، حيث تراوحت نسبة مساهمته في الناتج المحلي الإجمالي بين (15-17 %) خلال الخطة الخمسة الأولى و (17- 14 %) خلال الخطة الخمسية الثانية، ويشكل استخراج النفط النسبة الأكبر من مساهمة القطاع، حيث تراوحت نسبة مساهمته ما

---

(1) الجهاز المركزي للإحصاء، كتاب الإحصاء السنوي لعام 2004، ص 76، 79.

بين (16% - 13 %)، في حين تراوحت نسبة مساهمة الصناعات الاستخراجية الأخرى غير النفطية ما بين (0.52%) إلى (0.58%) [1] خلال نفس الفترة، أما الصناعات التحويلية فتكاد تكون نسبتها متساوية خلال سنوات الخطتين، ثم يأتي بعد هذه القطاعات قطاع الكهرباء والمياه الذي ظلت مساهمته شبه ثابتة، في حين انخفضت مساهمة قطاع التشييد والبناء خلال فترة الخطة الخمسية الثانية بسبب ارتفاع أسعار المواد نتيجة انخفاض أسعار العملة المحلية.

ويوضح الجدول (3-2) أن مساهمة القطاعات الإنتاجية ظلت ثابتة باستثناء عامي 2003، 2004 الذي تراجع خلالها إنتاج القطاعات الإنتاجية إلى (49%، 47 %) على التوالي، ولعل هذا التراجع ناتج عن انخفاض الكميات المنتجة من النفط من (160053) ألف برميل في عام 2001 إلى (147495) ألف برميل عام 2004 [2]، مما أدى إلى تراجع نسبة مساهمة قطاع الصناعة الاستخراجية في الناتج المحلي الإجمالي من (16%) عام 2002 إلى (15%، 14%) خلال عامي 2003، 2004 على التوالي [3].

أما القطاعات الخدمية فيتضح من الجدول أن قطاع الخدمات الحكومية ظل يحتل مكان الصدارة بين مختلف القطاعات الخدمية، حيث تراوحت نسبة مساهمته في تكوين الناتج المحلي الإجمالي خلال الفترة (1996- 2004) حوالي (22%)، مع أن هذا القطاع حقق تراجعاً خلال الفترة (2000- 2004) مقارنة بمساهمته خلال الفترة (1996- 1999)، ويتضح أن إجمالي مساهمة القطاعات الخدمية في الناتج المحلي الإجمالي ظلت شبه ثابتة خلال الفترة (1996- 1999)، ويتضح أيضاً أن إجمالي مساهمة القطاعات الخدمية في الناتج المحلي الإجمالي ظلت شبه ثابتة خلال الفترة (1996- 2001) عند نسبة (49%)، إلا أنها حققت زيادة خلال الأعوام (2002- 2004)، حيث بلغت مساهمتها خلال هذه السنوات (50%، 51%، 53%) على التوالي، ويعود

(1) نفس المرجع، صـ 376.

(2) الجهاز المركزي للإحصاء، كتاب الإحصاء السنوي لعام 2001، ص 83.

(3) الجهاز المركزي للإحصاء، كتاب الإحصاء السنوي لعام 2004، ص 90.

سبب ذلك إلى زيادة نسبة مساهمة قطاع النقل والمواصلات الذي ارتفعت نسبة مساهمتها من متوسط (8%) خلال الفترة (1996- 2000)، إلى (12.5%) خلال الفترة (2001- 2004).

ثالثاً: أهم سمات الاقتصاد اليمني :

يتميز الاقتصاد اليمني بسمات أساسية يتمثل أبرزها فيما يلي: [1]

1- وفرة الموارد الطبيعية والبشرية: لقد شكلت الوحدة اليمنية إضافة هامة لحجم موارد الاقتصاد اليمني، حيث ازداد حجم قوة العمل إلى حوالي (4.5) مليون عامل، كما زادت الموارد الطبيعية بزيادة مساحة الجمهورية اليمنية البالغة (555000) كم2، فتنوعت تلك الموارد بين ثروات نفطية وسمكية وغيرها، إلا أن هذه الموارد لا تزال غير مستغلة، كما أن حجم العمالة اليمنية تتصف بكونها عمالة غير ماهرة، مما جعل مشاركتها في النشاط الاقتصادي لا تتعدى (25%).

2- شدة ارتباط الاقتصاد اليمني بالأسواق الخارجية: أصبح الاقتصاد اليمني مرتبطاً ارتباطاً وثيقاً بالأسواق الإقليمية والدولية سواء لتصدير منتجاته التي يقع على رأسها الصادرات النفطية أو استيراد العديد من المتطلبات الاستهلاكية والتنموية التي يحتاجها الاقتصاد اليمني , وتشير الاحصائيات الرسمية أن نسبة الواردات من الناتج المحلي الإجمالي ارتفعت من (20%) عام 1990م، إلى (34%) عام 2004م، كما ارتفعت نسبة الصادرات من (14%) عام 1990م إلى (37%) عام 2004م[2].

([1]) على محمد الشاطر، "الاقتصاد اليمني رؤية مستقبلية"، مجلة كلية التجارة والاقتصاد، العددان الثامن عشر والتاسع عشر، سبتمبر 2001، مارس 2002، ص 2-9.

([2])الجهاز المركزي للإحصاء، كتاب الإحصاء لعام 2001، صـ 440، 441، كتاب الإحصاء عام 2004، ص 384.

3- المساهمة القطاعية في الناتج: يسيطر قطاعي الزراعة والصناعة الاستخراجية النفطية على بقية القطاعات الإنتاجية الأخرى من حيث مساهمتها في الناتج المحلي الإجمالي، في حين لا تزال مساهمة القطاعات الأخرى محدودة، وفي الجانب الخدمي لا زالت الخدمات الحكومية تتصدر بقية القطاعات الخدمية، حيث شكلت متوسط نسبتها حوالي (24%) في تكوين الناتج المحلي الإجمالي خلال الفترة (1996- 2000) الأمر الذي أدى على تدني كفاءة إنتاج العديد من المؤسسات العامة والمختلطة .

4- الاعتماد على الوسائل التقليدية والبدائية: في الزارعة وتقلص المساحات الزراعية الصالحة للزراعة، كما لاحظنا سابقاً مما تسبب في تراجع إنتاجية القطاع الزراعي وحجم مساهمة في الناتج المحلي الإجمالي، مقابل توسع في زراعة واستهلاك القات وما ينتج عنه من استنزاف للماء .

5- عدم استغلال الموارد الطبيعية المتاحة والاعتماد على الخامات والمواد الأولية المستوردة واختفاء بعض الأنشطة الحرفية .

المبحث الثاني

أبرز مؤشرات أداء الاقتصاد اليمني خلال الفترة (1990- 2004)

للتعرف على مستوى النشاط الاقتصادي للجمهورية اليمنية وقياس أدائه، يتطلب الأمر دراسة بعض المؤشرات الاقتصادية التي تعكس حقيقة الوضع الاقتصادي، ومستويات التحسن التي طرأت عليه خلال فترة ما قبل برنامج الإصلاح الاقتصادي وما بعدها، ومن أبرز هذه المؤشرات ما يلي:

أولاً: تطور الناتج المحلي الإجمالي (GDP):

يعتبر هذا المؤشر من أهم المؤشرات الاقتصادية التي تقيس مستويات النمو الاقتصادي من سنة لأخرى، وبالنسبة لوضع هذا المؤشر في الاقتصاد اليمني فلم يكن على وتيرة واحدة بل شهد عدة تقلبات تعكس في مجملها المسار الاقتصادي لليمن خلال فترة الدراسة .

1- تطور الناتج المحلي الإجمالي خلال الفترة (1990- 1994):

شهد هذا المؤشر تقلبات حادة خلال السنوات الأولى من عمر دولة الوحدة، وقد كانت تلك التقلبات انعكاساً للأحداث المحلية طبيعية المتمثلة في فترات الجفاف التي تعرض لها اليمن فأثرت سلباً على إنتاجية القطاع الزراعي خلال عامي 1990 - 1991، بالإضافة إلى الأحداث الغير الطبيعية المتمثلة في تنامي تكاليف دمج مؤسسات الشطرين ثم الحرب الأهلية التي نشبت في صيف عام 1994، بالإضافة إلى الأحداث الإقليمية التي يأتي في مقدمتها حرب الخليج الثانية، كل هذه الأحداث أثرت سلباً على مستويات النمو الاقتصادي في اليمن خلال الفترة (1990-1994) , حيث تراوح معدل النمو للناتج المحلي الإجمالي بين (1.97%) عام 1991 و (2.16%) عام 1994, ولم يتجاوز متوسط معدل النمو خلال الفترة (1991-1994) حوالي (4%) وهي نسبة متدنية إذا ما قورنت بمتوسط النسبة (1995- 1998)، وعلى الرغم من أن الخطة

الخمسية الثانية أطلق عليها خطة التنمية الاقتصادية والاجتماعية إلا أن متوسط معدل النمو خلالها لم يصل إلى المعدل المستهدف في الخطة .

والجدول التالي يوضح التطورات الحاصلة على نمو الناتج المحلي الإجمالي الحقيقي خلال الفترة (1990- 2004)

جدول (5-2)

معدلات نمو الناتج المحلي الإجمالي الحقيقي خلال الفترة (1990- 2004)

(1990=صفر) (%)

السنوات / البيان	1990	1991	1992	1993	1994	1995	1996	1997	1998	1999	2000	2001	2002	2003	2004	2005	متوسط معدل النمو خلال الفترة (1995- 2004)*
معدل نمو الناتج المحلي الإجمالي الحقيقي	-	1.97	8.32	4.07	2.16	%4.13	11.65	6.04	7.95	6.47	2.74	7.10	4.99	3.49	3.77	3.87	%5.8
معدل نمو الناتج المحلي الإجمالي غير النفطي	-	3.15	11.74	4.05	2.3-	4.16	10.33	4.76	8.03	7.17	1.83	6.22	5.92	4.06	4.88	5.42	%5.8

المصدر: الجهاز المركزي للإحصاء، كتاب الإحصاء السنوي لعام 2001 ،ص 433 .
الجهاز المركزي للإحصاء، كتاب الإحصاء السنوي لعام 2004، ص 375 .

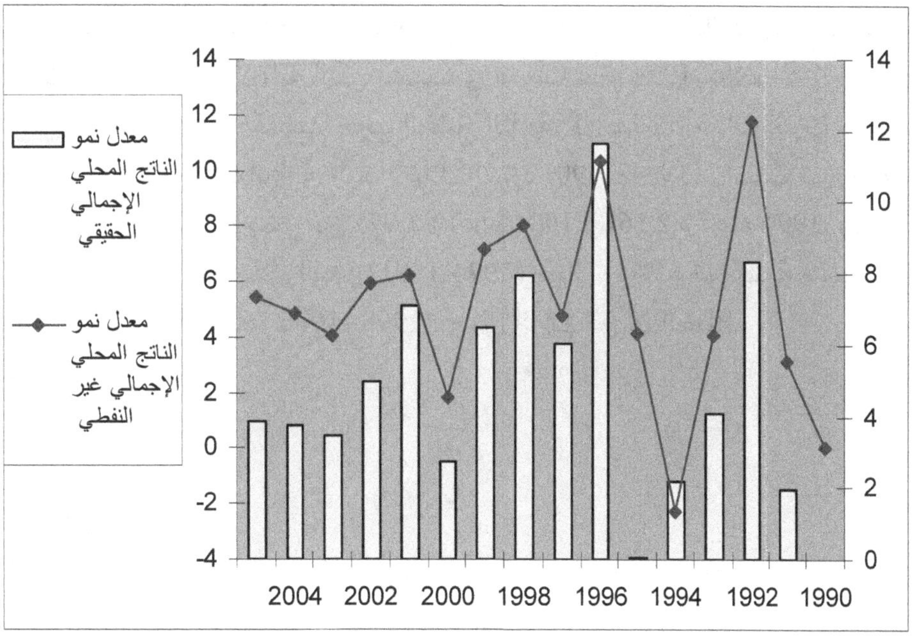

يتضح من الجدول أعلاه أن معدل نمو الناتج المحلي الإجمالي وغير النفطي قد شهد تذبذباً طوال فترة الدراسة، وكان تراجعه أكثر وضوحاً خلال سنوات الخطة الخمسة الثانية (2001- 2004)، حيث لم يتجاوز متوسط معدل نموه خلالها (4%) في حين أن المستهدف في الخطة كان (5.6 %)، ومن أسباب ذلك التراجع انخفاض الكميات المنتجة من النفط إلى حوالي (8%) , مما أدى إلى تراجع معدل نمو استخراج النفط من حوالي (12%) عام 2000 إلى (0.46%) عام 2001 م ثم إلى (-5%) عام 2004، وبالنسبة للناتج المحلي الإجمالي غير النفطي فقد حقق متوسط نمو سنوي خلال الأربع السنوات بنسبة (5%)، مع أن متوسط معدل النمو المستهدف في الخطة كان (8%)[1]، أي إن القطاعات الإنتاجية لم تحقق سوى (63%) من المعدلات المستهدفة.

ثانياً: تطور الموازنة العامة للدولة خلال الفترة (1990- 2004):

تعتبر الموازنة العامة من المؤشرات الهامة التي توضح الوسيلة التي تستخدمها الدولة من أجل تحريك النشاط الاقتصادي، كما أنها تعتبر أداة هامة لتحقيق الاستقرار الاقتصادي وتسريع معدلات النمو الاقتصادي[2] . خصوصاً وأن اليمن كغيره من البلدان النامية يتصف بضعف معدلات الادخار.

والجدول التالي يوضح التطورات التي حصلت على الموازنة العامة لليمن خلال فترة ما قبل برنامج الإصلاح الاقتصادي وما بعدها (1990-2004):

(1) وزارة التخطيط والتنمية، الخطة الخمسية الثانية، 125.178.902001، ص 140.

(2) بدر صالح عبدى، جعفر منعيم، "الموازنة العامة وأثرها على النمو الاقتصادي في اليمن "، مجلة دراسات اقتصادية، مجلة فصيلة تصدر عن المؤتمر الشعبي العام، العدد (5)، (أكتوبر، ديسمبر)، 2002 م، صنعاء ص 139، 140.

جدول (6-2)

موقف الموازنة العامة للجمهورية اليمنية خلال الفترة (1990- 2004)

(مليون ريال)

البيان / السنة	الإيرادات العامة (شاملة القروض والمساعدات)	النفقات العامة (جارية + رأسمالية)	موقف الموازنة (عجز / فائض)	نسبة تمويل عجز % الموازنة إلى الإجمالي العجز		الناتج المحلي الإجمالي	(نسبة العجز/ الفائض) إلى الناتج المحلي
				التمويل المحلي	التمويل الأجنبي		
1990	26012	35966	(9954)	83	17	126489	(7.9)
1991	37999	44070	(6071)	99.90	0.10	150986	(12)
1992	34170	57043	(22873)	94.8	5.2	192047	(12)
1993	38124	68984	(30860)	95.7	4.3	238332	(13)
1994	42857	87128	(44271)	96.8	3.2	306404	(14)
1995	93314	119880	(26566)	87.90	12.1	515515	(5)
1996	232225	232755	(530)	3.2	96.8	742709	(0.07)
1997	299752	307568	(7816)	38.7	61.3	896767	(0.87)
1998	244570	301431	(56861)	71.7	28.3	585201	(6.6)
1999	360791	342933	17858	(92.5)	192.5	1162876	1.5
2000	588689	493731	94958	102.6	(2.6)	1560926	6.1
2001	553084	506761	46323	(85.7)	(14.3)	1684554	2.7
2002	567672	576792	(9120)	56.6	(156.6)	1894497	(0.5)
2003	672293	762766	(90473)	(1.8)	(98.2)	2177463	(4.2)
2004	803668	855839	(521771)	(11)	(89)	2551994	(2.1)

المصدر: الجهاز المركزي للإحصاء - كتاب الإحصاء السنوي للأعوام 1995، 2001، 2004 .

الأرقام بين الأقواس تمثل عجز .

النسب من عمل الباحث.

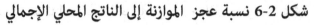

شكل 2-6 نسبة عجز الموازنة إلى الناتج المحلي الإجمالي

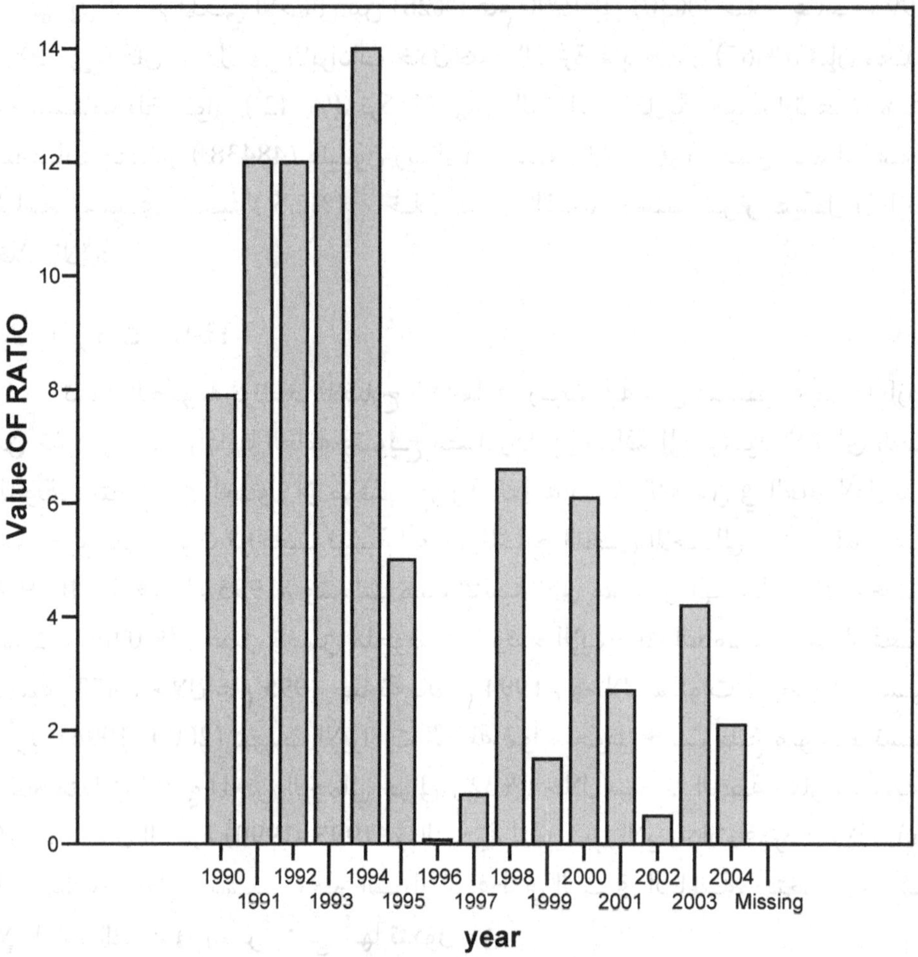

يتضح من خلال الجدول أعلاه أن وضع الموازنة العامة كان خلال فترة ما قبل برنامج الإصلاح (1990-1994) يعاني من عجز مضطرد وصل أقصاه خلال العام 1994م، حيث بلغت نسبة العجز إلى الناتج المحلي الإجمالي خلال هذا العام حوالي (14%)، وهي أكبر نسبة له طوال فترة الدراسة، وبالنسبة للإيرادات العامة، فقد سجلت هي الأخرى تراجعاً واضحاً خلال نفس الفترة، حيث تراجعت نسبتها إلى الناتج المحلي الإجمالي من (21%) عام 1990م، إلى (14%) عام 1994 م، بنسبة انخفاض قدرها (33%)،

وبالمقابل شهدت النفقات العامة تزايداً خلال سنوات الفترة حيث ارتفعت نسبتها إلى الناتج المحلي الإجمالي من (28%) عام 1990 إلى (30%) خلال عامي 1993، 1994، وإذا كان معدل نمو الإيرادات خلال هذه الفترة لم يتجاوز (65%)، فإن معدل نمو النفقات بلغ حوالي (142%)، تركز أغلبها في النفقات الجارية، حيث ارتفعت هذه النفقات بمقدار (48438) مليون ريال وبنسبة (173%)، في حين نمو النفقات الرأسمالية سوي بنسبة (2.5%) [1] خلال نفس الفترة . وسنستعرض هيكل الموازنة خلال الآتي:

أولاً: الإيرادات العامة:

تبنت الحكومة برنامجاً للإصلاح الاقتصادي ركزت فيه على تقليص عجز الموازنة من خلال زيادة إيراداتها العامة وتنويع مصادرها، بالإضافة إلى ترشيد الإنفاق العام للدولة، ويتضح من الجدول أن موقف الموازنة العامة بدأ في التحسن في العام الأول من برنامج الإصلاح حيث تراجعت نسبة العجز للناتج المحلي الإجمالي من (14%) عام 1994 إلى (5%) عام 1995، وسجلت هذه النسبة أدنى مستوى لها عام 1996، حيث بلغت (0.007%) وحصل تحسن ملحوظ على وضع الإيرادات العامة، حيث ارتفعت بنسبة (72%) خلال عام 1995 مقارنة بالعام 1994م وخلال سنوات الخطة الخمسية الأولى (1996- 2000) شهدت الإيرادات العامة نمواً ملحوظاً حيث بلغ متوسط نسبة مساهمتها في الناتج المحلي الإجمالي حوالي (32%) خلال سنوات الخطة مقارنة بنسبة (19%) خلال الفترة (1990- 1995) وبالنسبة لتذبذب الإيرادات فمردها تذبذب العائدات النفطية بسبب تغير أسعار النفط في السوق العالمية، وبتحليل هيكل الإيرادات العامة في اليمن يتضح أنها تتكون من:

أ - **الإيرادات الجارية:** وتتكون من الإيرادات الضريبية المباشرة وغير المباشرة والإيرادات النفطية والإيرادات الأخرى، وقد بلغ متوسط النمو السنوي

([1]) حد مرلي (7-2)، (8-2).

للإيرادات الجارية خلال الفترة (1990- 1994) حوالي (15%)، ثم ارتفع.إلى حوالي (52%) خلال الفترة (1995- 2004) .

كما بلغ متوسط نسبة الإيرادات الجارية إلى الإيرادات العامة حوالي (95%) خلال الفترة (1990- 1994)، وظلت هذه النسبة كما هي (95%) خلال الفترة (1995- 2004) مما يشير أن الإيرادات الجارية ظلت الأساس في تركيب الإيرادات العامة , أما بالنسبة للإيرادات الضريبية فعلى الرغم من أنها ارتفعت من (11371) مليون ريال عام 1990 إلى (176685) مليون ريال عام 2004 بزيادة مطلقة قدرها حوالي (16534) مليون ريال وزيادة نسبة قدرها (1454%) خلال الفترة، إلا أن أهميتها النسبية إلى الإيرادات الجارية قد تراجعت من (48%) عام 1990 إلى (78%) خلال عام 2004 .

ب - **الإيرادات الرأسمالية:** وتشمل على القروض والمنح والمساعدات، وتمثل القروض الجزء الأكبر من هذه الإيرادات تقلبات عدة انعكست على نسبة مساهمتها في الناتج المحلي الإجمالي، ويعزى سبب تقلبها إلى كونها مرتبطة بعوامل خارجية، متعلقة بالعالم الخارجي .

والجدول التالي يوضح التطورات التي شهدتها الإيرادات العامة لليمن خلال الفترة (1990- 2004)

جدول (7-2)

تطور الإيرادات العامة خلال الفترة (1990- 2004)

(مليون ريال)

البيان	199 0	199 1	199 2	199 3	199 4	199 5	1996	1997	1998	1999	2000	2001	200 2	200 3	2004
1- الإيـــرادات الجارية	239 06	377 50	323 80	362 53	411 31	892 67	2135 40	2868 41	2217 22	3345 89	5833 98	5462 55	559 824	662 808	8015 58
أ- إيـــــرادات ضريبية	113 71	154 54	174 38	210 90	224 11	426 62	6489 8	7783 5	8083 2	8974 5	1109 90	1219 76	137 987	152 918	1766 85
ب- الإيـــرادات نفطية وأخرى	125 35	222 96	149 40	151 63	187 20	466 05	1483 42	2090 06	1408 90	2362 44	4724 08	4242 79	421 837	509 890	6248 73
2- إيـــــرادات رأسمالية	210 6	249	179 0	187 1	172 6	404 7	1868 5	1291 1	2284 48	3480 2	1640 9	1582 4	185 16	251 19	2385 42
3- إجـــــمالي إيرادات العامـة (2+1)	260 12	379 99	341 70	381 24	428 57	933 19	2322 25	2997 52	2445 70	3607 91	6182 00	5620 79	579 653	688 215	8255 31
نسبة 1: 3 %	92	99	95	95	96	96	92	96	91	90	94	97	97	96	97
نسبة أ: 1 %	48	49	54	58	54	48	30	27	36	28	19	22	25	23	22
نيلة ب: 1 %	52	51	46	42	46	52	70	73	64	72	81	78	75	77	78
نسبة 2: 3	8	1	5	5	4	4	8	4	9	10	6	3	3	4	3
نسبة الإيرادات العامـــــة الى النـاتج المحـلي الإجمالي	21	25	18	16	14	18	31	33	28	31	38	33	30	31	31

المصدر: الجهاز المركزي للإحصاء، كتب الإحصاء السـنوي للأعـوام، 1995، 2001، 2004

النسب: من عمل الباحث .

* الإيرادات: شاملة القروض والمساعدات .

الشكل3-7 نسبة الإيرادات من الناتج المحلى الإجمالي

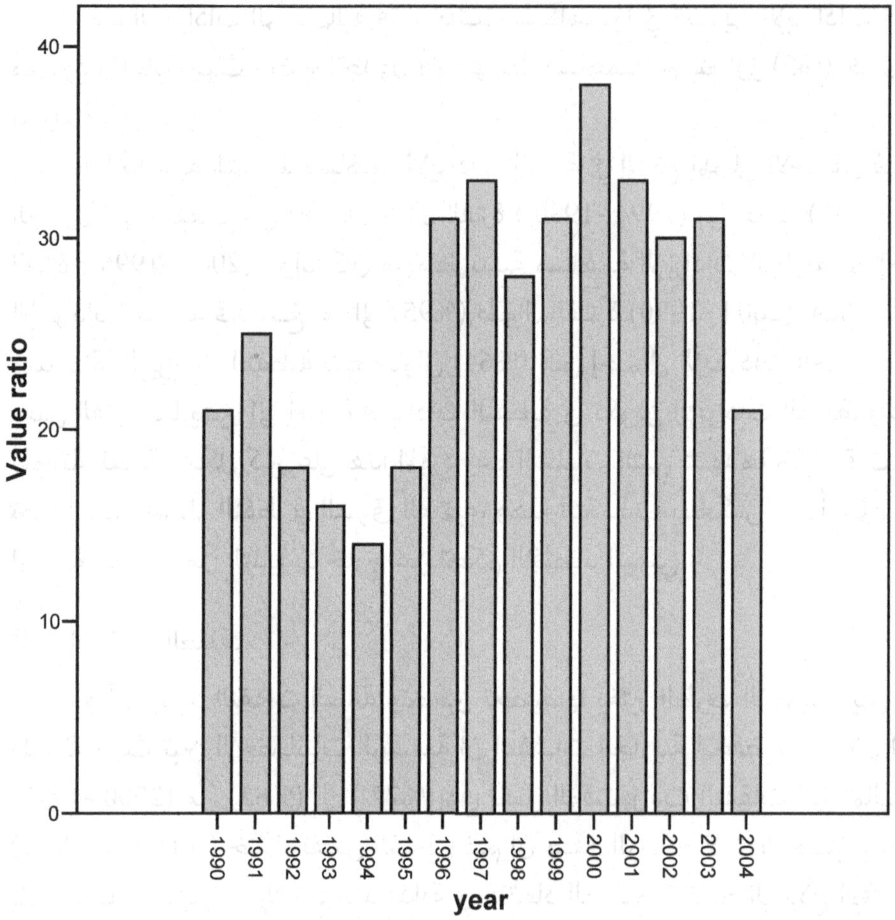

يتضح من بيانات الجدول أعلاه أن الإيرادات العامة تعتمد بشكل شبه كلي على الإيرادات المتحققة من الإيرادات الجارية وتحديداً الإيرادات النفطية التي تشكل متوسط نسبتها إلى الإيرادات الجارية حوالي (64%) خلال الفترة (1990- 2004) في حين لم يتجاوز المتوسط السنوي للإيرادات الضريبية حوالي (36%) خلال نفس الفترة، وقد كان لارتفاع أسعار النفط في السوق العالمية دوراً في ارتفاع مساهمة الإيرادات التغطية.

أما الإيرادات الرأسمالية فقد ظلت مساهمتها في تكوين الإيرادات العامة محدودة للغاية حيث يوضح الجدول أن متوسط مساهمتها لم يتجاوز (5%) خلال فترة الدراسة .

أما بالنسبة لمتوسط مساهمة الإيرادات العامة في الناتج المحلي الإجمالي فيوضح الجدول أنها ارتفعت من (19 %) خلال الفترة (1990- 1994) إلى حوالي (30%) خلال الفترة (1995- 2004) , وإذا كان متوسط نسبة مساهمة الإيرادات الجارية إلى إجمالي الإيرادات العامة قد بلغ حوالي (95%) طوال الفترة (1990- 2004)، فإن متوسط مساهمة الإيرادات النفطية بلغ حوالي (64%) من إجمالي الإيرادات الجارية خلال نفس الفترة مما يشير إلى أهمية الإيرادات النفطية في تكوين الإيرادات العامة، واعتماد الموازنة العامة بشكل كبير على هذا المورد رغم التقلبات التي شهدها من وقت لآخر نظراً لتقلب أسعار النفط في السوق العالمية، وهذا التذبذب ينعكس سلباً على وضع الموازنة كون عوامل التذبذب خارج عن تحكم الاقتصاد اليمني.

ثانياً: النفقات العامة:

ولأن ترشيد النفقات العامة وتحسين تخصيصها يعتبر الطرف الآخر لتقليص عجز الموازنة حيث تبين الإحصائيات الرسمية أن النفقات الجارية انخفضت خلال الفترة (1995- 2000) من (83%) إلى (77%) وفي نفس الوقت زادت النفقات الرأسمالية من (11%) إلى (18%) خلال نفس الفترة رغم أن هذه الزيادة لا تزال ضئيلة مقارنة بالاحتياجات التنموية، إلا أنها تعد بداية في الاتجاه الصحيح لبرنامج الإصلاح الاقتصادي والمالي، وبالنسبة للخطة الخمسية الثانية، (2001- 2005)، فإن السنوات (2001- 2004) سيطر عليها العجز وتراجع متوسط مساهمة الإيرادات العامة إلى الناتج المحلي الإجمالي خلال لها حيث لم يتجاوز متوسط مساهمتها (31%)، في حين أن متوسط مساهمة النفقات العامة في الناتج المحلي ارتفع إلى (33%) خلال نفس الفترة، ويعزى ذلك إلى الانعكاسات السلبية لتفجير المدمرة الأمريكية كول عام 2001م وأحداث التمرد المسلح الذي شهدته محافظة صعدة خلال عام 2004م والجدول (8-2) يوضح التطورات الحاصلة على النفقات العامة للدولة خلال الفترة (1990- 2004)

جدول (8-2)

تطور وتقسيم النفقات العامة للدولة خلال الفترة (1990- 2004)

(مليون ريال)

البيان / السنة	1990	1991	1992	1993	1994	1995	1996	1997	1998	1999	2000	2001	2002	2003	2004
1- النفقات الجارية	26983	36728	46993	58954	76316	99401	177593	244365	231550	266568	381913	394249	441379	526351	626290
2- النفقات الاستثمارية والرأسمالية	8983	7342	10050	10030	10812	20479	55162	63203	69881	76365	111818	112512	135413	236415	229549
3- إجمالي النفقات العامة	35966	44070	57043	68984	87128	119880	232755	307568	301431	342933	943731	506761	576792	762766	855839
نسبة 1: %3	75	83	82	85	88	83	76	79	77	78	88	78	77	69	73
نسبة 2: %3	25	17	18	15	12	17	24	21	23	22	12	22	23	31	27
نسبة 3: الناتج المحلي الإجمالي %	28	29	30	30	28	23	31	34	35	29	32	30	30	35	34

المصدر: الجهاز المركزي للإحصاء، كتب الإحصاء السنوي للأعوام، 1995، 2001، 2004 .

* تشمل صافي الأقراض .

شكل 3-8 نسبة النفقات الى الناتج المحلي الإجمالي

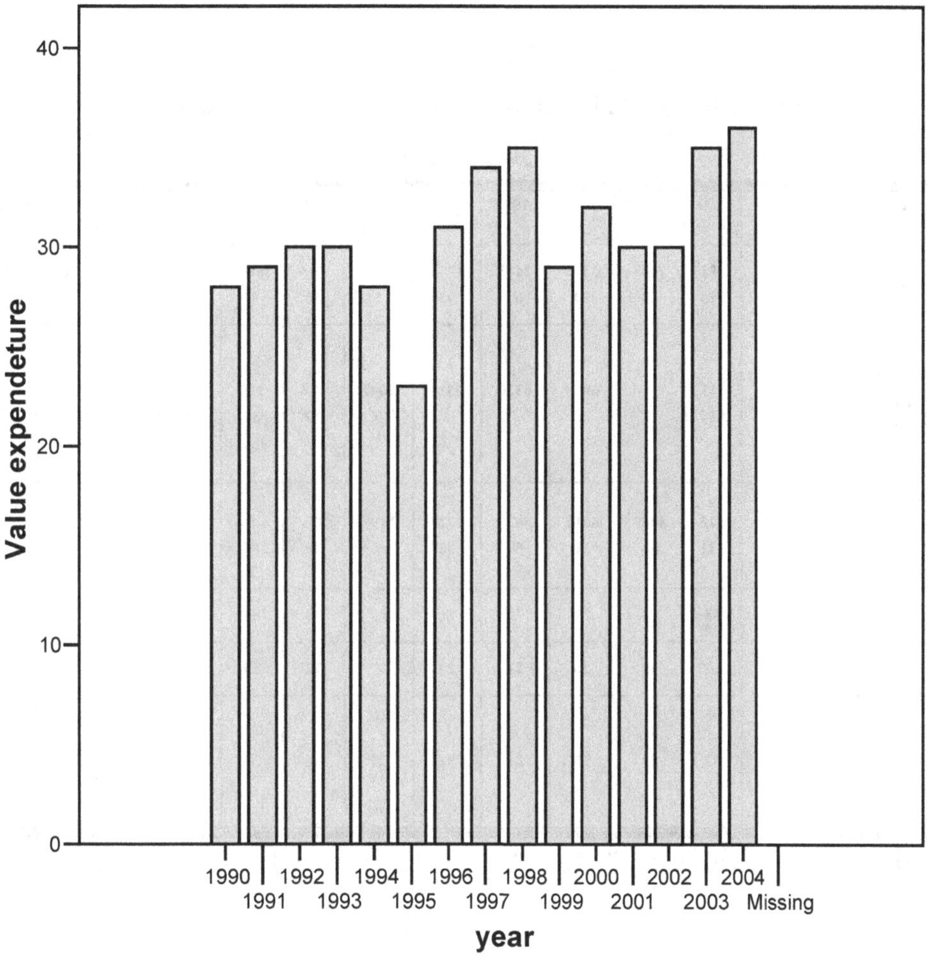

يتضح من خلال الجدول أن النفقات الجارية شهدت نمواً مستمراً طوال فترة الدراسة، حيث ارتفعت خلال فترة ما قبل برنامج الإصلاح الاقتصادي من (26983) مليون ريال عام 1990 إلى (76316) مليون ريال عام 1994م بزيادة مطلقة قدرها (49333) مليون ريال ونسبة قدرها (183%) كما بلغ متوسط مساهمة النفقات الجارية في الناتج المحلي الإجمالي حوالي (83%) خلال الفترة (1990- 1994) وقد أخذت نسبة نمو النفقات الجارية بالتراجع خلال الفترة التي تم فيها تطبيق برنامج الإصلاح الاقتصادي، حيث ارتفعت من (99401) مليون ريال عام 1995 إلى (626990) مليون

ريال عام 2004م بزيادة قدرها (527589) مليون ريال زيادة ونسبية قدرها (531%)، إلا أن متوسط نسبة هذه النفقات إلى النفقات العامة أخذت بالتراجع خلال فترة الإصلاح الاقتصادي، حيث لم يتجاوز المتوسط السنوي (78%) خلال الفترة (1995- 2004)، أما بالنسبة للنفقات الرأسمالية والاستثمارية، فعلى الرغم من ضالتها طوال فترة الدراسة إلا أنها شهدت نسبتها إلى النفقات العامة تزايداً من متوسط (17%) خلال فترة ما قبل برنامج الإصلاح الاقتصادي إلى حوالي (22%) خلال الفترة (1995- 2004)، كما ارتفعت نسبتها إلى الناتج المحلي الإجمالي من متوسط (29%) خلال فترة ما قبل برنامج الإصلاح إلى حوالي (31%) خلال فترة ما بعد برنامج الإصلاح .

وبعد تحليلنا لجانبي النفقات والإيرادات العامة في الموازنة العامة يتضح لنا من خلال بيانات الجدول (6-2) أن عجز الموازنة كان السمة السائدة خلال فترة الدراسة باستثناء الأعوام (1999- 2001) بسبب الارتفاع النسبي لأسعار النفط في السوق العالمية، إلا أن متوسط نسبة عجز الموازنة قد تراجعت من (15%) خلال الفترة (1990- 1994) إلى (3%) خلال الفترة (1995- 2004) وبنسبة انخفاض قدرها (80%)، مما يشير إلى نجاح برنامج الإصلاح الاقتصادي في تحقيق الاستقرار الاقتصادي النسبي، من خلال التقليص المستمر لعجز الموازنة وبنسب تجاوزت النسبة المستهدفة في البرنامج والبالغة (3%) وهذا يعد نجاحاً للسياسة النقدية المنفذة خلال البرنامج[1] .

أما أسلوب تمويل عجز الموازنة فيوضح الجدول (6-2) أن الحكومة اعتمدت على الجهاز المصرفي بشكل شبه كامل وتحديداً البنك المركزي لتمويل عجز الموازنة خلال الفترة (1990- 1994)، حيث بلغ متوسط نسبة التمويل المحلي لعجز الموازنة حوالي (97%)، أما بعد تبني برنامج الإصلاح الاقتصادي، فقد حرصت الحكومة على تمويل العجز من مصادر حقيقية غير تضخمية، لذلك سارعت باستحداث أذون الخزانة وشهادات الإبداع كوسيلة بديلة للتمويل المصرفي، مما أدى إلى تراجع متوسط مساهمة التمويل المحلي (المصرفي) لعجز الموازنة إلى حوالي (17%) خلال الفترة

([1]) وزارة التخطيط والتنمية، الخطة الخمسية الثانية، المرجع السابق، ص 118.

(1995- 2004)[1]، إلا أن الموازنة اعتمدت على التمويل الخارجي بشكل أكبر خلال هذه الفترة، وهذا الأمر لا يعتبر وسيلة مفضلة لأن الاعتماد عليه بشكل مستمر يعتبر مصدر تضخمي مؤجل خصوصاً في حال عدم توفر المصادر الحقيقية لسداد القروض المتراكمة .

وهذا يتطلب البحث عن وسائل جديدة لتمويل عجز الموازنة من مصادر محلية حقيقية غير تضخمية .

ثالثاً: ميزان المدفوعات (Balance of payments)

يعتبر ميزان المدفوعات من المؤشرات المهمة التي توضح الموقف الاقتصادي للدولة مع العالم الخارجي فهو عبارة عن سجل يلخص مجمل المبادلات الاقتصادية لمواطني بلد ما مع مواطني بلد آخر خلال فترة زمنية معينة (عادة سنة)، والمبادلات إما أن تكون دائنة يحصل البلد خلالها على مدفوعات من الأجانب أو تكون مدينة يتم الدفع خلالها للأجانب [2].

وبالنسبة لوضع ميزان المدفوعات اليمني فقد عانى من ضعف شديد وخاصة خلال الفترة (1990- 1994)، حيث شهد الميزان التجاري عجزاً كبيراً بحيث لم تغطِ الصادرات ثلثي الواردات السلعية في المتوسط، مما شكل اختلالاً هيكلياً في الاقتصاد اليمني.

مكونات ميزان المدفوعات: يتكون ميزان المدفوعات اليمني من:

أ - **الحساب الجاري:** وهو الحساب الذي يوضح المبادلات الدولية بالنسبة للسلع والخدمات ويحتوي على الميزان التجاري (الصادرات والواردات)، والحساب غير المنظور (ميزان الخدمات) الذي يحتوي على المدفوعات أو المتحصلات

(1) جدول (2-6)، (7-4).

(2) مطهر عبد العزيز العباسي، " اقتصاديات النقود والبنوك "، مرجع سابق، ص 226.

الناشئة مـن الـدخـول الاستثمارية، وشراء وبيـع الخـدمات والتمـويلات الخاصـة
بالإضافة إلى ميزان الدخل وصافي ميزان التحويلات الجارية .

ب – **حساب رأس المال**: وهو يوضـح تـدفق رأس المـال بـين البلـد المعنـي وبقيـة
بلدان العالم والتدفق الرأسمالي يكون إما على شكل زيادة الأصول الأجنبية
للبلد عند قدوم الاستثمارات الأجنبية إليه، أو تسرب رأس المـال إلى الخارج
على شكل مدفوعات مالية للأجانب .

والجدول رقم (9-2) يوضح وضع ميزان المدفوعات اليمني خلال الفترة (1990-
2004)

جدول (9-2)
وضع ميزان المدفوعات اليمني خلال الفترة (1990-2004)
(القيمة بالمليون دولار)

النسبة إلى الناتج المحلي الإجمالي %			موقف ميزان المدفوعات	صافي حساب رأس المال	حساب رأس المال				صافي الحساب الجاري	الحساب الجاري				البيان السنة
صافي موقف الموازنة	صافي حساب رأس المال	صافي الحساب الخارجية			الخطأ و السهو	استثمارات أخرى	استثمار الحافظة	الاستثمار المباشر		صافي ميزان التمويلات الجارية	صافي ميزان الدخل	صافي ميزان الخدمات	صافي ميزان التجاري	
2.8-	3.8-	8.4	251-	329-	661-	200-	2	131-	739	1790	372-	577-	103-	1990
12.6-	3.8	11.3	740-	224	302-	58-	-	283	663	1184	486-	637-	724-	1991
21.5-	2.2-	18.8-	1235-	125-	26-	843-	-	718	1084-	1003	417-	803-	862-	1992
21.2-	1.7	26.4-	1053-	81	114	824-	2	903	1248-	998	408-	866-	971-	1993
18.7-	20.3-	6.6	710-	772-	187-	790-	3	16	250	1064	532-	556-	274	1994
11.5-	20.3-	4.3	491-	863-	188	642	0.9	218-	184	1056	561-	460-	149	1995
6.4-	6.3-	1.8	368-	367-	107-	308-	5	60-	106	1141	634-	370-	31-	1996
2.2-	3.3-	0.3	152-	232-	58	98-	5	139-	22	1226	601-	470-	133-	1997
7.2-	7.4-	2.4-	456-	465-	159	251-	4	219-	149-	1330	176-	518-	785-	1998
3.6	7.1-	10.3	269	526-	27	336-	0.1	194-	768	1423	477-	536-	358	1999
14.4	2.4-	13.9	1389	234-	286	240-	1.4-	6	1337	1400	777-	599-	1313	2000
6.5	0.97	6.7	653	97	114-	39-	-	136	671	1273	691-	678-	767	2001
5.5	0.16	4.1	597	17-	171-	118-	-	102	443	1340	818-	680-	602	2002
2.8	1.2	1.5	336	141	19	135	-	6	176	1380	1027-	544-	367	2003
3.9	1.8	1.6	523	255	53	112	-	144	225	1444	1347-	690-	817	2004

المصدر: الجهاز المركزي للإحصاء , كتاب الإحصاء السنوي للأعوام , 1994 ,
2001 , 2004 , صفحات متفرقة

جدول (2-9)

وضع ميزان المدفوعات اليمني خلال الفترة (1990-2004)

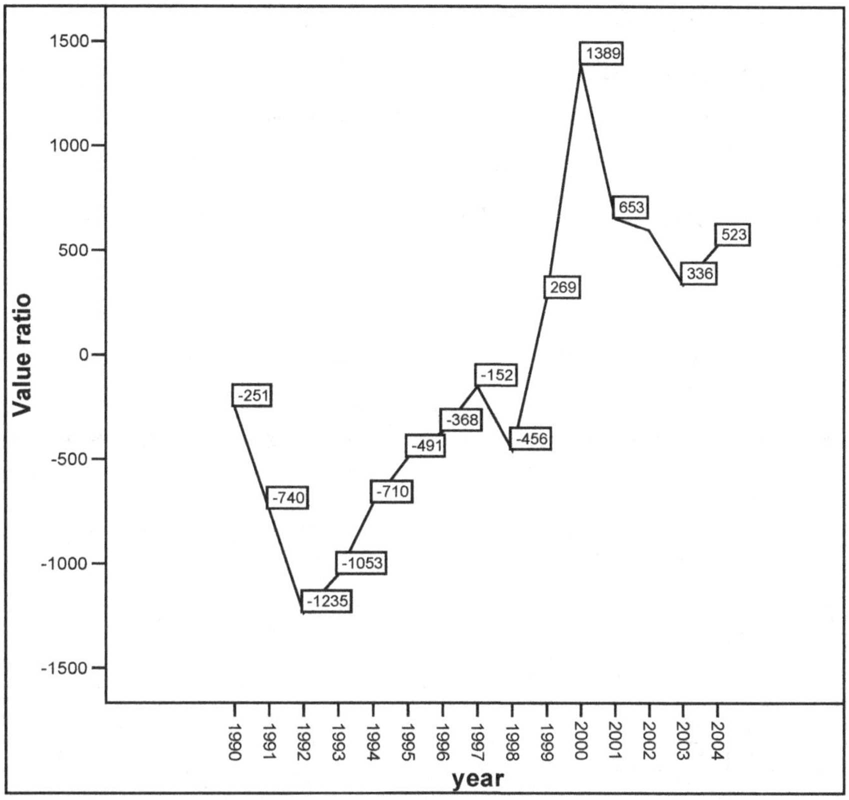

يعكس وضع ميزان المدفوعات الوضع الاقتصادي لأي بلد، ويحتل الميزان التجاري (التعامل مع العالم الخارجي) في اقتصاديات معظم البلدان النامية مركزاً هاماً في هذا الميزان، واليمن إحدى هذه البلدان التي واجهت العديد من المشاكل الاقتصادية بسبب العجز الكبير في الميزان التجاري بالإضافة إلى العجز في الموازين الأخرى كميزان الخدمات وميزان حساب رأس المال، الأمر الذي تسبب في حدوث عجزًا كبيرًا في ميزان المدفوعات وخصوصاً خلال فترة ما قبل برنامج الإصلاح الاقتصادي .

ويتضح من خلال الجدول أن العجز لازم الميزان التجاري خلال السنوات (1990-1993م)، وبلغ عجز هذا الميزان أعلى معدل له عام 1993، حيث بلغت نسبته

إلى الناتج المحلي الإجمالي حوالي (10%)، وانعكس ذلك على ميزان المدفوعات الذي سجل هو الآخر أكبر عجز له خلال عام 1992، حيث بلغ حوالي (1235) مليون دولار، أما نسبته إلى الناتج المحلي الإجمالي فقد بلغت حوالي (21.5%) خلال عام 1993م وهي أعلى نسبة يسجلها خلال سنوات الدراسة، وقد ساهم في تدهور ميزان المدفوعات خلال هذه الفترة تراجع متوسط معدلات نمو الناتج المحلي للقطاعات الحقيقية خلال الفترة (1990-1993م) إلى (-1.3%)، وتجدر الإشارة إلى أن الصادرات في الميزان التجاري تتضمن الصادرات النفطية وهي التي حسنت من وضعه ولو استبعدت لتفاقم عجز هذا الميزان بشكل أكبر لأن الصادرات غير النفطية لم تشكل متوسط نسبتها إلى الواردات خلال الفترة (1990- 1993م) سوى (5%)، في حين شكلت نسبة الصادرات النفطية (بدون حصة شركات النفط) إلى الواردات حوالي (33.5%)[1] خلال نفس الفترة، ويلاحظ من الجدول رقم (9-2) أن الميزان التجاري حقق فائضاً خلال عامي 1994، 1995 ثم عاود ليحقق عجزاً خلال الأعوام (1996- 1998) بسبب انخفاض العائدات النفطية نتيجة لتراجع أسعار النفط في الأسواق العالمية، ثم عاود الميزان التجاري ليحقق فائضاً خلال بقية سنوات الفترة(1999- 2004) وهي الفترة التي حقق فيها ميزان المدفوعات فائضاً مما يؤكد أهمية وسيطرة الميزان التجاري على بقية مكونات ميزان المدفوعات, فالميزان الخدمي كما يتضح من نفس الجدول ظل يحقق قيماً سالبة طوال الفترة (1990- 2004)، ويعزى ذلك إلى أن إجمالي ما يتم دفعه للخارج مقابل خدمات الشحن والتأمين كانت أعلى مما يتسلمه البلد بالإضافة إلى تزايد تحويلات شركات النفط العاملة في اليمن مقابل تراجع حجم تحويلات المغتربين اليمنيين العاملين في مختلف البلدان وخاصة أولئك العاملون في البلدان الخليجية، وكذلك الحال بالنسبة لميزان الدخل فقد حقق هو الآخر قيماً سالبة طوال سنوات الفترة، أما ميزان التحويلات الجارية الذي يعد عاملاً مهماً في تخفيف حدة العجز في ميزان الحساب الجاري فعلى الرغم من أنه سجل قيماً موجبة طوال

([1]) المركز العام للدراسات والبحوث ولإصدار، التقرير الاستراتيجي لعام 2001م، صنعاء، صـ 202.

الفترة إلا أن هذه القيم متأرجحة من فترة لأخرى، وكانت أقل قيمة له عام 1993 حيث بلغت نسبته إلى صافي الحساب الجاري حوالي (- 80%) .

وفيما يتعلق بصافي حساب رأس المال فيلاحظ أنه كان انعكاساً للوضع المتدهور وخصوصاً خلال فترة ما قبل برنامج الإصلاح، بسبب تنامي الديون الخارجية والمحلية خلال هذه الفترة والتي وصلت في عام 1994م إلى (8443) مليون دولار[1] وبدأ التحسن في هذا الميزان منذ عام 2001م، حيث ارتفعت نسبة مساهمته في الناتج المحلي الإجمالي من حوالي (1%) عام 2001 إلى (1.8%) عام 2004م، بسبب إلغاء أغلب الديون المستحقة على اليمن بموجب اتفاقية باريس.

ونخلص من تحليل ميزان المدفوعات إلى أن الميزان التجاري يمثل أهمية كبيرة في تحديد اتجاه وضع ميزان المدفوعات، حيث حقق الأخير عجزاً عندما كان الميزان التجاري يحقق عجزاً خلال الفترة (1990- 1993)، ومع تحسن وضع الميزان التجاري في عام 1994م بسبب تزايد الصادرات النفطية انخفض عجز ميزان المدفوعات من (21%) إلى (18%)، مما يشير إلى شدة ارتباط الوضع الاقتصادي لليمن بالعالم الخارجي، ويؤكد ذلك أنه عند استبعاد الصادرات النفطية فإن الميزان التجاري اليمني يحقق عجزاً كبيراً طوال فترة الدراسة لأن الصادرات غير النفطية لم يتجاوز متوسط نسبتها إلى إجمالي الصادرات حوالي (7.6%) خلال الفترة (1990- 1994) و (9%) [2]، خلال الفترة (1996- 2004) وهي نسبة متواضعة تشير إلى اعتماد الاقتصاد اليمني على الصادرات النفطية بشكل كبير الأمر الذي يجعل الاقتصاد اليمني عرضة لتغيرات أسعار النفط في السوق العالمية، حيث يلاحظ ذلك من تحسن وضع ميزان المدفوعات خلال الفترة (2001- 2004) وهي الفترة التي شهدت ارتفاعاً لأسعار النفط في الأسواق العالمية . وهذا الوضع يحتم على الحكومة تحسين وضع القطاعات الإنتاجية

---

(1) علي محمد الشاطر، " الاقتصاد اليمني - رؤية مستقبلية "، مرجع سابق، ص 39.

(2) الجهاز المركزي للإحصاء، كتاب الإحصاء السنوي 1999، ص 11، كتاب إحصاء عام 2004، صـ 2000.

الأخرى كالقطاع الزراعي والقطاع الصناعي التحويلي والعمل على تطويرهما ليتمكنا من زيادة مساهمتها في الناتج المحلي الإجمالي وعدم الركون إلى صادرات القطاع النفطي لوحده، وبذلك فإن حصة البلد من النقد الأجنبي خاضعة لمتغيرات خارجية، أما مدفوعات البلد من النقد الأجنبي فتتمثل في خدمات الشحن والنقل والتأمين ومدفوعات الواردات وشركات النفط الأجنبية، ويظهر من ذلك أن درجة حساسية حصيلة البلد من النقد الأجنبي أكبر من درجة حساسية مدفوعاته الخارجية، فأي تغير مفاجئ في حصيلة النقد الأجنبي (كانخفاض أسعار النفط في السوق العالمية أو تراجع تحويلات العاملين) لن يصاحبه تغير مماثل في جانب المدفوعات على الأقل في الآجل القصير والمتوسط، مما سيولد مشكلة اختلال توازن الحساب الجاري، وهذا يحتم على الحكومة البحث عن مصادر ثابتة لمتحصلات البلد من النقد الأجنبي كالاهتمام بالصادرات غير النفطية، خصوصاً وأن اليمن يمتلك المقومات الطبيعية لذلك، كالثروة السميكة والبيئية الصناعية والزراعية القابلة للنماء والتطور , وبذلك يتحسن وضع ميزان المدفوعات تحسناً حقيقياً مستمراً وليس تحسناً ظاهرياً مؤقتاً، يتأثر بتغير العوامل الخارجية سلباً أو إيجاباً .

رابعاً: معدل التضخم (Inflation Rate):

يعتبر التضخم من المشكلات الرئيسية التي تعاني منها اقتصاديات معظم البلدان وخصوصاً البلدان النامية بسبب تخلف هياكلها الاقتصادية، وتدني معدلات نمو قطاعاتها الإنتاجية، كما أن تسارع معدلات التضخم يؤثر سلباً على الاستقرار الاقتصادي لهذه البلدان , وبالنسبة لليمن فقد عانى اقتصادها من تسارع المعدلات التضخمية وخصوصاً خلال الفترة (1990- 1994م) حيث بلغ متوسط معدل التضخم خلالها حوالي (61%) وهي نسبة مرتفعة جداً تنبئ عن خلل المسار الاقتصادي الذي يعاني منه الاقتصاد اليمني، على الرغم من أن الحكومة اليمنية تبنت برنامجاً وطنياً للإصلاح الاقتصادي إثر قيام دولة الوحدة استهدف تحقيق الاستقرار الاقتصادي وتخفيف حدة الضغوط التضخمية، إلا أن تسارع الأحداث المحلية التي

انتهت بحرب عام 1994م، وعودة معظم العمالة اليمنية حوالي (800) مليون عامل من البلدان الخليجية إثر حرب الخليج الثانية لم تتح للبرنامج الوطني النجاح وسجل معدل التضخم أعلى معدل له عام 1994م، حيث بلغ حوالي (104%)، بسبب زيادة الإفراط النقدي الذي بلغ معدل نموه خلال الفترة (1990- 1994م) حوالي (31%) لتلبية متطلبات النفقات الحكومية (تمويل العجز بطريقة تضخمية)، حيث شكل متوسط الائتمان الحكومي حوالي (98%)[1] خلال نفس الفترة، ومن أجل تحقيق الاستقرار الاقتصادي والسيطرة على معدلات التضخم تبنت الحكومة اليمنية برنامجاً للإصلاح الاقتصادي بالتعاون مع الصندوق والبنك الدوليين منذ عام 1995م، وقد ركز البرنامج على تقليص معدلات نمو العرض النقدي وتمويل العجز الحكومي من مصادر حقيقية والابتعاد عن تمويلها من خلال الإقتراض الحكومي من البنك المركزي (تمويل تضخمي)، وقد بدأ البرنامج يحقق نجاحاً واضحاً حيث تراجع معدل نمو العرض النقد من (320%) في عام 1994 إلى (9%) عام 1996م كما تراجع معدل التضخم من (104%) إلى (31%)[2] خلال نفس الفترة، وهذا التحسن ناتج عن السياسات النقدية الانكماشية التي تبنتها السلطات النقدية للحد من تزايد معدل نمو العرض النقدي، وقد تراجع متوسط معدل النمو السنوي للتضخم خلال الفترة (1995- 2004) حوالي (16%)، وهذا عائد إلى تراجع متوسط معدل نمو العرض النقدي من (24%) خلال الفترة (1990- 1994) إلى (19%)[3] خلال الفترة (1995- 2004)، ورغم النجاح الذي حققه برنامج الإصلاح والسياسات النقدية في تخفيض معدلات التضخم وتحقيق الاستقرار الاقتصادي إلا أنها لم تصل إلى المعدل المستهدف وخصوصاً خلال الخطة الخمسة الثانية، حيث استهدفت ألاَّ يتجاوز معدل نموه السنوي

(1) الجهاز المركزي للإحصاء، كتاب الإحصاء السنوي لعام 2001، صـ 409.
- البنك المركزي اليمني، نشرة إحصائية فصلية (أكتوبر - ديسمبر) 2004، صـ 5.

(2) المرجع السابق، ص4-5.

(3) وزارة التخطيط والتنمية، الخطة الخمسية الثانية، الجزء الثاني، ص 32، 103.

(9%)، في حين كان المتوسط الفعلي خلال السنوات الأربع الأولى من الخطة حوالي (12%)، ومن المهم الإشارة على أن تعويم صرف العملة اليمنية منذ بداية عام 1996م، وإتباع أسلوب التمويل الحقيقي لعجز الموازنة من خلال أذون الخزانة كان لهما الدور الكبير في تراجع معدلات التضخم خلال فترة ما بعد برنامج الإصلاح الاقتصادي .

خامساً: الادخار والاستثمار:

أ - الادخار:

يعتبر الادخار المحلي الركيزة الأساسية لتحقيق التراكمات الرأسمالية اللازمة لتحقيق معدلات النمو الاقتصادي المطلوبة، والادخار المحلي ما هو إلا عبارة عن الفرق بين الناتج المحلي الإجمالي والاستهلاك الكلي (العام والخاص) [1]، وإذ كانت أغلب البلدان النامية تعاني من ضآلة الادخارات المحلية اللازمة لعملية التنمية فإن اليمن تأتي في مقدمة هذه البلدان، حيث تبين الإحصائيات الرسمية أن نسبة الادخارات المحلية إلى الناتج المحلي الإجمالي كانت متدنية جداً بل إنها كانت سالبة في بعض سنوات الدراسة، والجدول التالي يوضح ذلك .

([1]) أحمد حسن الرفاعي، " الفجوة الإدخارية والاستثمارية في دول الخليج العربي "، مجلة التعاون الصناعي لدول الخليج العربي، العدد (74)، أكتوبر 1998، صـ 8.

جدول (10-2)

تطور الادخارات المحلية في اليمن خلال الفترة (1990- 2004)

(مليار ريال)

البيان / السنة	1990	1991	1992	1993	1994	1995	1996	1997	1998	1999	2000	2001	2002	2003	2004
الناتج المحلي الإجمالي	126.5	150.9	192	238.3	306.4	515.5	742.7	896.7	858.2	1162.8	1560.9	1684.5	1894.5	2177.4	2551.9
الاستهلاك النهائي الكلي	115.4	160.5	191.01	257	298.1	504.2	638	753.4	758.8	912.0	1153.5	1355.1	1541.3	1704.4	2001
الإدخار المحلي الإجمالي	11.1	9.6-	0.99	18.7-	8.3	11.3	105	143	99.4	250.8	407.4	329.4	353.2	473	551
نسبة الإدخار المحلي إلى الناتج المحلي الإجمالي	8.7	6.4-	0.5	7.8-	2.7	2.2	14	16	12	22	26	19.5	19	22	22

المصدر: الجهاز المركزي للإحصاء كتاب الإحصاء السنوي لعام 2001، ص 437، وكتاب إحصاء عام 2004، ص 379.

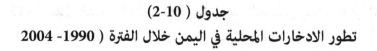

جدول (10-2)

تطور الادخارات المحلية في اليمن خلال الفترة (1990- 2004

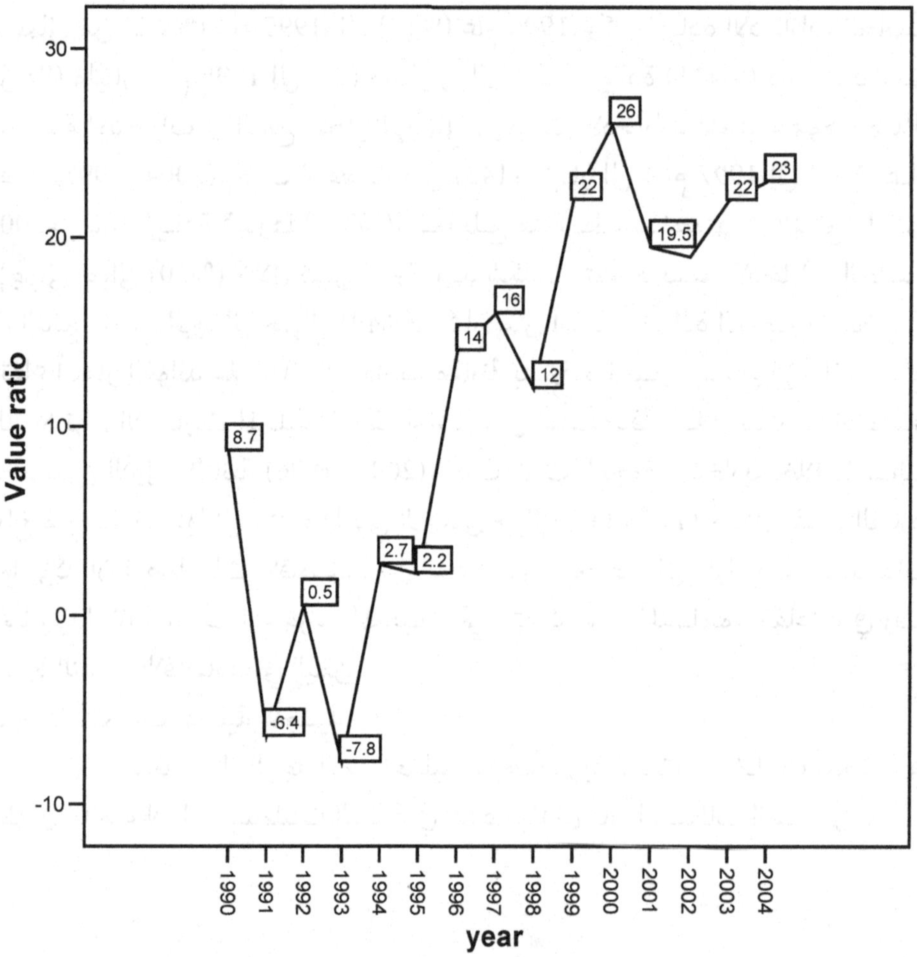

يتضح من الجدول أن الادخارات المحلية كانت متدنية جداً خلال فترة ما قبل برنامج الإصلاح الاقتصادي، بل إنها سجلت قيماً سالبة خلال الأعوام (91- 1993م)، حيث بلغ متوسط نسبة الادخارات المحلية إلى الناتج المحلي الإجمالي حوالي (-2%) خلال الفترة، ويعزى ذلك إلى تدني حجم الادخارات الخاصة التي سجلت قيماً سالبة خلال الأعوام (90، 91، 1993م)، وبلغ متوسط مساهمتها في الناتج المحلي الإجمالي

(-17%) خلال الفترة (1990- 1994م)، وبدأ التحسن يظهر على الادخارات المحلية ابتداءاً من عام 1996م، حيث ارتفعت من (11) مليار ريال عام 1995م إلى (105) مليار ريال عام 1996، مما أدى إلى ارتفاع نسبة الادخارات المحلية للناتج المحلي الإجمالي من (2.2%) عام 1995، إلى (14%) عام 1996، وكان لزيادة الادخارات الخاصة من (9) مليار عام 1995 إلى (46) مليار ريال بنسبة زيادة (411%) دوراً في تحسن مساهمة الادخارات في الناتج المحلي الإجمالي وواصلت الادخارات المحلية نموها خلال الفترة (1997- 2004)، حيث ارتفعت من (143) مليار إلى عام 1997 إلى (551) عام 2004م بنسبة زيادة قدرها (285%)، كما بلغ متوسط مساهمتها في الناتج المحلي الإجمالي حوالي (20%) خلال نفس الفترة، وقد شكلت متوسط نسبة الادخارات الخاصة إلى الناتج المحلي الإجمالي حوالي (49%)، وكان من أسباب زيادة الادخارات الخاصة ارتفاع أسعار الفوائد على هذه الادخارات مقارنة بفترة ما قبل برنامج الإصلاح ومع ذلك لا تزال الادخارات المحلية المتحققة أقل من المستهدفة خلال سنوات الخطتين الخمسيتين الأولى والثانية (1996- 2004)، حيث كانت الفجوة الادخارية خلالها سالبة وبلغ متوسط نسبتها إلى الناتج المحلي الإجمالي حوالي (-11%) (1) خلال نفس الفترة، مما يؤكد أن الإصلاحات الاقتصادية والمالية لا تزال بحاجة إلى المراجعة واستحداث الأساليب اللازمة لجلب المدخرات المحلية لكي تتمكن من المساهمة الفاعلة في رفد مسيرة التنمية الاقتصادية في اليمن .

ب – الاستثمارات المحلية الأجنبية:

إن الاستثمار يمثل الوجه الآخر لعملية الادخار، وإذ كانت الادخارات المحلية في البلدان النامية لا تلبي متطلبات التنمية في هذه البلدان فإن استقطاب الاستثمارات

---

(1) البنك المركزي اليمني، نشرة إحصائية فصلية (أكتوبر - ديسمبر)، 2002، ص 60.

– الجهاز المركزي للإحصاء، كتاب الإحصاء السنوي لعام 2004، صـ 370.

– محمد علي المكردي، "الإدخار ودوره في النمو الاقتصادي في اليمن"، رسالة ماجستير غير منشورة، كلية التجارة، جامعة صنعاء، 2004، ص 51، 118.

الأجنبية وتوطينها أصبح يمثل المحرك الأساسي للنمو الاقتصادي في هذه البلدان وخاصة في ظل انتهاجها سياسة التحرر الاقتصادي، وبالنسبة لليمن فإن مسألة استقطاب وتوطين الاستثمارات الأجنبية فيها أصبح يحتل الأولوية في خطط وبرامج التنمية الاقتصادية والاجتماعية , ويأتي الاهتمام بالاستثمارات الأجنبية الخاصة بسبب قصور موارد التمويل المحلية عن الوفاء بمتطلبات عملية التنمية[1]. وللتعرف على تطور الاستثمارات الإجمالية المحققة ومقارنتها بالاستثمارات المطلوبة للخطتين الخمسيتين الأولى والثانية (1996- 2004) نوضح ذلك من خلال الجدول الآتي:

(1) طه الفسيل، " الآفاق المستقبلية للاستثمار الخاص في اليمن "، مجلة دراسات اقتصادية، المؤتمر الشعبي العام العدد (5) أكتوبر - ديسمبر 2002، ص 103.

جدول (11- 2)

تطور الاستثمارات الإجمالية المحققة والمستهدفة في خلال الفترة (1996- 2004)

(مليار ريال)

2004	2003	2002	2001	2000	1999	1998	1997	1996	1995	1994	1993	1992	1991	1990	السنة / البيان
2551 9.	2177 4.	1894.5	1684.5	1560.9	1162.8	858.2	896.7	742.7	5155.5	306.4	238.3	192	151	126.5	الناتج المحلي الإجمالي
484.3	505.5	367	315.6	295	278.4	276.4	221.2	170.8	112.7	64.3	48.2	43	24.3	18.4	الاستثمار الإجمالي (المحقق)
730	622.7	541.8	481.7	487.3	363.3	268.1	280.2	232	-	-	-	-	-	-	الاستثمار الإجمالي (المستهدف)
246-	117-	375-	166-	- 192.7	85-	8.3	59-	- 61.2	-	-	-	-	-	-	مقدار
10-	5-	20-	10-	12.3-	7.3-	0.96	6.5-	8.2-	-	-	-	-	-	-	نسبة الفجوة الاستثمارية إلى الناتج المحلي الإجمالي

المصدر: الجهاز المركزي للإحصاء، كتاب الإحصاء السنوي لعام 2001، ص 441 .

- الجهاز المركزي للإحصاء، كتاب الإحصاء السنوي لعام 2004، ص 384 .

* كانت النسبة السنوية المستهدفة من كتاب تكمل خلال الخطة الخمسية الأولى (1996- 2000م) (31.25) و (28.6) خلال الخطة الخمسية الثانية (2001- 2005م) .

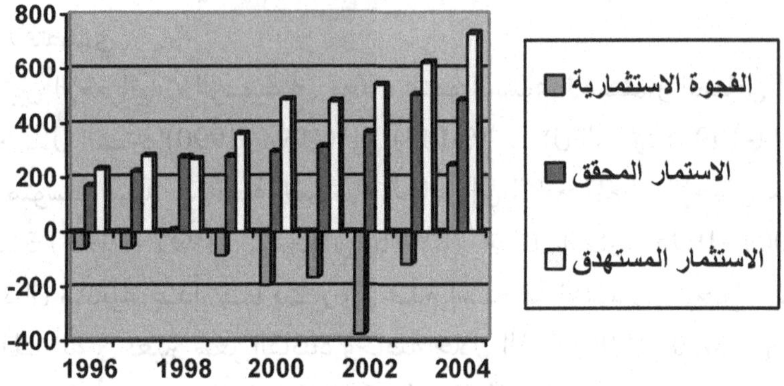

يتضح من خلال بيانات الجدول رقم (11-2) أن الاستثمارات المحققة كانت أقل من الاستثمارات المخططة خلال سنوات الخطتين باستثناء عام 1998م الذي حقق زيادة عن المستهدف بحوالي (8.3) مليارات ريال، ولأن التنمية تتوقف إلى حد كبير على معدل الإدخارات المحلية المحققة فإن بيانات الجدول (9-2) تفسر سبب انحراف معدل النمو المحقق عن معدل النمو المستهدف خلال الفترة (1996- 2004م) والموضحة في الجدول (3-2)، ولعل تشجيع السلطات النقدية للاكتتاب في أذون الخزانة ذات العائد المرتفع بالإضافة إلى تنامي قيمة وأنواع الضرائب المباشرة وغير المباشرة ضمن إجراءات السياسة النقدية والمالية الهادفة إلى ترشيد الإنفاق العام كجزء من برنامج الإصلاح الاقتصادي، أدى ذلك إلى التأثير السلبي على توجيه الأفراد لمدخراتهم نحو الاستثمارات المنتجة، وهذا الأمر يتطلب اتخاذ الوسائل اللازمة لتحفيز الإدخارات المحلية وتوجيهها نحو الاستثمارات المنتجة، ويقع في مقدمة هذه الحلول التعجيل بإنشاء سوق الأوراق المالية كونه سيتيح للأفراد استثمار أموالهم في استثمارات منتجة

تتناسب مع ميولهم الإدخارية ومعتقداتهم الدينية، بالإضافة إلى تشجيع القطاع الخاص وتذليل كافة المعوقات التي تحول دون توسعه في المجال الاستثماري باعتبار أن هذا القطاع سيلعب دوراً هاماً في تحفيز النمو في ظل سياسة التحرر الاقتصادي التي تنتهجها الحكومة منذ بداية عام 1990م، وأكدتها خطط التنمية المنفذة في ظل برامج الإصلاح الاقتصادي .

وتبين الإحصائيات الرسمية أن معدل النمو السنوي للاستثمار الخاص ارتفع من (30%) خلال الفترة (1990- 1994)، إلى (145%) خلال الفترة (1995-2004)، كما ارتفعت متوسط نسبة مساهمة الاستثمار الخاص إلى الناتج المحلي الإجمالي من (14%) خلال الفترة (1990- 1994) إلى حوالي (15%) [1] خلال الفترة (1995- 2004)، وهي نسبة لا تزال متدنية جداً، مما يشير إلى عدم استجابة الاستثمار لإجراءات السياسة النقدية المتمثلة في تغيير سعر الفائدة وخاصة خلال الفترة (1995- 2000)، وهذا يعني أن هناك عوامل أخرى تحول دون المشاركة الفاعلة للقطاع الخاص في عملية الاستثمار ومن ثم الدفع بعملية النمو ا لاقتصادي .

وبالنسبة للاستثمارات الأجنبية المباشرة فإن تدفقها يتطلب توفر عوامل عدة يأتي في مقدمتها المناخ الاستثماري الملائم من حيث توفر الأمن والحوافز التي تؤدي إلى تشجيع تدفق رأس المال الأجنبي، ولأهمية الاستثمارات الوافدة في تحفيز النمو الاقتصادي فقد عملت الحكومة اليمنية في تهيئة المناخ الملائم لجذب الاستثمارات الأجنبية سواء من خلال سن التشريعات القانونية الملائمة أو بتوفير البنية التحتية اللازمة، وتأكيداً لذلك فقد أعطت المؤسسة العربية لضمان الاستثمار عام 1996 اليمن ثلاث درجات لمؤشري السياسة النقدية والمالية من أصل عشر درجات مما يدل على نجاح سياسة الإصلاح الاقتصادي التي نفذتها الحكومة في هذا المجال(2)، ولأهمية

---

(1) وزارة المالية، نشرة إحصائية مالية، الأعداد، 1، 11، 13.

(2) بدر صالح عبدي، " تطور الاستثمار الأجنبي المباشر وأثره على النمو الاقتصادي في اليمن "، مجلة دراسات اقتصادية، العدد السادس، 2003، ص 40.

قطاع النفط في تكوين الناتج المحلي الإجمالي في اليمن فقد أولته الحكومة أهمية قصوى سواء من خلال توسيع الطاقات التكريرية لمصافي النفط أو من خلال توسيع مجال الشركات الاستكشافية للنفط والغاز من خلال إبرام العديد من العقود مع الشركات الأجنبية، وقد أدت هذه الإجراءات التي تدفق الاستثمار الأجنبي المباشر، ويوضح الجدول التالي حجم الاستثمارات المحلية والأجنبية حسب القطاعات الاقتصادية.

جدول (12-2)

المشاريع الاستثمارية المرخصة من قبل الهيئة العامة للاستثمار منذ عام 1992 وحتى نهاية عام 2004

" مليون ريال "

البيان	القطاع الصناعي	القطاع الزراعي	القطاع السمكي	القطاع الخدمي	القطاع السياحي	إجمالي التكلفة القطاعات
التكلفة الاستثمارية الكلية	429591	37712	51974	302649	330426	1152352
إجمالي الاستثمارات العربية والأجنبية	16711	580	2221	33619	2245	55376
نسبة استثمارات القطاع إلى إجمالي الاستثمارات الكلية	%37	%3	%5	%26	%29	%100
نسبة الاستثمارات الأجنبية لكل قطاع استثمارات كلية أجنبية	%30	%1	%4	%61	%4	%100

المصدر: الجهاز المركزي للإحصاء، كتب الإحصاء السنوي للأعوام، 1995، 2001، 2003، 2004.

- الهيئة العامة للاستثمار، قطاع الترويج، دائرة المعلومات والإحصاء، أعداد متفرقة .

انشئت الهيئة العامة للاستثمار عام 1992م .

الأرقام تمثل الاستثمارات الوافدة (عربية وأجنبية) خلال الفترة (1992- 2001)

شكل (1- 12-2)

نسبة استمارات القطاع إلى إجمالي الاستمارات الكلية

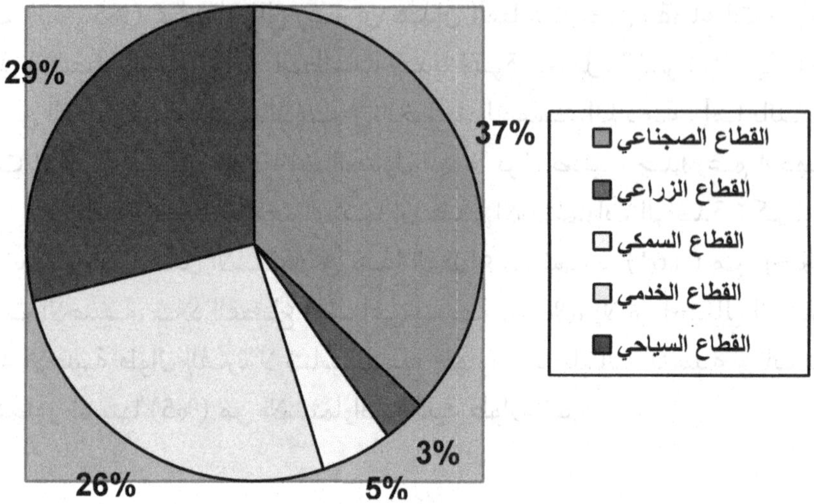

جدول (1-12-2)

نسبة الاستثمارات الأجنبية لكل قطاع استثمارات كلية أجنبية

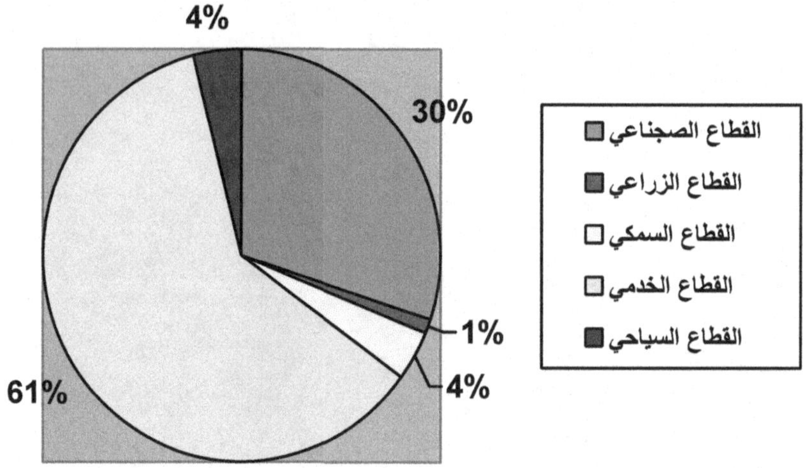

يتضح من الجدول أعلاه أن الاستثمارات الكلية توزعت بين القطاع الصناعي والخدمي والسياحي وقد احتل القطاع الصناعي المرتبة الأولى حيث شكلت نسبته إلى

إجمالي الاستثمارات الكلية حوالي (37%) تلاها القطاع السياحي فالقطاع الخدمي ينسب (29%، 26%) على التوالي، في حين شكلت نسبة الاستثمارات الزراعية والسمكية أقل نسبة (3%، 5%) على التوالي رغم أن هذان القطاعان من القطاعات الهامة والواعدة في الاقتصاد اليمني، وأكثر القطاعات جذباً لقوة العمل، الأمر الذي يتطلب إيلاء هذين القطاعين الأهمية اللازمة في الخطط الخمسة القادمة , أما بالنسبة للاستثمارات الأجنبية فيتضح من بيانات الجدول أنها لا تزال ضئيلة جداً رغم الجهود التي تبذلها الحكومة والجهات المعنية، كما أن هذه الاستثمارات الوافدة تركزت في الجانب الخدمي حيث شكل الاستثمار في هذا القطاع ما نسبته (61%) من إجمالي الاستثمارات الأجنبية، تلاه القطاع الصناعي بنسبة (30%)، إلا أن إجمالي التكلفة الاستثمارية الأجنبية طوال الفترة لا تتناسب مع جهود ومتطلبات التنمية في اليمن، حيث لم تتجاوز نسبتها (5%) من الاستثمارات الكلية طوال الفترة .

المبحث الثالث

برامج الإصلاح الاقتصادي في الجمهورية اليمنية

ظهر دور الدولة التصحيحي بوضوح في البلدان النامية منذ بداية عقد الثمانينات، بسبب بروز عدة اختلالات اقتصادية، الأمر الذي قاد إلى تقليص تدخل الدولة في النشاط الاقتصادي وإفساح المجال للقطاع الخاص ليلعب دوراً أكبر في عملية التنمية، وبانهيار المنظومة الاشتراكية زادت التوجهات والمفاهيم الداعية للحرية الاقتصادية، وقاد هذا التوجه بشكل منظم البنك وصندوق النقد الدوليين من خلال برامج التصحيح والتكيف الهيكلي التي تشترط هاتين المؤسستين تطبيقهما من الدول الراغبة في الحصول على دعم ومساندة البنك والصندوق ونتناول فيما يلي برامج الإصلاح الاقتصادي المنفذ في اليمن .

أولاً: برامج الإصلاح الاقتصادي .

1- برنامج البناء الوطني والإصلاح السياسي والاقتصادي والمالي والإداري (1991)

سارعت الحكومة اليمنية بتبني برنامجاً وطنياً للإصلاح الاقتصادي والسياسي والمالي والإداري في عام 1991 إثر قيام دولة الوحدة، وقد اهتم البرنامج بوضع الأسس والقواعد التي ينبغي أن يتم على ضوئها تحديد دور الدولة في المجال الاقتصادي والتنموي وقد ركز البرنامج الوطني الذي تبنته الحكومة اليمنية (بدون مساعدة دولية) على الأسس والأهداف الآتية[1]:

1- تعزيز دور القطاع الخاص والاتجاه نحو منحه دوراً أكبر في النشاط الاقتصادي، مع تعزيز دور القطاع العام وتحسين أدائه .

(1) مجلس الوزراء، " برنامج البناء الوطني للإصلاح السياسي والاقتصادي والمالي والإداري "، دائرة الصحافة والنشر، صنعاء، 1991، ص 84.

2- ركز البرنامج على مبدأ الحرية الاقتصادية وتحقيق التوازن في العلاقات الإنتاجية والتوزيعية وإعادة التوزيع .
3- توسيع وتسريع عمليات الاستكشاف للثروة المعدنية والنفطية، والاهتمام بقطاعي الزراعة والاسماك، وقطاع الصناعة وخاصة القطاعات التي تعتمد على المواد الخام المحلية، وتوفير الوسائل اللازمة لتطويرها.
4- الاهتمام بالقطاع السياحي وتوفير الأماكن الترفيهية في الأماكن الأثرية والتاريخية التي يزخر بها اليمن والتي تشكل عامل جذب سياحي هام .
5- اهتم البرنامج الوطني بزيادة معدلات النمو الكلية للقطاعات الخدمية والإنتاجية بغرض مواجهة متطلبات النمو السكاني .

وقد احتوى البرنامج الوطني على اتجاهين، الأول يرى أهمية القطاع العام وضرورة التمسك به، في حين يرى الثاني ضرورة تقليص دور القطاع العام وإفساح المجال أمام القطاع الخاص لأداء دوره في رفد مسيرة التنمية، وكان حجة الاتجاه المحافظ الذي يرى تعزيز دور الدولة وتوسيع دور القطاع العام أن البنيان الاقتصادي والاجتماعي للدولة مازال ضعيفاً وإن من واجبات الدولة ومسئولياتها القيام بالأعمال الآتية[1]:

توفير القاعدة الأساسية للبنيان الاقتصادي .

تعزيز وتنمية رأس المال الاجتماعي بما يحقق عمليات التنمية .

إدخال معيار الربحية كمعيار لقياس نجاح مؤسسات القطاع العام.

ورغم الأهداف المتناقضة التي احتواها البرنامج الوطني للإصلاح بين الداعين للحرية الاقتصادية وبين الداعين لتعزيز دور الدولة في المجال الاقتصادي من خلال تطوير مؤسسات القطاع العام، إلا أن أهداف البرنامج كانت طموحة وشكلت بداية

(1) محمد أحمد الأفندي، " مستبل الدور الاقتصادي للدولة في الجمهورية اليمنية "، مجلة كلية التجارة والاقتصاد، عدد خاص أبحاث المؤتمر العلمي (2000- 2001)، 17 سبتمبر 2001، ص 146.

جادة نحو تحديد المشكلات الاقتصادية وتأشير حلولها، إلا أن الأحداث المحلية المتمثلة بالأزمة السياسية بين الحزبين الحاكمين حينها (المؤتمر الشعبي والحزب الاشتراكي) والتي انتهت بالحرب الأهلية في صيف عام 1994م، بالإضافة إلى الأحداث الإقليمية المتمثلة بحرب الخليج الثانية وما نتج عنها من عقبات حالت دون تنفيذ البرنامج الوطني وظلت أهدافه حبيسة الإدراج، مما اضطر الحكومة بعد تدهور الوضع الاقتصادي خلال الأربع السنوات الأولى من عمر دولة الوحدة إلى بتبني برنامجاً للإصلاح الاقتصادي في مارس 1995م، بدعم ومساندة البنك وصندوق النقد الدوليين .

2- برنامج الإصلاح الاقتصادي في مارس 1995م:

شهد الوضع الاقتصادي في اليمن اختلالات اقتصادية كبيرة خلال الفترة (1990-1994)، كشفت عن مدى التدهور الاقتصادي والمسار غير الطبيعي للاقتصاد اليمني خلال هذه الفترة، حيث تراجعت معدلات النمو السنوي للناتج المحلي وتباين معدلات نمو القطاعات الاقتصادية المكونة له، فقد تراجعت معدلات نمو القطاعات الإنتاجية في حين مالت نسبة مساهمة معظم القطاعات الخدمية في الناتج المحي إلى التزايد، كما تزايدت معدلات التضخم والبطالة إلى أعلى مستوياتها، بالإضافة إلى تفاقم العجز في موازنة الدولة وميزان المدفوعات، كما لاحظنا ذلك خلال المبحث الأول والثاني من هذا الفصل، وفي سعي الحكومة للتغلب على هذه المشكلات التي يعاني منها الاقتصاد اليمني، قامت بتبني برنامجاً شاملاً للإصلاح الاقتصادي بمساعدة وتعاون البنك وصندوق النقد الدوليين .

أ -الأهداف العامة لبرنامج الإصلاح الاقتصادي تحددت فيما يلي [1]:

1- تحقيق الاستقرار الاقتصادي من خلال الوصول بالاقتصاد اليمني إلى وضع التوازن الداخلي والخارجي، وذلك من خلال ما يسمى بمرحلة التثبيت الاقتصادي .

2- تهيئة الاقتصاد للانطلاق نحو النمو من خلال تحرير التجارة والخصخصة وإصلاح وحدات القطاع العام، وتوفير البيئة الملائمة للاستثمار الخاص المحلي والأجنبي، وهذه المرحلة يطلق عليها مرحلة الإصلاح الهيكلي أو إعادة الهيكلة، وتشمل إصلاح مختلف التشريعات القانونية والاقتصادية بهدف تهيئة الاقتصاد نحو النمو .

ب - مراحل تنفيذ برنامج الإصلاح الاقتصادي:

تم تقسيم برنامج الإصلاح الاقتصادي إلى مرحلتين رئيسيتين:

المرحلة الأولى: مرحلة التثبيت الاقتصادي (مارس 1995- يونيو 1997)

وقد تم تنفيذ هذه المرحلة على فترتين:

الفترة الأولى: امتدت من (مارس 1995 إلى ديسمبر 1995)، وقد اتخذت الحكومة خلالها عدة إجراءات أبرزها[2]:

1- تعبئة الإيرادات من خلال الإجراءات الضريبية وتخفيض سعر التقييم الجمركي، وتحرير أسعار الأسمنت، وزيادة أسعار المنتجات البترولية بواقع (90%) على أساس متوسط مرجح، ورفع تعرفه الكهرباء بنسبة (60%) .

2- تقليص نفقات الموازنة غير التنموية .

---

(1) يحيي يحيي المتوكل، " الاقتصاد اليمني وفجوة الموارد المحلية في المرحلة الأولى لبرنامج الإصلاح الاقتصادي "، مجلة كلية التجارة والاقتصاد، جامعة صنعاء، العدد (22) (سبتمبر 2004- مارس 2005)، ص51.

(2) المركز العام للدراسات والبحوث والإصدار، التقرير الاستراتيجي السنوي لعام 2000م، اليمن، صنعاء، ص 204.

3- إصلاح جزئي لسعر الصرف، حيث تم تخفيض سعر الصرف الرسمي من (12) ريال للدولار إلى (50) ريال وتوسيع سوق الصرف الموازي ليشمل البنوك التجارية .
4- إصلاح سعر الفائدة ليتراوح بين (20-22%) مقارنة بـ (10-15%) سابقاً، بالإضافة إلى تحرير كافة الأسعار الأخرى وإلغاء أسعار الإقراض الميسرة.
5- إصلاح الإدارة النقدية للبنك المركزي وخاصة تلك المتعلقة بترتيبات الاحتياطي والفوائد .
6- الشروع في برنامج الخصخصة، وإزالة القيود على أسعار النقل ورسوم المواصلات وغيرها من الرسوم .

الفترة الثانية: وقد امتدت خلال الفترة (يناير 1996- يونيو 1997)

وتمثلت أبرز الإجراءات التي اتخذت خلال هذه الفترة فيما يلي:
1- رفع أسعار المشتقات النفطية (60% للبترول والديزل (20%)، والكيروسين (132%)، والديه الغاز (20%) .
2- تحرير التجارة وإلغاء تصاريح الاستيراد والتصدير، بالإضافة إلى إلغاء كافة القيود والإجراءات على الصادرات اليمنية .
3- رفع أسعار الكهرباء والمياه، والتفريق بين الاستهلاك المنزلي والاستهلاك التجاري .
4- خفض سعر العملة المحلية إلى (100) ريال للدولار .
5- تطبيق قانون التعاقد، حيث تم إحالة (35) ألف موظف إلى التقاعد خلال هذه الفترة .
6- إصدار أذونات الخزانة لفترة ثلاثة وستة أشهر، وتخفيض متطلبات الاحتياطي القانوني المفروض على البنوك التجارية من (25%) إلى (10%) وفي إجراء من الحكومة استهدف التخفيف من الآثار السلبية الناجمة عن

تطبيق الإجراءات الخاصة ببرنامج الإصلاح الاقتصادي فقد قامت الحكومة بعدة إجراءات أهمها[1]:

1- اعتماد بدل غلاء معيشة لموظفي الدولة بنسبة (20%).

2- اعتماد (600) مليون ريال لتعزيز الإقراض الميسر عبر البنوك المتخصصة، بالإضافة إلى تخصيص (41) مليار ريال لتنفيذ البرنامج الاستثماري لعام 1996م.

3- محاولة خلق فرص عمل جديدة من خلال دعم مشروعات الأشغال العامة التي تستقطب المزيد من العمالة العاطلة .

وقد استهدفت الحكومة من تنفيذ أهداف هذه المرحلة الإثبات أنها قادرة على الوفاء بشروط الصندوق الدولي المتمثل بخطاب النوايا الذي يقيس مدى قدرة الدولة على الوفاء بمشروطية الصندوق، للحصول على الدعم المادي والفني لتنفيذ المراحل اللاحقة للبرنامج .

المرحلة الثانية (يوليو 1997 - ديسمبر 2000): وهي المرحلة المخصصة للإصلاح الهيكلي، وقد استهدف الإصلاح الهيكلي معالجة الاختلالات والتشوهات السعرية، وتصحيح السياسات النقدية والمالية والاستثمارية بهدف تهيئة الاقتصاد نحو النمو، وقد قسمت هذه المرحلة إلى عدة فترات هي [2]:

الفترة الأولى (يوليو 1997 حتى مايو 1998): وقد ركزت الحكومة خلال هذه الفترة على إقرار وثائق برنامج الإصلاح الهيكلي المعزز وبرنامج إصلاح القطاع المالي، ومن أبرز ما تم خلال هذه الفترة ما يلي:

1- إجراء التعديلات القانونية المتعلقة بقوانين الضرائب والجمارك والاستثمار، بالإضافة إلى إقرار المشروع الجديد للبنوك ليواكب المتغيرات الاقتصادية الجديدة في ظل برنامج الإصلاح الاقتصادي .

---

(1) المركز العام للدراسات الاستراتيجية والبحوث والإصدار، مرجع سابق، ص 205.

(2) المرجع السابق، ص 206، 207.

2- معالجة ديون المؤسسات العامة للبنوك التجارة وسداد القروض المستحقة عليها والبالغة حوالي أربعة مليارات ريال .

3- إقرار البرنامج الوطني للأسر المنتجة وتنمية المجتمع وتمويل مشاريعه من الموازنة العامة للدولة .

4- اتخاذ التدابير الوقائية للتخفيف من الآثار السلبية المتوقع حدوثها نتيجة لتطبيق إجراءات هذه الفترة.

الفترة الثانية (يونيو 1998- ديسمبر 2000): وتمثلت أهم الإجراءات خلال هذه الفترة فيما يلي [1]:

1- رفع أسعار بعض السلع والخدمات المدعومة، حيث تم رفع سعر البنزين بنسبة (40%)، والكيروسين بنسبة (15%)، واسطوانة الغاز بنسبة (67%)، والقمح بنسبة (32%) والدقيق بنسبة (28%) .

2- إلغاء احتكار بعض الأنشطة والخدمات الملاحية، بالإضافة إلى الإلغاء التدريجي لحظر استيراد الخضر والفواكه .

3- إصدار التشريعات المحفزة للاستثمار المحلي والأجنبي في القطاع غير النفطي .

وقد واصلت الخطة الخمسية الثانية الإصلاح الهيكلي خلال الفترة (2001-2004)، ومن أبرز الإجراءات التي تمت في هذا المجال خلال هذه الفترة ما يلي [2]:

1- خصخصة بعض المؤسسات العامة، ودعم دور القطاع الخاص في النشاط الاقتصادي.

([1]) هدى عبد اللطيف البان، " برنامج صندوق النقد الدولي والبنك الدولي للإصلاح والتكيف الهيكلي "، مجلة جامعة عدن للعلوم الاجتماعية والإنسانية، المجلد الرابع، العدد السابع، يوليو، 2001، ص 200.

([2]) مجلة دراسات اقتصادية، " إنجازات الخطة الخمسية الثانية "، العدد الخامس، صنعاء، 2002، صـ 178.

2- الاستمرار في المحافظة على سياسات الاستقرار الاقتصادي أملاً في تحقيق معدلات نمو حقيقية .
3- التهيئة الفعلية لإنشاء سوق الأوراق المالية، ومن ذلك قيام الحكومة بتحويل جزء من مديونيتها إلى أذون خزانة قابلة للتداول .
4- إعطاء دور أكبر للسياسة النقدية غير المباشرة، وتنويع القاعدة الإنتاجية لتحسين وضع الميزان التجاري وميزان المدفوعات .
5- الاستمرار في تنفيذ الإصلاحات السعرية من خلال رفع الدعم الجزئي عن المشتقات النفطية للبنزين والديزل والكيروسين، من أجل الوصول إلى الأسعار الحقيقية لأسعار هذه المواد .

وقد كان للسياسات التي قامت الحكومة بتنفيذها خلال مرحلتي التثبيت والإصلاح الهيكلي دوراً بارزاً في تحسن الوضع الاقتصادي من خلال تخفيض معدلات التضخم، وتقليص عجز الموازنة وميزان المدفوعات وغيرها .

ثانياً: المساندة الدولية لبرامج الإصلاح الاقتصادي:

يعود تاريخ استعانة اليمن (الشطر الشمالي سابقاً) بمؤسسات التمويل الدولية (صندوق النقد الدولي) إلى شهر مايو 1970م، واقتصرت علاقة البنك بالصندوق في إطار المساعدة الفنية والعلمية من خلال تقديم الخبرات اللازمة، حيث ساهم في تقديم الخبرات العلمية والفنية عند إنشاء البنك المركزي اليمني، بالإضافة إلى إعداد نظام إحصائي لجمع البيانات والإحصاءات المالية والنقدية والمدفوعات الخارجية، كما ساهم في إعداد نظام ترتيبات أسعار صرف الريال اليمني أمام العملات الأجنبية، وظلت علاقة اليمن بالصندوق في هذا الإطار حتى عام 1983، حيث أعدت الحكومة برنامجاً للتثبيت الاقتصادي بالتعاون مع صندوق النقد الدولي ومساندة البنك الدولي، وبموجبه حصلت الحكومة اليمنية من صندوق النقد الدولي على (9.8) مليون وحدة سحب خاصة في إطار تسهيل خاص، وقد ركز برنامج التثبيت خلال الفترة (1983- 1986م) على انتهاج سياسات تجارية تقييد به بهدف ترشيد الاستيراد وإعادة تنظيمه وتخفيف

ضغوط الطلب المحلي على النقد الأجنبي لتخفيف العجز في ميزان المدفوعات، كما تضمن البرنامج إتباع سياسات مالية ونقدية تقييدية والتخفيض التدريجي لقيمة العملة المحلية من (4.5) ريال للدولار لتصل على (9.8) ريال للدولار بحلول عام 1988، كما شدد البرنامج على الحد من التدخل الحكومي وتشجيع القطاع الخاص، وأشرف الصندوق على هذا البرنامج من خلال العديد من الخبراء والمستشارين بعضهم أقاموا في اليمن لعدة سنوات[1].

وبعد إعادة توحيد اليمن في مايو 1990 وما رافق هذه الوحدة من مشاكل اقتصادية متعددة، تبنت الحكومة اليمنية برنامجاً وطنياً للإصلاح الاقتصادي والمالي والإداري، ليكن بمثابة برنامج عمل لحكومة الوحدة، إلا أن هذا البرنامج لم يلقي الدعم والمساندة من البنك وصندوق النقد الدوليين رغم عدم معارضتهما له[2]. وبدلاً من ذلك سعر صندوق النقد الدولي إلى تشجيع الحكومة اليمنية للبدء في تنفيذ برنامج إصلاح اقتصادي شامل من خلال برنامجي التثبيت والتكيف الهيكلي، على أن يقدم الصندوق مساعداته الفنية والمالية والنقدية، وكان يأمل الصندوق أن يبدأ بتنفيذ هذا البرنامج عام 1993، وقد طالب المجلس التنفيذي للصندوق اليمني رسمياً في أواخر عام 1993 بالبد في وضع برنامج تكييف هيكلي متوسط للحد من تفاقم المشاكل الاقتصادية، إلا أن الحرب الأهلية حالت دون إتمام المشاورات بشأن ذلك[3].

---

(1) طه أحمد الفسيل، " أثر سياسات سعر الصرف على ميزان المدفوعات في الجمهورية العربية اليمنية "، رسالة ماجستير، كلية الاقتصاد والعلوم السياسية، جامعة القاهرة، 1992، ص 105، 149.

(2) المركز العام للدراسات والبحوث والإصدار، التقرير الاستراتيجي - اليمني 2002- 2003، صنعاء، 148.

(3) طه أحمد الغسيل، " سياسات التثبيت الاقتصادي لصندوق النقد الدولي والجمهورية اليمنية "، المؤتمر الاقتصادي اليمني الأول، تنظيم مجلة الثوابت، صنعاء، 1996، ص 466، ص 467.

وبعد تفاقم الوضع الاقتصادي، وتزايد التزامات البلاد الخارجية وتراجع حصيلتها من النقد الأجنبي، شكل ذلك دافعاً للحكومة اليمنية في طلب مساعدة الصندوق والبنك الدوليين مقابل التزامها بتبني وتنفيذ برنامجي التثبيت والتكيف الهيكلي، وبدأت الحكومة فعلياً في تنفيذ برنامج التثبيت الاقتصادي بالتعاون مع صندوق النقد الدولي في شهر مارس 1995م، حيث اتخذت الحكومة عدة قرارات ساهمت في وقف التدهور الاقتصادي ونجحت أيضاً في تحقيق (المشروطية المسبقة) للصندوق التي يستدل من خلالها على جدية ورغبة الحكومة في تنفيذ برنامج الإصلاح، وقد نفذت الحكومة هذا البرنامج على مرحلتين، مرحلة التثبيت الاقتصادي التي امتدت خلال الفترة (مارس 1995- يونيو 1997) ومرحلة الإصلاح الهيكلي التي امتدت خلال الفترة (يوليو 1997- ديسمبر 2000)، وحصلت اليمن على الدعم المالي والفني من قبل البنك والصندوق الدوليين، وفي إطار ذلك قامت الحكومة ببرنامج التثبيت الاقتصادي خلال المرحلة الأولى في ظل برنامج تسهيل الاستعداد الائتماني للصندوق وقرض الانتعاش الاقتصادي المقدم من البنك الدولي، أما المرحلة الثانية الخاصة بالإصلاح الهيكلي، فقد حصلت الحكومة اليمنية على تسهيل التمويل الموسع (EFF)، وتسهيل تمويل التكيف الهيكلي المعزز (ESAF) المقدم من البنك الدولي، وتعتبر هذه المرحلة متكاملة مع المرحلة الأولى حيث من الصعب تنفيذ مرحلة الإصلاح الهيكلي قبل إتمام مرحلة التثبيت الاقتصادي التي تمثل مرحلة أساسية للإنطلاق نحو الإصلاح الهيكلي، وقد حقق البرنامج المطبق نجاحاً واضحاً في وقف التدهور الاقتصادي كما لاحظنا ذلك عند تناول مؤشرات الاقتصاد اليمني خلال مرحلة ما قبل برنامج الإصلاح الاقتصادي وما بعدها[1].

---

(1) المركز العام للدراسات والبحث والإصدار، التقرير الاستراتيجي، 2002، 2003، ص 148، 149.

ثالثاً: تقييم برنامج الإصلاح الاقتصادي:

مما لا شك فيه أن برنامج الإصلاح الاقتصادي الذي بدأت الحكومة بتنفيذه منذ مارس 1995م، ساهم في تخفيف حدة الأزمة الاقتصادية التي تفاقمت خلال الفترة (1990- 1994)، وقد استند الإطار النظري لبرنامج الإصلاح على أساس المنهج النقدي لميزان المدفوعات، والذي يرى أن العجز في ميزان المدفوعات ناتج عن عدم التوازن في القطاع النقدي (عدم تساوي عرض النقد مع الطلب عليه)، وعلى هذا الأساس فقد ركزت الحكومة في بداية البرنامج على الحد من نمو العرض النقدي بهدف تقليص العجز في الموازنة وميزان المدفوعات، وتتمثل أبرز نجاحات برنامج الإصلاح الاقتصادي فيما يلي:

1- تحسن وضع الموازنة العامة للدولة، حيث انخفض العجز من (26) مليار عام 1995م والذي يشكل (5%) من الناتج المحلي الإجمالي، إلى حوالي (530) مليون ريال عام 1996 وبنسبة (0.07%) من الناتج المحلي الإجمالي شكلت (1.5%، 6%، 3%) خلال الأعوام (2002- 2004) على التوالي، إلا أن العجز عاود ثانية بسبب تفوق النفقات العامة على الإيرادات العامة، حيث بلغ معدل نمو النفقات العامة خلالها (48%) في حين لم يتجاوز معدل نمو الإيرادات العامة (42%) خلال نفس الفترة [1].

2- اتجه معدل التضخم للانخفاض، حيث انخفض من (55%) عام 1995 ليصل إلى حوالي (3%) عام 1997م إلا أنه عاود للارتفاع في عام 1998 ليصل إلى (6%) وانخفض في نهاية عام 2000 إلى حوالي (5%) .

أما خلال السنوات الأربع من الخطة الخمسية الثانية (2001- 2004)، فلم يصل معدل التضخم السنوي إلى المعدل المستهدف والذي تحدد بمتوسط سنوي قدره (9%)، حيث بلغ المتوسط السنوي الفعلي لمعدل التضخم خلال السنوات الأربع من الخطة حوالي (12%) .

---

(1) الجدول (6-2).

3- اتسم سعر صرف العملة الوطنية (الريال) بالثبات النسبي في السوق النقدية، بعد اعتماد سياسة تعويم سعر الصرف، حيث ارتفع السعر من (128) ريال للدولار عام 1996 بعد التعويم إلى (160) ريال بحلول عام 2000م، وظل سعر الصرف يحافظ على استقراره النسبي خلال سنوات الخطة الخمسية الثانية حيث لم يتجاوز (185) ريال للدولار بنهاية عام 2004، وبزيادة نسبية قدرها (15%) عن العام 2000 م، وهي نسبة معقولة إذ ما قيست بفترة ما قبل برنامج الإصلاح الاقتصادي التي كان الفرق خلالها بين معدل سعر الصرف الرسمي والموازي كبيراً بلغ بنهاية عام 1994 حوالي (69) ريال وبنسبة (567%).

4- تراجع معد لنمو العرض النقدي من (49%) عام 1995 إلى (9%) عام 1996، ثم أخذ يتصاعد بعدها خلال الأعوام (1997- 2000) ليصل متوسطه السنوي حوالي (16%)، وارتفع خلال الأربع سنوات للخطة الخمسية الثانية بمتوسط سنوي (18%)[1].

5- حقق ميزان المدفوعات تحسناً ملحوظاً حيث تحول وضع الميزان من عجز قدره (710) مليون ريال عام 1994 وبنسبة (19%) من الناتج المحلي الإجمالي، إلى (491) مليون ريال عام 1995 وبنسبة (11%) ثم تحول عجز ميزان المدفوعات إلى فائض خلال عام 1999 وبنسبة (4%) من الناتج المحلي الإجمالي وارتفع الفائض إلى حوالي (14%) من الناتج المحلي الإجمالي عام 2000م، وظل يحافظ على تحقيق الفائض طوال السنوات (2001- 2004) وبمتوسط سنوي إلى الناتج المحلي الإجمالي قدره (5%)[2].

---

(1) - وزارة التخطيط والتنمية، الخطة الخمسية الثانية (2001- 2004)، صنعاء، ص 32.

- البنك المركزي اليمني، نشرة إحصائية فصلية (أكتوبر - ديسمبر) 2002، صـ 37.
- الجهاز المركزي للإحصاء، كتاب الإحصاء السنوي لعام 2004،ص 204.

(2) جدول (9-2).

وإذا كانت المؤشرات السابقة تشير إلى تحسن وضع الاقتصاد اليمني جراء تطبيق برنامج الإصلاح الاقتصادي، وهي مؤشرات تدل على نجاح البرنامج في مرحلته الأولى المتمثلة في سياسات التثبيت الاقتصادي، فإن هناك بعض المؤشرات تدل على إخفاق البرنامج في تحقيق الأهداف المرجوة منه وخاصة تلك المتعلقة بتحقيق النمو الاقتصادي، والتي تقع ضمن مهام المرحلة الثانية للبرنامج المتمثلة بمرحلة الإصلاح الهيكلي، حيث تشير البيانات أن معدل نمو الناتج المحلي الإجمالي الحقيقي قد تراجع من (11%) عام 1995 إلى حوالي (4 %) عام 2004م[1]، ويعزى سبب ذلك إلى تدني معدلات النمو للقطاعات الرئيسية المكونة للاقتصاد اليمني، حيث يوضح الجدول (3-2) من هذا الفصل الانحرافات لكل قطاع بين المعدلات المستهدفة والمعدلات المحققة خلال فترتي الخطتين الخمسيتين الأولى والثانية .

كما أن السياسة النقدية والاستثمارية عجزت عن اجتذاب رؤوس الأموال اللازمة للمساهمة في عملية التنمية، حيث يوضح الجدول (11-2) أن الفجوة بين الاستثمارات المستهدفة والاستثمارات المحققة بلغ متوسط نسبتها السنوي إلى الناتج المحلي الإجمالي حوالي (9%) خلال الفترة (1996- 2004)، مما يشير إلى عدم نجاح البرنامج في اجتذاب الأموال اللازمة لعملية التنمية . وإجمالاً فإن البرنامج الذي نفذته الحكومة بالتعاون مع البنك وصندوق النقد الدوليين قد نجح في تحقيق الاستقرار الاقتصادي لكنه أخفق في تحقيق معدلات النمو المطلوبة خلال سنوات الخطتين الخمسيتين الأولى والثانية، وهذا يعني نجاح البرنامج في مرحلته التثبيت وإخفاقه في مرحله الإصلاح الهيكلي، مما يتطلب جهوداً حثيثة من الحكومة في رفع إنتاجية القطاعات الإنتاجية الرئيسية المكونة للناتج المحلي الإجمالي وتحسين أدائها لتتمكن من تحقيق الأهداف المخططة من أجل الوصول إلى معدلات النمو المطلوبة، وتأتي الفصول التالية من هذه الدراسة لتبين، الدور الذي لعبته السياسة النقدية خلال

([1]) الجهاز المركزي للإحصاء، كتاب الإحصاء السنوي لعام 2001، 2004.

مرحلة ما قبل الإصلاح الاقتصادي وما بعدها من أجل تحقيق الاستقرار والتنمية الاقتصادية في اليمن خلال الفترة (1990-2004م).

الفصل الثالث

نشأة وتطور الجهاز المصرفي والمالي في اليمن

المبحث الأول : نشأت وتطور النظام النقدي فى اليمن

المبحث الثاني : نشأة وتطور البنوك التجارية فى اليمن

المبحث الثالث : نشأة وتطور البنوك المتخصصة والإسلامية

المبحث الرابع : نشأة وتطور المؤسسات المالية اللامصرفية

الفصل الثالث

نشأة وتطور الجهاز المصرفي والمالي في اليمن

يعتبر الجهاز المصرفي من أهم الأجهزة الموجودة في الاقتصاد القومي نظراً للدور الحيوي والهام الذي يقوم به في دعم مسيرة الاستقرار والتنمية، من خلال مساهمته في حشد وتعبئة المدخرات وتوظيفها في المجالات الاستثمارية المختلفة.

وتزداد أهمية الأجهزة المصرفية والمالية في ظل تسارع العولمة المالية التي رافقها تزايد التدفقات المالية عبر البلدان المختلفة، الأمر الذي يتطلب وجود أجهزة مالية متطورة تواكب التطورات العالمية الحديثة في القطاع المالي، وعلى الرغم من التطورات التي شهدتها القطاعات المصرفية العربية في السنوات الأخيرة من خلال جهود الحكومات في تحرير وإصلاح أنظمتها المصرفية على المستويات المؤسسية والرأسمالية والبشرية والتقنية، إلا أن هذا القطاع لا يزال يواجه العديد من التحديات بسبب التطورات المتسارعة في العمل المصرفي الدولي، الأمر الذي يتطلب من الأجهزة المصرفية العربية مواكبة تلك التطورات العالمية، والانتقال من العمل المصرفي التقليدي إلى الصيرفة الشاملة.

وسنتناول في هذا الفصل الأجهزة المصرفية والمالية في الجمهورية اليمنية من خلال المباحث الآتية:

المبحث الأول: نشأة وتطور النظام النقدي في اليمن.

المبحث الثاني: نشأة وتطور البنوك التجارية في اليمن.

المبحث الثالث: نشأة وتطور البنوك المتخصصة والإسلامية.

المبحث الرابع: نشأة وتطور المؤسسات المالية اللامصرفية.

المبحث الأول

نشأة وتطور النظام النقدي في شطري اليمن

ظل اليمن بشطريه يعاني من عدم وجود الأجهزة المصرفية منذ العام 1839 وهو العام الذي تم فيه احتلال مدينة عدن من قبل الاستعمار البريطاني واستمر الأمر كذلك حتى عام 1918 وهو العام الذي خرج فيه الاحتلال التركي من اليمن (الشطر الشمالي)، وظل النظام المصرفي والمالي شبه غائباً عن الاقتصاد اليمني حتى قيام الثورة، فقد كانت العملة المتداولة فيه الريال الفضي النمساوي (ماريا تريزا)، ولم يكن هناك عملة وطنية محلية تقوم مقامها حتى قيام الثورة وكذلك الحال بالنسبة للشطر الجنوبي من الوطن الذي لم يعرف أي شكل من أشكال النظام المصرفي منذ الاحتلال البريطاني وحتى عام 1871، حيث افتتح أول فرعين لوكالتي (توماس، فهوجي) الهنديتين في عدن، وكانتا تقومان بأعمال التمويل المصرفي من أجل تيسير نشاط الشركات الهندية والبريطانية العاملة في الشطر الجنوبي من اليمن، وسنتناول نشأة النظام المصرفي في شطري اليمن تفصيلاً فيما يلي:

أولاً: نشأة النظام النقدي في الشطر الشمالي من اليمن:

إن الحديث عن وجود نظام نقدي أو ائتماني في الشطر الشمالي من اليمن لم يكن أمرًا دقيقاً قبل قيام ثورة 26 سبتمبر 1962م، حيث لم توجد مؤسسة للإصدار وصك العملة، ولم توجد عملة وطنية وظلت العملة المتداولة في اليمن مقتصرة على الريال الفضي النمساوي (ماريا تريزا) الذي صُك عام 1780م، حيث أصبح وسيلة

التبادل الرئيسية في اليمن ومنطقة البحر الأحمر لمدة تزيد عن القرن، مع أنه من الناحية القانونية لم يعد نقداً قانونياً في النمسا منذ عام 1858م[1].

ونظراً لعدم ثبات أسعار الفضة في الأسواق العالمية فإن العملة في اليمن (ماريا تريزا) كانت معرضة للتقلبات والندرة النسبية حيث كان يحصل عجز في الكمية اللازمة لتسديد الأجور والمرتبات، وساعد في ذلك اتساع طبقة المكتنزين للريال الفضي، وللتغلب على هذه المشكلة أصدر الإمام حاكم اليمن آنذاك أمراً بصك عملة معدنية محلية من الفضة والنحاس سميت بالبقشة، وكان الريال الفضي (م. ت) يساوي (40) بقشة [2].

ويمثل إنشاء البنك اليمني للإنشاء والتعمير في عام 1962م بعد شهر واحد فقط من قيام الثورة، البداية الأولى للنظام النقدي، حيث أُسند إليه مهام البنك المركزي والبنوك التجارية والمتخصصة، ثم أخذت ملامح تكوين النظام النقدي تتشكل منذ عام 1964 م حيث تم إنشاء لجنة النقد اليمنية بموجب القرار الجمهوري رقم (6) لسنة 1964م، حيث أسند لهذه اللجنة مهام إصدار العملة الوطنية الورقية وتمويل عجز الموازنة بالتعاون مع البنك اليمني للإنشاء والتعمير، وزاد من التنظيم النقدي في اليمن إنشاء هيئة الرقابة على النقد الذي تم إنشاؤها بموجب القرار الجمهوري رقم (19) لسنة 1967، حيث أُسند إليها مهام الرقابة على النقد وإصدار تراخيص الاستيراد

---

(1) عبد المنعم السيد علي، " التطور التاريخي للأنظمة النقدية العربية "، مركز دراسات الوحدة العربية، صندوق النقد العربي، ط 1، 1983، صـ 43.

(2) محمد سعيد العطار، " التخلف الاقتصادي والاجتماعي في اليمن "، مطبعة دار الطليعة، بيروت، صـ 336، 337.

وغيرها من المهام الأخرى، وظلت تمارس مهام البنك المركزي حتى تم إنشاؤه عام 1971[1].

أ – البنك المركزي اليمني:

أنشأ البنك المركزي في 27 يوليو 1971 م ومنحه القانون حق إصدار العملة وتنظيم الأعمال المصرفية والائتمانية وإدارة احتياطي البلد من الذهب والعملات الأجنبية بالإضافة إلى تمثيل الحكومة في أي اتفاقية تكون الجمهورية العربية اليمنية طرفا فيها.

وقد اشتمل قانون البنك على أربعة عشر باباً، حددت مهام البنك واختصاصاته ورأسماله، فقد جاء في الفقرة (أ) من المادة الرابعة من الباب الثاني أن للبنك المركزي حق إصدار العملة وتنظيم الأعمال المصرفية والائتمانية وإدارة احتياطي البلد من الذهب والعملات الأجنبية، أما الفقرة (ب) فنصت على أن يقوم البنك المركزي بتهيئة الظروف الائتمانية والمالية ضمن السياسة الاقتصادية للحكومية بما من شأنه تحقيق الاستقرار النقدي وتنمية الاقتصاد الوطني.

كما حدد القانون رأسمال البنك بعشرة مليون ريال تمتلكه الحكومة وحدها ويؤول إليها صافي الأرباح كما تتحمل أي خسائر تزيد عن المبالغ المقيدة في الرصيد الدائن لحساب الاحتياطي العام، وجاء الباب الرابع ليحدد أعضاء مجلس إدارة البنك وصلاحياتهم ومهامهم، واختص الباب الخامس بإصدار العملة، أما الباب السادس فقد حدد علاقة البنك بالحكومة من حيث إن البنك هو بنك الحكومة ووكيلها المالي، في حين حدد الباب السابع علاقة البنك مع البنوك والمؤسسات المالية الأخرى، أما الأبواب

(1) المجلس الاستشاري، " واقع النظام المصرفي في اليمن "، ندوة النظام المصرفي في اليمن خلال الفترة (7-9) ديسمبر 1998، ص

الأخيرة من القانون فقد حددت مجالات النشاطات الأخرى البنك والأعمال المحظورة عليه [1].

ب - نشاط البنك المركزي اليمني:

بعد إصدار قانون البنك المركزي تم في العام التالي إصدار القانون رقم (8) لسنة 1972 بشأن تنظيم البنوك وتحديد أعمالها ومسئولياتها، وخول القانون البنك المركزي حق إصدار التراخيص للبنوك ومراقبة أعمالها وتحديد الحد الأدنى لرؤوس أموالها، وتحقيقاً لذلك، فقد أنشأ البنك المركزي إدارة خاصة مهمتها الرقابة على البنوك، كما أنشأ غرفة مقاصة عام 1975 لتسوية الشيكات بين البنوك المختلفة، وقد بلغ قيمة الشيكات التي تم تسويتها في عام 1976 حوالي (315.8) مليون ريال، وبلغت في عامين 1978، 1979 حوالي (2665.7) مليون ريال، وارتفع إجمالي المبالغ التي تم تسويتها في عام 1989 في البنك المركزي وفروعه في صنعاء وتعز والحديده إلى حوالي (22) مليار [2].

هذا بالإضافة على النشاطات الرئيسية للبنك المتمثلة في رسم وتنفيذ السياسة النقدية والمحافظة على الاستقرار النقدي والاقتصادي، وغير ذلك من الأعمال الأخرى المناطة بالبنك.

ثانياً: نشأة النظام النقدي في الشطر الجنوبي من اليمن (سابقاً):

أ - النظام النقدي قبل الاستقلال (أثناء الاحتلال البريطاني):

لم يعرف الشطر الجنوبي من الوطن أي نوع من أنواع الأنظمة النقدية الوطنية أثناء الاحتلال البريطاني عام 1839، واكتفت سلطات الاحتلال بمجموعة من الوكالات التجارية وشركات الملاحة ومكاتب الصرافة والتحويل التي فتحت فروعا لها

([1]) قانون البنك المركزي اليمني رقم (21) لسنة 1971م.

([2]) التقارير السنوية للبنك المركزي للأعوام 1978، 1989.

في مدينة عدن، ومن أبرزها وكالة (لوك توماس) البحرية ووكالة (قهوجي دنشا) الهندية اللتان أُنشأتا في عام 1871، ومع تزايد الأهمية التجارية لمدينة عدن بدأت المصارف الكبرى في الهند وبريطانيا تفتح فروعا لها في عدن، حيث قام البنك الأهلي الهندي بفتح فرع في مدينة عدن عام 1895، وظلت فروع الوكالات والمصارف محتكرة النشاط المالي في مدينة عدن حتى نهاية الحرب العالمية الثانية، بعدها شهدت مدينة عدن تطورا اقتصاديا ننتيجة تزايد الإنتاج الزراعي وإنشاء مصفاة البترول في عدن لمواجهة ضغوط الثورة في إيران، بالإضافة إلى نقل القاعدة البريطانية من مصر والعراق إلى عدن، مما أدى إلى ظهور عدد من الوكالات والمصارف العربية والأجنبية بلغ عددها سبعة وكالات وسبعة فروع لبنوك عربية وأجنبية، وقد قامت هذه البنوك بإنشاء جمعية لها في عام 1956 بهدف تنسيق سياساتها المصرفية مع عملائها [1].

وقد مثل عام 1946 نقطة تحول في التاريخ النقدي للشطر الجنوبي من الوطن، حيث تم فيه إنشاء مؤسسة نقد الجنوب العربي الذي تم بموجبها استقلال منطقة عدن نقديا عن منطقة شرق أفريقيا، كما تم إصدار العملة الخاصة بعدن (الدينار) وأصبح العملة الرئيسية للشطر الجنوبي، وقد أُسند لمؤسسة نقد الجنوبي العربي مهمة إصدار العملة وإدارة الاحتياطي والرقابة المصرفية والائتمانية في مجال الصرافة والاستثمار.

ب - النظام النقدي والمصرفي بعد الاستقلال وحتى الوحدة:

بعد أن نال جنوب الوطن استقلاله من الاحتلال البريطاني في 1967/11/30، تم تأميم جميع المصارف التجارية التي كانت تعمل في الجمهورية بموجب القانون رقم (27) لسنة 1969 ودمجت في مصرف واحد سمي بالبنك الأهلي اليمني، كما تم دمج شركات التامين وإعادة التأمين في شركة واحدة ونص قانون التأميم على إنشاء هيئة

---

(1) المجلس الاستشاري، " النظام المصرفي في اليمن "، ندوة، مرجع سابق، صـ 83- 86.

ذات شخصية اعتبارية تتمتع بالاستقلال المالي والإداري يكون مقرها مدينة عدن سميت (هيئة المصارف) تحل محل إدارات البنوك المؤممة، وحددت وظائفها بالقيام بجميع الأعمال المصرفية والتهيئة لتوحيد المصارف المؤممة في مصرف واحد (البنك الأهلي لليمن الجنوبية) الذي تم إنشاؤه في عام 1971 وأصبحت فروع المصارف المؤممة فروعاً للبنك الأهلي وتولت هيئة المصارف إدارة البنك الأهلي إلى جانب واجباتها الأخرى المتمثلة في تحديث وتطوير السياسة المصرفية [1].

جـ- مصرف اليمن المركزي (البنك المركزي):

تضمن قانون النظام المصرفي رقم (36) لعام 1972 إنشاء مصرف اليمن كمصرف مركزي متخصص يتولى جميع وظائف واختصاصات ومهام المصرف المركزي، كما نص القانون على إلغاء هيئة المصارف ومؤسسة النقد اليمنية وأسندت مهامها إلى مجلس إدارة النظام المصرفي الذي أسند إليه مهام (مصرف اليمن) والبنك الأهلي إلى جانب دوره في متابعة ودعم دور النظام المصرفي في التنمية، واستمر هذا النظام حتى قيام الوحدة.

ثالثاً: أهداف ونشاط البنك المركزي الموحد:

أ - أهداف البنك:

بعد إعادة توحيد اليمن 1990م كان أول إجراء اتخذته حكومة الوحدة إصدار القانون رقم (21) لسنة 1991م، الذي قضى بتوحيد المصرفين المركزيين الحكوميين في مصرف مركزي واحد، حدد رأس ماله بـ (150) مليون ريال، واعتبر مصرف اليمن في عدن وجميع فروعه في المحافظات الجنوبية والشرقية فروعاً للبنك المركزي الموحد،

---

(1) نفس المرجع، صـ 88، 89.

وقد حددت المادة (5) من القانون الفقرة (1) أهداف البنك المركزي الموحد فيما يلي [1]:

1- حق إصدار العملة وإدارتها.

2 - تنظيم الأعمال المصرفية والائتمانية.

3- إدارة احتياطي الدولة من الذهب والعملات الأجنبية.

4 - ضمان استقرار العملة وتحقيق التوازن الداخلي والخارجي.

5- ممارسة أي اختصاصات توكل إليه أو يقوم بها نيابة عن الحكومة.

6 - أداء مهمة المستشار الاقتصادي والمالي والمصرفي للحكومة.

ومع أن الوضع الاقتصادي الذي ورثته دولة الوحدة كان متردياً فقد رافق ذلك أحداث محلية وإقليمية زادت الوضع الاقتصادي سُوءاً، وفقد اليمن مورداً مالياً هاماً بسبب عودة المغتربين اليمنيين من البلدان الخليجية، وظل الوضع الاقتصادي يمر بأزمة طوال الفترة (1990- 1994)، وخلال هذه الفترة لم ينتهج البنك المركزي سياسة نقدية واضحة من شأنها التخفيف من وطأة الأزمة، وكل ما فعله البنك مجموعة من الإجراءات تمثل أبرزها فيما يلي [2]:

1- التشديد في الرقابة والإشراف على البنوك التجارية والمتخصصة بهدف تدعيم مواردها الذاتية.

2- منع البنوك التجارية من تقديم التسهيلات الائتمانية بضمان الودايع بالعملة الحرة، أو بضمانات خارجية بهدف منع المضاربة.

([1]) وزارة الشئون القانونية، " القرار الجمهوري بالقانون رقم (21) لسنة 1991 "، بشأن البنك المركزي اليمني، الجريدة الرسمية، العدد السابع، الجزء الأول، 15 إبريل 1991.

([2]) البنك المركزي اليمني، التقارير السنوية للأعوام 1992، 1993، 1994.

3- تقييد فتح الاعتمادات المستندية للاستيراد إلا إذا اثبت المستورد أنه قد اشترى النقد الأجنبي بالسعر الموازي، ويهدف من وراء هذا الإجراء إلى المحافظة على الاستقرار سعر صرف الريال.

4- منع البنوك التجارية من التعامل في سوق الصرف الرسمي لحساب عملائها.

5- الإغلاق المتكرر لمكاتب الصرافة والتحويل رغم حملها تراخيص بمزاولة أعمالها من البنك المركزي.

6- تحويل جميع الحسابات المصرفية لكافة المؤسسات العامة من البنوك التجارية إلى البنك المركزي، بهدف منع هذه المؤسسات من المضاربة وتحسين الرقابة على أموالها.

ولم تأتي هذه الإجراءات بالنتائج المرجوة منها حيث كان الوضع النقدي لليمن خلال هذه الفترة غير مستقراً، بسبب اعتماد الحكومة خلالها على تمويل عجز الموازنة المتفاقم من مصادر تضخمية من خلال طبع نقود جديدة وبذلك ارتفع معدل الإصدار النقدي خلال الفترة (1990- 1994) بمقدار (72035.1) مليون ريال وبنسبة (176%)[1]، الأمر الذي سارع من الضغوط التضخمية حتى وصلت ذروتها عام 1994م (104%)، أما في المجال الائتماني فقد استأثرت الحكومة بالقدر الأكبر من الائتمان المقدم من البنك المركزي، حيث بلغ متوسط نسبة الائتمان الحكومي إلى إجمالي الائتمان حوالي (99.9%) كما يتضح من البيانات الرسمية أن ميزانية البنك المركزي خلال الفترة (1990- 2004) تنقسم إلى قسمين (الأصول والخصوم) نوضحهما فيما يلي من خلال تحليل ميزانية البنك المركزي.

---

(1) البنك المركزي اليمني، نشرة إحصائية فصلية (أكتوبر - ديسمبر)، 2002م، صـ 13.

ب- تحليل ميزانية البنك المركزي [1]:

أولاً: جانب الأصول: تعتبر الأصول الخارجية التي تمثل مقدار ما يمتلكه البنك من العملات الأجنبية، من أهم البنود في جانب الأصول، فالنمو في هذا البند يؤدي إلى الثبات والاستقرار النقدي والاقتصادي، فالبلد التي تمتلك أصول أجنبية كافية تستطيع توفير متطلباتها من الواردات الأجنبية، بالإضافة إلى قدرتها على المحافظة على الاستقرار النقدي، وخاصة عندما يكون مصدر هذه الأصول من العائدات التصديرية الحقيقية، أما البند الآخر المهم في جانب الأصول فهو السلفيات والقروض، وهو عبارة عن القروض التي يمنحها البنك المركزي للحكومة والبنوك التجارية والمؤسسات العامة، وكلما زاد لجوء البنوك التجارية للاقتراض من البنك المركزي كلما زادت قدرته في إحكام الرقابة على هذه البنوك وتوجيه نشاطها بما يخدم أهداف التنمية، أما تنامي الاقتراض الحكومي فيؤشر على تراجع النشاط الاقتصادي وعدم استقراره، وبتحليل هذين البندين في موازنة البنك المركزي اليمن يلاحظ الآتي:

أ – **الأصول الخارجية:** عكست الأصول الخارجية الوضع الاقتصادي لليمن خلال فترة الدراسة حيث شكلت هذه الأصول نسباً متدنية جداً خلال الفترة (1990- 1994) بلغ متوسطها (4.3%) مما يعني أن اليمن عانى من شحة كبيرة في الموارد الأجنبية، وقد انعكس هذا الوضع سلباً على الميزان التجاري لليمن، وبتبني الحكومة اليمنية برنامج الإصلاح الاقتصادي اتبعت السلطات النقدية سياسة انكماشية حيث رشدت نفقاتها وقلصت إلى حد ما من واردتها واعتمدت على وسائل حقيقية لتمويل عجز الموازنة

([1]) البنك المركزي اليمني، التقرير السنوى لعام 2001، صـ 96

- البنك المركزي اليمني، التقرير السنوي لعام 2004، صـ 109

(أذون الخزانة) فانعكس ذلك إيجاباً على الأصول الخارجية حيث ارتفع متوسط ونسبتها إلى إجمالي الأصول خلال الفترة (1995- 2000) إلى حوالي (47%) مقارنة لـ (4.3%) خلال الفترة (1990- 1994)، أما خلال الفترة (2001- 2004) وبعد اختفاء عجز الموازنة وعجز الميزان التجاري نتيجة للإرتفاع الكبير في أسعار النفط في السوق العالمية فقد أثر ذلك إيجاباً على متوسط نسبة الأصول الخارجية إلى نسبة الأصول حيث ارتفعت إلى حوالي (97.5%) مما يشير إلى أن هذه الأصول كانت تمثل الجانب الأكبر من جانب أصول البنك المركزي خلال هذه الفترة.

ب -**السلفيات والقروض:** مثلت القروض الحكومية النسبة الأكبر من الائتمان الحكومي من خلال الفترة (1990- 1994)، حيث بلغ متوسطها حوالي (99.9%)، كما بلغ متوسط معدل نمو الائتمان الحكومي حوالي (25%)، وبدأ هذا المعدل ينخفض في عام 1994 إلى (20%) عام 1995، وسجل معدلات سالبة خلال الفترة (1996- 2004) باستثناء الأعوام (98، 2002، 2004)، مما يشير إلى أن الحكومة أصبحت تعتمد على مصادر تمويل حقيقية لتمويل عجز الموازنة، أما سلفيات البنوك التجارية فيتضح من ميزانية البنك المركزي، هامشية المبالغ التي افترضتها البنوك التجارية خلال الفترة (1993- 1998) حيث لم يتجاوز متوسط نسبة قروض هذه البنوك إلى إجمالي الائتمان حوالي (0.025%) خلال هذه الفترة، في حين بقيت قروض البنوك التجارية عند مستوى الصفر في السنوات المتبقية، وهذا يدلل على امتلاك هذه البنوك السيولة الكافية، كما يشير من جانب آخر إلى عدم فعالية سياسة سعر إعادة الخصم الذي يطبقها البنك المركزي، بغرض توجيه ائتمان البنوك التجارية لأغراض التنمية الاقتصادية.

ثانياً: جانب الخصوم: ويمثل هذا الجانب الإلتزامات المحلية والخارجية على البنك المركزي وكذا البنكنوت المصدر، المتمثل في النقود الجديدة التي تصدرها السلطات النقدية، فتمثل الالتزامات المحلية في مجمل الودائع الحكومية وغير الحكومية، أما الالتزامات الخارجية فتمثل في المدفوعات الخارجية التي يتعين على البنك المركزي تسديدها سواء مدفوعات الديون الخارجية أو غيرها، ونتناول فيما يلي تحليل بند البنكنوت المصدر فالودائع باعتبارهما يمثلان أهم بندين في جانب الخصوم لدى البنك المركزي:

أ - **البنكنوت المصدر:** من المعرف أن إفراط البنك المركزي في طبع النقود الجديدة يؤدي إلى تسارع الضغوط التضخمية وخاصة عندما تستخدم هذه النقود لتمويل النفقات الجارية وليس الاستثمارية، ويتفحص ميزانية البنك المركزي نلاحظ أن معدل نمو البنكنوت الجديد أخذ في التزايد خلال الفترة (1990- 1994)، حيث ارتفع معدل النمو من (13%) عام 1991م إلى (43%) عام 1994 م، وبلغ متوسط النمو خلال الفترة حوالي (30%) حيث لم يتجاوز متوسط معدل النمو حوالي (10%)، ويعود سبب الانخفاض إلى اعتماد الدولة على مصادر تمويل حقيقية كأذون الخزانة وشهادات الإيداع.

ب - **إجمالي الودائع:** يتضح من ميزانية البنك أن معدل نمو الودائع بلغ حوالي (91%) خلال الفترة (1990- 1994) شكلت ودائع البنوك التجارية النسبة الأكبر منها حيث بلغ متوسط نسبة مساهمتها خلال هذه الفترة حوالي (65%)، كما حدث نمواً واضحاً للودائع الإجمالية خلال الفترة (1995- 2004) حيث ارتفعت خلالها بنسبة (4.6%)، وكان لودائع المؤسسات العامة دوراً بارزاً في تنامي الودائع الإجمالية حيث ارتفعت ودائع هذه المؤسسات خلال

الفترة (1995- 2004)، كما أن الودائع الحكومية أيضاً شاركت بفعالية في تنامي إجمالي الودائع الإجمالية وخاصة خلال الفترة (1995- 2004) حيث ارتفعت خلالها الودائع الحكومية بنسبة (1673%) مقارنة بـ (70%) خلال الفترة (1990- 1994).

جـ- **ودائع البنوك التجارية:** يلاحظ مما سبق أن نسبة مساهمة الودائع الخاصة بالبنوك التجارية خلال الفترة (1990- 1994) كانت أكبر منها خلال الفترة الثانية، ففي حين بلغ متوسطها خلال الفترة الأولى(65%) كنسبة من إجمالي الودائع، نجد أنها خلال الفترة الثانية (1995- 2004) لم تتجاوز (22%)، ويعزى هذا التراجع من الإيداع النقدي لدى البنك المركزي إلى الأدوات المالية النقدية التي تم استحداثها التي كانت البنوك أكثر المستثمرين فيها، حيث بلغ متوسط نسبة مساهمة البنوك في شهادات الإيداع خلال الفترة (2001- 2004م) حوالي (83%)، حيث كانت البنوك المستثمر الوحيد في هذه الشهادات.

رابعاً: استقلالية البنك المركزي الموحد:

ينصرف مفهوم استقلالية البنك المركزي إلى تمتعه بالقدرة التامة على وضع وتنفيذ السياسة النقدية التي من شأنها حماية قيمة العملة المحلية وتحقيق استقرار الأسعار[1]، ويؤكد البعض أن قدرة البنك المركزي في المحافظة على ثبات الأسعار واستقرارها لفترة طويلة يتوقف على مدى تمتع مسئولي البنك بقدر كبير من الاستقلالية عن الإدارات السياسية[2].

(1) إسماعيل حسن، " استقلالية حالية واستقلالية مستقبلية "، مجلة البنوك، العدد الرابع عشر، أغسطس، 1998، صـ 23.

(2) Castello Braco, M and M.Swinburne, " Central Bank Independence Con It Can It Contribution To Better Inflation Performance", Issues In Theory And Practice , Finance And Development March , 1992. p. 12.

وللإطلاع على مدى تمتع البنك المركزي اليمني بالاستقلالية فإن ذلك يتضح من خلال مسيرة التشريع القانوني للجهاز المصرفي اليمني بشكل عام والبنك المركزي بشكل خاص، حيث مر بالعديد من التطورات، وكانت كل مرة تشهد تعديلات محددة تضيف شيئاً جديداً يزيد من فعالية ومرونة هذه القوانين، بما يمكن البنك من تحقيق الأهداف المرجوة، وقد احتوى التنظيم القانوني للبنك المركزي الموحد الصادر برقم (21) لسنة 1991م على العديد من الصلاحيات إلا أنه لا يخلو من بعض القيود التي تحد من استقلاليته وفعاليته في تنفيذ السياسة النقدية، الأمر الذي جعل الحكومية تصدر القانون الجديد رقم (14) لسنة 2000 للبنك المركزي اليمني والذي أعطى البنك العديد من الصلاحيات أبرزها[1].

1- **المهام الموكلة للبنك:** والتي حددته الفقرة (3) من المادة (17) من القانون والتي أعطت الحق لمجلس إدارة البنك في تحديد السياسة النقدية في الجمهورية اليمنية، بما في ذلك عمليات السوق المفتوحة، وأسعار الفوائد على الودائع لدى البنك وأسعار الخصم وتحديد الاحتياطيات ومستوياتها التي يجب على البنوك الاحتفاظ بها لديه، وقد أعطى القانون المذكور الصلاحية للبنك بشكل واضح في تحديد وتنفيذ السياسة النقدية، في حين لم يكن القانون السابق يعطي البنك حتى مجرد الصلاحية في تنظيم السياسة النقدية بشكل مستقل عن السلطات المالية بل كان القانون السابق يعطي وزير المالية الكثير من السلطات الإشرافية على سياسات وأعمال البنك.

2- **الجهات التي تحاسب وتسائل البنك عن السياسة النقدية:** ركز القانون الجديد للبنك على منح المزيد من الاستقلالية عن وزارة المالية فمن حيث

---

(1) وزارة الشئون القانونية، (مجموعة قوانين البنوك والمصارف)، ديسمبر 2003، صـ 11، 12.

تقديم التقارير السنوية أصبحت هذه التقاريرتقدم لمجلس الوزراء ومجلس النواب بدلا من وزارة المالية، وبذلك تكون الجهات المسئولة عن محاسبة البنك هي السلطتين التشريعية والتنفيذية.

3- **تعيين محافظ البنك ومجلس إداراته:** كان القانون السابق للبنك يجيز لوزير المالية ترشيح محافظ البنك وتقديم الترشيح لمجلس الوزراء الذي يقدمه للرئيس ثم يصدر به قراراً جمهورياً بتعيينه، أما القانون الجديد لعام 2000م، فقد أعطى مجلس الوزراء الحق في ترشيح المحافظ ونائبه وأعضاء مجلس إدارة البنك، وبناء على ذلك الترشيح يصدر قراراً جمهورياً بتعيينهم، كما حدد القانون مدة عضوية المحافظ ونائبه بفترة خمس سنوات، ولا يحق تنحية المحافظ ونائبه أو أي عضو آخر من مجلس الإدارة إلا بقرار جمهوري، بناء على توصية مسببة من مجلس الوزراء، وهذه المادة نرى أنها لا تزال تحد من استقلالية قرارات البنك لأنها تعني أن المحافظ ونائبه وأعضاء مجلس الإدارة مرتبطون بالسياسة التنفيذية وسيضعف هذا الارتباط من استقلالية قراراتهم وخاصة تلك التي تتعارض مع رغبة السلطة التنفيذية.

4- **مكافأة محافظ البنك ونائبه وأعضاء مجلس الإدارة:** نص القانون المعدل لسنة 2000م في مادته (18) على أن يحدد رئيس مجلس الوزراء رواتب ومكافآت المحافظ ونائبه وبقية أعضاء مجلس الإدارة من وقت لآخر، وكان القانون السابق يعطي وزير المالية الحق في ذلك، وبذلك فإن هذا يعتبر استقلالاً جزئياً، إلا أن الأفضل أن تكون هذه الحقوق بعيدة عن الحكومة حتى لا تؤثر على نشاطات وأعمال قيادات البنك.

ومما سبق يتضح أن البنك المركزي اليمني قد أعطى بعض الصلاحيات بموجب القانون المعدل، وأهم تلك الصلاحيات اعتباره المسئول عن رسم وتبني وتنفيذ السياسة النقدية التي تنسجم مع الهدف الرئيسي للبنك المتمثل في تحقيق الاستقرار

النقدي وتوفير السيولة اللازمة، مما يعني أنه أصبح مستقلاً عن الحكومة وليس أداة من أدواتها، كما أعطى القانون البنك الحق في استخدام الأساليب الإدارية والمحاسبية التي يطبقها ولم يشترط تقيدها بالقوانين والنظم واللوائح المعمول بها في بقية أجهزة الدولة.

وبالرغم من هذه الإصلاحات التي تضمنها القانون المعدل إلا أنه يحتاج إلى المزيد من المراجعة لبعض مواده كي يتمتع بالمزيد من الاستقلالية أسوه ببقية البنوك المركزية في الدول المتقدمة كي يستطيع تنفيذ مهام السياسة النقدية بشكل فعال ودقيق.

المبحث الثاني

النظام المصرفي لدولة الوحدة

(أ) هيكل الجهاز المصرفي:

أصبح الجهاز المصرفي لدولة الوحدة عبارة عن عدد البنوك التجارية العاملة في الشطر الشمالي وعددها (7) مصارف تجارية، منها (2) بنوك محلية و (5) فروع لبنوك أجنبية بالإضافة إلى البنك الوحيد الذي كان يقوم بعمل البنوك التجارية في الشطر الجنوبي، وبذلك يصبح عدد البنوك التجارية لدولة الوحدة (8) بنوك تجارية في عام 1990، وقد شهد القطاع المصرفي توسعاً جزئياً، حيث تم افتتاح (4) بنوك تجارية هي البنك التجاري اليمني 1993، والبنك الوطني للتجارة والاستثمار عام 1998، وبنك اليمن والخليج عام 2001، وبنك اليمن والبحرين 2002، بالإضافة إلى ثلاثة بنوك إسلامية، هي البنك الإسلامي اليمني للتمويل 1995، بنك التضامن الإسلامي 1996، وبنك سباء الإسلامي 1997، وبذلك يرتفع عدد البنوك العاملة في اليمن إلى (12) بنكاً تجارياً و (3) بنوك إسلامية و(3) بنوك متخصصة[1]، هم البنك الصناعي[2] وبنك التسليف التعاوني والزراعي، وبنك الإسكان، والجدول التالي يوضح مكونات الهيكل المصرفي في اليمن حتى 2004/12/31م.

([1]) " البنك المركزي اليمني "، التقرير السنوي لعام 2002م.

([2]) تم تصنيفه عام 1999م.

جدول (1-3)

هيكل الجهاز المصرفي اليمني حتى 2004/12/31

اسم البنك	تاريخ التأسيس	رأس المال المدفوع (مليون ريال)	ملكية رأس المال			عدد الفروع	الموقع أو البريد الإلكتروني
			عام %	خاص %	أجنبي %		
البنك المركزي اليمني	1971	2000	100 %	-	-	22	www.cbyemen.com
البنك اليمني للإنشاء والتعمير	1962	2000	%51	%49	-	37	E_mail: Ybrdho@y.net.ye
البنك الأهلي اليمني	1969	2100	100 %	-	-	31	E_mail: nby.ho@y.net.ye
البنك التجاري اليمني	1993	1234	%10	%90	-	2	www.ycbank.com
البنك الوطني للتجارة والاستثمار	1998	1482	-	%100	-	4	www.wataibank.com
بنك اليمن والخليج	2001	1250	%1	%77	%22	2	www.yg_bank.com
بنك اليمن الدولي	1979	1250	-	79.6 %	%20.4	5	www.ibyemen.com
بنك اليمن والكويت	1979	1250	-	%100	-	5	www.ykb_bank.com
بنك اليمن والبحرين الشامل	2002	2000	-	%25	%75	2	ww.shamibank.com
بنك التسليف التعاوني الزراعي	1982	3023	86.7 %	13.3 %	-	34	E-mail:cacbank@yiner.ye
بنك التسليف للإسكان	1977	200	%97	%3	-	2	
البنك الإسلامي	1995	1250	-	%88	%22	5	www.islamicbankymin.com

اليمني							
بنك التضامن الإسلامي الدولي	1996	3000	-	96.7 %	%3.3	13	www.tib.com.ye
بنك سبأ الإسلامي	1997	2000	-	%85	%15	9	
يونايتد بنك لمتد	1972	1250	-	-	%100	2	E-mail: iblsana@y.net.ye
البنك العربي	1972	2000	-	-	%100	6	www.arabbank.com
كاليون بنك للتمويل والاستثمار	1975	1300	-	-	%100	5	www. calyon.com
مصرف الرافدين	1982	293	-	-	%100	1	
الإجمالي		28882				187	

المصدر: - البنك المركزي اليمني، التقرير السنوي لعام 2004، ص 114، 115.

- بنك التسليف التعاوني والزراعي، القوائم المالية لعام 2004، ص 2.

- الدليل المصرفي اليمني وشركات التأمين لعام 2004، شركة النخبة للعلاقات العامة، 2004، ص 6.

يتضح من الجدول (1-3) ما يلي:

1- أن البنوك التجارية المحلية تشكل حوالي (47%) من وحدات الجهاز المصرفي (باستثناء البنك المركزي)، كما تشكل حوالي (59%) من إجمالي الهيكل المصرفي، أما رؤوس أموالها فتشكل حوالي (44%) من إجمالي رؤوس أموال الجهاز المصرفي، وهي نسبة جيدة تشير إلى توفر الموارد الذاتية للبنوك المحلية، كما يلاحظ من عدد فروعها أنها أكثر انتشاراً في محافظات الجمهورية، حيث تشكل فروعها حوالي (70%) من إجمالي فروع الجهاز المصرفي.

2- يتضح من الجدول أن البنوك الإسلامية دخلت الجهاز المصرفي اليمني منذ منتصف عقد التسعينات وأصبحت تشكل حوالي (18%) من وحدات

الجهاز المصرفي، كما تشكل إجمالي رؤوس أموالها حوالي (22%) من إجمالي رؤوس أموال الجهاز المصرفي، في حين تشكل فروع هذه البنوك حوالي (14%) من إجمالي فروع البنوك الأخرى، وقياساً بالفترة الزمنية الوجيزة التي أنشأت فيها هذه البنوك فإنها تعتبر حققت نجاحاً ملحوظاً في حجم الهيكل المصرفي اليمني، ويتوقع منها مساهمة فعالة في جذب المدخرات وتوظيفها إذا ما نوعت أساليبها الاستثمارية بحسب الصيغ الإسلامية المعروفة.

3-رغم أهمية البنوك المتخصصة في رفع مسيرة التنمية إلا أن الجدول يوضح محدودية هذا النوع من البنوك حيث لا يتوفر منها سوى إثنان فقط، وكان يوجد بنك للتنمية الصناعية تم تصفيته في عام 1999م بسبب خساراته المتتالية، وعدم قدرته على استرداد ديونه، أما البنكين الحاليين (الزراعي، الإسكان) فلا تزال مساهمتها في النشاط التنموي متواضعه جداً، ويعود ارتفاع رأس المال الخاص بالبنك الزراعي إلى تنويع نشاطه وإعادة هيكلته وتحديثه، يمثل رأسمال البنك الزراعي والإسكان حوالي (11%) من إجمالي رأسمال الجهاز المصرفي نصيب بنك التسليف الزراعي منها حوالي (10.4%)، مما يدل على تدني حجم رأسمال بنك التسليف للإسكان مما لا ينعكس سلباً على حجم مشاركته في النشاط التنموي، إلا أن السلطات النقدية تتبنى خطة لإعادة هيكلة هذه البنوك وتتنوع نشاطها لتتمكن من رفد المسيرة التنموية في اليمن.

ب - التنظيم القانوني للجهاز المصرفي:

بعد قيام الوحدة اهتمت الحكومة بتحديث وتطوير الجهاز المصرفي فسارعت إلى إصدار بعض التشريعات القانونية التي من شأنها تسهيل أنشطة وأعمال الجهاز المصرفي ومنها:

أ - **قانون البنوك:** يعتبر القانون رقم (36) لسنة 1991م أول قانون ينظم عمل البنوك التجارية في الجمهورية اليمنية حيث تضمن القانون تسعة أبواب عالجت جميعها كافة الأمور المتعلقة بتنظيم عمل البنوك التجارية، ورغم أن القانون أعطى بعض الصلاحيات للبنوك التجارية، إلا أنه لم يخلو من بعض القيود التي تحد من نشاط وعمل هذه البنوك، ومن أبرز هذه القيود ما يلي[1]:

- منع البنوك التجارية من تقديم القروض والتسهيلات بالريال اليمني مقابل الضمانات بالعملة الأجنبية أو الضمانات الخارجية، الأمر الذي أعاق المستثمرين عن الاقتراض من البنوك التجارية.
- قيام البنك المركزي بتحديد الحد الأدنى لأسعار الفائدة على الودائع بدلاً من تركها لآلية السوق، وهذا يعيق التوازن بين الإدخار والاستثمار.
- رفع العائد المستحق على أذون الخزانة، مما تسبب في إحجام البنوك عن تقديم العروض للقطاع الخاص.

وخلال سعي الحكومة لإصلاح القطاع الحكومي، تم إصدار القانون رقم (38) لسنة 1998م الخاص بتنظيم عمل البنوك التجارية المحلية والأجنبية، وقد أشتمل القانون على العديد من الإمتيازات من أهمها [2]:

---

(1) البنك المركزي اليمني، " التقرير السنوي لعام 1995م "، صـ 43.

(2) وزارة الشئون القانونية، " مجموعة قوانين البنوك والمصارف "، الجريدة الرسمية، ديسمبر، 2003، صـ 59.

السماح للبنوك التجارية بالاشتغال بالتأجير التمويلي وفقا لأحكام الفقرة (ط) من المادة (2) من القانون.

تعديل رأس المال وفقاً لمعايير كفاية رأس المال التي يحددها البنك المركزي خلال سنتين.

إلزام البنوك التجارية بالتقيد بنظام إدارة مخاطر الائتمان.

السماح للبنوك التجارية بالإقراض بالعملات الأجنبية، وإزالة كافة القيود على الرسوم والخدمات المصرفية كإجراء لتخفيف القيود على النظام المالي.

شدد القانون على ضرورة امتلاك أعضاء مجلس الإدارة لكل بنك على الخبرة المصرفية الكافية.

راعى القانون خصوصية دخول المصارف الإسلامية السوق المصرفي في اليمن، حيث تم استثنائها من بعض مواد القانون التي تتعارض مع أهداف البنوك الإسلامية.

تحقيقاً لمبدأ الشفافية ألزم القانون البنوك التجارية بضرورة نشر تقارير دورية عن أعمالها تبين أصولها وخصومها وتزويد البنك المركزي بنسخة منها في موعد لا يتجاوز الشهر.

2- **قانون أعمال الصرافة** [1]: في إجراء استهدف منع المضاربة وتنظيم التعامل بالعملات الأجنبية تم إصدار القانون رقم (15) لسنة 1996، الذي حدد القواعد العامة المنظمة لأعمال الصرافة المسموح بها والمحظورة، وقواعد الإشراف والرقابة، بالإضافة إلى العقوبات التي نص عليها القانون عند مخالفة أي طرف أحكام ومواد القانون، ولأن القانون المذكور كان يحتوي على الكثير من القيود التي تحد من عمل الصرافين، فإن الحكومة أدخلت

(1) المرجع السابق، صـ 69.

تعديلا جاداً عليه تم بموجبه إلغاء معظم البنود التي تقيد حركة ونشاط الصرافين، حيث تم إلغاء العديد من المواد[1] والتي كانت معظمها تحد من إتاحة المجال للعاملين في مهنة الصرافة من ممارسة نشاطهم، مثل تقليص العقوبات والقيود التي تضمنها القانون السابق، فمثلاً تم إلغاء المادة (11) التي تلزم الصراف بإيداع نسبة من رأس المال يحددها البنك المركزي من وقت لآخر قبل مزاولة مهنة الصرافة، واكتفت المادة الجديدة برأس المال المدفوع الذي يجب دفعه لكل من يريد مزاولة أعمال الصرافة، كما ألغيت المادة (16) التي حظرت على الصرافين القيام بأي عمل من أعمال البنوك، والمادة (20) التي تحظر على الصرافين القيام بأعمال المضاربة بالعملات الأجنبية والمادة (25) التي تلزم الصرافين بعدم الاحتفاظ برصيد من العملات الأجنبية يعادل رأس المال المدفوع بهدف إتاحة المزيد من الحرية لهم بالتعامل بالنقد الأجنبي وحيازة الرصيد المرغوب من العملات الأجنبية، وفي إجراء يستهدف السيطرة على التسهيلات الائتمانية المباشرة وغير المباشرة من البنوك المحلية والأجنبية، فقد تم إلغاء المادة (17) التي كانت تجيز للصراف الحصول على التسهيلات الائتمانية المباشرة وغير المباشرة من البنوك المحلية أو الخارجية بعد موافقة البنك [2]، وقد جاءت هذه التعديلات لتواكب التوجهات الجديدة للحكومة القائمة على الحرية الاقتصادية وفق برنامج الإصلاح الاقتصادي والمالي الذي تبنته الحكومة في منتصف عام 1995م.

ويشار إلى أن الحكومة تسعى حاليا لإجراء مراجعة للنظام المصرفي في اليمن من أجل إعادة هيكليته وتطويره ليستطيع مواكبة التغيرات الإقليمية والدولية ويقوم

---

(1) الموالد الملغاه هي (6، 11، 16، 20، 25، 27، 29، 37).

(2) وزارة الشئون القانونية، المرجع السابق، صـ 74.

بالدور المطلوب في دعم مسيرة التنمية الاقتصادية في اليمن، حيث يجري حالياً إعداد الدراسات الخاصة بخصخصة البنك الأهلي اليمني والبنك اليمني للإنشاء والتعمير أو دمجهما في بنك واحد، بحسب قرار مجلس الوزراء، كما أُقر تحويل بنك التسليف التعاوني الزراعي إلى بنك للتنمية الزراعية، وبالنسبة لبنوك القطاع الخاص هناك عدة إجراءات اتخذتها السلطات النقدية لتعزيز عمل هذه المؤسسات أبرزها إحكام الرقابة على أعمالها ورفع رؤوس أموالها لتتماشى مع المعايير الدولية التي تنوي الحكومة تنفيذها في ظل برنامج الإصلاح الاقتصادي.

المبحث الثالث

البنوك المتخصصة والإسلامية

تعد المؤسسات المصرفية المتخصصة والإسلامية من المؤسسات الهامة التي يعول عليها في النهوض بالنشاط التنموي، كون جل نشاطها يتركز في المجالات الاستثمارية ذات الأجل الطويل بالنسبة للبنوك المتخصصة، كما أن البنوك الإسلامية بما تقدمه من أدوات استثمارية متنوعة وخالية من شبهة الربا التي تعد عائقاً كبيراً أمام معظم المستثمرين يتوقع أن يكون لها البنوك دوراً رائداً في دعم النشاط التنموي في البلدان النامية، وسنتناول في هذا المبحث نشأة وتطور البنوك المتخصصة والإسلامية في اليمن.

أولا: البنوك المتخصصة:

بعد أن تم تشكيل النواة الأولى للجهاز المصرفي اليمني والمكون من البنك المركزي اليمني والبنوك التجارية (المحلية والأجنبية) ولأن اليمن حينها كان يفتقر لأبسط الخدمات المالية التي من شأنها دعم المسيرة التنموية، فقد أنشات الحكومة ثلاثة بنوك متخصصة هي بنك التسليف التعاوني والزراعي والبنك الصناعي وبنك الإسكان، وكانت هذه المؤسسات تهدف إلى دعم النشاطات الزراعية والصناعية والعمرانية، وسنتناولها بشكل مختصر فيما يلي:

(1) بنك التسليف التعاوني والزراعي:

أ- نشأة البنك:

أتى قيام هذا البنك عام 1982 نتيجة لدمج عدة مؤسسات متخصصة في النشاط الزراعي، وهي:

- صندوق التسليف الزراعي (1975) ويعتبر هذا الصندوق أول مؤسسة مالية تم إنشائه لدعم النشاط الزراعي في اليمن في منتصف عقد السبعينات (1975).

- بنك التسليف الزراعي (1976): نظراً لعدم قدرة صندوق التسليف الزراعي على توفير الاحتياجات للازمة للمزارعين فقد تم إنشاء هذا البنك لدفتر النشاط الزراعي وتقديم القروض والمساعدات للمزارعين.
- بنك التعاون الأهلي للتطوير (1979): حرصاً من الحكومة على التسريع بعمليات التنمية فقد قامت بإنشاء بنك متخصص للهيئات التعاونية التي تم تشكيلها في مختلف مديريات الجمهورية بهدف توفير الخدمات الأساسية التي يفتقر إليها المواطنين في مختلف أنحاء الجمهورية.

وفي سعي الحكومة لتجنب التضارب بين عمل هذه المؤسسات فقد تم دمجها في بنك واحد سمي (بنك التسليف التعاوني والزراعي):

ب - أهداف البنك:

تحددت أهداف بنك التسليف التعاوني والزراعي فيما يلي:

1- تمويل المشاريع الزراعية فردية أو جماعية وكل ما من شأنه تنمية الزراعة والغابات والنهوض بالإنتاج الزراعي والسمكي والحيواني.

2- دعم الهيئات والجمعيات التعاونية والزراعية والحرفية والنوعية، وكل الأعمال التي كان يقوم بها بنك التعاون الأهلي للتطوير وفقاً لأحكام القانون رقم (35) لسنة 1975م.

3- تمويل مشاريع الصناعات الزراعية والحيوانية والسمكية.

وتحقيقاً لأهدافه فإنه يقوم بممارسة نشاطه التمويلي وفقاً لما يلي [1]:

1- الاقراض المباشر العيني والنقدي.

([1]) بنك التسليف التعاوني والزراعي، التقرير السنوي لعام 2002 م، صـ 9.

2- التسهيلات التعاونية.

3- خصم السندات الزراعية والتعاونية.

4- تقديم الضمانات.

ج- رأسمال البنك:

لم تكن البنوك المتخصصة بمنأى عن خطة الإصلاح المالي والاقتصادي التي تنفذها الحكومة، فقد تضمنت مصفوفة الإصلاحات المالية إعادة هيكلة هذه البنوك وتحديث وتوسيع أنشطتها، وتمشياً مع تلك التوجهات فقد أعدت إدارة بنك التسليف التعاوني والزراعي مشروعاً لإعادة هيكلة البنك بحيث يتمكن من ممارست كافة الأعمال المصرفية التي تقوم بها البنوك التجارية مع المحافظة على نشاطاته التخصصية، وقد أقر مجلس إدارة البنك مشروع إعادة الهيكلة في منتصف عام 1996، وتم الموافقة عليه من قبل الجهات المختصة في اليمن، وتم تقديمه إلى الصندوق العربي للإنماء الاقتصادي والاجتماعي والصندوق الدولي للتنمية الزراعية في سبتمبر عام 1996 م بهدف الحصول على التمويل اللازم لإعادة الهيكلة وتمت الموافقة من الصندوقين على التمويل، وحتى يتسنى للبنك توسيع نشاطه وتحديث عملياته فقد تم رفع رأسمال البنك المصرح به إلى (3) مليار ريال وتم إدخال الأنظمة الآلية في أغلب عملياته ليواكب التطورات المحلية والإقليمية في أنشطته المصرفية، ويتوقع أن يسهم البنك في رفد وتنشيط العمل المصرفي خصوصاً وأنه يمتلك شبكه من الفروع تغطي جميع محافظات الجمهورية، حيث تبلغ فروع البنك حوالي خمسة وثلاثون فرعاً موزعة على أربعة مناطق، هي منطقية صنعاء ويتبعها (11) فرع، ومنطقة عدن ويتبعها (11) فرع، منطقة الحديدة ويتبعها (7) فروع، ومنطقة تعز ويتبعها (6) فروع[1].

([1]) المرجع السابق، صـ 16، 17.

(2) البنك الصناعي:

أ - نشأة البنك:

أنشأ البنك بموجب القانون رقم (55) لسنة 1976، كمؤسسة تمويل متخصصة تتمتع بالاستقلال المالي والإداري، وبلغ رأسمال البنك المصرح به مائة مليون ريال، مقسمة على مليون سهم قيمة السهم الواحد (10) ريال، وهذه الأسهم موزعة إلى أسهم عادية نسبتها (70%) تمتلكها الحكومة، وأسهم ممتازة نسبتها (30%) يملكها القطاع الخاص والبنوك التجارية.

ب- أهداف البنك:

حددت المادة الخامسة من الفصل الثاني من القانون أهداف البنك فيما يلي[1]:

1- تقديم القروض على اختلاف أشكالها لتمويل المشاريع الصناعية.

2- تشجيع واجتذاب رؤوس الأموال من المصادر المحلية والخارجية للمساهمة في المشاريع الصناعية وتمويلها.

3- المساهمة في رؤوس أموال المشاريع الصناعية عن طريق الاكتتاب في أسهمها أو شرائها وتملكها.

4- تبني إصدار الأسهم والسندات الخاصة بالمشروعات وضمان تصريفها.

5- تقديم الكفالات وضمان القروض والسندات وكفالة الضامنين لها.

(1) قرار مجلس القايدة بالقانون رقم (55) لسنة 1976 بإنشاء البنك الصناعي اليمني 1976/4/17.

6- تقديم المشورة والمعونة الفنية للمشروعات الصناعية.

7- إجراء البحوث والدراسات الفنية والاقتصادية للمشروعات الصناعية بالتعاون مع السلطات المتخصصة.

ج - نشاطات البنك:

اهتم البنك بالتركيز على تقديم القروض الطويلة والمتوسطة الأجل وفي بعض الأحيان كان يقدم قروضا قصيرة الأجل لم يتجاوز مجموعها (15 %) من رأسماله، وتوضح إحصاءات البنك أن نشاطه التمويلي خلال الفترة(1977- 1996) حقق نجاحاً جيدا حيث نفذ حوالي (308) مشروعا صناعياً، وبلغ إجمالي القروض الممنوحة لتنفيذها حوالي (6.4341) ألف ريال، بينما بلغ إجمالي المبالغ الاستثمارية لهذه المشاريع حوالي (2) مليار ريال، وقد خلفت القروض المقدمة حوالي (60) ألف فرصة عمل توزعت على (10) محافظات[1].

وخلال الفترة (1992- 1997) تركز النشاط التمويلي للبنك على محافظة صنعاء، حيث استحوذت على حوالي (56%) من إجمالي القروض الممنوحة، يليها محافظتي تعز والحديدة بنسبة (18%، 15%) على التوالي، في حين توزعت النسبة المتبقية البالغة (11%) على سبع محافظات وقد يعود سبب ذلك إلى عدم وجود فروع للبنك الصناعي في هذه المحافظات [2].

وخلال عامي 1992، 1993 حقق البنك قفزات كبيرة في مجال الاستثمارات مقارنة بالعام 1990، ويرجع ذلك إلى توقف البنك عن تقديم القروض خلال هذين العامين وركز بدلا من ذلك على الاستثمار، حيث ساهم في ثلاث شركات هي

([1]) محمد رفعت مصطفى، " دور البنوك اليمنية في عملية التنمية "، مرجع سابق، ص 29.

([2]) الجمهورية اليمنية، وزارة الصناعية، " ندوة تطوير القطاع الصناعي "، 25- 27 يناير 1994، صنعاء، ص 3.7.

الشركة الوطنية للمواد الإنشائية والشركة اليمنية لإنتاج الملح ولشركة اليمنية للتبغ بلغت (7%، 13%، 1.5%) على التوالي، أما بند القروض والسلفيات فقد حقق ارتفاعا خلال عامين 1995، 1996 بنسبة (78%، 691%) على التوالي مقارنة بعام 1990، ويعزى ذلك لأنخفاض النشاط الاستثماري للبنك خلال هذين العامين[1]، وتمثل أبرز نشاطات التي قام بها البنك فيما يلي:

1- ساهم في زيادة بسيطة في نمو القطاع الصناعي مما أدى رفع معدل نمو الدخل القومي خلال سنوات الخطتين الأولى والثانية.

2- ساهم في دعم القطاع الصناعي الذي شارك بدوره في تخفيف العجز في الميزان التجاري وميزان المدفوعات من خلال تنامي حجم الصادرات الصناعية التقليدية وغير التقليدية.

3- ساهم في توفير عدد محدود من فرص العمل للعاملين في المجال الصناعي.

ونظراً لضعف موارده وتدني مساهمته في تمويل النشاط الصناعي وتعثره في استرداد قروضه فقد أقرت الحكومة تصفيته عام 1998 ضمن خطتها لإعادة هيكلة القطاع المصرفي والبنوك المتخصصة.

(3) بنك التسليف للإسكان:

أ – نشأة البنك:

أنشأ البنك بموجب القانون رقم (86) لسنة 1977 كمؤسسة مالية متخصصة ذات شخصية اعتبارية تتمتع بالاستقلال المالي والإداري، وقد بلغ رأسمال البنك المصرح به حوالي (200) مليون ريال توزعت إلى أسهم ممتازة طرحت للاكتتاب العام وأسهم عادية مملوكة للدولة، قيمة السهم الواحد (100) ريال.

([1]) محمد ضيف الله الفطايري، " إمكانية إنشاء سوق للأوراق المالية في اليمن "، مرجع سابقاً، ص72.

ب- أهداف البنك:

حددت المادة (5) من قانون إنشاء البنك أهدافه فيما يلي [1]:

1- تلبية حاجات التسليف السكني للآجال المتوسطة والطويلة، من خلال مساعدة الأفراد والمؤسسات والجمعيات التعاونية وصناديق الادخار للأغراض السكنية.

2- تشجيع الإدخار السكني بمختلف الأساليب والوسائل الممكنة.

3- تقديم القروض المتوسطة والطويلة لإنشاء وإكمال وتوسيع المباني السكنية.

4- تشجيع تأسيس وإنشاء التعاونيات والشركات وصناديق الإدخار التي تستهدف بناء العقارات المعدة للسكن والعمل على مساعدتها وتنشيطها.

ج – النشاط التمويلي للبنك:

يقوم البنك بمنح القروض الفردية المباشرة للمواطنين وبحد أقصى- لا يتجاوز (350) ألف ريال، خلال مدة لا تتجاوز خمس سنوات وبفائدة قدرها (28%)، ويطلب البنك نظير تقديم القرض ضمانات عينية أو عقارية، وتعتبر العقارات والأراضي والمنشآت المبنية بتمويل من البنك مرهونة لدى البنك لحين استرداده قروضه [2].

وقد بلغ إجمالي القروض التي منحها البنك منذ إنشائه وحتى عام 1999 م حوالي (678.648) ألف ريال قسمت على (5500) قرض، وقد ساهم البنك في تمويل مدينة حدة السكنية التي بلغت تكلفتها الإجمالية حوالي (170) مليون ريال، كما ساهم في عدة مشاريع للتنمية الحضرية بلغت قيمتها الإجمالية حوالي (42) مليون ريال، حتى نهاية عام 1995م، وساهم أيضاً مع الشركة اليمنية الكويتية في النشاطات

---

(1) قانون رقم (86) لسنة 1977 بشأن إنشاء بنك الإسكان المادة (5) من القانون، صـ 4.

(2) محمد رفعت مصطفى، " دور البنوك اليمنية في التنمية "، مرجع سابق، صـ 32.

السكنية للتنمية العقارية، والشركة الوطنية للمواد الإنشائية والصناعية، والشركة اليمنية العامة للفنادق والسياحة وبلغ إجمالي هذه المساهمات (11) مليون ريال.

من خلال ميزانية البنك العمومية يتضح أن استثماراته ظلت ثابتة طوال الفترة 1990- 1996، ويعزى سبب ذلك إلى تركز نشاط البنك في مجال الإقراض من أجل بناء المشاريع السكنية، حيث ارتفعت القروض التي منحها البنك بنسبة (53%) خلال الفترة (1990- 1996) [1].

ثانياً: البنوك الإسلامية:

حظيت الأنشطة المصرفية الإسلامية في العقود الأخيرة باهتمام العديد من الباحثين الاقتصاديين، ولم يقف الأمر عند الكتابة والتحليل بل تحول الأمر إلى الواقع العملي فأصبحت هذه البنوك واقعاً معاشاً في العديد من البلدان العربية والإسلامية، ويختلف تطبيق النظام المصرفي الإسلامي من بلد لآخر، حسب القوانين السارية في كل بلد، وسنوضح نشأة هذه البنوك في اليمن وخصائصها وأبرز صيغها التمويلية والاستثمارية.

([1]) محمد ضيف الله الفطايري، مرجع سابق، صـ74.

أ - نشأة البنوك الإسلامية:

تعد جمهورية مصر العربية أو البلدان العربية والإسلامية تطبيقاً للمبدأ الإسلامي في التعامل المصرفي، حيث بدأت بنوك الادخارات المحلية في الريف المصري عام 1963م تجمع المدخرات من الأفراد بدون فوائد محددة سلفا بل على أساس المشاركة في للعمليات الاستثمارية للبنك ربحاً وخسارة، كما أن هذه البنوك تمنح القروض وفقاً لمبدأ المشاركة أيضاً لا بمبدأ الفائدة، ثم تلا ذلك إنشاء العديد من البنوك الإسلامية في العديد من البلدان منها من أعفى البنوك الإسلامية من بعض الإلتزامات المفروضة على البنوك التجارية ولم يخصص لها قانوناً منفرداً كما في (دبي، مصر، الأردن، الكويت، البحرين) ومنها من أصدر قوانين خاصة بتنظيم عمل ونشاط البنوك الإسلامية مع وجود البنوك التقليدية ضمن جهازها المصرفي مثل (ماليزيا، تركيا، الإمارات، اليمن)، وهناك عدد من البلدان التي أسلمت أجهزتها المصرفية كاملة مثل (باكستان، إيران)، أما المجموعة الأخيرة فهي تلك البلدات التي تخضع البنوك الإسلامية فيها للقوانين المصرفية التقليدية كما في (الدنمارك، والمملكة المتحدة) [1].

ب- نشأة البنوك الإسلامية اليمنية:

1- نشأة البنوك الإسلامية:

بدأت أول محاولة لإنشاء هذه البنوك في اليمن في عام 1987، حيث تم في مجلس الشعب التأسيس للجمهورية العربية اليمنية مناقشة إصدار قانون للبنوك الإسلامية ولم يتم البت فيه، وأجل الموضوع حتى العام 1995م، حيث لقي طلب إنشاء بنوك إسلامية قبولاً من الحكومة لأنه تزامن مع تطبيق الحكومة لبرنامج الإصلاح

---

(1) انظر:

- محمود الكفراوي، " البنوك الإسلامية "، مركز الإسكندرية للكتاب، 2001م، صـ 15.

- جمال الدين عطية، " البنوك الإسلامية بين الحرية والتنظيم "، سلسلة فصلية تصدر عن رئاسة المحاكم الشرعية والشئون الدينية، قطر، 1407، صـ 35، 52، 54، 56.

الاقتصادي كما أن الوضع الاقتصادي لليمن حينها كان يعاني من اختلالات هيكلية ناتجة عن أسباب اقتصادية واجتماعية وسياسية، وكان ينظر لقيام البنوك الإسلامية بأنها ستساهم في جذب وتعبئة المدخرات من خلال جذبها لجزء هام من السيولة الكبيرة الموجودة خارج النظام المصرفي، وتوظيفها في المجالات الاستثمارية الإنتاجية، لذلك تم إقرار قانون خاص بالبنوك الإسلامية عام 1996، وإثر هذا القانون تم إنشاء ثلاثة بنوك إسلامية هي:[1]

البنك الإسلامي اليمني للتمويل والاستثمار: أنشأ عام 1995 برأسمال قدره (1250) مليون ريال، يملك كامل اسهمه القطاع الخاص، تتوزع أسهمه بنسبة (78%) لمستثمرين يمنيين و (22 %) لمستثمرين أردنيين.

بنك التضامن الإسلامي: أنشأ البنك عام 1996م برأس مال قدره (3000) مليون ريال، توزعت ملكيته إلى (97%) لمستثمرين محليين (3%) لمستثمرين عرب.

بنك سباء الإسلامي: أنشأ البنك عام 1997 برأسمال قدره (1211) مليون ريال، تتوزع أسهمه بنسبة (85 %) لمستثمرين يمنيين و (15%) لمستثمرين عرب.

وبذلك يصبح قوام البنوك الإسلامية في اليمن ثلاثة بنوك في فترة أقل من ثلاث سنوات.

2- أهداف البنوك الإسلامية:

حدد القانون رقم (21) لسنة 1996 الخاص بالبنوك الإسلامية أهداف هذه البنوك فيما يلي[2]:

([1]) البنك المركزي اليمني، "التقرير السنوي لعام 2003 "، صـ 106.

([2]) الجمهورية اليمنية، وزارة الشئون القانونية، " مجموعة قوانين البنوك والمصارف "، الجريدة الرسمية، مرجع سابق، صـ 62.

أ- توسيع نطاق التعامل مع القطاع المصرفي مع الاهتمام بإدخال الخدمات التي تهتم بإحياء صور التكافل الاجتماعي على أساس المنفعة المشتركة.

ب- تطوير وسائل جذب الأصول والمدخرات واستثمارها.

ج- تمويل ومزاولة أنشطة التجارة الداخلية والخارجية، بالإضافة إلى تمويل المساهمة في مشروعات التنمية الصناعية والاستخراجية والعمرانية والسياحية.

د- الاهتمام بصغار الحرفيين والمستثمرين، وتوفير التمويل اللازم لمشروعاتهم.

3- نشاط البنوك الإسلامية:

رغم قصر تجربة هذا النوع من البنوك في اليمن، إلا أنها حققت نجاحاً ملحوظاً، حيث ساهمت بشكل جيد في جذب المدخرات التي كانت تذهب للاكتناز أو المضاربة العقارية، حيث بلغ إجمالي الودائع لدى هذه البنوك خلال الفترة(1997- 2004) حوالي (51888) مليون ريال، كما ارتفعت نسبة ودائعها إلى إجمالي ودائع الجهاز المصرفي من (0.8%) عام 1996، إلى (26%) عام 2004، كما بلغ متوسط معدل نمو الودائع حوالي (143%) خلال الفترة (1996- 2004)، في حين لم يتجاوز متوسط معدل نمو ودائع الجهاز المصرفي (22 %) خلال نفس الفترة، وهذا يؤكد نجاح هذه البنوك في حشد المدخرات وحصولها على الرضاء والقبول لدى شريحة كبيرة من أفراد المجتمع اليمني [1].

4- الدور المتوقع للبنوك الإسلامية:

بالرغم من النجاح الذي حققته هذه البنوك في جذب المدخرات إلا أنه لا يزال ينتظر منها الكثير في المجال الاستثماري، حيث لا تزال أنشطتها محدود ومتركزة في

([1]) التقارير السنوية للبنوك الإسلامية للأعوام (1996- 2004)، وجدول (7-5).

صيغة المرابحة، وهي بذلك لا تكاد تختلف كثيراً عن البنوك التقليدية، إلا أننا نتوقع أن هذه البنوك ستشهد مستقبلاً مزيداً من النجاح والمساهمة الجادة في رفد مسيرة التنمية الاقتصادية في اليمن بسبب توفر عدة عوامل أبرزها(1):

أ- توفر العديد من الفرص الاستثمارية في شتى المجالات الزراعية والصناعة والسمكية والسياحية وغيرها، مما سيمكن البنوك الإسلامية اليمنية من استثمار أموال المودعين في مشروعات ناجحة وذات ربحية مضمونة.

ب- كبر حجم السوق اليمنية سيشجع المستثمرين العرب والأجانب على المشاركة في تنفيذ المشاريع الاستثمارية المشاركة مع البنوك الإسلامية اليمنية، حيث أبدت بعض البنوك رغبتها في ذلك ومنها بنك قطر الإسلامي وبنك دبي الإسلامي وبنك فيصل الإسلامي وغيرها من البنوك الأخرى.

ج- اتساع النشاط التجاري في اليمن، مما سيوفر مجالاً استثمارياً حيوياً للبنوك الإسلامية، خصوصاً وأن معظم قروض البنوك الربوية تذهب لقطاع التجارة الخارجية، وبدخول البنوك الإسلامية سيتم تفضيلها على البنوك التجارية الربوية.

معوقات تطور الجهاز المصرفي في اليمن:

وبالرغم من الجهود التي تبذلها الحكومة اليمنية لتطوير الجهاز المصرفي إلا أنها لا تزال أقل من المستوى المطلوب وخاصة إذا ما قورنت بمثيلاتها في البلدان الخليجية

(1) محمد أحمد الأفندي، " المصارف الإسلامية اليمنية بين الطموح والواقع "، مجلة الاقتصاد الإسلامي، العدد (20)، دبي، 1997، صـ 33.

التي تسعى اليمن للانضمام إليها لتصبح جزء من منظومة مجلس التعاون الخليجي وتتمثل أبرز أوجه القصور في الجهاز المصرفي اليمني فيما يلي:

1-تدني حجم موجودات المصارف اليمنية: إذ كانت موجودات (100) من المصارف العربية مجتمعة لم تمثل سوى (50%) من إحدى المصارف العالمية، فإن حجم موجودات المصارف التجارية اليمنية مجتمعة[1] لم تتجاوز (1516) مليون دولار، وهو ما يمثل حوالي (17.6%) من موجودات (3) مصارف من المصارف التجارية القائدة لسلطنة عمان لعام 1996م، ولم تتجاوز مجموع موجودات المصارف التجارية اليمنية خلال عام 2004م بعد الإصلاحات ورفع رؤوس أموال هذه المصارف إلى (3710) مليون دولار، وهو ما يمثل حوالي (43%) من موجودات نفس الثلاثة المصارف لسلطنة عمان للعام 1996م، وهذا يدل على تدني حجم موجودات المصارف اليمنية[2] رغم الإصلاحات التي تمت على هذا القطاع.

2- **تدني نسبة كثافة الفروع المصرفية:** يعد هذا المؤشر من أهم المؤشرات التي يتناولها الاقتصاديون والمصرفيون بالتحليل، ويتضمن هذا المؤشر ثلاث محددات هي الخدمات المالية المتاحة والمحددات الجغرافية والمحددات الإجرائية القانونية، وتشير كثافة الفروع المصرفية إلى تفاعل المحددات الثلاثة وكلما زاد تفاعلها كلما أدت إلى نتائج أفضل، وفي احصائية عن المصارف العربية، فإن المصارف اليمنية كانت أقل البلدان العربية، حيث لم

([1]) باستثناء البنك المركزي.

(1) انظر:

- سرمد كوكب الجمل، المصدر السابق، صـ 59.
- البنك المركزي اليمني، التقرير السنوي لعام 2004م، ص 109.
- جدول (8-4).

يتجاوز هذه النسبة (0.08%)[1] ، وهي نسبة ضئيلة جداً مقارنة ببقية البلدان العربية بالنسبة لهذا المؤشر، مما يشير إلى أن اليمن لا تزال في بداية الطريق من حيث تطبيق مؤشرات التحرر المالي ومتطلبات مواجهة العولمة، وما تم من إجراءات إصلاحية في هذا القطاع لا تزال غير كافية وتحتاج إلى المزيد للوصول إلى النسبة التي تؤهله لمواجهة تحديات العولمة المالية واستيفاء شروط انضمام اليمن للمؤسسات اليمنية لديوان مجلس التعاون الخليجي.

3- **نسبة كفاية رأس المال:** يقصد بكفاية رأس المال قدرة المصارف النهائية على سداد التزاماته في ظروف العسر المالي وخاصة التزاماته تجاه مودعيها، ومن مقاييس كفاية رأس المال نسبة رأس المال والاحتياطي إلى مجموع الموجودات، وقد كانت اليمن أقل البلدان العربية في عام 1996م، حيث لم تتجاوز متوسط نسبة كفاية رأس المال للمصارف اليمنية (4%)[2]، وبعد إجراء الإصلاحات الاقتصادية ورفع نسبة رؤوس أموال المصارف التجارية لم تتجاوز نسبة رأس المال والاحتياطي إلى إجمالي الموجودات لعام 2004 حوالي (5.4) وهي نسبة متدنية قياساً ببقية المصارف العربية، كما أن نسبة رأس المال الاحتياطي إلى إجمالي الودائع لم تتجاوز (77%) خلال نفس العام، وهذا يشير إلى تدني قدرة المصارف في تسديد إلتزاماتها جبال مودعيها[3].

([1]) صندوق النقد العربي وأخرين، التقرير الاقتصادي العربي الموحد، أبو ظبي، 1996، صـ 316.

([2]) سرمد كوكب الجمل، مرجع سابق، صـ 61.

([3]) البنك المركزي اليمني، التقرير السنوي لعام 2004، صـ 110.

4- **تدني مستويات الأداء للمصارف التجارية:** لا تزال البنوك التجارية اليمنية تمارس الوظيفة التقليدية الجامدة التي تفتقد إلى التجديد والإبداع وابتكار الخدمات التي تناسب مختلف الأفراد، وقد انعكس هذا الوضع في عرقلة نمو وتطور هذا القطاع الحيوي، الأمر الذي قلص من دورة وحد من قدرته في الاستجابة لمتطلبات النشاط الاقتصادي والاستثماري، وبملاحظة نسبة القروض إلى الودائع والتي تقيس مدى قدرة المصارف في استثمار ودائعها نلاحظ أنها كانت في عام 1997 (53%)، وبعد إجراء بعض الإصلاحات في مجال السياسة النقدية، فإنه هذه النسبة لم تتجاوز(60%) خلال عام 2004، وهي لا تزال نسبة متدنية قياساً بالمعدلات المرغوبة نمطياً والتي تتراوح بين (80%، 90%)، ومن المؤشرات الأخرى التي تقيس قدرة البنوك في استثمار مواردها المالية، نسبة القروض إلى الأصول، حيث كانت هذه النسبة (39%) عام 1997 وارتفعت إلى (50%)[1] خلال عام 2004م، وهي أيضاً لا تزال نسبة متدنية تعكس وجود قيود تحول دون زيادتها، ويعتقد الباحث أن وجود أذون الخزانة شجع البنوك على اقتناء المزيد منها على حساب القروض، كما أن التغيرات المتكررة لأسعار الفائدة خلال الفترة (1996- 2000) حيث تغيرت حوالي (8) مرات خلال هذه الفترة، ثم تم تثبيتها منذ بداية عام 2001 وحتى الآن، جعلها تثبيط البنوك التجارية في زيادة نشاطها الاستثماري مع للقطاع الخاص، مما ساهم بالتالي في تدني مشاركتها في دعم مشاريع التنمية.

5- **البنوك الإسلامية:** لم يمضي على دخول هذه المصارف للسوق اليمنية سوى أقل من عشر سنوات إلا أنها اثبتت حضوراً جيداً، وإقبالاً من المتعاملين عكس رغبتهم في الابتعاد عن التعاملات الربوية السائدة في البنوك

---

(1) نفس المرجع، صـ 109.

التجارية، وقد جاء قيام البنوك الإسلامية في اليمن بموجب قانون خاص لهذه المصارف، وبقيام هذه البنوك توسم الجميع بأنها ستكون أداة فاعلة في دفع مسيرة التنمية في اليمن، إلا أن أدائها أثبت أنها لم تكن بالقدر المأمول، حيث ركزت هذه البنوك نشاطها في صيغة المرابحة التي تتميز بكونها ذات تمويل قصير الآجل ومضمونة الفوائد، وهي ليست من الصيغ التي تساهم في رفد مسيرة التنمية، وهذا لا ينفي أنها تمكنت من حشد الكثير من الإدخارات التي كانت تذهب للإكتناز قبل وجود هذه البنوك، ويبدو أن السلطات النقدية في اليمن اكتفت بتخصيص قانون للبنوك الإسلامية ولم تراعي في تطبيق سياساتها النقدية خصوصية هذه المصارف، فمن المعروف أن البنوك الإسلامية لا تقترض من البنك المركزي استناداً لسياسة سعر الخصم باعتبارها تحتوي على الربا، كما أنها لا تساهم في خلق نقود الودائع كالبنوك التجارية، ومع ذلك يطبق البنك المركزي على هذه البنوك ما يطبقه على البنوك التجارية من حيث نسبة الاحتياطي القانوني، وإذ كان فرض هذه النسب مبرراً على الودائع الجارية لحماية حقوق المودعين، فإنها ليست كذلك بالنسبة للودائع الاستثمارية، التي يكون العميل خلالها موافقاً على مبدأ المشاركة في الربح والخسارة، ومع ذلك فإن البنك المركزي يفرض على البنوك الإسلامية الاحتفاظ بجزء من ودائعها الجارية والاستثمارية أسوة بالبنوك التجارية، على الرغم من أن البنوك التجارية تتقاضى فوائد على احتياطياتها ولا يحق للبنوك الإسلامية فعل ذلك رغم عرض البنك المركزي وصدور فتوى من الهيئة الشرعية لبعض البنوك بجواز أخذها وصرفها في الأعمال الخيرية.

ومن المعوقات الأخرى لتطور البنوك الإسلامية في اليمن نقص الكوادر الكفؤة والمتخصص التي تعتبر من أهم مصادر النجاح للنشاط والاستثماري لهذه البنوك، ومن المعوقات أيضاً أن قلة عدد المساهمين فيها وتركزها في بيوت تجارية محدودة، ولم يستفد منها قطاع كبير من الناس، وهي في هذا تتشابه مع البنوك التقليدية التي تجمع الموارد المالية من موارد المجتمع وتمنحها لعدد محدود من الأفراد في شكل قروض[1].

6- البنوك المتخصصة: من المعروف أن هذه البنوك هي في الأساس بنوك تنموية لا تهدف إلى الربح بقدر ما تهدف إلى دعم المشاريع التنموية إلا أن وجود جملة من المعوقات حال دون تحقيق هذه البنوك للأهداف المرجوة منها، وبدلاً من أن تكون أنشطة هذه البنوك فداً مسانداً لتوجهات السياسة النقدية الهادفة إلى دفع البنوك التجارية لدعم المشاريع التنموية، أصبحت تشكل عائقاً كغيرها من البنوك، ومن أبرز المعوقات التي تحد من نشاط هذه البنوك ما يلي[2]:

- محدودية رؤوس أموال هذه البنوك، مما جعل المتاح لها من أموال لا يتناسب مع قيم تكاليف المشاريع وطلباتها للتمويل المتزايد.

- عدم اتباع هذه البنوك سياسات ائتمانية سليمة وواضحة تتفق مع طبيعتها التنموية كونها متخصصة في الأقراض الطويل الآجل مما يعرض القوة الشرائية لقروضها للانخفاض في ظل عدم ثبات واستقرار الوضع الاقتصادي وخصوصاً في مرحلة ما قبل برنامج الإصلاح الاقتصادي، مما أدى إلى ارتفاع درجة مخاطر الإقراض.

---

(1) لطفي محمد السرحي، " مؤتمر النظام المصرفي في اليمن "، مرجع سابق، صـ 236.

(2) مجاهد حيدر، " النظام المصرفي اليمن - الوضع الراهن وتحديات العولمة المالية "، المركز العربي للدراسات الاستراتيجية والبحوث والدراسات اليمنية، يناير 2000م، صـ 34.

- غياب الدور الرقابي الفعال للبنك المركزي على أداء هذه البنوك ومدى إلتزامها بالسياسات المصرفية أدى على تعثر نشاطها وتراكم ديونها المتعثرة والمعدومة، الأمر الذي أدى إلى تصفية بعضها (البنك الصناعي)، ناهيك عن إشكالية استرداد هذه القروض.

7- مشكلة إفلاس البنك الوطني للتجارة والاستثمار: تعرض هذا البنك لمشاكل عدة بسبب عدم التزام إدارة البنك بتوجيهات وقرارات البنك المركزي الهادفة إلى تجنب تعثر نشاط البنوك وحفظ ودائع المتعاملين وسلامة واستقرار النشاط المصرفي، فنتيجة لعدم التزام إدارة البنك بالحدود القصوى لمنح القروض لمساهمي البنك ومجلس إدارته، فقد عانى البنك من توفير طلبات السحب من قبل المودعين والمتعاملين مع البنك، مما أدى في الأخير إلى قيام البنك المركزي بوضع اليد على ممتلكات البنك وتشكيل لجنة لتحصيل ديونه وحصر ممتلكاته في أواخر العام 2005م، وقد عكس خبر إفلاس هذا البنك الذي لم يمضي على تأسيسه سوى أقل من ثمان سنوات، حالة من الذعر والخوف بين أوساط المتعاملين مع مختلف البنوك اليمنية، خصوصاً مع انتشار الدعاية المضادة من احتمال إفلاس بنوك أخرى، مما حدى بالكثير من المتعاملين إلى سحب أموالهم من البنوك التجارية، وعلى الرغم من أن ما حصل لهذا البنك لا يعد قياساً لغيره إلا أن هذه الحالة أوقعت النشاط المصرفي في حالة من الإرباك خصوصاً مع تصديق الشائعات من قبل مؤسسات مالية خارجية، حيث حذرت البنوك اليابانية من التعامل مع البنوك اليمنية، وهذا يلقي على البنك المركزي بمسئولية كبيرة في تشديد الرقابة على الجهاز المصرفي، وضرورة متابعة استيفاء معايير الكفاية المصرفية وخصوصاً معيار كفاية رأس المال، حماية لحقوق المتعاملين مع البنوك التجارية.

المبحث الرابع

المؤسسات المالية غير المصرفية في اليمن

تختلف المؤسسات المالية الوسيطة غير المصرفية عن البنوك التجارية بأنها لا تملك سلطة خلق النقود، في حين تتساوى معها من حيث إمكانيتها قبول مدخرات الأفراد ومدهم بالقروض اللازمة، ومن هذه المؤسسات صناديق الإدخار وشركات التأمين وصناديق الضمان الاجتماعي وغيرها.

أولاً: تعريف المؤسسات المالية غير المصرفية:

تعرف هذه المؤسسات بأنها وسائل تمويلية غير بنكية، تتحدد علاقة هذه المؤسسات مع المتعاملين معها وفق أسس تعاقدية، كما تقوم باستثمار مواردها في مشروعات طويلة أو قصيرة الأجل [1].

ثانياً: نشأة المؤسسات المالية غير المصرفية:

يوجد في اليمن ثلاثة أنواع من هذه المؤسسات هي: شركات التأمين وصناديق التقاعد والضمان وصناديق التوفير البريدي، نتناولها فيما يلي:

(1) شركات التأمين:

ظهرت البدايات الأولى لشركات التأمين المالية في اليمن (المحافظات الجنوبية) أثناء فترة الوجود الاستعماري البريطاني، حيث تم تأسيس عدة شركات تأمين أجنبية في مدينة عدن (شركة بول رايس، لوك توماس، الشركة الأمريكية للتأمين على الحياة)، وكانت هذه المؤسسات إلى جانب فرضها تطبيق نفس الإجراءات السائدة في بريطانيا تحرص على عدم استثمار أي موارد من أقساط التأمين في مدينة عدن، بل تقوم بتمويل جميع مواردها المالية إلى الخارج، وظل الأمر كذلك حتى تم تأسيس أول

([1]) مطهر عبد العزيز العباسي، " اقتصاديات النقود والبنوك "، مرجع سابق، صت 27.

شركة تأمين وطنية حكومية في مدينة عدن سميت الشركة اليمنية للتأمين وإعادة التأمين، بموجب القانون رقم (37) لسنة 1969م، وفي العام 1974 تم تأسيس أول شركة تأمين في مدينة صنعاء (المحافظات الشمالية) سميت شركة مارب للتأمين تملكها الحكومة والقطاع الخاص، بعدها توالي إنشاء عدد آخر من شركات التأمين وخصوصاً بعد إعادة توحيد اليمن 1990م[1]، والجدول التالي يوضح عدد شركات التأمين في اليمن.

جدول (2-3)

هيكل جهاز التأمين في اليمن حتى 2004/12/31

م	اسم الشركة	تاريخ التأسيس	رأس المال (مليون ريال)	المركز الرئيسي	نوعية ملكية الشركة	الموقع أو البريد الإلكتروني
-1	الشركة اليمنية للتأمين وإعادة التأمين	1969	13	عدن	قطاع عام	
-2	شركة مارب	1974	40	صنعاء	قطاع مختلط	www.marebinsurance.com
-3	الشركة اليمنية العامة للتأمين	1977	10	صنعاء	مساهمة محدودة	e-mail: ygi_san@y.net.ye
-4	الشركة المتحدة	1981	2	صنعاء	مساهمة محدودة	www.unitedisuranceyemen.com
-5	شركة سباء للتأمين	1990	100	صنعاء	مساهمة محدودة	e-mail: saba-ins@y.net.ye
-6	شركة اليمن للتأمين	1990	10	صنعاء	مساهمة محدودة	e-mail:ymnins@y.net.ye
-7	شركة أمان للتأمين	1993	25	صنعاء	مساهمة محدودة	www.y.net.ye/amaninsurance
-8	الشركة الوطنية للتأمين	1993	25	صنعاء	مساهمة محدودة	www.alwataniainsurance.com
-9	شركة ترست يمن للتأمين	1995	100	صنعاء	مساهمة محدودة	e-mail: trust_yemen@y.net.ye
-10	الشركة العربية للتأمين	1997	100	صنعاء	مساهمة محدودة	
-11	الشركة الإسلامية للتأمين	2001	100	صنعاء	مساهمة محدودة	e-mail: yiic@y.net.ye

المصدر: وزارة التموين والتجارة، الإدارة العامة للشركات، إدارة الإحصاء والبحوث، 1998م. - شركة النخبة، الدليل المصرفي في اليمن، صنعاء، 2004م.

وتجدر الإشارة إلى أن أغلب هذه الشركات تملك أغلب أسهمها بيوت تجارية يمنية معروفة (مجموعة هائل سعيد، عذبان، أخوان ثابت وغيرهم) مما جعل معظم

[1] محمد ضيف الله القطابري، مرجع سابق، صـ 77.

نشاط هذه الشركات يقتصر على المشاريع الاستثمارية التابعة لهذه البيوت التجارية، ولمحدودية عمل هذه الشركات فقد اكتفت بدور الوكيل أو الوسيط لشركات تأمين أجنبية، وهذا يؤدي إلى تسرب جزء كبير من الأصول المالية للخارج[1].

ومن الواضح أن نشاط سوق التأمين في اليمن لا يزال متواضعاً جداً، حيث بلغ إجمالي أقساط السوق اليمني لكافة فروع التأمينات خلال عام 1996 حوالي (1727) مليون ريال، وفي عام 1997 (2306) مليون ريال، بمعدل نمو بلغ حوالي (33%)، وهذه النسبة قد لا تكون فعلية خلال هذه الفترة بسبب تضخم سعر العملة، ومما يدل على تدني حجم النشاط هذه الشركات أن إجمالي أقساطها لا تساوي قسط شركة تأمين من الشركات العاملة في البلدان الخليجية [2].

(2) نشأة الصناديق المالية في اليمن:

تشمل هذه الصناديق كلاً من صناديق التقاعد والضمان الاجتماعي والمعاشات، وصناديق التوفير البريدي، وقد أسس أول صندوق للضمان الاجتماعي في مدينة عدن بموجب القانون رقم (1) لسنة 1981م، وحددت موارده إلزاماً من اشتراكات الموظفين العاملين في القطاعين العام والمختلط، وأسس في صنعاء صندوق للتقاعد بموجب القانون رقم (21) لسنة 1981م، وبعد الوحدة أسست مجموعة من الصناديق منها[3]:

---

(1) مطهر العباسي، مرجع سابق، ص 16، 17.

(2) محمد أحمد حيدر، " النظام المصرفي في اليمن "، مرجع سابق، ص 28.

(3) مطهر العباسي، مرجع سابق، ص 28، 29.

أ- صندوق التأمينات والمعاشات:

تم إنشاء هذا الصندوق بموجب القانون رقم (25) لسنة 1991م، وحددت موارده من اشتراكات الموظفين المدنيين العاملين في القطاعين العام والمختلط، بالإضافة إلى موارد أخرى حددتها المادة (8) من القانون، وفي عام 1996م وبموجب القانون رقم (246) تم إنشاء الهيئة العامة للتأمينات والضمان الاجتماعي كنتيجة لدمج صندوق التأمينات والمعاشات والمؤسسة العامة للضمان الاجتماعي، وأصبحت تدير أموالها وهي مؤسسة تابعة للقطاع العام وتسمى بالهيئة العامة للتأمينات والمعاشات.

ب- صندوق التقاعد والضمان الاجتماعي:

أنشأ هذا الصندوق عام 1991م، وهو خاص بأفراد القوات المسلحة والأمن، وتتكون موارده من اشتراكات أفراد القوات المسلحة والأمن، وتدير موارده وزارة الدفاع، ولا تتوفر أي بيانات عن موارد الصندوق أو توظيفاته الاستثمارية.

ج- صندوق التوفير البريدي:

تأسس هذا الصندوق بموجب القانون رقم (64) لسنة 1991م، الخاص بالبريد والتوفير البريدي، ويمارس الصندوق نشاطاته من خلال فروعه المنتشرة في مختلف مدن الجمهورية، ويعتبر أنسب الوسائل جذباً للمدخرات العائلية لسهولة التعامل معه وانتشاره الواسع[1].

وتبلغ موارد هذا الصندوق حوالي (800) مليون ريال، ويتميز بأن إيداعاته معفية من الضرائب بالإضافة إلى انتشاره الواسع في شتى مدن الجمهورية، مما يجعل من دوره

([1]) ياسين حميد هايل , مرجع سابق , ص 19 , 20.

المستقبلي دوراً ريادياً في جذب المدخرات مما قد يجعل منه منافساً حقيقياً للبنوك في هذا المجال [1].

د- المؤسسة العامة للضمان الاجتماعي:

وهي مؤسسة خاصة أنشأت في عام 1996م خاصة بموظفي القطاع الخاص، ويبلغ مجموع أصولها حوالي (6.5) مليار ريال يتم استثماره في أذون الخزانة.

وبالنظر إلى دور المؤسسات المالية الغير مصرفية سواء شركات تأمين أو مؤسسات أو صناديق مالية أخرى فإنه لا يزال متواضعاً للغاية، الأمر الذي يتطلب من الحكومية اتخاذ الوسائل المناسبة لتنشيط وتفعيل دورها كي تساهم في استثمار مواردها في المجالات الاستثمارية المنتجة، بالإضافة إلى زيادة فعاليتها في جذب المزيد من مدخرات الأفراد من خلال استحداث الأدوات المالية المناسبة لرغبات مختلف الأفراد في المجتمع اليمني، ويتوقع أن يزداد دور هذه المؤسسات مع افتتاح السوق المالي المنظم الجاري الأعداد لافتتاحه.

([1]) عوض محمد ربيع، مرجع سابق، صـ 122.

الفصل الرابع

السياسات النقدية والاستقرار الاقتصادي

المبحث الأول: السياسات النقدية المطبقة في اليمن خلال الفترة (1990-2004):

المبحث الثاني: تطور العرض النقدي في اليمن والعوامل المؤثرة عليه معايير الاستقرار النقدي في اليمن

المبحث الثالث: معايير الاستقرار النقدي في اليمن .

المبحث الرابع: فعالية السياسة النقدية في تحقيق التوازن والاستقرار الاقتصادي في اليمن

الفصل الرابع
السياسات النقدية والاستقرار الاقتصادي

تمهيد:

ظهر الاستقرار الاقتصادي كهدف هام للسياسة الاقتصادية بشكل عام والسياسة النقدية بشكل خاص مع ظهور نظرية كمية النقود، حيث ركزت هذه النظرية على الحد من الضغوط التضخمية الناتجة عن الارتفاع المستمر للأسعار من خلال التحكم في معدلات النمو في كميات النقود المتداولة بما يتلاءم مع معدلات النمو في الناتج المحلي الإجمالي، ولم تُدخل النظرية هدف التشغيل الكامل ضمن أهداف السياسة النقدية لأنها تفترض أن الاقتصاد يعمل عند مستوى التشغيل الكامل من خلال آلية مرونة الأجور والأسعار، وظل هذا المبدأ سائداً حتى بداية الثلاثينيات من القرن العشرين، حيث عم الاقتصاديات الرأسمالية موجه من الكساد الكبير تسببت في ظهور مشكلة البطالة في هذه البلدان، وبذلك عجزت إليه نظرية كمية النقود عن تحقيق التوازن والاستقرار الاقتصادي، وبدأت الأفكار الكنزية في الظهور حيث ركزت على ضرورة تدخل الدولة لتغيير الطلب الكلي (الفعال)، ومنذ ذلك الوقت أصبح التشغيل الكامل يدخل ضمن أهداف السياسة النقدية لتحقيق الاستقرار الاقتصادي[1].

وهناك مظهران للاستقرار الاقتصادي، الأول قصير الأجل ويهدف إلى التخفيف من حدة التقلبات الدورية في النشاط الاقتصادي، والثاني طويل الأجل ويهدف إلى تجنب الركود والتضخم وتحقيق نمو متوازن لكل من كمية النقود والناتج المحلي الإجمالي[2].

([1]) ماجدة فايق جندي، " السياسة النقدية في الكويت "، مرجع سابق , ص 209 .

([2]) أحمد جامع، " النظرية الاقتصادية"، دار النهضة العربية، الجزء الثاني، القاهرة، 1973، ص 412

ومنذ مطلع الثمانينات من القرن الماضي بدأت البلدان النامية في تبني برامج الإصلاح الاقتصادي وازداد الاهتمام بتحقيق الاستقرار الاقتصادي من خلال تفعيل أدوات السياسة النقدية كإصلاح أنظمة سعر الصرف، والتحكم في العرض النقدي لمنع التقلبات الحادة في المستويات العامة للأسعار، بالإضافة إلى توجيه الأصول المالية الفائضة نحو الاستثمارات المنتجة، بما يخدم أهداف تحقيق الاستقرار والتنمية في آنٍ واحد[1].

وسنتناول في هذا الفصل محاولات السلطات النقدية في اليمن في تحقيق الاستقرار الاقتصادي خلال الفترة (1990-2004) من خلال المباحث الأتية:

المبحث الأول: السياسات النقدية المطبقة في اليمن خلال الفترة (1990-2004):

أولاً: السياسات النقدية لمرحة ما قبل برنامج الإصلاح الاقتصادي (1990-1994).

ثانياً: السياسات النقدية لمرحلة ما بعد برنامج الإصلاح الاقتصادي (1995-2004).

المبحث الثاني: تطور العرض النقدي في اليمن والعوامل المؤثرة عليه.

أولاً: تطور العرض النقدي في اليمن خلال الفترة (1990- 2004).

ثانياً: العوامل المؤثرة في العرض النقدي.

المبحث الثالث: معايير الاستقرار النقدي في اليمن.

أولا: أسباب التضخم في الاقتصاد اليمني.

ثانياً: معايير الاستقرار النقدي في اليمن.

المبحث الرابع: فعالية السياسة النقدية في تحقيق التوازن والاستقرار الاقتصادي في اليمن.

أولاً: دور السياسة النقدية في تحقيق التوازن الداخلي.

ثانياً: دور السياسة النقدية في تحقيق التوازن الخارجي.

ثالثاً: فعالية السياسة النقدية في تحقيق الاستقرار الاقتصادي.

([1]) حسن ثابت فرحان، " دور الدولة في إصلاح وسائل السياسة النقدية"، عدد خاص بإبحاث المؤتمر العلمي الخامس (2000 /2001) لمجلة كلية التجارة، جامعة صنعاء، العدد (17) سبتمبر 2001، ص240.

المبحث الأول
السياسات النقدية المطبقة في اليمن خلال الفترة (1990-2004)

تمهيد:

تبرز أهمية السياسة النقدية من كونها تمثل أداه هامة لإيجاد التوازن بين القطاعات المختلفة فهي تتدخل لضبط العرض النقدي باستخدام أدواتها المباشرة (الكمية) المتمثلة في سعر إعادة الخصم ونسبة الاحتياطي القانوني وسياسة السوق المفتوحة، أو من خلال أدواتها غير المباشرة (الكيفية) المتمثلة في تحديد السقوف الائتمانية والتأثير الأدبي والمنشورات الدورية التي يصدرها البنك المركزي، ويختلف دور السياسة النقدية في البلدان النامية عنه في البدان المتقدمة، حيث تلعب دوراً بارزاً في الاقتصاديات المتقدمة بسبب تطور وسائلها من جهة واتساع وتطور الأجهزة المصرفية في هذه البلدان من جهة أخرى، أما في البلدان النامية فإن دورها أقل من البلدان المتقدمة بسبب تعطل الكثير من أدواتها ووسائلها، بالإضافة إلى تخلف النظم والقوانين المنظمة للأجهزة المصرفية في هذه البلدان، كما يختلف هدف السياسة النقدية باختلاف طبيعة النظام الاقتصادي، حيث تركز السياسة النقدية في البلدان المتقدمة على المحافظة على الاستقرار الاقتصادي، كونها قد حققت مستويات متقدمة من النمو وتهدف للمحافظة عليه، أما البلدان النامية، فإن السياسات النقدية فيها تركز على تحقيق التنمية الاقتصادية في مختلف المجالات باعتبارها وسيلة لتغيير أوضاعها الاقتصادية والاجتماعية المتخلفة[1].

وتتدخل السياسة النقدية في النشاطات الاقتصادية من خلال التحكم في العرض النقدي في الحالات الآتية:

([1]) صندوق النقد الدولي، نشرة الصندوق لشهر سبتمبر 1995م - ص 12.

1- حالة الرواج الاقتصادي المصحوب بالتضخم: وهـي الحالـة التـي يتفـوق فيهـا الطلب الكلي على العـرض الكـلي فيتسـبب ذلـك في ارتفـاع الأسـعار، وهنـا تستخدم السياسة النقدية أدواتها وبالذات المباشرة منهـا نظـراً لسرعتها في سحب جزء من العرض النقدي لتخفيف حدة الطلب، مـما يجعـل الأسـعار تميل نحو الانخفاض.

2- الحالة الثانية: حالة الركود الاقتصادي: وهي الحالـة التـي يكـون فيهـا حجـم العرض النقدي أقل من النسبة المقررة للمحافظة على الاستقرار الاقتصـادي عنـد المسـتويات التوازنيـة، وفي هـذه الحالـة تسـتخدم السياسـة النقديـة التوسعية لضخ النقود اللازمة لإنعـاش الاقتصـاد ودفعـه للوصـول إلى حالـة التوازن.

3- الحالة الثالثة: الحالة المثلى: وفيها يكون معدل نمـو العـرض النقـدي متناسـباً مع معدل لنمو الناتج المحلي الإجمالي، ويقتصر تدخل السياسـة النقديـة في هذه الحالة في المحافظة على استمرار بقاء الوضع الاقتصادي على حاله(1).

وسنناقش في هذا المبحث السياسات النقدية التي تم تطبيقها من قبل السـلطات النقدية في اليمن، خلال مرحلتين، مرحلة ما قبل برنامج الإصلاح الاقتصادي ومرحلـة مـا بعد برنامج الإصلاح، لمعرفة مدى فعالية ونجاح السياسات المطبقة في تحقيق الاسـتقرار الاقتصادي.

---

(1) نبيل الروبي، " نظرية التضخم"، مؤسسة الثقافة الجامعية ط 2، الإسكندرية، 1984م، ص 425.

أولاً: السياسات النقدية المنفذة خلال مرحلة ما قبل برنامج الإصلاح الاقتصادي،(1990-1994) :-

واجهت الجمهورية اليمنية منذ قيامها عام 1990 م تحديات اقتصادية صعبة، على المستويين المحلي والإقليمي، الأمر الذي عمق من المشكلات الاقتصادية، وزاد من حدة الاختلالات الهيكلية التي يعاني منها الاقتصاد اليمني في الأصل، وبذلك شهدت الأربع السنوات الأولى من عمر دولة الوحدة تباطؤاً في معدلات النمو، وتسارعاً لمعدلات التضخم، وتدهوراً لقيمة العملة المحلية، كما اتسمت هذه الفترة بتصاعد العجز المستمر في الموازنة العامة، وأمام هذا الوضع المتردي قامت السلطات النقدية باتخاذ عدد من الإجراءات الهادفة إلى تخفيف حدة الإختلالات الاقتصادية، وتمثلت أبرز الإجراءات التي تم تنفيذها خلال هذه الفترة فيما يلي[1]:

1- توحيد أسعار الفوائد على ودائع الادخار عند (10.5%) وأسعار الفائدة على القروض والسلفيات الممنوحة للقطاع الخاص عند (17%).

2- السماح للمصارف التجارية بالاحتفاظ بنسبة (100%) من النقد الأجنبي الذي تشتريه محلياً، في حين كان النسبة المسموح بها قبل ذلك لا تتعدى (50%) فقط.

3- توحيد التعرفه المصرفية على جميع التعاملات المصرفية ابتداءً من مارس 1994م بموجب قرار البنك المركزي الصادر في 1994/2/20.

4- تحويل جميع الحسابات المصرفية لكافة المؤسسات العامة من البنوك التجارية إلى البنك المركزي في 1994/12/4م بهدف تحسين الرقابة على أموال هذه المؤسسات.

5- منع البنوك التجارية من تقديم التسهيلات الائتمانية بضمان الودائع بالعملية الأجنبية، بالإضافة إلى منعها من التعامل في سوق الصرف الموازي

(1) الجمهورية اليمنية، المجلس الاستشاري،" ندوة النظام المصرفي في اليمن , مرجع سابق، ص 99-101.

لحساب عملائها ويهدف هذا الإجراء إلى الحد من المضاربة ضد العملة المحلية[1].

6- تقييد فتح الاعتمادات المستندية للاستيراد، إلا إذا أثبت المستورد مستندياً أنه اشترى النقد الأجنبي بالسعر الرسمي الموازي الذي اعتمده البنك المركزي والبالغ (84) ريال للدولار، وكان الهدف من وراء هذا الإجراء المحافظة على استقرار سعر صرف الريال[2].

ولمعرفة انعكاسات هذه الإجراءات على أداء السياسة النقدية في اليمن خلال الفترة (1990-1994) نستعرض بعض المؤشرات النقدية من خلال الجدول الآتي:

جدول(4-1)

السياسة النقدية وعلاقتها ببعض المتغيرات النقدية خلال الفترة (1990-1994)

(مليون ريال)

البيان / السنوات	1990	1991	1992	1993	1994
1- العرض النقدي: (أ +ب)	72515.0	79340.6	9719.5	126994 9.	167169.3
أ – النقد	54536.5	60868.3	75779.3	103356 6.	139708.8
ب – شبه النقد	17978.5	18472.3	21400.2	23638.3	27465.5
إجمالي الائتمان المحلي	76704	84803.2	103761.8	134200 7.	178365
3- الناتج المحلي الإجمالي الحقيقي	126489	128979	139712	145396	148542
4- معدل نمو العرض النقدي	-	%9.4	%22.4	%30.6	%31.6
5- معدل نمو الناتج المحلي الإجمالي	-	%1.96	%8.3	%4.1	%2.2

(1) البنك المركزي اليميني، التقرير السنوي العام 1994م، ص 41.

(2) نفس المرجع، ص 42.

الحقيقي					
8- نسبة النقد إلى إجمالي العرض النقدي	%75	%77	%78	%81	%84
9- نسبة شبه النقد إلى إجمالي العرض النقدي	%25	%23	%22	%19	%16
10- سرعة التداول	1.7	1.9	2	1.88	1.85
11- نسبة العملة خارج البنوك إلى العرض النقدي	%55	%56	%57	%62	%66
12- قروض وسلفيات البنوك التجارية من البنك المركزي	-	-	-	4.6	39.6
13- نسبة قروض وسلفيات البنوك إلى إجمالي القروض الممنوحة من البنك المركزي	-	-	-	%0.003	%0.02
14- التضخم السنوي	%45	%45	%51	%62	%104

المصدر: -الجهاز المركزي للإحصاء، كتاب الإحصاء السنوي لعام 1998م، ص 322، 324 كتاب احصاء 2001، صـ 432

* يشمل ائتمان المؤسسات العامة.

يتضح من الجدول (1-4) أن السياسة النقدية التي تم انتهاجها خلال هذه الفترة غلب عليها الطابع التوسعي، ويظهر ذلك من خلال تزايد العرض النقدي، حيث ارتفع خلال الفترة (1990-1994) بمقدار (94654.3) مليون ريال وبنسبة (131%)،

كما يتضح أن السلطات النقدية اتبعت سياسة التمويل التضخمي حيث تراوحت نسبة النقد إلى إجمالي لعرض النقدي خلال نفس الفترة ما بين (75% إلى 84%).

أما السياسات الائتمانية فقد كانت متحيزة لصالح الحكومة، حيث شكل الائتمان الحكومي النسبة الأكبر من إجمالي الائتمان، فقد ارتفعت نسبته من (86%) من إجمالي الائتمان الكلي عام 1990 إلى (90%) عام 1994م، مما يشير أن السياسة النقدية خلال هذه الفترة كانت مجرد أداة تابعة للسياسة المالية، تستخدم أدواتها النقدية لتغطية العجز المتحقق في الموازنة العامة من خلال الأساليب التضخمية، وقد أدى ذلك إلى تعميق الاختلالات واتساع الفجوة بين معدل نمو العرض النقدي ومعدل نمو الناتج المحلي الإجمالي.

وتدل سرعة التداول ونسبة العملة المتداولة خارج الجهاز المصرفي أن الأفراد كانوا يفضلون الاحتفاظ بنسبة أكبر من النقود خارج الجهاز المصرفي، مما يدل على ضعف كفاءة هذا الجهاز في استقطاب الأموال التي بحوزة الأفراد، حيث انخفضت سرعة التداول خلال الفترة (1991-1993) مما يعكس رغبة الأفراد في الاحتفاظ بكميات أكبر من السيولة النقدية، ويؤكد ذلك ارتفاع نسبة العملة المتداولة خارج الجهاز المصرفي من (54%) عام 1991 إلى (66%) عام 1993م.

ونستعرض فيما يلي السياسات النقدية التي طبقت خلال الفترة (1990-1994).

1- سياسة الاحتياطي القانوني:

وهي عبارة عن النسبة التي يفرضها البنك المركزي على البنوك التجارية للاحتفاظ بها لديه في شكل نقود سايلة، من أجل التحكم في قدرة البنوك على منح الائتمان لعملائها وفقاً لمتطلبات الوضع الاقتصادي[1]. ولهذه السياسة تأثيراً نسبياً

---

(1) ضياء مجيد، " اقتصاديات البنوك والمصارف"، مؤسسة شباب الجامعة، الاسكندرية، 2001، ص269

وخاصة في البلدان النامية التي يمثل العامل النقدي الجزء الأكبر من سيولتها المحلية[1].

وبالنسبة لليمن فقد اتسمت سياسة الاحتياطي القانوني التي نفذها البنك المركزي خلال الفترة (1990-1994) بالجمود، حيث ظلت هذه النسبة ثابتة عند (25 %) طوال الفترة، كما حددها قانون البنك المركزي في المادة (2) الفقرة (2) والبالغة[2]، وكان الهدف من وراء رفع هذه النسبة الحد من قدرة البنوك التجارية على خلق الائتمان، إلا أن ذلك لم يؤثر على قدرة هذه البنوك، حيث كانت تحتفظ لدى البنك المركزي بكميات تفوق النسبة القانونية المقررة حيث تشير البيانات أن التزامات البنك المركزي تجاه البنوك التجارية ارتفعت خلال الفترة (1990 -1994) بمقدار (12094) مليون ريال وبنسبة (66%) [3]. وفي إجراء استهدف تشجيع البنوك التجارية على الإبداع بالعملة الأجنبية أقر البنك المركزي منذ عام 1995 دفع فائدة على الودائع بالعملة الأجنبية تساوي سعر الليبور ناقص نصف نقطة مئوية، إلا أن هذا الإجراء ساهم في اهتزاز الثقة في العملة المحلية[4].

2- سياسة سعر الخصم:

تعتبر هذه السياسة من أهم السياسات النقدية التي يستخدمها البنك المركزي للتأثير على نشاط البنوك التجارية، حيث يقوم برفع هذه النسبة في حال رغبته في تنفيذ سياسة انكماشية فترتفع بذلك مقدار الفائدة التي على البنوك التجارية دفعها للبنك المركزي نظير حصولها على القروض المطلوبة، فينعكس ذلك سلباً على قدرة

([1]) حسن ثابت فرحان، " دور الدولة في إصلاح وسائل السياسة النقدية"، مرجع سابق، ص 248.

([2]) البنك المركزي اليمني، التقرير السنوي لعام 1991م، ص 47.

([3]) البنك المركزي اليمني، التقرير السنوي، لعام 1994 م، ص 91

([4]) محمد أحمد الأفندي، " دراسة تقويمية لبرنامج الإصلاح" مجلة البحوث الاقتصادية والعربية، العدد العاشر، القاهرة، 1997، صـ 107

البنوك في منح الائتمان، ويحدث العكس في حال رغبة السلطة النقدية تنفيذ سياسة توسعية، وبالنسبة لسياسة سعر الخصم المطبقة في اليمن خلال الفترة (1990-1994) يلاحظ أنها كانت ثابتة، حيث ظلت قروض البنوك التجارية من البنك المركزي عند مستوى الصفر خلال الأعوام (1990-1992)، وكانت خلال عامي (1993-1994) (4.6) مليون ريال و (39.6) مليون ريال على التوالي، كما يوضح الجدول (1-4) وهي نسبة ضئيلة جداً لم تشكل نسبتها إلى إجمالي السلفيات والقروض الممنوحة من البنك المركزي خلال عام 1994 سوى (0.02%) فقط[1]، ولذلك فقد ظلت هذه الأداة بعيدة عن التأثير في توجيه عمل البنوك التجارية بما يخدم أهداف الاستقرار الاقتصادي في اليمن خلال هذه الفترة.

3- سياسة السوق المفتوحة:

تعتبر سياسة السوق المفتوحة إحدى أدوات السياسة النقدية الغير مباشرة، ويقصد بها قيام البنك المركزي ببيع وشراء الأوراق المالية (الأسهم والسندات) بمختلف آجالها وبالذات القصيرة الأجل منها، بغرض التحكم في عرض النقد وحجم الائتمان[2].

ويرتبط نجاح هذه الأداة بوجود سوق مالية ونقدية متطورة، وتفتقر أغلب البلدان النامية لتواجد مثل هذه الأسواق، ومنها اليمن، الذي لا تزال السلطات النقدية تعد الدراسات اللازمة لقيام السوق المالية المنظمة بالاستعانة بالمؤسسات الدولية والإقليمية المتخصصة[*]، ولذلك ظلت هذه الأداة بعيدة عن الاستخدام خلال الفترة

(1) النبك المركزي اليمني، التقرير السنوي لعام 1994 م، ص 91

(2) عمر عبد الحي صالح، " استخدام البنك المركزي لأدوات السياسة النقدية" مجلة البحوث التجارية بكلية التجارة سوهاج، المجلد العاشر، العدد الأول، يونيو 1996م، ص 162

(*) يستعين البنك المركزي اليمني في إقامة السوق المالية بخبراء من مؤسسة التمويل الدولية ومؤسسة النقد العربي.

(1990 - 1994)، مما جعل الحكومة تلجأ للبنك المركزي للاقتراض المباشر من أجل تمويل عجز الموازنة، ويتضح ذلك من خلال ميزانية البنك المركزي حيث تبين أن نسبة سلفيات الحكومة إلى إجمالي الائتمان تراوحت ما بين (99.8%) عام 1990 إلى (99.9%) عام 1994م، كما بلغ المتوسط السنوي للائتمان الحكومي خلال الفترة حوالي (99.8%) [1].

4- سياسة سعر الصرف:

تأتي أهمية سعر الصرف من الدور الذي يلعبه في تصحيح التشوهات السعرية وعلاج اختلال الهيكل الإنتاجي وهيكل التجارة الخارجية، بالإضافة إلى ترشيد استخدام النقد الأجنبي، والحد من ظاهرة الدولره وتحسين ميزان المدفوعات[2].

وقد بدأت اليمن تعاني من مشكلة سعر الصرف منذ بداية عقد الثمانينات، عندما بدأت تحويلات العاملين في البلدان الخليجية تتراجع، حيث شهد سعر الصرف أول ارتفاع له في عام 1987، حيث ارتفع من (4.5) ريال للدولار إلى (10.3) ريال للدولار ووصل إلى (12) ريال للدولار بحلول عام 1990.

وخلال النصف الأول من عقد التسعينات (1990-1994) لم تتمكن السلطات النقدية من السيطرة على سعر الصرف، وعجزت عن تحديد سياسة واضحة المعالم لسعر الصرف، حيث شهد الاقتصاد اليمني سوقين لسعر الصرف هما:

أ- سوق الصرف الرسمي:

وفيه قام البنك المركزي بتحديد سعر صرف الريال مقابل العملات الأجنبية وقد ظل هذا السعر ثابتًا طوال الفترة عند (12) ريال للدولار، إلا أن سياسة تعدد أسعار

([1]) الجهاز المركزي للاحصاء، كتاب الاحصاء السنوى لعام 1998،صـ324.

([2]) فتحي خليفة، " تأثر تحير سوق الصرف الأجنبية على بعض المتغيرات الاقتصادية "، المجلة العلمية، كلية التجارة جامعة اسيوط المجلد الواحد والعشرون، العدد الخامس عشر يونيو 1995، ص 160، 161

الصرف التي اعتمدها البنك المركزي خلال الفترة (1990-1994) زادت من حدة المشكلة وفقدت العملة المحلية ثقتها لدى الجمهور وساعدت على انتشار ظاهرة المضاربة العقارية[1].

وقد تعدت الأسعار المحددة من قبل البنك المركزي إلى عدة أنواع هي[2]:

ب - سعر الصرف الدبلوماسي:

وفيه تحدد السعر ب(5.5) ريال للدولار، يستخدم لتمويل مرتبات ومستحقات الموظفين العاملين في السفارات اليمنية في الخارج.

جـ - سعر الصرف الجمركي:

وفيه تحدد سعر الصرف بحوالي (18) ريال للدولار، وقد استخدم لأغراض التقييم الجمركي للسلع المستوردة، باستثناء السلع الأساسية القمح والدقيق وقد أدى هذا السعر إلى تزايد عمليات التهرب الضريبي والجمركي من خلال إخفاء القيم الحقيقية للسلع المستوردة.

د - سعر الصرف التشجيعي:

وفيه تحدد سعر الدولار ب (25) ريال، وقد استخدم لتغطية مشتريات البنك المركزي من الشركات العاملة في مجال النفط والسفارات الأجنبية.

و - سعر الصرف الاستثنائي:

وفيه تحدد سعر صرف الدولار ب (85) ريال وذلك للمتعاملين في سوق الصرافة، إلا أن الطرفين(البنك المركزي والصرافين) لم يلتزموا بهذا السعر لأنه لم يكن واقعياً

---

(1) على علي الزبيدي، " الضغوط التضخمية وسياسة سعر الصرف"، المؤتمر الاقتصادي اليمني الأول"، مرجع سابق ص 395، 396

(2) مطهر عبد العزيز العباسي، " اقتصاديات النقود والبنوك" دار الفكر، الطبعة الأولى، دمشق، 1996، صـ 234، 235 .

كون تحديده تم بشكل ارتجالي لم يراعى فيه مستوى الأسعار السائدة في السوق الموازي.

2- سوق الصرف الموازي:

وهو السوق الذي تتحدد فيه قيمة العملة وفقاً لآلية العرض والطلب، وقد اتسم سعر الصرف في هذا السوق بالتقلبات الحادة سنة بعد أخرى، والجدول الآتي يوضح الأسعار التي كانت سائدة في السوقين الرسمي والموازي خلال الفترة (1990-1994).

جدول (2-4)

تطور أسعار الصرف في السوقين الرسمي الموازي خلال الفترة (1990- 1994)

السنوات / البيان	1990	1991	1992	1993	1994
معدل السعر السنوي في السوق الموازي	14.48	25.36	33.37	48.92	80.75
معدل السعر السنوي في السوق الرسمي	12	12	12	12	12

المصدر: أحمد محمد حجر، التطور الاقتصادي والاجتماعي في الجمهورية اليمنية خلال الفترة (1990-2000)، دراسة غير منشورة، وزارة التخطيط والتعاون الدولي، صـ66.

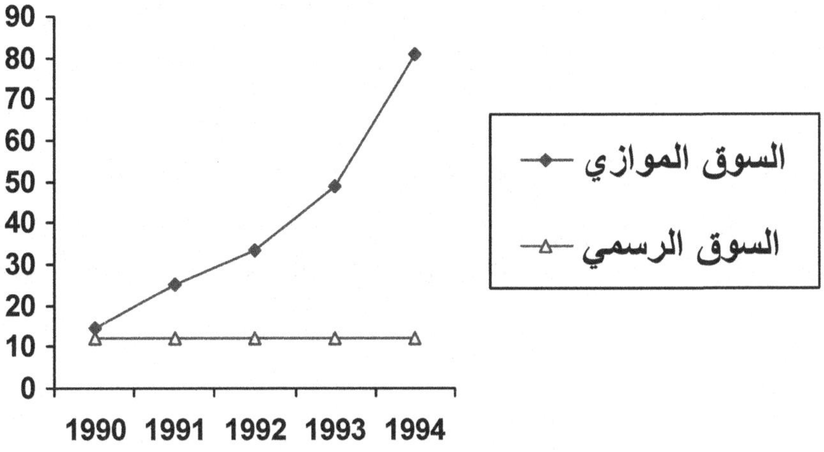

يتضح من الجدول أعلاه مدى التسارع الذي طرأ على أسعار الصرف في السوق الموازي حيث بلغت نسبة الارتفاع خلال الفترة حوالي (82%)، في الوقت الذي ظل فيه السعر الرسمي للدولار ثابتا عند (12) ريال للدولار، مما أدى إلى إتساع الفجوة بين السعرين وخلق بؤر الفساد وإشعال حمى المضاربة على العملات الأجنبية، وتسبب ذلك في شحة موارد البنك المركزي من النقد الأجنبي[1] حيث انخفضت الأصول الخارجية لدى البنك المركزي من (5092.7) مليون ريال عام 1991م إلى (1770.6) مليون ريال عام 1993م بانخفاض مقداره (3322.0) مليون ريال ونسبته (188%)[2]

5- سياسة سعر الفائدة:

تستخدم آلية سعر الفائدة كأداة تصحيحية وتوجيهية للحد من السلبيات الناتجة من زيادة العرض النقدي، حيث تعمل هذه الأداة على توجيه الفائض من

([1]) أحمد عبد الرحمن السماوي، "النظام المصرفي اليمني والإصلاحات "، مجلة الثوابت، صنعاء، العدد (16)، يوينو 1999، ص 118.

([2]) البنك المركزي اليمني , التقرير السنوي للبنك لعام 1994، ص 91.

السيولة المحلية نحو الاستثمارات المنتجة،[1] وقد زاد الاهتمام بهذه الآلية في البلدان النامية منذ مطلع التسعينات إثر استعانة أغلب هذه البلدان بالمؤسسات الدولية التي تشترط على البلدان تهيئة أجهزتها المصرفية هيكليا وتشريعيا، والتخلي عن السياسات التمييزية والانتقائية لسعر الفائدة وترك الحرية في ذلك الآلية السوق.

وبالنسبة لليمن فقد ظلت هذه الأداة شبه جامدة خلال فترة ما قبل برنامج الإصلاح الاقتصادي، ولم تواكب التغيرات التي طرأت على الاقتصاد اليمني في هذه الفترة، بل إنها كانت سالبة في أغلب السنوات، والجدول التالي يوضح تطورات أسعار الفائدة خلال هذه الفترة.

جدول (3-4)

تطور أسعار فائدة القروض والودائع لدى البنوك التجارية خلال الفترة (1990-1994)

السنوات	الفوائد على السلفيات			الفوائد على الودائع				ودائع الإدخار
	السلفيات الحكومية	السلفيات التجارية	الرهن والسلفيات الشخصية	3 أشهر	6 أشهر	9 أشهر	12 شهر	
1990	%8	%17	%17	%12	%13	%14	%15	%10.5
1991	%8	%17	%17	%12	%13	%14	%15	%10.5
1992	%8	%17	%17	%12	%13	%14	%15	%10.5
1993	%8	%17	%17	%12	%13	%14	%15	%10.5
1994	%8	%17	%17	%12	%13	%14	%15	%10.5

المصدر: البنك المركزي اليمني، التقرير السنوي لعام 1994، صـ 93 .

يتضح من بيانات الجدول أن أسعار الفائدة ظلت ثابتة على مختلف القروض والودائع طوال الفترة، في الوقت الذي شهد فيه الاقتصاد اليمني تقلبات حادة سواء في

(1) أحمد فريد مصطفي وسهير محمد، " السياسة النقدية والبعد الدولي لليورو " مرجع سابق، ص 49، 51.

معدل نمو العرض النقدي أو معدل نمو الائتمان المحلي كما يوضح الجدول (1-4)، ولم يكن لهذه الأداة أي تأثير في توجيه أو تصحيح المسار الاقتصادي خلال هذه الفترة.

ثانيا: السياسات النقدية المطبقة خلال برنامج الإصلاح الاقتصادي خلال الفترة (2004-1995)

لاحظنا من خلال استعرضنا للسياسات النقدية التي طبقتها السلطات النقدية خلال مرحلة ما قبل برنامج الإصلاح الاقتصادي (1990-1994)، أن هذه السياسات اتسمت بالجمود وضعف الفاعلية، حيث ظلت معظم أدواتها بعيدة عن التأثير على الأداء الاقتصادي، وقد غلب عليها تبعيتها للسياسة المالية، حيث تم الاعتماد عليها بشكل رئيسي في توفير التمويل اللازم لتغطية العجز المتحقق في الموازنة العامة خلال هذه الفترة والذي بلغ أقصاه في عام 1994 حيث وصلت نسبة الائتمان الحكومية إلى إجمالي الائتمان حوالي (99.9%).

وقد تبنت الحكومة برنامجا للإصلاح الاقتصادي من أجل القضاء على الاختلالات الهيكلية، وتخفيف حدة الضغوط التضخمية التي بلغت أقصاها في عام 1994 (104%) [1]، وقد ركز البرنامج في بداياته الأولى من خلال ما يسمى ببرنامج التثبيت على تنفيذ بعض الإجراءات في الجانب النقدي والتي هدف من خلالها إلى تحسين أداء السياسة النقدية وتفعيل أدواتها بما يضمن إعادة الاقتصاد إلى حالة التوازن والاستقرار الاقتصادي.

وتتمثل أبرز الإجراءات النقدية التي اتخذتها السلطات النقدية في المرحلة الأولي من برنامج الاقتصادي فيما يلي: - [2]

([1]) أنظر الجدول (1-4).

([2]) هدي عبد اللطيف البان، " برنامج صندوق النقد للإصلاح والتكيف الهيكلي "، مجلة جامعة عدن للعلوم الاجتماعية والإنسانية، المجلد الرابع، العدد السابع يوليو 2001م، ص 200.

1- إصلاح جزئي لنظام سعر الصرف: حيث تم في عام 1995 تخفيض السعر الرسمي للعملة المحلية من (12) ريال للدولار إلى (50) ريال، كما تم توسيع سوق الصرف الموازي ليشمل البنوك التجارية.
2- تحرير التعامل في سوق النقد الأجنبي، والسماح للبنوك التجارية بالتعامل بالنقد الأجنبي بيعا وشراءً وفقا لسعر الصرف السائد في السوق الموازي.
3- رفع هيكل الفوائد بهدف امتصاص فائض السيولة النقدية لدى الأفراد والشركات.
4- إصلاح الإدارة النقدية للبنك المركزي وتفعيل الرقابة على البنوك التجارية.
5- إجراء تعديل آخر على قيمة العملة المحلية في عام 1996، حيث تم تخفيضها إلى (100) ريال للدولار، ثم قامت السلطات النقدية بتعويم العملة المحلية في 15 يوليو من نفس العام وأصبح سعر الصرف منذ ذلك التاريخ يخضع لسياسة العرض والطلب، مع تدخل البنك المركزي في بعض الحالات الضرورية لمنع التدهور والمحافظة على الاستقرار الاقتصادي.

وقد تم تنفيذ العديد من الإجراءات في الجانب المالي أبرزها: [1]

1- تخفيض النفقات العامة الجارية وبالذات الاستهلاكية والدبلوماسية.

2- رفع أسعار المشتقات النفطية إلى (60%) للبنزين و(132%) للكيروسين و(200%) للديزل في المرحلة الأولى ثم رفعها ثانية بمعدل (42%) و (50%) و(55.5%) على التوالي عام 2004.

---

(1) حسن ثابت فرحات، " أذون الخزانة العامة كحلقة من حلقات برنامج الإصلاح الاقتصادي"، بحث غير منشور، صنعاء، 1999، ص 7.

3- تحرير التجارة الخارجية والسماح للتجار بالتعامل مع البنوك التجارية[1].

4- البدء بإصدار أذونات الخزانة كأسلوب جديد لتعبئة الموارد وتمويل عجز الموازنة من مصادر غير تضخمية.

وللاطلاع على النشاطات المتحققة جراء هذه الإجراءات في الجانب النقدي خلال فترة تطبيق برنامج الإصلاح الاقتصادي نستعرض أهم المؤشرات النقدية المتحققة خلال الفترة (1995-2004) من خلال الجدول التالي.

(1) تم إلغاء تصاريح الاستيراد التي كان يتطلب من التاجر استخراجها من وزارة لتموين والتجارة لأي سلعة يرغب استيرادها.

جدول (4-4)

بعض مؤشرات السياسة النقدية خلال الفترة (1995- 2004)

(ملايين الريالات)

السنوات / البيان	1995	1996	1997	1998	1999	2000	2001	2002	2003	2004
248264.9	26955 1.3	29838 8.5	33334 9.9	37929 4.2	47452 5.1	56304 9.5	66466 4.4	71737 1.8	91727 5.3	
164135.3	15669 8.0	16638 4.0	17992 7.4	20716 9.5	24724 8.4	28268 3.4	30644 9.5	34746 5.4	39054 1.2	
84129.6	11285 3.3	13200 4.5	15342 2.7	17209 7.7	17209 7.7	28036 6.1	35821 4.9	44990 6.4	52673 4.1	
209436	22158 4	17596 2	20283 2	16051 5	17913	2082	686	205	2605	
209342	22152 0	17586 3	20172 4	15962 1	17913	2082	686	205	2605	
940	64	99	1108	894	-	-	-	-	-	
3-الناتج المحلي الإجمالي الحقيقي	16584 2	17896 2	18984 8	20213 3	20767 2	23800 7	24988 3	25860 3	26836 5	27874 8
4-الناتج المحلي بالأسعار الجارية	51551 5	74270 9	89676 7	85820 1	11628 76	15609 26	16845 54	18944 97	21704 63	25519 94
5-معدل نمو العرض النقدي	%48.5	%8.6	%10.7	%11.7	%13.8	%25.1	%18.6	%18	%19.9	%15
6-معدل نمو الناتج المحلي الحقيقي	%11.6	%6.04	%7.9	%6.6	2.6	%8.6	%4.9	%3.9	%4.2	%3.8
7-نسبة النقد إلى العرض النقدي	%66.1	%58.1	%55.7	%53.9	%54.6	%52	%50	%46	%43.5	%42.6
8-نسبة شبه النقد إلى العرض النقدي	%43.9	%41.9	%44.3	%46.1	%45.4	%48	%50	%54	%45.5	%57.4
9-سرعة التداول	2.07	2.72	2.69	2.53	3.11	3.28	2.99	2.85	3	2.78
10- نسبة العملة خارج البنوك للعرض النقدي	%52	%44.7	%42.5	%41.9	%44	%41.5	%37.8	%36	%33.7	%32
11- نسبة القروض المقدمة من البنك المركزي للقطاع الخاص إلى إجمالي الائتمان	%0.04	%0.24	%0.27	-	-	-	-	-	-	-
12- معدل التضخم السنوي	%55.1	%30.7	%2.5	%6	%8.7	%4.69	11.91 %	12.24 %	10.38 %	12.51 %

المصدر : -الجهاز المركزي للإحصاء، كتاب الإحصاء السنوى لعـام 2001، ص 429 , 432.

- الجهاز المركـزي للإحصـاء، كتـاب الإحصـاء السـنوى لعـام 2004، ص 371 , 374.

- يشمل الائتمان المقدم للمؤسسات العامة.

** بأسعار عام 1999 (1990= صفر) .

** توقفت البنوك التجارية عن الاقتراض من البنك المركزي منذ عام 1997،والرقم في الجدول هو قروض المؤسسات العامة فقط.

بتفحص الجدول (4-4) نجد أن السياسة النقدية التي اتبعتها السلطات النقدية كانت سياسة انكماشية، حيث يلاحظ أن نمو العرض النقدي شهد انخفاضا ملحوظاً خلال هذه الفترة مقارنة بفترة ما قبل برنامج الإصلاح، حيث انخفض خلال السنة الأولى للخطة الخمسية الأولى (1996- 2000) من (31.6 %) عام 1994 إلى (8.6 %) عام 1996م، وقد حصل هذا الانخفاض نتيجة التراجع الكبير للإصدار النقدي , ففي حين ارتفع خلال عامي 1993، 1994 م بمقدار (36352.2) مليون ريال بنسبة (35%)، نجد أنه حقق تراجعاً خلال العامين الأولين من تطبيق البرنامج (1995، 1996) بمقدار (7437.3) مليون ريال وبنسبه انخفاض (4.5%)، وهذا يعكس توجه السلطات النقدية في الحد من التمويل التضخمي لتغطية عجز الموازنة، حيث تم إصدار أذون الخزانة في نهاية عام 1995 كأسلوب بديل لتغطية عجز الموازنة من مصادر غير تضخمية، بالإضافة إلى سحب فائض السيولة من السوق لمنع المضاربة بالعملة المحلية والحد من ارتفاع الأسعار، وقد بلغ إجمالي المبالغ الفعلية المتحصلة من بيع أذون الخزانة خلال عامي 1995، 1996 حوالي (11042.5) مليون ريال بلغت نسبه مساهمه البنوك فيها حوالي (60%) وغير البنوك حوالي (40%)[1].

كما أن السياسة الائتمانية شهدت تحسناً واضحاً حيث تراجعت نسبة الائتمان المقدم للحكومة من الجهاز المصرفي إلى إجمالي الائتمان المحلي من (83%) عام 1995، إلى (73%) عام 1999 م، وأصبح الائتمان الحكومي سالباً منذ بداية عام 2001م [2]، ويعزى ذلك إلى تفوق صافي الأصول الخارجية على العرض النقدي , حيث ارتفعت

(1) البنك المركزي، "نشرة التطورات النقدية والمصرفية لشهر يناير 2005 م "، ص 11-12.

(2) البنك المركزي اليمني، النشرة إحصائية فصلية (أكتوبر - ديسمبر) 2002، ص5.

نسبة مساهمة الأصول الخارجية في العرض النقدي، بشكل ملحوظ كما يوضحها الجدول طوال الفترة، ومنذ بداية عام 2001م أصبح صافي الأصول الأجنبية يفوق إجمالي العرض النقدي، مما جعل الائتمان الحكومي سالباً خلال هذه الفترة.

وبملاحظة شبه النقد خلال فترة ما بعد برنامج الإصلاح نلاحظ أنه شهد تزايداً مستمراً حيث ارتفعت نسبة مساهمته في تكوين العرض النقدي من (44%) عام 1995إلى حوالي (57%) عام 2004م، ويشير ارتفاع هذه النسبة إلى تحسن الوعي المصرفي وفعالية السياسة النقدية المنفذة خلال فترة برنامج الإصلاح الاقتصادي، ويؤكد ذلك تراجع نسبة العملة المتداولة خارج البنوك إلى العرض النقدي، من (66%) عام 1995 إلى (43%) عام 2004م، كما تشير النسبة المتزايدة لسرعة تداول النقود خلال هذه الفترة إلى زيادة معدل دوران النقود في الاقتصاد اليمني مما يعني تخلي بعض الأفراد عن مبدأ الحيازة والاكتناز للنقود.

وسنتناول فيما يلي أدوات السياسة النقدية بشيء من التحليل، للتعرف على الدور الذي لعبته كل أداة خلال الفترة (1995- 2004).

1- سياسة الاحتياطي القانوني:

لاحظنا من تحليل سياسة الاحتياطي القانوني خلال فترة ما قبل برنامج الإصلاح أنها كانت جامدة وبعيد عن التأثير، أما خلال فترة الإصلاح الاقتصادي وتمشياً مع السياسة النقدية الانكماشية التي طبقها البنك المركزي في بداية تطبيق برنامج الإصلاح الاقتصادي، فقد تم تفعيل هذه الأداة حيث قام البنك المركزي في مايو 1995م بتوسيع نسبة الاحتياطي القانوني لتشمل ودائع الادخار ولآجل بالعملة المحلية والأجنبية، كما قام البنك بتوحيد نسبة الاحتياطي على العملات المحلية والأجنبية، ثم قام تخفيضها من (30%) عام 1994م إلى (25%) عام 1995م، ويوضح الجدول التالي التطورات التي شهدتها نسبة الاحتياطي القانوني خلال الفترة (1995- 2004).

جدول (5-4)

تطورات نسبة الاحتياطي القانوني وبعض العوامل المتأثرة بها خلال الفترة (1995-2004)

(مليون ريال)

البيان / السنوات	الودائع والحسابات الجارية بالعملة المحلية		الودائع والحسابات الأجنبية		أرصدة البنوك التجارية لدى البنك المركزي	القروض مقدمة للقطاع الخاص في البنوك التجارية	الودائع الأجنبية لدى البنوك التجارية
	نسبة الاحتياطي (%)	الفائدة على الاحتياطي (%)	نسبة الاحتياطي (%)	الفائدة على الاحتياطي (%)			
1995	25	-	%25	سعر الليبور ناقص نصف نقطة مئوية	42170.5	26449	5020900
1996	15	%5	%15	الفائدة التي يحصل عليها إجمالي الحسابات تحت الطلب	57995.1	27056	49512.1
1997	10	مقدار الفائدة الأدنى على الودائع لدى البنوك التجارية	%15		25399.9	37906	64164.6
1998	10	%10	%20	%1.5	33051.3	54205	85123.7
1999	% (15 -10)	% (20-15)	%20	-	41470.7	62426	99873.1
2000	%10	%18	%10	-	41227.5	76220.9	127620.0
2001	%10	%18	%10	-	46248.5	95991.5	161918.8
2002	%10	%18	%10	-	51263.9	109744.6	1988414.4
2003	%10	%18	%20	-	82133.0	138566.7	298576.1
2004	%10	%18	%20	-	107819.5	185553.8	264189.8

المصدر: - البنك المركزي اليمني، نشرة احصائية فصلية (اكتوبر – ديسمبر) 2002، صـ14

- البنك المركزي اليمني، نشرة التطورات النقدية والمصرفية لشهر أكتوبر 2005م،صـ14

يتضح من الجدول أعلاه أن سياسة الاحتياطي القانوني شهدت تغيرات متتالية خلال سنوات الإصلاح الاقتصادي، وخلال فترة ما قبل الإصلاح الاقتصادي كان البنك يدفع فوائد الاحتياطات بالعملات الأجنبية فقط، إلا أنه بدأ منذ عام 1996 م، يدفع فوائد على الاحتياطات بالعملات المحلية بهدف تشجيع البنوك على إيداع المزيد من الاحتياطات بالعملة المحلية، وقد شهدت الفوائد المستحقة للاحتياطات بالعملة المحلية ارتفاعاً من (5%) عام 1996 إلى (20%) عام 1999م، ثم خفضت إلى (18%) منذ عام 2000 م ولازالت سارية حتى الآن، وقد أدت إلى ارتفاع أرصدة البنوك التجارية لدى البنك المركزي من (57995) مليون ريال عام 1996م إلى (107819.5) مليون ريال عام 2004م بزيادة قدرها (49824.5) مليون ريال ونسبة نمو حوالي (86 %).

ويلاحظ من الجدول أن البنك المركزي اتبع سياسة التخفيض لنسبة الاحتياطي القانوني على الودائع والحسابات الجارية بالعملة المحلية، ويرمى من وراء هذا الإجراء إلى إتاحة المجال أمام البنوك التجارية لمنح المزيد من القروض للقطاع الخاص بهدف المساهمة في عملية التنمية، وقد شهدت القروض المقدمة للقطاع الخاص تزايداً مستمراً، حيث ارتفعت من (27056) مليون ريال عام 1996م إلى (76220.9) مليون ريال عام 2000م بزيادة قدرها (49165) مليون ريال، ونسبة نمو حوالي (182%)، وارتفعت خلال الفترة (2001- 2004) بمقدار (89562.3) مليون ريال ونسبة نمو (93 %)، ويعزى سبب تراجع النسبة خلال الفترة الثانية إلى استحداث أداة جديدة تمثلت في شهادات الإيداع التي قامت البنوك التجارية بحيازتها، حيث ارتفعت قيمة هذه الشهادات لدى البنوك بمقدار (1479.6) مليون ريال وبنسبة (5%) خلال الفترة (2000 – 2002) ونظراً لتزايد الإقبال على الإيداع بالعملة الأجنبية حيث ارتفعت خلال الأعوام (1996- 1997) بمقدار (35611.6) مليون ريال وبنسبة بلغت (72%)، فقد قام البنك المركزي برفع نسبة الاحتياطي القانوني على الحسابات والودائع بالعملة الأجنبية عام 1998م إلى (20 %) وألغى الفوائد التي كانت مقرة على هذه الاحتياطيات اعتبارا من عام 1999، بهدف الحد من تأثير العملة الأجنبية على العرض النقدي، إلا أن هذه

الإجراءات لم تفلح كثيراً في الحد من الإيداع بالعملة الأجنبية حيث ارتفعت الإيداعات الأجنبية لدى البنوك التجارية خلال الفترة (2000- 2004) بمقدار (136569.8) مليون ريال وبنسبة قدرها (107 %) كما يوضحها الجدول (5-4).

ونستنتج مما سبق أن السلطات النقدية فعلت هذه الأداة في فترة ما بعد برنامج الإصلاح الاقتصادي من خلال التغيرات المستمرة للنسبة القانونية، من أجل تحقيق أهداف النمو والاستقرار الاقتصادي، رغم أن استحداث آلية أذون الخزانة وشهادات الإيداع جعل البنوك التجارية تفضل استثمار فوائضها المالية في هذه الأدوات نظراً لارتفاع عائداتها وانعدام نسبة المخاطرة فيها.

2- سياسة سعر الخصم:

لاحظنا أن هذه السياسة ظلت ثابتة وبعيدة عن التأثير الاقتصادي خلال الفترة (1990-1994) نظراً لجمود معظم أدوات السياسة النقدية وقد تم تفعيل هذه الأداة منذ بداية تطبيق برنامج الإصلاح الاقتصادي، حيث تم رفع فائدة الإقراض منذ بداية عام 1995 ما بين (25-30%)، كما تم إلغاء الفوائد الميسرة على القروض المقدمة من البنك المركزي، ومنذ بداية عام 1996 تم ربط سعر إعادة الخصم باتجاهات أسعار الفائدة على أذون الخزانة.

والجدول التالي يوضح التطورات الحاصلة في أسعار الفائدة على الودائع وأذون الخزانة وسعر إعادة الخصم لدى البنك المركزي خلال الفترة (1995- 2004).

جدول (6-4)

أسعار الفائدة وسعر إعادة الخصم على أذون الخزانة

خلال الفترة (1996- 2004)

البيان / السنوات	سعر فائدة سلفيات القروض	سعر فائدة ودائع الآجل	المتوسط المرجح للعائد على أذون الخزانة			سعر إعادة الخصم على أذون الخزانة (%)
			91 يوم	364 يوم	182 يوم	
1995	30-25	22	-	–	–	23
1996	32-25	22	24.8	-	25.5	28.5
1997	21-15	11	13	13.3	12.5	15.0
1998	24-17	15	17.5	17.7	17.7	19.9
1999	28-18	18	18	16.2	17.4	18.5
2000	28-22	13	13.3	12.9	13.6	15.9
2001	20-15	13	13.2	12.1	12.5	15.2
2002	20-15	13	10.9	11.3	11.2	13.9
2003	20-15	13	14	13.9	13.9	16.9
2004	21-15	13	15	14.6	14.7	17.0

المصدر: - البنك المركزي اليمني، التطورات النقدية والمصرفية حتى شهر أغسطس 2002، صـ10

- البنك المركزي اليمني، التطورات النقدية والمصرفية لشهر يناير 2005م، ص 11، 16.

* هو العائد الذي يشترى بموجب البنك المركزي أذون الخزانة من الجمهور، وبزيادة حاليا نقطتين مئويتين على أعلى عايد تم قبوله في المزاد السابق لأذون الخزانة لمدة ثلاثة أشهر.

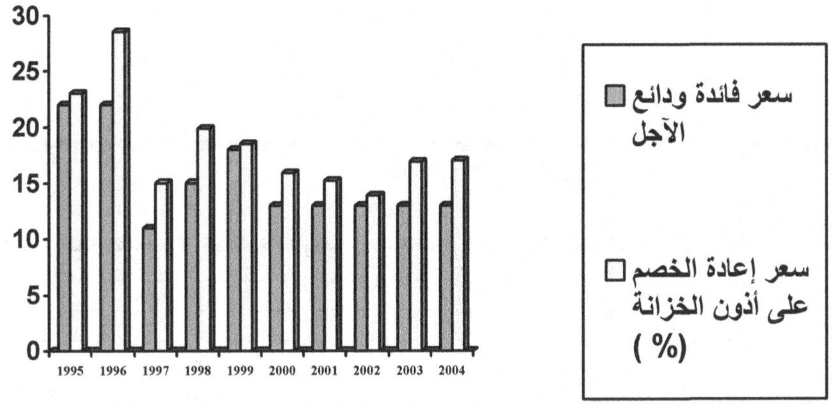

تم ربط سعر الخصم المحدد من قبل البنك المركزي باتجاهات أسعار الفائدة على أذون الخزانة منذ عام 1996 م، حيث تم تحديدها بأعلى نسبة عائد لأذون الخزانة لمدة ثلاثة أشهر زايد نقطتين مئويتين، وبشكل موحد على جميع الآجال[1].

يتضح من الجدول أعلاه أن سعر إعادة الخصم على أذون الخزانة شهد تذبذباً واضحاً خلال الفترة عاكساً بذلك توجه السياسة النقدية، حيث كان هذا السعر مرتفعاً في بداية الفترة عامي 1995، 1996 م نظراً لأن الاقتصاد اليمني كان يعاني من نمو متزايد للسيولة المحلية بلغ حوالي (48%، 38%) خلال عام 1995م 1996 مما جعل السياسة النقدية خلال هذه الفترة تعمل على تقليص عرض النقد، وقد تحقق ذلك حيث تراجع العرض النقدي في عام 1995 م إلى (8.6%)، أما من حيث تأثير سياسة سعر الخصم على منح وتوجيه الائتمان للبنوك التجارية فيتضح أنها لم تكن فعالة، ويعزى سبب ذلك إلى عدم احتياج البنوك للاقتراض من البنك المركزي، حيث يبين الجدول (4-4) أن إجمالي القروض الممنوحة للبنوك التجارية لم تتعدى نسبتها إلى إجمالي الائتمان (0.04%، 0.24 %، 0.27%) خلال الأعوام 1995، 1996، 1997 م على التوالي، وهي نسب ضئيلة جداً، أما خلال السنوات (1998- 2004) فقد ظلت قروض البنوك

(1) البنك المركزي اليمني،التقرير السنوي لعام 1996، ص 46.

التجارية من البنك المركزي عند مستوى الصفر، مما يشير إلى أن البنك المركزي لم يتمكن من التأثير في نشاط البنوك التجارية من خلال هذه الأداة، حيث ظلت قروضها للقطاع الخاص متركزة في المجال الخدمي ولفترات قصيرة الأجل، حيث شكلت هذه القروض النسبة الأكبر من إجمالي القروض فخلال الفترة (1996- 2000) بلغ متوسطها السنوي إلى إجمالي القروض حوالي (92.7%)، في حين لم يتجاوز المتوسط السنوي للقروض المتوسطة والطويلة الآجل (7.3%) خلال نفس الفترة، وقد شكلت القروض التجارية النسبة الأكبر من القروض القصيرة الآجل حيث بلغ متوسطها السنوي نسبة إلى إجمالي القروض حوالي (65 %)، أما القطاعات الصناعية والزراعية والصادرات والقطاعات الأخرى، فلم يتجاوز متوسطها السنوي (9.4%، 1.4%، 0.8%، 5.5%) على التوالي [1].

أما خلال الفترة (2001- 2004) فقد تراجع المتوسط السنوي للقروض القصيرة الآجل إلى حوالي (52%)، [2] وتوزعت النسبة الباقية على مختلف القطاعات، وهي لا تزال مرتفعة ولا تتناسب مع توجهات النهوض بالتنمية في اليمن، وهذا يشير إلى عدم فعالية سياسة سعر الخصم في توجيه الائتمان نحو أغراض الاستقرار والتنمية، رغم أن السلطات النقدية ربطت سعر الخصم لدى البنك المركزي بأسعار الفائدة على أذون الخزانة لتقليص درجة الجمود لهذه الأداة وربطها بالتوجهات السائدة في السوق و جعل هذه الأداة متناسبة مع أسعار الفوائد على الودائع والقروض وبالشكل الذي يخدم أهداف الاستقرار والتنمية.

3- سياسة السوق المفتوحة:

كان يتم استخدام هذه الأداة بشكل محدود للغاية خلال فترة ما قبل برنامج الإصلاح من خلال بيع وشراء النقد الأجنبي لأغراض تشغيلية، ولم يكن لها أي دور في

([1]) ياسين حميد هابل العماوي، "تمويل التنمية الاقتصادية في اليمن"، رسالة ماجستير غير منشورة، قسم اقتصاد، جامعة القاهرة، أكتوبر 2002، ص 83.

([2]) البنك المركزي اليمني، "التطورات النقدية والمصرفية لشهر يناير 2005م"، ص 10.

بيع وشراء الأوراق المالية لضبط مستوى السيولة وتوفير التمويل اللازم من مصادر حقيقية، أما خلال برنامج الإصلاح الاقتصادي فقد تم استحداث أداة للربط بين السياسة المالية والسياسة النقدية في ضوء الاسترشاد يقوي السوق، ويعتبر البعض أن أذون الخزانة هي أداة جيدة لدعم سياسة السوق المفتوحة وتفعيل دور السياسة النقدية [1]، وقد بدأت الحكومة اليمنية بإدخال هذه الأداة منذ بداية تطبيق برنامج الإصلاح الاقتصادي، وكان قانون الدين العام الصادر برقم (19) وتاريخ 1995/3/25م قد خول البنك المركزي (نيابة عن الحكومة) في إصدار سندات حكومية متمثلة بأذونات الخزانة، وتحدد الهدف من إصدار هذه الأذون في توفير مصادر تمويل غير تضخمية لعجز الموازنة بالإضافة إلى سحب فائض السيولة والحد من تنامي الضغوط التضخمية [2]، ولذلك فإن أذون الخزانة تعتبر أداة نقدية ومالية في آن واحد، وقد قام البنك المركزي باستحداث أداتين جديدتين هما إعادة شراء أذون الخزانة منذ عام 1999 وشهادات الإيداع عام 2001 م، وللتعرف على الدور الذي قامت به هذه الأدوات في فترة الإصلاح الاقتصادي تتناولها بشيء من التفصيل فيما يلي:

أولاً: أذون الخزانة:

تعتبر أذون الخزانة العامة إحدى أدوات الدين العام الداخلي، وتتميز بكونها أصول عالية السيولة، كما أنها ذات آجال قصيرة، يتعهد الموقع عليها بدفعها لحاملها عند الطلب، أو لأي شخص مفوض من صاحب الحق [3].

---

(1) علي لطفي، "السياسة النقدية في الاقتصاد المصري "، المؤتمر العلمي السنوي الرابع والعشرون للاقتصاديين المصريين للفترة (5-7) مايو 2005م، الجمعية المصرية للاقتصاد السياسي والاحصاء والتشريع، القاهرة ص 12.

(2) وزارة المالية،" تقرير من الإدارة الاقتصادية "، بدون تاريخ، صنعاء، ص 10.

(3) مجلس الشورى،" أذون الخزانة وأثرها على الاقتصاد والاستثمار "اللجنة المالية، مايو 2003، ص 4.

1- إصدارات أذون الخزانة:

بدأ الإصدار الأول لأذون الخزانة في ديسمبر 1995، لآجل شهر واستمر الإصدار الشهري لمدة أربعة أشهر إلى مارس 1996 م، وبلغ إجمالي الإيرادات المحققة خلال الأربعة الأشهر الأولى حوالي (29) مليار ريال، حيث بلغ إيرادات هذه الأشهر (2) مليار ريال، (6) مليار ريال، (9) مليار ريال، (12) مليار ريال) على التوالي [1]، وقد أعطت هذه الإيرادات مؤشراً على نجاح هذه الأداة شهراً بعد آخر، الأمر الذي جعل الحكومة تعتمد إصدارات جديدة تتراوح فتراتها بين (3-6-12) شهر وألغت الإصدارات الشهرية، وكانت المزادات تتم شهرياً حتى نهاية عام 1999، ثم أصبحت هذه المزادات تتم أسبوعياً نظراً لزيادة الإقبال والاكتتاب في هذه الأذون، وبتلاشي عجز موازنة الدولة عام 2000م، تم التوقف عن الإصدارات الجديدة لأذون الخزانة وتم الاكتفاء بتداول ما تم إصداره والبالغ (120) مليار [2]، والجدول التالي يوضح لنا تطور إصدارات أذونات الخزانة بآجالها الثلاث (30 يوم، 90 يوم، 182 يوم، 360 يوم) خلال الفترة (1995-2004).

([1]) مجلس الشورى،المرجع السابق، ص 5

([2]) أحمد عبد الرحمن السماوي، " أذون الخزانة أداة نقدية ومالية ضرورية "، ورقة مقدمة لمجلس الشورى، صنعاء، 15 يونيو 2003، ص 4.

جدول (7-4)
مساهمة البنوك وغير البنوك في شراء أذون الخزانة والعائد الاستثماري خلال الفترة (1995- 2004)

(مليون ريال)

البيان / السنة	مساهمة البنوك في الأذون	مساهمة غير البنوك في الأذون	الإجمالي للبنوك وغير البنوك	العائد الاستثماري*	الأهمية النسبية		سعر إعادة الخصم
					لغير البنوك	للبنوك	
1995	877	1072	1949	38	%45	%55	%23.59
1996	6553	4463	11016	968	%41	% 59	%28.51
1997	31618	19623	51244	3714	%38	% 62	%15
1998	34154	49953	84107	5472	%59	% 41	%19.95
1999	34487	72107	106586	13191	%68	% 32	%18.53
2000	20833	88720	109555	8811	%81	% 19	%15.89
2001	10540	110450	120990	1906	%91	% 9	%15.16
2002	8629	120525	129124	9338	%93	% 7	%13.90
2003	46170	138071	184241	144089	%75	% 25	%16.87
2004	93856	181870	275726	22181	%66	% 24	%16.98

المصدر: - البنك المركزي اليمني - نشرة إحصائية فصلية (أكتوبر - ديسمبر) 2002،ص 29.

- البنك المركزي اليمني، التطورات النقدية والمصرفية لشهر يناير 2005م، ص 11، 12.

* العائد الاستثماري هو الفائدة المتحققة من شراء أذون الخزانة أي الفرق بين القيمة الأسمية والقيمة الفعلية.

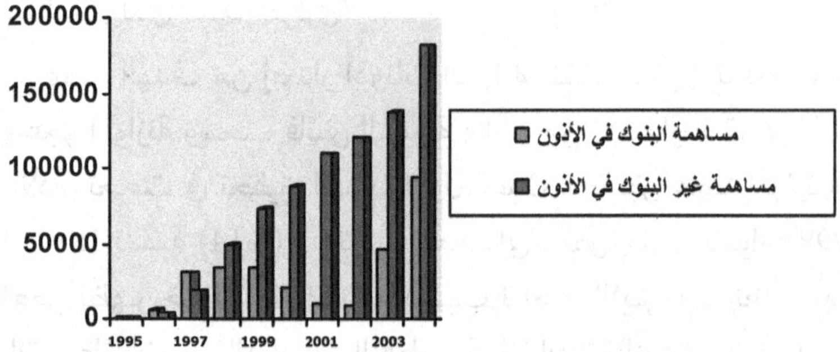

يتضح من الجدول السابق أن البنوك التجارية كانت الأكثر مساهمة في شراء أذون الخزانة خلال عامي 1996، 1997 م، أما خلال عام 1998، فقد حدث تحول في نسبة الاستحواذ على أذون الخزانة لصالح المؤسسات غير البنكية حيث شكلت نسبتها (5.59%) ويعزى سبب ذلك إلى أن سعر الفائدة على أذون الخزانة لمدة (182) يوم كان (17.7%) في حين كانت فائدة ودائع الإدخار لا تتجاوز (12-15%)، مما جعل عائد أذون الخزانة يشكل حافزاً لغير البنوك للاستثمار فيها، أما تراجع حصة البنوك في العام 1998م فمرده ارتفاع سعر إعادة الخصم إلى (19.95 %)، حيث حدد سعر إعادة الخصم، على أذون الخزانة بسعر فائدة الأذون لمدة ثلاثة أشهر زايد نقطتين مئويتين [1].

وظلت نسبة استحواذ البنوك على أذون الخزانة للبنوك تتناقص سنة بعد أخرى، وبالذات خلال الأعوام (2000-2002م) ويعزى سبب التراجع إلى توقف البنك المركزي عن الإصدارات الجديدة وتحول البنوك التجارية إلى الأداة الجديدة التي استحدثها البنك منذ عام 1999م والمتمثلة بإعادة شراء أذون الخزانة حيث بلغ نسبة مساهمة البنوك خلال الفترة (1999- 2001) حوالي (14%، 63%، 64%) على التوالي، أما خلال الفترة (2002-2004) فقد اقتصر شراء إعادة أذون الخزانة على البنوك

([1]) البنك المركزي اليمني، التقرير السنوي لعام 1998م، ص 44.

فقط، حيث بلغت مشترواتهم منها (99.9%) طوال الفترة و (0.1 %) نسبة الرصيد القائم لدى البنك المركزي[1].

وبما أن الهدف من إصدار أذونات الخزانة حسب قانون الدين العام 1995م هو تمويل عجز الموازنة وسحب فائض السيولة والحد من الإصدار النقدي، فإن الملاحظ أن هذه الأداة نجحت في تحقيق الهدف الأول، حيث انخفض عجز الموازنة خلال عامي 1996، 1997 بنسبة (14%) [2] وتحول العجز إلى فائض خلال الأعوام (1999-2001)، ثم بدأ العجز يظهر خلال عام 2002م بسبب تراجع الإيرادات العامة بنسبة (3.6%) وبالذات العائدات من الصادرات النقطية، كما تزايدت النفقات العامة بنسبة (21 %) خلال عام 2003، وهذا يفسر عودة ارتفاع مساهمة البنوك في شراء أذون الخزانة خلال الأعوام (2002-2004) حيث ارتفعت نسبة المساهمة للبنوك من (7%) عام 2002م إلى (25%) عام 2003 [3].

أما الهدف الثاني من إصدار أذون الخزانة فيتمثل في الحد من نمو الإصدار النقدي وسحب فائض السيولة، فقد ساهمت هذه الأداة في تحقيقه أيضاً، حيث توضح البيانات أن نسبة نمو العملة المصدرة انخفضت من (245%) خلال الفترة (1990-1994) إلى (65%) خلال الفترة (1996-2000) , وواصلت هذه النسبة انخفاضها لتصل إلى (40%) خلال الفترة (2006-2004) وذلك فإن أذون الخزانة حدت من النمو الكبير للإصدارات النقدية الجديدة، الذي يعتبر من لعوامل الأساسية لتسريع معدلات التضخم [4].

([1]) البنك المركزي، التطورات النقدية والمصرفية لشهر يناير 2005م، ص 14.

([2]) الجهاز المركزي للإحصاء، كتاب الإحصاء السنوي لعام 1998م، ص 319.

([3]) البنك المركزي اليمني، التقرير السنوي لعام 2003، ص 111.

([4]) - البنك المركزي اليمني , التطورات النقدية والمصرفية لشهر يناير 2005 , ص 43.
- البنك المركزي اليمني , نشرة إحصائية فصلية , (أكتوبر – ديسمبر) , 2002 , ص 20.

ثانياً: إعادة شراء أذون الخزانة:

بعد أن تزايد النمو للسيولة المحلية سنة بعد أخرى ولم تتمكن آلية أذون الخزانة من إيقاف نمو الإصدارات النقدية الجديدة إذ ظل نموها يتزايد رغم اختفاء العجز من موازنة الدولة، عندها شعرت السلطات النقدية بأن أذون الخزانة لم تعد لوحدها قادرة على الحد من تنامي تلك السيولة، الأمر الذي دفعها لاستحداث أداة نقدية جديدة تمثلت في إعادة الشراء الذي بدأ العمل بها منذ نهاية عام 1999م بمبلغ (15) مليار ريال ثم أصبح المبلغ المتداول لهذه الأداة ثابتاً عند (65) مليار ريال، منذ عام 2000 م، وكانت البنوك أكثر المتعاملين فيها حتى عام 2000م، وأصبحت البنوك الجهة الوحيدة المتعاملة بهذه الأداة منذ عام 2002م وحتى نهاية عام 2004 [1].

ثالثاً: شهادات الإيداع *:

نظراً لأن آلية إعادة الشراء لم تحقق طموح وأهداف السلطات النقدية، فإن ذلك دفعها لاستحداث أداة جديدة تساعد في سحب السيولة من السوق، وقد تمثلت هذه الأداة في شهادات الإيداع التي بدأ البنك المركزي في إصدارها منذ بداية عام 2001م، وبلغ إجمالي ما اقتنته البنوك في عام 2001 حوالي (30) مليار ريال وهو يعادل (75%) من إجمالي الشهادات المصدرة وارتفع ما اقتنته البنوك من هذه الشهادات في عام 2002م إلى حوالي (46.8) مليار بنسبة زيادة بلغت (56 %) [2]، إلا أنه حدث تراجع لمقتنيات البنوك خلال عامي 2003، 2004، حيث انخفضت في عام 2003 إلى (39.4) مليار ريال بنسبة انخفاض عن عام 2002 بلغت (15.8 %) وواصلت انخفاضها في عام 2004 إلى (33.5) مليار ريال بنسبة انخفاض قدرها (15%) عن عام 2003 م، ويعزى سبب هذا الانخفاض إلى قيام البنوك بشراء أذون الخزانة خلال عامي 2003، 2004 م، حيث ارتفعت نسبة مساهمة البنوك في شراء أذون الخزانة من (7 %) عام 2002 م إلى (25%، 24

(1) نفس المرجع، ص 14.

(2) البنك المركزي اليمني، نشرة إحصائية فصلية (أكتوبر - ديسمبر) 2002، ص 31.

%) خـلال عـامي 2003، 2004م، وقـد دفعهـا للإقبـال عـلى شراء أذون الخزانـة الاستفادة من سعر الخصم المرتفـع الـذي أقرتـه السـلطات النقديـة عـلى أذون الخزانـة والذي ارتفع من حوالي (15 %) عام 2002 إلى حوالي (17 %) خلال عـامي 2003، 2004 م [1].

وعلى الرغم من الكلفة العاليـة لشـهادات الإيـداع والتـي بلغـت عائـداتها خـلال عامي 2001، 2002م حوالي (8) مليارات ريال [2]، إلا أنها لم تحقق الهـدف المرجـو منهـا حيث ظلت السيولة المحلية تتزايد، حيث ارتفعت خـلال الفـترة (2001- 2004) بمقـدار (354225) مليون ريال وبنسبة بلغت حوالي (63%) [3].

4- سياسة سعر الصرف:

لاحظنا مدى التـدهور الشـديد الـذي حصـل لسـعر صرف العملـة المحليـة أمـام العملات الأجنبية خلال فترة ما قبل برنامج الإصلاح الاقتصادي، حيث بلغت الفجوة بـين سعر الصرف للعملة المحلية في السوق الرسمي والسوق الموازي حـوالي (575 %) خـلال الفترة (1990-1994)، الأمر الذي جعل الحكومـة تضـع في سـلم أولوياتهـا إصـلاح نظـام سعر الصرف، حيث قامت السلطات النقدية في بدايـة تطبيـق برنـامج الإصلاح (مـارس 1995)، بأول خطوة نحو إصلاح نظام سعر الصرف تمثلـت في تحريـر أسـعار الصرف في البنوك التجارية، ثم قامت في بداية إبريـل 1995م بـأول تخفـيض لسـعر صرف العملـة المحلية أمام الـدولار، حيـث انخفـض السـعر الرسـمي للعملـة المحليـة مـن (12) ريـال للدولار إلى (50) ريال للدولار بنسبة انخفاض (317 %) [4]، إلا أنَّ هذه الإجراء لم يكن

---

(1) البنك المركزي، المرجع السابق، ص 20.

(2) أحمد عبد الرحمن السماوي، " أذون الخزانة أداة نقدية ومالية ضرورية "،مرجع سابق، ص 12.

هى شهادات نقدية يصدرها البنك المركزي للبنوك التجارية للحصول على السيولة النقدية منهـا مقابـل فائـدة يتحملهـا البنك المركزي على هذه الشهادات.

(3) البنك المركزي اليمني، التطورات النقدية لشهر يناير 2005، ص 15.

(4) جدول رقم (2-4).

كافياً، حيث إن الفجوة بين السعر الرسمي الجديد (50) ريال للدولار والسعر السائد في السوق الموازي (131) ريال للدولار لا تزال واسعة (162%)، مما جعل البنك المركزي يجري تعديلاً آخر في يناير 1996م، تم بموجبه تحديد سعر الصرف الرسمي لـ (100) ريال للدولار، بالإضافة إلى إلغاء جميع أسعار الصرف الرسمية المتعددة التي كانت سارية في فترة ما قبل برنامج الإصلاح، وفي خطوة أكثر جراءة ورغبة في غلق الفجوة بين سعر الصرف في السوق الرسمي ونظيره في السوق الموازي، قامت السلطات النقدية في يوليو 1996م بتعويم سعر صرف العملة المحلية، وكان قرار التعويم أحد العناصر الأساسية لبرنامج الإصلاح الاقتصادي، الذي استهدف من خلاله تعزيز آلية السوق في تحديد الأسعار وتخصيص الموارد وتحرير التجارة من العوائق والقيود الكمية والإدارية، بالإضافة إلى تقوية ميزان المدفوعات، باعتبار أن سعر الصرف يمثل أداة رئيسية لتحقيق التوازن الخارجي، كما أن الحفاظ على أسعار صرف حقيقية يعتبر شرطاً مسبقاً لزيادة النمو والمحافظة على المركز التنافسي للبلد، ونظراً لكون الاقتصاد اليمني يتميز بالأحادية وعدم تنوع صادراته السلعية فالصادرات النفطية تمثل الأساس في الميزان التجاري، أما الصادرات السلعية الأخرى فهي ضئيلة إلى جانب كونها صادرات زراعية أولية مثل البن والقطن وبعض أصناف الفواكه والخضروات وكمية محدود من الأسماك والجلود , ولذلك فإن أثر تغير سعر الصرف على الصادرات اليمنية محدودا للغاية حيث تشير البيانات الإحصائية أنَّ نسبة تغطية الصادرات للواردات لم يتجاوز (15%) خلال الفترة (1996 -2004) بل إن تخفيض سعر الصرف أثر سلبا على وضع الميزان التجاري حيث ارتفعت قيمة الواردات اليمنية وخاصة الواردات السلعية من المواد الغذائية التي تتسم بضعف مرونة الطلب المحلي عليها نظرا لعدم قدرة الاقتصاد الوطني على إنتاج السلع البديلة لها، فالبيانات الإحصائية تشير إلى ارتفاع قيمة الواردات خلال الفترة (1996 – 2004) بمقدار (1564.5) مليون دولار وبنسبة (68%) [1]

([1]) جدول رقم (2-4).

والتحسن الحاصل في قيمة الصادرات النفطية مردة ارتفاع أسعار النفط في السوق العالمية، حيث ارتفعت خلال الفترة (1996 - 2004) بمقدار (2327) مليون دولار وبنسبة (118 %) [1].

ويشار إلى أن السلطات النقدية في اليمن اتبعت سياسة التعويم المدار، حيث يقوم البنك المركزي بالتدخل لضخ العملة الأجنبية في السوق عند الحاجة من أجل المحافظة على استقرار صرف العملة المحلية، حيث ارتفعت مبيعات البنك المركزي من العملات الأجنبية للبنوك ومحلاَّت الصرافة من (483) مليون دولار عام 2001م إلى (520) مليون دولار عام 2002م، بنسبة زيادة بلغت حوالي (8%)، ولذلك فقد انخفض معدل التوسع في الأصول الخارجية خلال هذين العامين من (34%) عام 2001م إلى (33 %) عام 2002م [2].

والجدول التالي يوضح التطورات التي شهدها سعر الصرف خلال الفترة (1996-2004)

(1) البنك المركزي اليمني، نشرة التطورات النقدية والمصرفية لشهر أكتوبر 2005 م صـ 22

(2) البنك المركزي اليمني، التقرير السنوي لعام 2002 م، ص 53.

جدول (8-4)

تطورات سعر الصرف خلال الفترة (1996- 2004)

السنوات / البيان	1995	1996	1997	1998	1999	2000	2001	2002	2003	2004
معدل الصرف السنوي	121	128.2	129.3	135.9	155.8	161.7	168.7	175.6	183.5	185
معدل النمو السنوي	%317	%100	%29	%5	%14	%4	%4.3	%4.1	%4.5	%0.8

المصدر: الخطة الخمسية الأولى (1996-2000) وزارة التخطيط والتنمية، صنعاء، ص 39.

- البنك المركزي اليمني، التطورات النقدية والمصرفية لشهر يناير 2005م، ص 28.
- البنك المركزي اليمني - نشرة إحصائية فصلية (اكتوبر - ديسمبر) 2002، صـ 37.

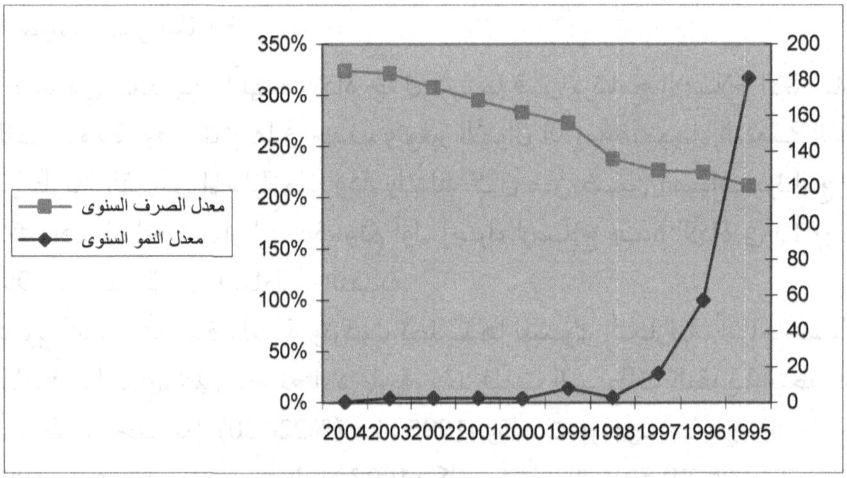

يتضح من الجدول أعلاه أن معدل التغير السنوي لسعر الصرف في عام 1995، كان مرتفعاً بشكل كبير وسبب ذلك أن السعر الرسمي لعام 1994 م كان ما يزال ثابتاً عند (12) ريال للدولار مع أن السعر في السوق الموازي كان (121) ريال للدولار.

وبعد إجراء أول تعديل في عام 1995 انخفض معدل النمو في عام 1996 إلى (100 %)، وكان السعر الموازي لعام 1996 (128) يفوق السعر الرسمي , بعدها بدأ معدل النمو يسجل انخفاضاً سنة بعد أخرى ووصل إلى أدنى مستوى له خلال فترة الخطة الخمسية الأولى (1996- 2000) في عام 2000م حيث كان (4 %)، أما خلال السنوات الأربع من الخطة الخمسية الثانية (2001-2004) فقد شهد سعر الصرف نوعاً من الاستقرار حيث تراوح معدل سعر الصرف بين (162) ريال للدولار و (185) ريال للدولار بمعدل نمو لم يتجاوز (14 %) خلال الفترة، وهذا يشير إلى نجاح السياسة النقدية في تحقيق قدراً لا باس به من الاستقرار لسعر صرف العملة المحلية أمام العملات الأجنبية، ويذكر أن صندوق النقد الدولي كان قد حدد في تقديراته أن تغيرات سعر الصرف للعملة اليمنية سيصل في عام 2000م إلى (200) ريال للدولار، إلا أنه لم يتجاوز (162) ريال للدولار أقل بنسبة (19%) عما توقعه خبراء صندوق النقد الدولي [(1)].

5- سياسة سعر الفائدة:

لاحظنا من خلال بحثنا لهذه الأداة خلال فترة ما قبل برنامج الإصلاح الاقتصادي أنها ظلت جامدة، وظل تأثيرها في جذب وتوفير الأموال اللازمة لتمويل التنمية الاقتصادية عن طريق القروض المحلية محدودا، ولذلك كان من ضمن أهداف برنامج الإصلاح الاقتصادي إصلاح أسعار الفائدة، وتم أول إجراء لإصلاح هذه الأداة في 13 يوليو عام 1995م، حيث قامت السلطات النقدية.

بتحرير أسعار الفائدة المدينة وتركت تحديدها للبنوك التجارية، أما بالنسبة لسعر الفائدة التأشيري، على الودائع الادخارية، فقد قامت السلطات النقدية بتحديد فوائد تأشيرية تراوحت بين (20 -22%) عام 1995، وقامت برفعها ما بين (25-27%) عام 1996م، وفي شهر مارس من العام 1997م كانت أسعار الفائدة (20%) وتراجعت إلى

(1) أحمد على البشاري، "الإصلاحات الاقتصادية في الجمهورية اليمنية"، المؤتمر الاقتصادي اليمني الثاني، مرجع سابق، ص

(11%) في نهاية نفس العام، ويعزى سبب هذا الانخفاض إلى تراجع معدل التضخم إلى (2.5%) مما أدى إلى استقرار الأسعار, إلا أنها عـاودت الارتفـاع خـلال عـامي 1998، إلى (15%) بسبب انخفاض أسـعار الـنفط، وارتفعـت في عـام 1999 إلى (18%)، وأصبحت ثابتة عند (13%) خلال الفترة (2000-2004) [1]، والجدول التالي (4-9) يوضح التطورات التي شهدتها أسعار الفائدة على الودائـع والادخـار والسـلفيات خـلال الفـترة (1995 - 2004).

([1]) البنك المركزي اليمني، التقارير السنوية للبنك للأعوام 96، 97، 1999 م.

جدول (9-4)

تطور أسعار الفائدة خلال الفترة (1995- 2004)

البيان / السنوات	فوائد الادخار %	فوائد القروض والسلفيات %	الفوائد على الودائع %			
			3 أشهر	6 أشهر	9 أشهر	12 شهر
1995	20	30-25	20	21	21.5	22
1996	20	32-25	11	11	11	11
1997	11	21-15	15	15	15	15
1998	15	20-14	18	18	18	18
1999	18	28-22	13	13	13	13
2000	13	20-15	13	13	13	13
2001	13	21-15	13	13	13	13
2002	13	21-15	13	13	13	13
2003	13	21-15	13	13	13	13
2004	13	21-15	13	13	13	13

المصدر: البنك المركزي اليمني، التقرير السنوي لعام 1996، ص 108.

- البنك المركزي اليمني، التطورات النقدية والمصرفية لشهر يناير 2005، ص 16.

يتضح من الجدول أعلاه أن السلطات النقدية بادرت بمحاولة تفعيل أداة سعر الفائدة حيث قامت برفع أسعار الفائدة السنوية على الودائع من (15 %) عام 1994 إلى (22 %) عام 1995م، وكذلك الحال بالنسبة لودائع الادخار تم رفعها من (10.5%) عام 1994 إلى (20 %) عام 1995م، كما تم خلال نفس العام تحرير أسعار فايدة الإقراض وتُرك للبنوك تحديدها كما ألغيت الفوائد الميسرة على القروض المقدمة من البنك المركزي للحكومة والمؤسسات العامة وأصبح البنك يتقاضى فائدة على القروض التي يقدمها للحكومة من حصيلة الودائع الآجلة لديه من قبل البنوك التجارية [1]، وتهدف هذه الإجراءات التي قام بها البنك المركزي إلى الحد من السيولة النقدية، وقد أدت

(1) البنك المركزي اليمني، التقرير السنوي لعام 1995م، ص 42.

هذه الإجراءات التي اتخذها البنك خلال عامي 1995 م، 1996 م إلى ارتفاع حجم الودائع الآجلة من (12414.5) مليون ريال إلى (14380.4) مليون ريال بنسبة زيادة قدرها (96%) [1]، وبالنسبة لأسعار الفوائد على الودائع بالعملات الأجنبية فقد تم تحريرها منذ عام 1997م، وحددت النسبة الأدنى لها بأقل من الفائدة السائدة لها في السوق الدولية بنصف نقطة مئوية، أما سعر الفائدة على القروض والسلفيات فقد حدد على أساس أسعار الفائدة على أذون الخزانة، بحيث تزيد نقطتين عن متوسط سعر أذونات الخزانة، وفي الوقت نفسه حدد سعر الفائدة أو سعر إعادة الخصم على أذونات الخزانة بأعلى عائد وصلت إليه هذه الأذون لأجل ثلاثة أشهر، ويوضح الجدول السابق أن البنك المركزي قام بتخفيض أسعار الفائدة على القروض إلى متوسط (17 %) ورفع أسعار الفائدة على الودائع بآجالها المختلفة من (11%) عام 1997م إلى (15%) عام 1998م[2]، وقد ارتفعت نتيجة لذلك, إجمالي ودائع الآجل خلال نفس العام بمقدار (939) مليون ريال، وبنسبة (4%) عما كانت عليه في عام 1997[3].

وفيما يخص ودائع العملات الأجنبية فقد تُرك للبنوك التجارية الحرية في تحديد أسعار فائدتها وفقاً لمقتضيات أعمالها، كما أقر البنك الاتجاهات السعرية لدى البنوك المحلية، وقد ساهمت هذه الإجراءات في تزايد ودائع العملات الأجنبية خلال عامي 1998م، 1999، بمقدار (14749.4) مليون ريال وبنسبة (17%) [4] وواصلت ارتفاعها في عام 2000م بمقدار (27747) مليون ريال وبنسبة (28%) [5] عما كانت عليه في عام 1999م، ويلاحظ من الجدول أن أسعار الفائدة شهدت نوعا من الثبات خلال

([1]) البنك المركزي اليمني، التقرير السنوي لعام 1996م، ص 42.

([2]) نفس المرجع، ص 110.

([3]) البنك المركزي اليمني، التقرير السنوي لعام 1999م، ص 106.

([4]) نفس المرجع صـ 106

([5]) النبك المركزي اليمني، التقرير السنوى للبنك المركزي لعام 2003 م صـ 83

الفـترة (2001 – 2004) حيـث تحـددت أسـعار الفائـدة لمختلـف آجـال وأنـواع الودايع الادخارية والآجلة عند (13%)، وأسـعار فائـدة القـروض والسـلفيات عنـد (15-21%) طوال الفترة.

ويلاحظ أن تخفيض أسعار الفائدة عـلى القـروض والسـلفيات مـن (22 – 28%) عـام 1999 م إلى (15-21%) خـلال الفـترة (2000 – 2004) عمـل عـلى زيـادة إجـمالي القروض للقطاع غير الحكومي من (75746.6) مليون ريـال عـام 2000 إلى (138611.2) مليون ريال عام 2004 م بزيادة قدرهـا (62864.6) مليون ريالـة وبنسـبة (83%)[1]، إلا أن السياسة النقدية لم تستطيع التأثير في توجيه وتصنيف القروض الممنوحـة مـن البنوك التجارية بما يخدم أهداف التنمية حيث يلاحظ أن أغلب هذه القـروض تركـز في المجالات الخدمية ذات الآجال القصيرة، فقد شكلت القروض القصيرة الآجل مـا نسبتـه (62%، 47%، 46%،43%)[2] خلال الفترة (2001 -2004) على التوالي، وتوزعـت النسـبة المتبقية بـين الآجـال المتوسـطة والطويلـة، وهـذا يشـير إلى أن هـذه الأداة لم تكـن ذات فعالية كبيرة في توجيه الاقتصاد نحو الاستثمارات المنتجة.

---

(1) البنك المركزي اليمني، نشرة التطورات النقدية والمصرفية لشهر يناير 2005 م صـ 9

(2) نفس المرجع، صـ 10

المبحث الثاني
تطور العرض النقدي والعوامل المؤثرة عليه

يعد الاستقرار النقدي من أهم الأهداف المحققة للاستقرار الاقتصادي، وتتولى السلطات النقدية تحقيق ذلك من خلال التحكم في كمية النقود المتداولة وتثبيتها عند مستويات توازنية، ويرى معظم الاقتصاديون، إن تحقيق الاستقرار في البلدان النامية يتم من خلال ضبط حجم الطلب الفعلي والتحكم في كمية النقود المتداولة، باعتبارهما ظاهرتان تتسم بهما اقتصاديات هذه البلدان [1]، ولذلك فإن السياسات النقدية التي تستهدف التأثير على عرض النقد والتحكم فيه بالقدر الذي يتناسب مع معدل النمو في الناتج الإجمالي الحقيقي تعتبر السياسات الأكثر ملاءمة لتحقيق الاستقرار الاقتصادي [2]

وسنتناول في هذا البحث تطور العرض النقدي والعوامل المؤثرة عليه خلال الفترة (1990 -2004) للتعرف على دور النقود ومعدل نموها في الاقتصاد اليمني خلال هذه الفترة.

أولا: العرض النقدي:

يتسع مفهوم العرض النقدي ليشمل عدة عناصر أبرزها:

أ- **(النقد):** وهو ذلك النوع الذي يتمتع بسيولة عالية، كالنقود الورقية والمعدنية المتداولة خارج الجهاز المصرفي مضافاً إليها ودائع الأفراد الجارية، فهذه الأنواع تتمتع بدرجة سيولة كاملة (100%)، حيث يمكن استخدامها في تسوية المدفوعات في الحال.

([1]) غازي حسين عناية، " التضخم المالي "، مرجع سابق، صـ 123

([2]) عبد الحميد العزالي، " مقدمة فى الاقتصاديات الكلية – النقود والبنوك "، دار النهضة العربية القاهرة، 1977،صـ252

ب- **(شبه النقد):** وتشمل كافة أنواع الودائع الخاصة والحكومية الادخارية والآجلة، وقد ثار جدل حول سيولة هذا النوع، حيث يرى البعض أن الودائع الآجلة والادخارية وودائع التوفير يمكن اعتبارها مثل النقود تماما، حيث يمكن السحب من ودائع التوفير والودائع الادخارية وتحويلها إلى نقود قانونية بسرعة عند الطلب، كما يمكن تحويل الودائع الآجلة إلى ودايع جارية عند الطلب مقابل خسارة الفوائد المستحقة [(1)]،وهناك من يخالف هذا الرأي كالأستاذ (نيولن) الذي يرى بأن التفرقة بين النقود وأشباه النقود يجب أن يستند إلى وظيفة كل نوع، فالنقود تستخدم أساساً لتأدية وظيفة التبادل، بينما أشباه النقود تؤدي وظيفة مخزن للقيمة، ويرى (نيولن) أن بالإمكان استخدام الودائع الآجلة كجزء من كمية النقود لأن تحويلها إلى ودائع لا يؤثر على مقدرة البنوك على خلق الائتمان، نظراً لعدم التمييز بين أنواع الودايع المختلفة عند احتساب الاحتياطي أو نسبة السيولة في النظام المصرفي البريطاني [(2)].

والحقيقة فإن هذا التعريف لا ينطبق على البلدان النامية، فالودائع الآجلة لا يمكن السحب عليها قبل تحويلها إلى ودائع جارية، وهذا يتطلب بعض الوقت وتنازل المودع عن الفائدة، كما أن تخلف الوعي المصرفي وقلة استخدام الشيكات في التعاملات يحد من اعتبار الودائع الآجلة كالودائع الجارية للنقود.

(1) R.Syers, " Monetary Theory and Policy " , Economic Journal. Vol. lxx Decemeber , 1960, P.P 710, .714

.(2) W.T. New Lin , " Theory Of Money " , Clarendom Press Oxford , 1964 , PP. 6-9

وبالنسبة للبنك المركزي اليمني فإنه يقصر النقد على النقد المتداول خارج الجهاز المصرفي والودائع الجارية تحت الطلب فقط، أما الودائع الآجلة والإدخارية والمخصصة فتدخل ضمن مفهوم شبه النقد [1].

ج- **(العرض النقدي)** ويشمل النقد وشبه النقد. والجدول التالي يوضح التطورات التي شهدها العرض النقدي في اليمن خلال الفترة (1990- 2004)

(1) وزارة الشئون القانونية، قانون البنك المركزي اليمني لعام 2000م.

جدول (4-10)
تطور العرض النقدي ومكوناته خلال الفترة (1990 –2004)

(مليون ريال)

البيان / السنوات	النقد (وسائل الدفع)		إجمالي النقد	معدل نمو إجمالي النقد %	شبه النقد				إجمالي شبه النقد	معدل نمو شبه النقد	إجمالي العرض النقدي	معدل نمو العرض النقدي	الأهمية النسبية إلى عرض النقد		
	النقد المتداول خارج الجهاز المصرفي	ودائع تحت الطلب			ودائع الآجل	ودائع الإدخار	الودائع الأجنبية	الودائع المخصصة والضمان					النقد %	شبه النقد	نسبة النقد المتداول
1990	39895	14641.5	54536.5	-	5861.3	4336.9	4946.5	2834.1	17978.5	—	72515	—	75	25	55
1991	45161.1	15707.2	60868.6	11.6	6671.7	5976.9	4038.1	1785.6	18472.3	2.7	79340.6	9.4	77	23	57
1992	55530.5	20248.8	75779.3	24.5	7477.0	6615.5	3854.0	1328.8	21400.2	15.8	97179.5	22.4	78	22	57
1993	79019.0	24335.3	103354.3	36.4	9167.8	6999.4	4011.0	1240.2	23638.3	10.5	126994.9	30.6	81	19	62
1994	111005.6	28703.2	139708.8	35.2	11982.8	7653.2	4394.6	1210.3	27460.5	16.2	167169.3	31.6	84	16	66
1995	129114.2	35021.1	164135.3	17.5	17220.5	9332.6	55599.5	1977.0	84129.6	26.4	248264.9	48.5	66	34	52
1996	120477.0	36221.0	156698.0	4.5-	30570.1	14747.1	63874.8	3661.3	112853.3	34.1	269551.3	8.6	58	42	45
1997	126903.7	39480.3	166384.0	6.2	33932.3	18122.4	76410.2	3539.6	132004.5	17	298388.5	10.7	56	44	43
1998	139668.4	40258.8	179927.2	8.1	33041.1	20705.3	95992.1	3684.2	153422.7	16.2	333349.9	11.7	54	46	42
1999	166923.7	40272.8	207196.5	15.2	30563.9	25681.2	111667.6	4185.0	172097.7	12.2	379294.2	13.8	55	45	44
2000	197122.5	50125.9	247248.9	19.3	41781.5	34651.8	146151.1	4692.3	227276.7	32	474525.1	25	52	48	42
2001	212794.8	69888.6	282683.4	14.3	50319.9	40952.1	184030.3	5063.8	280366.1	23.4	563049.5	18.6	50	50	38
2002	239329.3	67120.0	306449.5	8.4	78491.5	51581.5	219108.4	9.33.5	358214.9	27.8	664664.4	18	46	54	36
2003	268812.5	78652.9	347465.4	13.4	106947.2	59572.5	270477.7	12909.0	449906.4	25.6	797371.8	19.9	43.5	55.5	34
2004	297938.8	92602.4	390541.2	12.4	148234.4	72775.3	287229.8	18494.6	526734.1	17	917275.3	15	43	57	32

المصدر : التقارير السنوية للبنك المركزي للأعوام 1994 ، 1999 ، 2003

البنك المركزي نشرة التطورات النقدية والمصرفية لشهر يناير 2005

يتضح من الجدول السابق أن الاقتصاد اليمني شهد توسعاً نقدياً خلال فترة ما قبل برنامج الإصلاح الاقتصادي (1990- 1994)، حيث بلغ معدل نمو النقد المتداول خارج الجهاز المصرفي (178 %) في حين لم يتجاوز معدل نمو الودائع الجارية (96 %)، مما يشير إلى أن الحكومة كانت تتبع سياسة التمويل التضخمي، ويؤكد ذلك نسبة مساهمة النقد إلى العرض النقدي الذي بلغ متوسطه السنوي خلال الفترة حوالي (79 %) في حين لم يتجاوز متوسط المعدل السنوي الشبه النقد (21 %) خلال نفس الفترة، كما أن نسبة العملة المتداولة خارج الجهاز المصرفي ظلت تتزايد خلال الفترة (1990 – 1994) وبلغ متوسط نموها السنوي حوالي (59 %)، وهي نسبة مرتفعة تشير إلى عجز أدوات السياسة النقدية عن جذب مدخرات الأفراد وتوجيهها نحو الاستثمارات المنتجة التي تدعم عملية التنمية، وقد يعزى ذلك إلى ضعف كفاءة النظام المصرفي وتدني الوعي المصرفي لدى الأفراد بسبب عدم انتشار البنوك والمؤسسات المالية في مختلف المحافظات وتركزها في المدن الرئيسية، مما جعل الأفراد يعتمدون في تداولهم وإتمام صفقاتهم على النقود القانونية بعيداً عن النقود المصرفية، وبذلك أصبحت السياسة النقدية خلال هذه الفترة مجرد أداة تابعة للسياسة المالية.

أما خلال فترة تطبيق برنامج الإصلاح الاقتصادي (1995- 2004)، فيوضح الجدول أن هناك تغيرات إيجابية تمثلت في تراجع نسبة مساهمة النقد إلى العرض النقدي، حيث لم يتجاوز المتوسط السنوي حوالي (51%) خلال الفترة (1995- 2004) مقارنة بـ (79%) خلال الفترة (1990- 1994)، كما ارتفع المعدل السنوي لشبه النقد من (21%) خلال الفترة (1990- 1994) إلى (49%) خلال الفترة (1995- 2004)، ويوضح الجدول أن فترة ما بعد برنامج الإصلاح الاقتصادي شهدت تراجعاً لمعدل نمو النقد وخاصة خلال الفترة (1995- 1998) ثم سجلت ارتفاعاً خلال عامي 1999، 2000 م بسبب نمو النفقات العامة خلالهما بنسبة (22 %، 41%) [1] على التوالي،

([1]) البنك المركزي اليمني، التقرير السنوي لعام 2003م، ص 109.

ثم عاد معدل نمو النقد للتراجع خلال الأعوام (2001- 2004)، كما يتضح من الجدول، وقد كان لنمو الودائع الجارية تحت الطلب دوراً في ذلك حيث ارتفعت خلال الفترة بنسبة (164 %) مقابل نمو العملة المتداولة خارج الجهاز المصرفي بنسبة (131 %) خلال نفس الفترة.

وبالنسبة لمكونات شبه النقد يتضح من الجدول أنها حققت نمواً خلال فترة ما بعد برنامج الإصلاح الاقتصادي، حيث ارتفعت بنسبة (526%) مقارنة بنسبة نمو (53 %) لفترة ما قبل برنامج الإصلاح، وفي الوقت الذي كان فيه متوسط معدل النمو السنوي لشبه النقد حوالي (9 %) خلال الفترة (1990-1994)، نجد أن متوسط معدل النمو السنوي لشبه النقد للفترة (1995-2004) بلغ حوالي (41%).

إلا أن أدوات السياسة النقدية لم تتمكن من إيقاف معدل نمو العرض النقدي حيث ظل ينمو بعد فترة الإصلاح الاقتصادي، إلا أن نموه كان بمعدل متناقص من (48%) عام 1995 إلى (15 %) عام 2004م.

وقد يعزى استمرار نمو العرض النقدي إلى استعانة الحكومة بالجهاز المصرفي لتنفيذ مشاريع البنية التحتية لدعم وتوفير بعض متطلبات التنمية المتزايدة.

ثانياً: العوامل المؤثرة على عرض النقد:

تناولنا في الجزء الأول من هذا المبحث تطور العرض النقدي في اليمن خلال الفترة (1990- 2004)، ولاحظنا أنه مر بفترتين: الأول شهد فيها العرض النقدي نمواً متزايداً بسبب النمو المفرط في الإصدارات الجديدة، أما الفترة الثانية فقد حصل فيها تراجع نسبي لمعدل نمو العرض النقدي بالإضافة إلى مساهمة أشباه النقود في هذه المرحلة في نمو العرض النقدي بعد أن كانت شبه ثابتة في الفترة الأولى قبل تطبيق برنامج الإصلاح الاقتصادي.

ومن المعروف أن هناك عدة عوامل تؤثر في حجم وتطور العرض النقدي تتمثل فيما يلي:

1- صافي الأصول الأجنبية.

2- صافي الائتمان المحلي.

3- صافي بنود الموازنة (أخرى).

ولمعرفة أي عامل من هذه العوامل مارس تأثيراً سلبياً أو إيجابياً على حجم وتطور العرض النقدي في اليمن خلال الفترة (1990 – 2004)، سنتناول هذه العوامل فيما يلي بشيء من التحليل.

1- صافي الأصول الأجنبية:

يمثل صافي الأصول الأجنبية الالتزامات لدى البنك المركزي والبنوك التجارية والتي تمارس زيادتها أثراً توسعياً على العرض النقدي، ويمثل نقصانها أثراً انكماشياً، وهناك علاقة تربط بين العرض النقدي والعوامل المؤثرة عليه تتمثل هذه العلاقة فيما يلي [(1)]:

$$(1) \quad \Delta MS = \Delta DC + \Delta NFA$$

$$(2) \quad \Delta DC = \Delta MS - \Delta NFA$$

حيث إن:

ΔMS : تمثل التغير في العرض النقدي

ΔDC : تمثل التغير في الائتمان المحلي.

ΔNFA: تمثل التغير في صافي الأصول الأجنبية.

---

(1) Chandra. D" Income Velocity Of Money In Various Sectors Of Economy " , Indian Of Economics Vol.25.No;275, April1998, pp.443-445

ويتضح من المعادلة أن العرض النقدي يرتبط بعلاقة طردية مع الائتمان المحلي وصافي الأصول الأجنبية، أما الائتمان المحلي فيرتبط بعلاقة عكسية مع صافي الأصول الأجنبية وبذلك تتوقف التغيرات في صافي الأصول الأجنبية على الآتي[1]:

أ - مدى الاختلال في العلاقة بين الائتمان المحلي والطلب على النقود، حيث تؤدي الزيادة في الأولى إلى انخفاض الثانية والعكس، ولذلك نلاحظ أن برامج التثبيت الاقتصادي التي يتبناها صندوق النقد الدولي تركز على تقليص الائتمان المحلي وتحديداً الائتمان الحكومي، باعتباره ذا أثر قوي على العرض النقدي وتوازن ميزان المدفوعات.

ب - رصيد المعاملات الرأسمالية بميزان المدفوعات ترتبط بعلاقة طردية مع صافي الأصول الأجنبية، ويتوقف رصيد المعاملات بدوره على التمويل الخارجي والتمويلات الرأسمالية الرسمية والجدول التالي يوضح التطورات التي حصلت في العوامل المؤثرة على عرض النقد خلال الفترة (1990- 2004).

(1) خليفة محمد المهدي، تحليل العوامل المؤثرة في عرض النقد في مصر، مجلة البحوث التجارية المعاصر، كلية التجارة، سوهاج، جامعة جنوب الوادي، العدد الثاني، المجلد العاشر، ديسمبر 1996،ص440.

جدول (4-11)

العرض النقدي والعوامل المؤثرة عليه خلال الفترة (1990- 2004)

(مليون ريال)

السنوات	العرض النقدي (1)	العوامل المؤثرة على عرض النقد					الأهمية النسبية إلى عرض النقد (%)				
		الائتمان الحكومي (2)	الائتمان الخاص (3)	إجمالي الائتمان المحلي (4)	صافي الأصول الأجنبية (5)	صافي البنود الأخرى (6)	% 1:2	%1:3	% 1:5	% 1:6	إجمالي النسب
1990	72515	66006.8	11998.7	78005.5	4435.9	9926.4 -	91	17	6	14-	%100
1991	79340.6	71809.4	14410.3	86219.7	6029.5	12908.6-	91	18	7	16-	%100
1992	97179.5	89836.1	15274.5	105110.6	3416.0	11347.1-	92	16	4	12-	%100
1993	126994.9	118076.0	18675.4	136751.4	2056.7	11813.2-	93	14.7	1.6	9.3 -	%100
1994	167269.3	160764.7	20140.4	180905.1	3603.4	17339.2-	96	12	2	10-	%100
1995	248264.9	182502.6	37460.0	199070.2	38899.2	105597 -	74	15	15	4 -	%100
1996	269551.3	164848.0	29302.9	194150.9	103343.5	27933.6-	61	11	38	10-	%100
1997	298388.5	159526.6	39543.6	199070.5	145176.8	45858.5-	53	13	49	15-	%100
1998	333349.9	214745.4	55629.8	27037.9	112532.3	49557.0-	64	17	34	15-	%100
1999	379294.2	167808.7	63969.5	231778.2	200028.6	52512.3-	44	17	53	14-	%100
2000	474525.1	4534.4-	76220.9	71686.5	487313.3	82751.1 -	1 -	16	102	17 -	%100
2001	563049.5	51483.2-	95991.5	44508.7	652083.1	133541.9-	9 -	17	116	24-	%100
2002	664664.4	119448.3-	110014.6	9432.7-	838249.3	164150.7-	19 -	17	127	25-	%100
2003	797371.8	45626.8-	138855.9	93229.1	971494.3	267351.6-	6-	17	122	33-	%100
2004	917275.3	64839.3-	185553.8	120714.5	117602.5	32104.7-	7-	20	122	35-	%100

المصدر: البنك المركزي اليمني،نشرة إحصائية فصلية (أكتوبر - ديسمبر) 2002، ص5

-البنك المركزي، التطورات النقدية والمصرفية لشهر أكتوبر 2005،ص9

-النسب من عمل الباحث

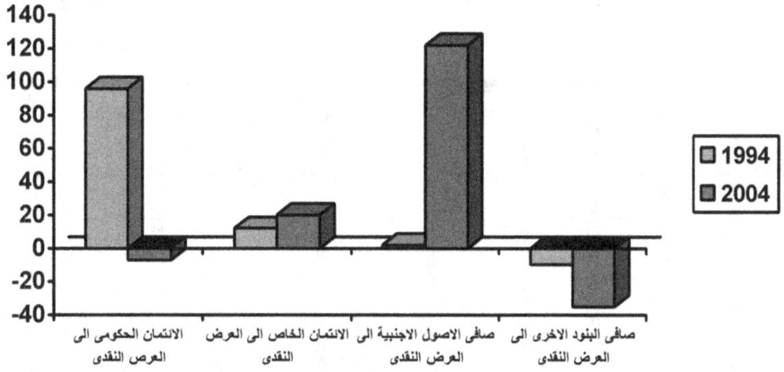

يتضح من الجدول أعلاه أن صافي الأصول الأجنبية في بداية الفـترة (1990- 1994) كان تأثيرها على العرض النقدي محـدوداً للغايـة، حيـث أخـذت في التنـاقص سـنة بعـد أخرى حتـى وصـلت إلى أدنى مستوى لهـا عـام 1993م، ولم تتجـاوز نسـبتها إلى العـرض النقدي (1.6%)، ويلاحظ أن هناك علاقة عكسـية بـين الائـتمان المحـلي وصـافي الأصـول الأجنبية، وهذا يؤكـد حقيقـة المعادلـة السـابقة (1) حيـث إن التغـير في صـافي الأصـول الأجنبية يتم وفقاً للمعادلة الآتية:

$$(3)\ \Delta NFA = \Delta\, MS - \Delta\, DC$$

وتوضح المعادلة (3) أن هناك علاقة عكسية بين الائـتمان المحـلي وصـافي الأصـول الأجنبية ويؤكد ذلك بيانات الجدول السابق، ومن حيث تأثير صافي الأصول الأجنبية على العرض النقدي فهو تأثير إيجـابي، بمعنـى أن زيـادة صـافي الأصـول الأجنبيـة يمـارس أثـراً توسعياً على العرض النقدي، ويتضح ذلك خلال الفترة الثانية من الجدول (1995-2004) حيـث حصـل تزايـداً مسـتمراً لصـافي الأصـول الأجنبيـة خـلال هـذه الفـترة بمقـدار (1078703.3) مليون ريال وبنسبة (2773%)، وقد انعكست هـذه الزيـادة عـلى نسـبة مساهمة هذه الأصـول في العـرض النقـدي، حيـث ارتفعـت مـن (16%) عـام 1995 إلى (122%) عام 2004م ويعود سبب التزايـد الكبـير لصـافي الأصـول الأجنبيـة خـلال هـذه الفترة لزيادة المتحصلات من العائـدات النفطيـة، حيـث زادت الصـادرات النفطيـة مـن (46) مليون برميل عام 1995 إلى حوالي (62) مليون برميل 2004م بنسبة زيـادة بلغـت حوالي

(35%)، مما جعل الحاصلات الأجنبية من الإيرادات النفطية تتزايد خلال هذه الفترة بمقدار (1481.7) مليون دولار وبنسبة (191 %)[1]، وقد انعكس هذا إيجاباً على تدفق الأصول الأجنبية، حيث زادت بمقدار (448414.1) مليون ريال وبنسبة (1153 %) خلال الفترة (1995- 2000)، وعلى الرغم من تذبذب أسعار النفط في السوق العالمية، وبالتالي تذبذب الحاصلات من الصادرات النفطية خلال الفترة (2001-2004)، حيث انخفضت خلال العام 2001 بنسبة (19%) مقارنة بالعام 2000 م، بسبب أحداث الـ (11) من سبتمبر إلا أنها ظلت المؤثر الأكبر على العرض النقدي خلال الفترة (2001-2004)، حيث بلغ متوسط نسبتها السنوية إلى العرض النقدي حوالي (122 %) خلال نفس الفترة [2].

2- صافي الائتمان المحلي:

يلعب الائتمان المصرفي دوراً مهماً في النظم الاقتصادية المعاصرة كوسيلة من وسائل الدفع، خصوصاً في ظل تعاظم دور البنوك التجارية وإتساع قدرتها في خلق النقود، مما جعل تغير حجم الائتمان يؤثر تأثيراً مباشراً على حجم السيولة النقدية [3]. وتزداد أهمية الائتمان المصرفي في البلدان النامية باعتباره يمثل رافداً أساسياً لتلبية الاحتياجات والمتطلبات اللازمة لعملية التنمية، من خلال ما يوفره من الكميات اللازمة من النقود لانعاش الطلب الكلي في أوقات الركود وتقليص تلك الكميات من السوق في أوقات الانتعاش، مما يساهم في المحافظة على الاستقرار النقدي وكبح جماح التضخم [4]. ومن أهم النظريات التي عالجت موضوع الائتمان، النظرية الإنجليزية أو

([1]) الجهاز المركزي للإحصاء، كتاب الإحصاء السنوي لعام 2001م، ص 43.

([2]) الجهاز المركزي للإحصاء، كتاب الإحصاء السنوي لعام 2001م، ص43

([3]) عزة رضوان أحمد، "السياسة النقدية في مصر "، مرجع سابق، ص 165.

([4]) أحمد عبد العزيز الألفي، " الائتمان المصرفي والتحليل الائتماني "، بنك التنمية الصناعية المصري، القاهرة، ص 77.

نظرية القروض، والتي ترى بان منح القروض والسلفيات يجب أن يقتصر على الآجل القصير، لأن موارد البنوك وعملياتها المصرفية تأتي من أدوات قصيرة الآجل [1]، أما النظرية الأخرى فهي النظرية الألمانية، وهي لا ترى مانعاً من تقديم البنوك للقروض المتوسطة والطويلة الآجل، لأنها ترى أن هناك ودائع جديدة تفوق مسحوبات البنك يمكن استخدامها في الاقراض المتوسط والطويل الآجل، وترى النظرية بأن القروض القصيرة قد تتحول إلى قروض متوسطة بمجرد التجديد [2].

وبالنسبة لسياسة الائتمان المحلي في اليمن، فإن الجدول (11-4) يبين أن الائتمان المحلي كان العامل الأكثر تأثيراً على العرض النقدي وتحديداً خلال الفترة (1990-1994)، فترة ما قبل برنامج الإصلاح، حيث بلغ متوسط نسبة مساهمة الائتمان المحلي إلى العرض النقدي، خلال هذه الفترة حوالي (108%)، شكل الائتمان الحكومي الجزء الأكبر منه حيث بلغ متوسط مساهمته إلى العرض النقدي حوالي (93%) خلال نفس الفترة، مما أدى إلى نمو العرض النقدي خلالها بمقدار (94754.3) مليون ريال وبنسبة (131%)، أما خلال فترة الإصلاح الاقتصادي فيوضح الجدول أن السلطات النقدية اتبعت سياسة الحد من الاعتماد على البنك المركزي في تمويل عجز الموازنة، حيث بدأ الائتمان الحكومي يتراجع خلال الأعوام (1995- 1997) بمقدار (22976) مليون ريال وبنسبة (13%)، إلا أنه شهد نمواً خلال عام 1998 بمقدار (55218.8) مليون ريال وبنسبة (35 %) عن العام 1997م ويعزى ذلك إلى تراجع الإيرادات العامة للدولة خلال هذا العام بمقدار(55182) مليون ريال وبنسبة (18%) [3]،

---

(1) حسن محمد علي حسنين، "البنوك التجارية بين الائتمان القصير والطويل الآجل "، معهد الدراسات المصرفية محاضرات 1988، ص 1-4.

(2) السيد عيد المولي، " اقتصاديات النقود والبنوك "، مرجع سابق، ص 98- 100.

(3) الجهاز المركزي للإحصاء، " كتاب الإحصاء السنوي لعام 2001م "، ص 410.

وتحديداً الإيرادات من الصادرات النفطية حيث تراجعت عام 1998 بمقدار (84481) مليون ريال وبنسبة (34%) [1] مقارنة بالعام 1997.

كما تراجع الائتمان الحكومي خلال عام 1999 بنسبة (22%) عن العام 1998م، وأصبح هذا الائتمان سالباً طوال الفترة (2000- 2004)بسبب تفوق صافي الأصول الأجنبية عن العرض النقدي، وبالنسبة للائتمان الخاص فيتضح من الجدول أنه يتحرك بعكس الائتمان الحكومي، فخلال الفترة (1990- 1994) شهد الائتمان المقدم للقطاع الخاص، نمواً محدوداً حيث ارتفع بمقدار (8141.7) مليون ريال وبنسبة (68%) وأخذ هذا الائتمان يتزايد بنسب أكبر خلال الفترة الثانية (1995- 2004) حيث زاد بمقدار (148093.8) مليون ريال وبنسبة (395 %)، وإجمالاً نستطيع القول أن السلطات النقدية تحولت في سياستها الائتمانية من الاعتماد على المصادر التضخمية المتمثلة في الإصدار النقدي في فترة ما قبل برنامج الإصلاح، إلى الاعتماد على مصادر حقيقية غير تضخمية خلال فترة برنامج الإصلاح الاقتصادي، وكان لهذا التحول أثراً إيجابياً في الحد من الضغوط التضخمية، حيث تراجع معدل التضخم من (104%) عام 1994، إلى (12.5 %) [2] عام 2004م.

3- صافي البنود الأخرى:

يتكون هذا البند من التصفيه النهائية لمجموع حسابات رأس المال وبنود الأصول والخصوم غير المبوبة، بالإضافة إلى صافي المديونية والدائنة بين البنوك وبعضها البعض، ويمارس هذا البند أثراً انكماشياً على العرض النقدي مع صافي الخصوم غير

([1]) نفس المرجع، ص 413.

([2]) البنك المركزي اليمني، التطورات النقدية والمصرفية لشهر يناير 2005م، ص 37.

النقدية التي تتكون من الودائع الحكومية والودائع الأخرى بما فيها التزام الجهاز المصرفي تجاه العالم الخارجي [1].

ويلاحظ من الجدول أن هذا البند مارس ضغوطاً انكماشية على العرض النقدي بلغ متوسط نسبتها إلى العرض النقدي خلال الفترة (1990- 1994) حوالي (12%)، وارتفعت خلال الفترة الثانية (1995- 2004) لتصل إلى (19%).

(1) محي الدين الغريب، " عجز الموازنة وحجم وسائل الدفع في جمهورية مصر العربية "، معهد البحوث والدراسات المصرفية، القاهرة، 1969، ص 14.

المبحث الثالث

التضخم ومعايير الاستقرار النقدي في اليمن

على الرغم من أن البعض يرى أن الإبقاء على معدل تضخم معقول يعتبر عاملاً محفزاً ومفيداً لتحريك النمو الاقتصادي، حيث يرى أصحاب هذا الرأي أن التضخم يزيد من كفاءة السياسة النقدية من خلال تنشيط الطلب الكلي وتحقيق التوظيف الكامل [1]، إلا أن الأغلب يتفق حول أضرار التضخم ومساوية وأثاره السلبية على مجمل الوضع الاقتصادي، وتعاني البلدان النامية من مختلف أشكال ومظاهر التضخم (النقدي، الهيكلي، تضخم الطلب، النفقة) إلا أن التضخم في هذه البلدان يكاد يكون ظاهرة نقدية، لذلك يتم معالجته من خلال المنهج النقدي لميزان المدفوعات الذي يعتبر أن التضخم واختلال التوازن الخارجي هو ظاهرة نقدية، يكمن حلها في تطبيق حزمه من الإصلاحات النقدية والمالية.

وسنتناول في هذا المبحث مظاهر التضخم في الاقتصاد اليمني، ثم نطبق بعض المعايير التضخمية التي توضح اتجاه العلاقة بين العرض النقدي والناتج المحلي الإجمالي الحقيقي.

أولاً: التضخم في الاقتصاد اليمني:

شهد اليمن معدلات تضخم مرتفعة منذ منتصف عقد الثمانينات، وتزايدت حدة هذه الضغوط منذ بداية عام 1990 ووصلت أقصاها عام 1994، حيث بلغ معدل التضخم خلالها حوالي (104%)، وأخذت هذه الضغوط تتراجع منذ عام 1995م، جراء السياسات النقدية والمالية الانكماشية مما أدى إلى تراجع معدل التضخم

([1]) ماجدة فايق، " السياسة النقدية في الكويت"، مرجع سابق، ص 209.

عام2004م حتى وصل إلى حوالي (13%) [1]، ويذكر أن اليمن عانت من مختلف أنواع التضخم سواء تلك الناجمة عن قصور وأخطاء السياسات الاقتصادية،أو تلك الناجمة عن أسباب هيكلية مرتبطة بما يعانيه الاقتصاد اليمني من سمات وخصائص البلدان النامية إلا أن التضخم النقدي الناجم عن زيادة الإصدار النقدي الجديد أصبح الأكثر تأثيراً على الاقتصاد اليمني خاصة خلال النصف الأول من عقد التسعينات، ونتناول أبرز أنواع التضخم التي شهدها الاقتصاد اليمني فيما يلي:

1- الضغط التضخمي الناجم عن فائض الطلب:

يستند هذا النوع من التضخم الكلي الذي يوضح بأن تضخم الطلب يحدث عندما يتفوق الطلب الكلي للسلع الاستهلاكية والاستثمارية على العرض الكلي المتاح منها فيتسبب ذلك في ارتفاع الأسعار، وبالنسبة لليمن فقد عانى اقتصادها من هذا النوع من التضخم وكان أكثرها حدة خلال النصف الأول من عقد التسعينات وبملاحظة معيار فائض الطلب الذي كان سائداً في اليمن خلال الفترة (1990- 2004)، والذي يتضح من خلال العلاقة الآتية:

فائض الطلب = [الاستهلاك النهائي الإجمالي الجاري + الاستثمار الإجمالي الجاري] - الناتج المحلي الإجمالي.

---

(1) البنك المركزي اليمني، نشرة التطورات النقدية والمصرفية لشهر يناير 2005م، ص 39.

جدول (4-12)

" حساب فائض الطلب خلال الفترة (1990-2004)"

(مليون ريال)

البيان السنة	الناتج المحلى الاجمالى الجاري (العرض المحلي) (1)	الاستهلاك النهائى الكلي الجارى (2)	الاستثمار الإجمالي الجاري* (3)	إجمالي الطلب المحلي (3+2) (4)	عجز / فائض الطلب المحلي (4-1) (5)	نسبة العجز / فائض إجمالي الطلب المحلي %(5:4) (6)
1990	126489	115413	18406	133819	(7330)	(6)
1991	150986	160512	24334	184846	(338601)	(22)
1992	192047	191083	43026	234109	(42062)	(22)
1993	238332	257010	48249	305259	(66927)	(28)
1994	306404	298141	64390	362571	(56127)	(18)
1995	515515	504295	112713	617008	(101493)	(20)
1996	742709	638038	170879	808917	(66208)	(9)
1997	896767	753416	221215	974631	(77864)	(8)
1998	858201	758863	276465	1035328	(177127)	(20)
1999	1162876	912050	278493	1190543	(27667)	(2)
2000	1560926	1153526	295011	1448537	(112389)	(7)
2001	1684554	1355167	315672	1670848	(13706)	(0.8)
2002	1894497	1541304	367104	1908408	(13911)	(0.7)
2003	2177463	1704465	505543	2210008	(32545)	(1.5)
2004	2551994	2001097	484312	2485409	(66585)	(2.6)

المصدر: الجهاز المركزى للاحصاء كتاب الاحصاء السنوى لعـامى 2001 , ص 436 , 2004م، ص 379، صـ436، الأرقام بين الأقواس (سالبة).

- النسب من عمل الباحث.
- يشمل التغير في المخزون:

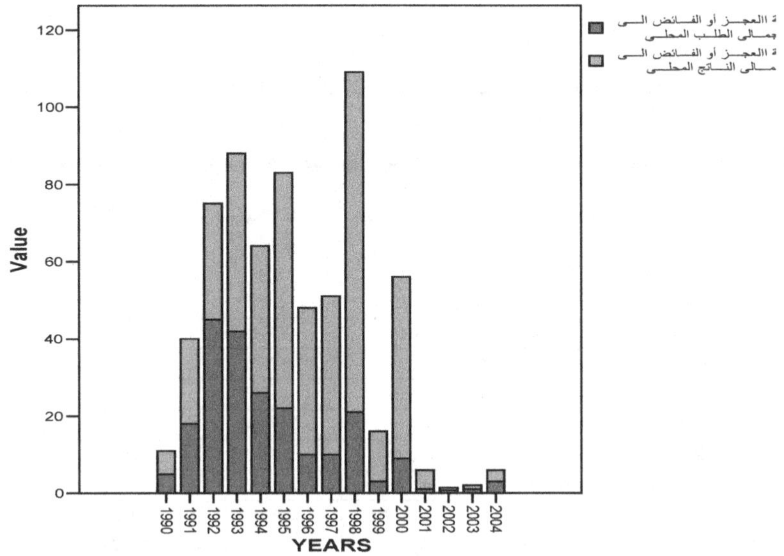

يتضح من الجدول (4-12) أن الاقتصاد اليمني تعرض لضغوط تضخمية مستمرة وخاصة خلال فترة ما قبل برنامج الإصلاح الاقتصادي، بسبب تزايد الطلب المحلي وعدم كفاية العرض المحلي من السلع والخدمات لتلبيته، وقد بلغ المتوسط السنوى لعجز الطلب المحلي إلى الناتج المحلي الإجمالي خلال الفترة (1990-1994) حوالي (19%)، ويعزى تصاعد العجز خلال هذه الفترة إلى تنامي الاستهلاك النهائي الكلي، حيث ارتفع خلالها بمقدار (182728) مليون ريال وبنسب (158%).

أما خلال فترة برنامج الإصلاح الاقتصادي فقد تراجعت نسبة لعجز للطلب المحلي إلى الناتج المحلي الإجمالي إلى (7%) خلال الفترة (1995-2004).

وقد كان يتم تغطية العجز المتحقق في فائض الطلب المحلي من خلال الاستيراد مما أثر سلباً على وضع الميزان التجاري الذي عانى من العجز معظم سنوات فترة الدراسة بسبب عدم تغطية الصادرات المحلية للواردات.

نستنتج مما سبق أن تزايد الطلب المحلي خلال الفترة (1990-1994) ساهم في تزايد الضغوط التضخمية على الاقتصاد اليمني، وبتراجع الطلب المحلي خلال فترة ما

بعد برنامج الإصلاح الاقتصادي فإن ذلك ساهم في انخفض الضغوط التضخمية على الاقتصاد اليمني.

2- الضغوط التضخمية الناجمة عن دفع النفقة.

وهى تلك الضغوط الناجمة عن ارتفاع تكاليف عناصر الإنتاج وخاصة الأجور والمستلزمات الداخلة في العملية الإنتاجية، ولأن اليمن كغيرها من البلدان النامية تعتمد في توفير احتياجاتها على الاستيراد من الخارج، فإن اليمن تتعرض لما يسمى بالتضخم المستورد، وخلال الفترة (1986 - 1992) شكلت مستلزمات الانتاج ما نسبته (44%)[1] من إجمالي الواردات، وتشير الاحصائيات الرسمية إلى التزايد المستمر للواردات سنة بعد أخرى، حيث ارتفعت خلال الفترة (1993 - 1995) بمقدار (30707) مليون ريال وبنسبة (91%)، وواصلت ارتفاعها خلال فترة الاصلاح الاقتصادي (199- 2004) بمقدار (505921) مليون ريال وبنسبة (283%) [2]، وهي نسبة مرتفعة تدل على إنكشاف الاقتصاد اليمني على العالم الخارجي حيث تشكل الواردات الوسطية الجزء الأكبر من إجمالي الواردات،إذ بلغت نسبتها خلال الأعوام 2002، 2003، 2004 م حوالي (56%، 50.5%، 55.5%) [3] على التوالي، ونظراً للارتفاع المستمر لهذه المستلزمات بسبب ارتفاع أسعار المواد الخام نتيجة لارتفاع أسعار مختلف المواد في الأسواق العالمية، فإن ذلك ساهم في إذكاء الضغوط التضخمية في كافة البلدان المستوردة ومنها اليمن، التي تعد من أكثر البلدان النامية اعتماداً على الخارج في توفير مستلزمات الإنتاج، مما جعلها عرضة للتضخم الناجم عن دفع التكلفة , هذا إلى جانب ارتفاع

([1]) على علي الزبيدي،" الضغوط وسياسة سعر الصرف في الجمهورية اليمنية "، مرجع سابق، ص 293

([2]) البنك المركزي اليمني، "التطورات النقدية والمصرفية لشهر يناير 2005 "، ص 5-9.

([3])الجهاز المركزي للإحصاء، كتاب الإحصاء السنوي لعام 2003، ص 373- 378، تقرير عام 2004 ص395.

تكاليف الإنتاج المحلي بسبب ارتفاع أسعار الوقود التي أثرت سلباً على تكلفة الإنتاج المحلي.

3- الضغوط التضخمية الناجمة عن الاختلالات الهيكلية:

لم ينجو الاقتصاد اليمني من تلك الضغوط التضخمية التي مرادها الاختلالات الهيكلية ويتمثل أبرزها فيما يلي:

1- ارتفاع نسبة مساهمة القطاعات الخدمية الحكومية في تكوين الناتج المحلي الإجمالي خلال الفترة (1990- 1994) من (15.6%) إلى حوالي (24 %)، في الوقت الذي تراجعت فيه نسبة مساهمة القطاعات الخدمية الإنتاجية من (33%) عام 1990 إلى (27%) عام 1994م، كما تراجعت نسبة مساهمة القطاعات الإنتاجية في تكوين الناتج المحلي الإجمالي من (50 %) عام 1990 إلى (47%) عام 1994م[1]، وقد حصل تحسن بسيط في نسبة مساهمة القطاعات الإنتاجية في تكوين الناتج المحلي الإجمالي خلال فترة الإصلاح الاقتصادي، حيث ارتفعت من (51%) عام 1995م إلى حوالي (56%) عام 2004م، كما تراجعت نسبة مساهمة القطاعات الخدمية الحكومية من (13%) عام 1995 إلى (11%) عام 2004م، إلا أن هذا التحسن ناتج عن ارتفاع نسبة مساهمة القطاع الاستخراجي (النفط) الذي ارتفعت مساهمته من (14%) عام 1990م إلى (32%) عام 2004م[2]، بسبب تزايد الإنتاج وتحسن أسعار النفط في السوق العالمية، وهذا لا يعد تحسناً في وضع القطاع الإنتاجي لأن ارتفاع مساهمة هذا القطاع كانت بسبب ارتفاع الأسعار العالمية، مما يشير إلى أن الاقتصاد اليمني لا يزال يعاني من جمود الهيكل الإنتاجي، كما أن الإجراءات النقدية والمالية لم تكن

(1) الجهاز المركزي للاحصاء، كتاب الإحصاء السنوي لعام 2003، ص 454.

(2) جدول (7 – 2).

فعالة في القضاء على هذه الاختلالات، وهذا يتطلب من الحكومة تبني معالجات حقيقية تعمل على رفع كفاءة إنتاج القطاعات الإنتاجية وزيادة مساهمتها في تكوين الناتج المحلي الإجمالي.

2- الخلل الهيكلي في ميزان المدفوعات،وخصوصاً خلال النصف الأول من عقد التسعينات، حيث تشير البيانات الرسمية أن العجز سيطر على ميزان المدفوعات طوال الفترة (1990- 1994)، وأن نسبة العجز إلى الناتج المحلي الإجمالي ارتفعت من حوالي (2.8%) عام 1990 إلى حوالي (19%) عام 1994م [(1)]، وهي نسبة كبيرة تعكس عمق الاختلالات التي عانى منها الاقتصاد اليمني خلال تلك الفترة، وقد مارس هذا العجز ضغوطاً متزايدة على سعر تحويل العملة المحلية إلى العملات الأجنبية، مما ساعد على رفع معدل التضخم في الاقتصاد اليمني حتى وصل إلى أعلى مستوى له عام 1994م، وقد حصل تحسن نسبي في هذا الميزان بعد تبني الحكومة برنامج الإصلاح الاقتصادي، ولو أن جله كان ناتجاً عن تحسن وضع الميزان التجاري بسبب ارتفاع اسعار النفط العالمية إلى جانب أن حساب رأس المال حقق فايضاً خلال الخطة الخمسية الثانية بسبب انخفاض حجم المديونية الخارجية لليمن إثر إعفاء اليمن من أغلب ديونها من خلال نادي باريس، حيث انخفضت ديون اليمن الخارجية من (1600) مليون دولار إلى (426) [(2)] مليون دولار فقط، وقد انعكس هذا إيجاباً على تحسناً وضع ميزان المدفوعات حيث اختفى العجز في هذا الميزان منذ عام

([1])البنك المركزي اليمني، " تحليل ميزان المدفوعات خلال الفترة (1990- 1999) "، صنعاء، ص 18.

([2]) المركز العام للدراسات والبحوث والأصول، " التقرير الاستراتيجي السنوي لعام 2000م "، صنعاء، ص 222.

1999م، وبدأ بتحقيق فائضا خلال الفترة (1999-2004) بلغ مقداره (267) وما نسبته (98%) [1]

ونخلص مما سبق أن الاقتصاد اليمني تعرض لمختلف أنواع الضغوط التضخمية وخاصة خلال النصف الأول من عقد التسعينات، إلا أن التضخم النقدي يكاد يكون السمة المميزة للسنوات الأولى من عمر دولة الوحدة، لذلك تم الإسراع بتبني برنامج الإصلاح الاقتصادي بما احتواه من سياسات نقدية ومالية انكماشية أثرت بشكل واضح على تراجع معدلات التضخم، خلال النصف الثاني من عقد التسعينات.

ثانياً: معايير التضخم في الاقتصاد اليمني:

بعد أن تناولنا تطورات العرض النقدي والعوامل المؤثرة عليه، ولاحظنا أن النصف الأول من عقد التسعينات شهد نمواً متزايداً في حجم السيولة المحلية مما كان له شديد الأثر على إذكاء الضغوط التضخمية في الاقتصاد اليمني خلال هذه الفترة إلا أنه لم يكن المصدر الوحيد للتضخم بل عانى الاقتصاد اليمني من مختلف أنواع التضخم الأخرى كما أشرنا سابقا، ولأن الأهم ليست الأرقام المطلقة فقط، فإننا في هذا الجزء سندرس علاقة نمو العرض النقدي باعتباره يمثل قوى الطلب الكلي بالناتج المحلي الإجمالي الحقيقي باعتباره المصدر الرئيسي الأساسي لعلاقة العرض الحقيقي للسلع والخدمات وذلك من خلال تطبيق بعض معايير التضخم في الاقتصاد اليمنى خلال فترة الدراسة، ومن أبرز هذه المعايير ما يلي: -

1- معيار الاستقرار النقدي:

يستند هذا المعيار في جوهرة إلى نظرية كمية النقود التي تنص على أن الزيادة في كمية النقود إذا لم تتناسب مع الزيادة المتحققة في الناتج المحلي الإجمالي الحقيقي فإن ذلك يتسبب في إحداث التضخم [2].

---

(1) البنك المركزي اليمني، التقرير السنوى لعام 2004، صـ 117.

ويعتمد صندوق الدولي على هذا المعيار في سياسته للتعرف على الاتجاهات التضخمية أو الانكماشية، ويحسب هذا المعيار بحاصل قسمة معدل التغير في العرض النقدي على معدل التغير في الناتج المحلي الإجمالي بالأسعار الثابتة، فإذا كان هذا العامل مساوياً الواحد صحيح دَلَّ ذلك على وجود حالة استقرار نقدي كامله، أما إذا كان هذا المعامل أكبر من الواحد صحيح فإنه يدل على أن الاقتصاد في حالة توسع وتتوقف حدة التضخم ودرجته على مدى قرب أو بعد المعامل عن الواحد صحيح، فكلما كان أقل من الواحد صحيح كان الاقتصاد في حالة انكماش والعكس يكون الاقتصاد في حالة انتعاش وتوسع [1].

والجدول التالي يبين معامل الاستقرار في اليمن خلال الفترة (1990- 2004)

(1) مصطفى النشرتي، " السياسة النقدية والمصرفية "، دار النهضة العربية، القاهرة، 2003، ص 120.

(1) عزة أحمد رضوان، " السياسة النقدية في مصر "، مرجع سابق، ص 165.

جدول (4-13)

معامل الاستقرار النقدي خلال الفترة (1990- 2004)

(مليون ريال)

البيان / السنوات	العرض النقدي (1)	معدل النمو لعرض النقدي % (2)	الناتج المحلي الإجمالي الحقيقي (3)	معدل النمو في الناتج الحقيقي (4)	معامل الاستقرار النقدي 4÷ 2 = (5)	متوسط معامل الاستقرار للفترتين (1990-1994)، (1995-2004)
1990	72515	-	126489	-	-	
1991	79340.6	9.4	128979	1.96	4.7	
1992	97179.5	22.4	139712	8.3	2.7	9.2
1993	126994.9	30.6	145396	4.1	7.5	
1994	167169.3	31.6	148542	2.2	22.0	
1995	248264.9	48.5	165842	11.6	4.2	
1996	269551.3	8.5	178962	7.9	1.1	
1997	298388.5	10.7	189848	6.0	1.6	
1998	333349.9	11.7	202393	6.6	1.7	
1999	379294.2	13.8	207672	2.6	5.3	3.4
2000	474525.1	25.1	238007	14.6	1.7	
2001	563049.5	18.7	249883	4.9	3.8	
2002	664664.4	18.1	258603	3.5	5.2	
2003	797371.8	19.6	268365	3.7	5.3	
2004	917275.3	15.0	278748	3.8	3.9	

المصدر: بيانات الجدولين (1-4)، (4-4)

يعكس الجدول حقيقة الوضع الاقتصادي الذي ساد في اليمن خلال فترة الدراسة، حيث تشير نتائج معامل الاستقرار النقدي أن الاقتصاد اليمني تعرض لضغوط تضمنية كبيرة خلال فترة ما قبل برنامج الإصلاح الاقتصادي (1990- 1994) ووصلت هذه الضغوط إلى أقصاها خلال عام 1994، حيث بلغ معامل الاستقرار النقدي (22) وهي نسبة كبيرة إذا ما قورنت بالنسبة المعيارية للاستقرار النقدي واحد صحيح، أما فترة تطبيق برنامج الإصلاح فتشير النتائج إلى تحسن الوضع الاقتصادي، حيث هبط معامل الاستقرار النقدي من (22) عام 1994 إلى (4.2) عام 1995 بنسبة

انخفاض (81%) وواصل انخفاضه سنة بعد أخرى حتى عام 1998م، وسجل المعامل أقل رقماً في عام 1996 (1.1) [1].

وبدأ المعدل في الارتفاع خلال الفترة (1999- 2004)، وبالذات خلال عامي 2002- 2003 الذي انخفضت خلالها الصادرات النفطية بنسبة (19%) مقارنة بعام 2000م، بسبب انخفاض نمو الناتج المحلي الإجمالي [2]

وبملاحظة متوسط معامل الاستقرار النقدي خلال فترة ما قبل الإصلاح الاقتصادي وما بعدها نجد أنه شهد انخفاضاً واضحاً خلال فترة الإصلاح الاقتصادي حيث تراجع من متوسط (9.2) خلال الفترة (1990-1994) إلى (3.4) خلال الفترة (1995-2004)، وكان ذلك الانخفاض ناتج عن تراجع متوسط معدل نمو العرض النقدي من (23.4%) خلال فترة ما قبل برنامج الإصلاح إلى (19%) خلال فترة الإصلاح الاقتصادي، مقابل نمو الناتج المحلي الإجمالي من متوسط (4.%) قبل برنامج الإصلاح إلى (6.5%) خلال فترة برنامج الإصلاح، مما يشير على أن إجراءات السياسة النقدية نجحت إلى حد ما في تقليص الفجوة بين معدل نمو العرض النقدي ومعدل نمو الناتج الإجمالي الحقيقي، و بذلك ساهمت ذلك الإجراءات في السير نحو تحقيق الاستقرار النقدي.

2- معيار فائض المعروض النقدي:

يستخدم هذا المعيار لقياس الفجوة التضخمية عن طريق قياس الفرق بين التغير في عرض النقد والتغير في الطلب الكلي على النقود عند أسعار ثابتة خلال فترة

([1]) الجهاز المركزي للأحصاء لعام 2001، ص 410.

([2]) البنك المركزي اليمني، التطورات النقدية والمصرفية لشهر يناير 2005، ص 43.

زمنية معينة من خلال قسمة العرض الكلي للنقود على الناتج المحلي الإجمالي بالأسعار الثابتة [1].

وفائض المعروض النقدي هو عبارة عن الفرق بين إجمالي الزيادة السنوية في العرض النقدي والزيادة الغير تضخمية في العرض النقدي التي تقاس بحاصل ضرب الزيادة في الناتج المحلي الإجمالي في كمية النقود مقسومة على الناتج المحلي بالأسعار الثابتة أي أن معيار فائض المعروض النقدي = الزيادة في العرض النقدي - الزيادة غير التضخمية في العرض النقدي، والزيادة غير التضخمية في العرض النقدي = الزيادة في الناتج المحلي الحقيقي × كمية النقود (العرض النقدي) / الناتج المحلي للأسعار الثابتة.

ويشترط هذا المقياس ضرورة التناسب بين الزيادة في العرض النقدي والزيادة في الناتج المحلي الإجمالي لتجنب الضغوط التضخمية [2].

ويتضح مغزى هذا المعيار، من أن هناك نسبة معينة من كمية النقود إلى إجمالي الناتج المحلي يميل الأفراد للاحتفاظ بها، تتناسب طردياً مع الزيادة في الناتج المحلي، وعندما تفوق نسبة ما يرغب الأفراد في الاحتفاظ به من النقود الزيادة المحققة في الدخل الحقيقي، فإن هذا يولد ضغوطاً تضخمية.

وفيما يلي يوضح الجدول (13-4) فائض المعروض النقدي في اليمن خلال الفترة (1990 -2004):

---

(1) إيمان عطية العطوي، " فاعلية السياسة النقدية في مكافحة التضخم في مصر "، رسالة ماجستير غير منشورة، كلية التجارة جامعة عين شمس 1997، ص 155.

(2) محمود إبراهيم القصاص، " فعالية السياسة النقدية المستخدمة في ظل برنامج الإصلاح الاقتصادي في مصر "، رسالة ماجستير غير منشورة، جامعة عين شمس، القاهرة، 1995، ص 63.

جدول (4-14)

معيار فائض المعروض النقدي خلال الفترة (1990- 2004)

(مليون ريال)

البيان / السنوات	الناتج المحلي الإجمالي بالأسعار الثابتة (1)	الزيادة للناتج المحلي الإجمالي بالأسعار الثابتة (2)	العرض النقدي (3)	الزيادة السنوية في العرض النقدي (4)	كمية العرض النقدي /الناتج المحلي أ÷1 (5)	الزيادة غير التضخمية في العرض النقدي 5× 2 = 6 (6)	معيار فائض العرض النقدي 6-4 = 7 (7)
1990	1269489	-	72515	-	0.573	-	
1991	128979	2490	79340.6	6825.6	0.615	1531.3	5294
1992	139712	10733	97179.5	17838.9	0.695	7459.4	10389.5
1993	145396	5684	126994.9	29815.4	0.873	4962.1	24853
1994	148542	3146	167169.3	40174.4	1.125	3539.2	36635
1995	165842	17300	248264.9	81095.6	1.497	25898.1	55198
1996	175962	10120	269551.3	21286	1.532	15503.8	5782
1997	189848	13886	298388.5	28837	1.572	21828.8	7008
1998	202393	12545	333349.9	34961	1.647	20661.6	14299
1999	207672	5279	379294.2	45900	1.815	9581.3	36319
2000	238007	30335	474525.1	95231	2.167	65735.9	29495
2001	249883	11876	563049.5	88524	2.456	29167.4	59357
2002	258603	8720	664664.4	101615	2.789	24320.0	77295
2003	26365	9762	797371.8	132707	3.211	31345.7	101361
2004	278748	10383	917275.3	119903	3.291	34170.4	85733

المصدر: جدول (4-4) بقية الأعمدة عمل الباحث.

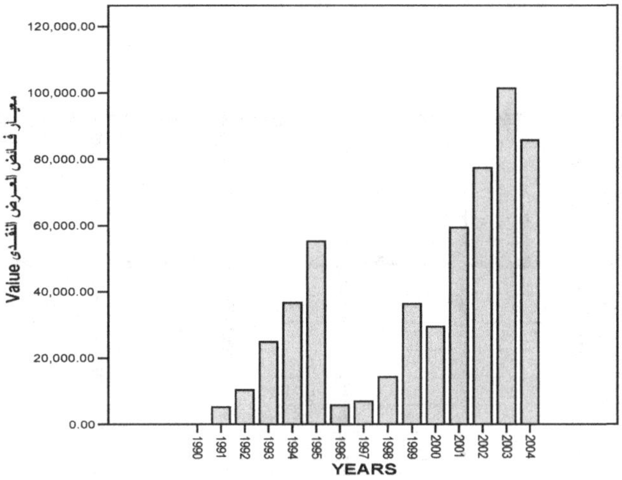

يتضح من الجدول أن الزيادة في العرض النقدي كان متفوقاً على الطلب على النقود عند الأسعار الثابتة طوال فترة الدراسة، الأمر الذي يشير إلى تزايد الضغوط التضخمية وهذا عائد إلى تفضيل الأفراد للسيولة النقدية، مما جعل التناسب بين الزيادة في العرض النقدي والزيادة الناتج المحلي الإجمالي يميل لصالح السيولة النقدية، إلا أن تزايد العرض النقدي خلال الخمس السنوات الأولى كان يتم من خلال مصادر تضخمية، في حين كانت زيادة العرض النقدي خلال الفترة التي تلت تنفيذ برنامج الإصلاح كانت من مصادر غير تضخمية ومع ذلك فإن قيم فائض المعروض النقدي تشير إلى تواضع قيم الناتج المحلي الإجمالي مما يشير إلى عمق الاختلالات الهيكلية التي لا يزال الاقتصاد اليمني يعاني منها.

3- معيار معدل الضغط التضخمي:

يشير هذا المعيار إلى الفرق بين معدل التغير السنوي في السيولة المحلية، وبين معدل التغير السنوي في الناتج المحلي الإجمالي بالأسعار الثابتة، فإذا كان المعدل موجباً فإنه يشير إلى وجود اتجاهات تضخمية تزداد حدتها أو ضعفها بحسب قرب

المعدل أو بعده عن الصفر، وعندما يكون المعدل سالباً فإنه يشير إلى اتجاهات انكماشية حادة، ويكون الاقتصاد في حالة الاستقرار نقدي عندما يكون المعدل مساوياً للصفر [1].

جدول (4-15)

معيار معدل الضغط التضخمي خلال الفترة (1990- 2004)

(مليون ريال)

البيان / السنوات	العرض النقدي (1)	معدل النمو في العرض النقدي (%) (2)	الناتج المحلي الإجمالي بالأسعار الثابتة (3)	معدل النمو في الناتج المحلي الإجمالي (4)	معيار معدل الضغط التضخمي (%) (4-2) =5	متوسط معدل الضغط التضخمي للفترتين (1990-1994)، (2004-1995)
1990	72515	-	126489	-	-	
1991	79340.6	9.4	128979	1.97	7.4	
1992	97179.5	22.4	139712	8.32	14.1	19.4
1993	126994.9	30.6	145396	4.07	26.5	
1994	167169.3	31.6	192373	2.16	29.4	
1995	248264.9	48.5	165842	11.65	36.8	
1996	269551.3	8.5	175962	7.9	0.6	
1997	298388.5	10.7	189848	6.0	4.7	
1998	33349.9	11.7	202393	6.6	5.1	
1999	379294.2	13.8	207672	2.6	11.2	12.5
2000	474525.1	25.1	238007	14.6	10.5	
2001	563049.5	18.7	249883	4.9	13.8	
2002	664644.4	18.1	258603	3.5	14.6	
2003	797371.8	20.0	268365	3.7	16.3	
2004	917275.3	15.0	278747	3.8	11.2	

المصدر: الجدولين (4-1)، (4 -4)

(1) عصام الدين فؤاد، فعالية السياسة النقدية فى الاقتصاد المصرى فى ظل سياسة الانفتاح الاقتصادي، رسالة ماجستير غير منشورة , كلية التجارة، جامعة عين شمس، 1989، صـ 182.

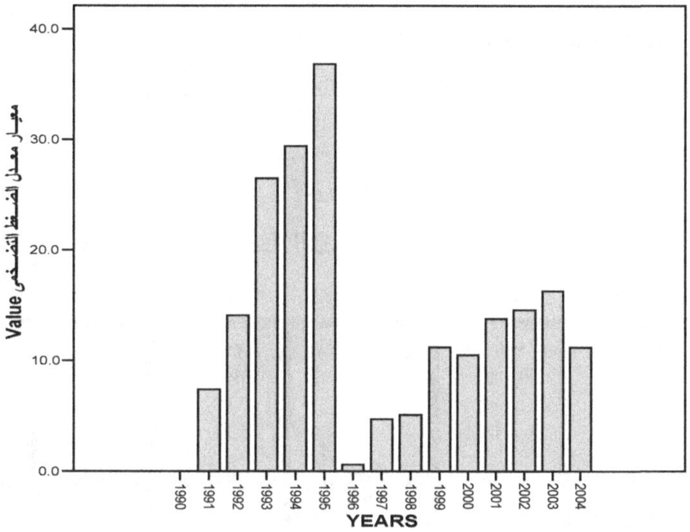

يتضح من بيانات الجدول أن الاقتصاد اليمني عانى من الضغوط التضخمية طوال الفترة وبلغ التضخم أشده في عام 1995م، حيث بلغ معدل نمو السيولة المحلية حوالي (48.5%) في حين لم يتجاوز معدل النمو للناتج المحلي الإجمالي (11.6%) لنفس العام، وهذا ناتج عن الأسلوب الذي اتبعته السلطات النقدية في توفير متطلباتها من التمويل، والمتمثل في التمويل التضخمي، مما أدى إلى تسارع الضغوط التضخمية خلال النصف الأول من عقد التسعينات، وبدأ التحسن يظهر على الاقتصاد اليمني منذ بداية عام 1996م، حيث تراجع معدل نمو العرض النقدي خلاله بنسبة (78%) مقارنة بالعام 1995م، وشهد الاقتصاد اليمني تراجعاً واضحاً للضغوط التضخمية أدت إلى تراجع معدل الضغط التضخمي من (36.08) عام 1995م إلى (0.6%) عام 1996م بنسبة تراجع بلغت (98%)، ورغم التحسن الذي حصل في الاقتصاد اليمني خلال العام (1999م)، إلا أن الضغوط التضخمية عادت مرة أخرى في الظهور بسبب تزايد النفقات العامة وبالذات الجارية منها التي ارتفعت بنسبة (38%) خلال الفترة (2000-2004)، كما تباطأت الإيرادات العامة نتيجة تراجع قيمة الصادرات النفطية من (72%) خلال

الفترة (1996- 2000) إلى (48 %) خلال الفترة (2001- 2004) [1] بسبب تذبذب أسعار النفط في السوق العالمية.

كما يتضح ذلك من الجدول (15 -4) أن متوسط معدل الضغط التضخمي خلال الفترة الأولى (1990 – 1994) قبل الإصلاح بلغ حوالي (19.4%) في حين شهد هذا المعدل تراجعا خلال المرحلة الثانية (1995-2004) حيث لم يتجاوز متوسطه السنوى (12.5%) ورغم أنه لا يزال مرتفعا وبعيدا عن مستوى الاستقرار النقدي المنشود، إلا أنه يشير إلى نجاح السياسات النقدية خلال الفترة الثانية في تخفيض معدل التضخم قياسا بما كان عليه في الفترة السابقة، أما بقاء هذا المعدل مرتفعا وبعيدا عن مستوى الصفر فهو يشير إلى الاختلال بين معدل نمو العرض النقدي ومعدل نمو الناتج المحلي.

وبعد استعراضنا المقاييس التضخم في الاقتصاد اليمني خلال الفترة (1990-2004) لاحظنا أنه الاقتصاديين تعرض لضغوط تضخمية متواصلة كان أشدها خلال الفترة (1990- 1994) وهي الفترة التي شهد الاقتصاد اليمني تحولات هامة كإعادة توحيد اليمن مع ما رافقها من نفقات باهظة، بالإضافة إلى الأحداث الإقليمية والمحلية التي أعقبت قيام الوحدة كحرب الخليج عام 1991م، والحرب الأهلية عام 1994م، وكل هذه الأحداث شكلت عوامل سلبية على الاقتصاد اليمني انعكست في شكل ضغوط تضخمية بلغت أقصاها عام 1994م، ومع تبني الحكومة برنامج الإصلاح الاقتصادي عام 1995، بدأت الضغوط التضخمية تتراجع نسبياً طوال الفترة بفضل مجموعة من الإجراءات والسياسات الانكماشية التي طبقتها السلطات النقدية بغية السيطرة على التضخم وكبح جماح الأسعار .

وقد أظهرت معايير الاستقرار النقدي حدوث تحسن نسبي في مقاييس التضخم خلال فترة الإصلاح الاقتصادي قياساً بالفترة السابقة لها، مما يشير إلى النجاح

(1) البنك المركزي اليمني، " التطورات النقدية والمصرفية لشهر يناير 2005 "، ص 17.

النسبي للسياسات النقدية المتبعة خلال برنامج الإصلاح الاقتصادي، إلا أن المقاييس التضخمية لا تزال مرتفعة مقارنة بالمعدلات القياسية للاستقرار النقدي، مما يتطلب من السلطات النقدية بذل أقصى الجهود لاستحداث الوسائل التي من شأنها تخفيف الضغوط التضخمية وفي مقدمتها ترشيد النفقات العامة وتحسين وسائل الإيرادات العامة ودعم القطاعات الإنتاجية الرئيسية من أجل الوصول إلى مرحلة الاستقرار الاقتصادي الذي يؤدي بدوره إلى الاستقرار النقدي المستمر.

المبحث الرابع
فعالية السياسة النقدية في تحقيق التوازن والاستقرار الاقتصادي

يعتبر تحقيق التوازن الاقتصادي أحد الأهداف الرئيسية التي تسعى السياسات الاقتصادية إلى تحقيقها، ويأتي في مقدمتها السياسات النقدية التي تحرص على استخدام أدواتها بما يحقق التوازن الداخلي المتمثل في توازن الميزانية العامة للدولة من خلال تفادي أوجه القصور والعجز فيها، بالإضافة إلى الحرص على تحقيق التوازن الخارجي من خلال اتخاذ الوسائل اللازمة لزيادة الصادرات وتقليص الواردات بما يحقق التوازن في الميزان التجاري وميزان المدفوعات.

ومع تبني البلدان النامية لبرامج الإصلاح الاقتصادي، بالتعاون مع صندوق النقد الدولي، فإن هذه البرامج تحرص على إعادة التوازن في موازين المدفوعات لهذه البلدان منطلقة في معالجتها من أن الطاقة الإنتاجية ثابتة في الآجل القصير(1).

وقد سعت السلطات النقدية في اليمن في إطار برنامج الإصلاح الاقتصادي إلى القضاء على الإختلالات الاقتصادية والسعي لإعادة الاقتصاد اليمني إلى حالة الاستقرار، وفى سبيل ذلك تم تطبيق بعض السياسات أبرزها:

تحرير أسعار الفائدة، وإلغاء تعدد أسعار الصرف وتعويم العملة اليمنية لتخضع لقوانين العرض والطلب، وتسعى من وراء ذلك إلى ما يلي(2):-

(1) صندوق النقد الدولي، الجوانب النظرية لتصميم برامج التصحيح الأقتصادي " دراسة رقم (55) واشنطن، 1987، صـ 90

(2) محمد أحمد الافندي " الأثار الاقتصادية والاجتماعية لتعويم العملة اليمنية " المؤتمر الاقتصادي اليمني الثاني، مرجع سابق، صـ 500

1-**تحقيق التوازن الداخلي:** من خلال زيادة الإيرادات العامة لتواكب النفقات العامة بما يحقق اختفاء العجز من الموازنة العامة، فهذه البرامج ترى أن إصلاح الهيكل الضريبي واستحداث أدوات مالية جديدة (أذون الخزانة) سيساهم في زيادة الإيرادات العامة بما يؤدي إلى تخفيف العجز المتحقق في الموازنة العامة للدولة.

2- **تحقيق التوازن الخارجي:** من خلال الحصول على قيم الصادرات المحلية لأن تخفيض قيمة العملة المحلية بالنسبة للعملات الأجنبية سيساهم في زيادة الصادرات اليمنية للعالم الخارجي , فيعمل ذلك على زيادة الإيرادات الخارجية مما يؤدي إلى تحسن وضع الميزان التجاري , وسيعمل التحسن في وضع الميزان التجاري , وتنامي الإيرادات المحلية على توفر الأموال اللازمة لتحقيق الاستقرار والنمو الاقتصادي.

وسنتناول في هذا المبحث دور السياسات النقدية في تحقيق التوازن الداخلي والخارجي بالإضافة إلى فعاليتها في تحقيق الاستقرار الاقتصادي من خلال الآتي:

أولا: فعالية السياسة النقدية والمالية في تحقيق التوازن الداخلي:

يعتبر تحقيق التوازن في الموازنة العامة للدولة من أبرز الأهداف التي تسعى السياسات النقدية إلى تحقيقها بالتعاون والتنسيق مع السياسات المالية، وقد ظهر الاهتمام بتحقيق هذا الهدف بعد الكساد الكبير الذي أثبت عدم صحة تلقائية التوازن الذي كان ينادي به الاقتصاديون الكلاسيك، وجاء الاقتصاديون الكنزيون ينادون بمبدأ مرونة الموازنة العامة بحيث يتم زيادة الإنفاق الاستهلاكي وتخفيض الضرائب في حالات الكساد والبطالة، والعكس في حالات التضخم .

ومن أجل معالجة الخلل في الميزانية العامة للدولة والوصول بها إلى حالة التوازن، اتخذت الحكومة بعض الإجراءات النقدية والمالية أبرزها تحقق هدفين في آن واحد هما[1]:

([1]) أحمد عبد الرحمن السماوي - محافظ البنك المركزي اليمني " أذون الخزانة اداة ومالية ونقدية ضرورية" ورقة مقدمة لمجلس الشورى حول اذون الخزانة، 15 يونيو 2003، صـ3

أ- زيادة الإيرادات الضريبية:

بعد أن قامت الحكومة بتعويم العملة المحلية وما رافق ذلك التعويم من انخفاض سعر العملة المحلية أمام العملات الأجنبية , ولأن هذا التخفيض سيعمل على زيادة قيم الواردات , فإن الحكومة وفي إطار البحث عن مصادر لتنمية الواردات قامت بزيادة الإيرادات الضريبية لتوازن بين النفقات المتنامية والإيرادات المحدودة.

والجدول التالي يوضح التطور الذي حصل في الإيرادات الضريبية الكلية خلال الفترة (1990-2004):

جدول (4-16)

تطور الإيرادات الضريبية الكلية خلال الفترة (1990-2004)

(مليون ريال)

لسنوات لبيان	990	991	992	993	994	995	996	997	998	999	000	001	002	003	004
عدل نمو الإيرادات الضريبية %	-	6	3	1		0	2	0		1	4	0	3	1	6
سبة الإيرادات لضريبية إلى إجمالي الإيرادات الخارجية %	8	9	4	8	4	8	0	7	6	8	9	2	5	3	2

المصدر: جدول (7-2).

* النسب من عمل الباحث.

بملاحظة بيانات الجدول (16-4) يتضح أن الإيرادات الضريبية حققت نمو خلال فترة الإصلاح الاقتصادي بلغ متوسط معدل نموه خلالها (25%) , في حين لم يتجاوز متوسط معدل نمو هذه الإيرادات (19%) خلال الفترة (1990-1994), أما ارتفاع نسبة الإيرادات الضريبية إلى الإيرادات الجارية خلال فترة ما قبل برنامج الإصلاح مقارنة بفترة ما بعد برنامج الإصلاح فهو ليس ناتجاً عن تراجع حجم الإيرادات الضريبية بل مرد ذلك تنامي حجم الإيرادات النفطية خلال فترة الإصلاح الاقتصادي قياساً لما كانت عليه خلال فترة ما قبل برنامج الإصلاح.

ومما سبق نستنتج أن الإيرادات الضريبية التي قامت الحكومة بزيادتها أتت لتواكب الزيادة المتنامية للنفقات العامة , بمعنى أن هناك تكامل بين السياستين النقدية والمالية من أجل تحقيق التوازن الداخلي المتمثل في تقليص العجز في الموازنة العامة للدولة.

إلا أن المأخذ على الحكومة في رفعها للإيرادات الضريبية أنها استخدمت ريعها لمواجهة أعباء الدين العام الداخلي المتمثل في العائدات الاستثمارية لأذون الخزانة , كما أن الضرائب المفروضة وقع عبئها كاملاً على المستهلك لأن المنتجين حملوا المواطن تلك الضرائب عن طريق رفع أسعار السلع.

(ب) استحداث أداة مالية جديدة (أذون الخزانة):

أتى استحداث هذه الأداة لتحقق هدفين في آن واحد هما:

الأول: تمويل العجز المتفاقم في الموازنة من وسائل غير تضخميه.

الثاني: إمتصاص السيولة النقدية من السوق كوسيلة نقدية تحد من التضخم.

لذلك فهي تعتبر أداة نقدية لأن السيطرة على التضخم من خلال الحد من الإفراط النقدي يعتبر من أهم وظائف البنك المركزي , كما تعتبر أذون الخزانة من

الأدوات التي يوصى باستخدامها في إطار عملية الإصلاح النقدي وذلك لامتصاص أو توفير السيولة المصرفية [1].

وبالنسبة لليمن فإن هذه الأداة التي بدأ العمل بها منذ ديسمبر 1995 م حققت نجاحاً ملحوظاً من خلال الإقبال المتزايد على شرائها من قبل البنوك والمؤسسات الأخرى غير المصرفية بسبب عائدها المرتفع الذى بلغ (28%) عام 1996.

كما تشير البيانات الرسمية أن إجمالي القيمة الفعلية للأذون المصدرة ارتفعت خلال الفترة (1996 - 2004) بمقدار (264710) مليون ريال، وبنسبة (2403%)، وقد كانت البنوك أكثر المستثمرين في هذه الأذون خلال الفترة (1996 - 1998)، حيث بلغ متوسط مساهمتها خلال هذه الفترة حوالي (54%)، ونسبة مساهمة غير البنوك (46%)، أما خلال الفترة الثانية (1999- 2004)، فقد تحولت الأهمية النسبية لصالح المؤسسات والشركات غير البنكية، حيث بلغ متوسط مساهمتها حوالي (79%) وانخفضت نسبة مساهمة المؤسسات المصرفية إلى (21%)[2]، ويرجع السبب في ذلك إلى استحداث أليات جديدة تمثلت في إعادة شراء أذون الخزانة التي بداء العمل بها منذ عام 1999، وشهادات الايداع التي بداء العمل بها منذ عام 2001، واقتصر التعامل في هذه الادوات الجديدة على البنوك مما جعل نسبتها في استثمار أذون الخزانة تتراجع خلال الفترة الثانية.

ولأن سعر الفائدة على أذون الخزانة يفوق سعر الفائدة التأشيرية بنقطتين مئويتين، فإن الاستثمار فيها أصبح أكثر ربحية، بالإضافة إلى ما تتمتع به هذه الأذون من مميزات كالسيولة العالية وانعدام المخاطرة.

---

(1) كورنج وهوبي وونج: " إصلاح أدوات السياسة النقدية "، مجلة التمويل و التنمية، مارس، 1992، صـ 16 - 18

(2) المصدر: جدول (4-7)

حيث تشير البيانات الإحصائية أن العائد الاستثماري للأذون بلغ خلال الفترة (1996 - 2004) حوالي (80070) [1] مليون ريال , وبذلك فإن العائد المستحق ارتفع خلال هذه الفترة بمقدار (21213) مليون ريال وبنسبة (2191 %)، وهذه المبالغ تمثل أعباء على الموازنة العامة للدولة وبسبب أسعار الفائدة المرتفعة على هذه الأذون، فقد شجع الكثير من المستثمرين في استثمار فوائضهم المالية فيها للاستفادة من عوائدها المرتفعة، لذلك أصبحت فوائدها تشكل النسبة الأكبر من الدين العام الداخلي، حيث بلغت نسبتها إلى إجمالي الدين العام الداخلي خلال الفترة (2000 - 2004) حوالي (62%، 62%، 65%، 73%، 80%) [2] على التوالي، ونستنتج مما سبق إلى أن أسعار الفائدة مارست تأثيرا إيجابيا على الموازنة العامة للدولة من خلال مساهمتها في جذب وتوفير الأموال اللازمة لسد العجز في الموازنة من مصادر حقيقية غير تضخمية، تمثلت في حجم مبيعات أذون الخزانة، إلا أن هناك بعض المآخذ على هذه الأداة كوسيلة لسد عجز الموازنة وسحب فائض السيولة النقدية ويعتبر ارتفاع العبء المالي للأذون الخزانة من أهم المآخذ كونه يضطر الحكومة إلى انتهاج إحدى الوسائل الآتية[3]:

- فرض ضرائب جديدة في محاولة لزيادة الإيرادات العامة، وهذا يتضمن إعادة توزيع الدخل القومي بما يشكله من تأثير على الطلب النهائي.
- تحويل حصيلة بيع مؤسسات وشركات القطاع العام (متحصلات الخصخصة) إلى سداد قيمة فوائد هذه الأذون، مما يعني ضياع قيمة هذه الأصول، وهذا يشكل عبئاً إضافياً على موازنة الدولة.

([1]) نفس المرجع

([2]) التقارير السنوية للبنك المركزي، لعامي 2001، 2003، صـ 41، صـ40

([3]) منال إبراهيم حلمي، أثار رفع سعر الفائدة على الاقتصاد المصري" , رسالة دكتوراه غير منشورة، كلية الاقتصاد والعلوم السياسية جامعة القاهرة، 1996م، صـ 172

- إصدار أذون خزانة جديدة لتمويل الأذون القائمة، وهذا سيؤدي إلى الدخول في مشكلة الديون المحلية من جديد.
- قيام السلطات النقدية بإصدارات نقدية جديدة لسداد الفوائد المتراكمة لأذون الخزانة.

وكل هذه الخيارات تشكل عوامل ضغط على الموازنة العامة للدولة وتؤدي في النهاية إلى حدوث عجز في الموازنة العامة من جديد.

ونخلص مما سبق إلى أن السياسة النقدية بالتنسيق مع السياسة المالية تمكنتا من إيجاد البدائل المناسبة لتوفير الأموال اللازمة لتمويل عجز الموازنة من مصادر غير تضخمية مما ساهم في تحقيق قدر من الاستقرار الاقتصادي والتوازن الداخلي في الموازنة العامة، إلا أن لهذه البدائل آثاراً سلبية على الاقتصاد اليمني، الأمر الذى يحتم على السلطات النقدية البحث عن وسائل أخرى ذات تأثير إيجابي على النمو الاقتصادي المستقبلي، وعدم الركون إلى الأدوات الحالية، لتكلفتها العالية، التي قد تتسبب مستقبلا في إحداث عجز في موازنة الدولة بسبب تراكم الفوائد، وبالتالي تزايد الدين العام المحلي الذي يشكل عبئا كبيرا على الموازنة.

ثانيا: فعالية السياسة النقدية في تحقيق التوازن الخارجي:

تقوم السياسة النقدية بدور مهم في تصميم وتنفيذ برامج الإصلاح الاقتصادي، ويشكل المنهج النقدي لتحليل ميزان المدفوعات عنصرا مهما في الأساس النظري لكافة برامج التصحيح الاقتصادي التي يشرف عليها صندوق النقد الدولي، ويتميز المنهج النقدي بأنه يحلل ميزان المدفوعات باعتباره ظاهرة نقدية وبالنسبة للاقتصاد اليمني فقد عانى من اختلال التوازن الخارجي الناتج عن اختلال مكونات ميزان المدفوعات، وتحديداً الميزان التجاري.

الـذي ارتفـع فيـه العجـز خـلال الفـترة (1990 -1994) بمقـدار (3303041) [1] مليون ريال وبنسبة (31%).

وسـندرس فـيما يـلي أثـر تخفـيض سـعر الصرـف للعملـة اليمنيـة عـلى كـل مـن الصادرات والواردات، ومن ثم انعكاسات ذلك على الميزان التجاري.

لقد أثبتـت الشـواهد العلميـة أن الـدول التـي اسـتهدفت تحقيـق معـدلات نمـو مناسـبة في الصـادرات تمتعـت بمعـدلات نمـو عاليـة في الـدخل القـومي، لأن الصـادرات تساهم في نمو الناتج المحلي الإجمالي بأكثر من التغير في حجم الصادرات[2].

وتهدف سياسـة تخفـيض سـعر الصرـف إلى زيـادة الصـادرات، وتقليـل العجـز في ميزان المعاملات الجاريـة، إلا أن هـذه السياسـة لوحـدها غـير كافيـة ويتطلـب نجاحهـا تخفيض الطلب الحقيقـي مـن خـلال رفـع مسـتوى الأسـعار مـن أجـل تخفـيض القـيم الحقيقية للمتغيرات التي تؤثر على الإنفاق مثل كمية النقـود. والـدخول الأسـمية لهـذه المتغيرات، بالإضافة إلى زيادة عرض السلع ذات التبادل الدولي، وهذه سيضمن التسرـيع بمعدل نمو الناتج المحلي [3]، وبالنسبة لليمن فإن سعر الصرـف فيهـا مـر بـثلاث مراحـل، المرحلة الأولى هى مرحلة تثبيـت سـعر العملـة المحليـة عنـد (12) ريـال للـدولار وقـد استمرت خلال الفترة (1990 - 1994)، اما المرحلة الثانية فهى مرحلـة التخفـيض وفيهـا ثم تخفيض سعر العملـة المحليـة مـن (12) ريـال للـدولار إلى (50) ريـال للـدولار عـام 1995 ثـم إلى (100) ريـال في النصـف الأول مـن عـام 1996م والمرحلـة الثالثـة وفيهـا وأصبحت مفهومه تخضع لقانون العرض والطلب [4].

([1]) الجهاز المركزي للاحصاء، كتاب الاحصاء السنوى العام 1998، صـ 355

(2) Ballassa. Bela, " Exchange Rates And Foreign Trade In Korea" , The World Bank , Working Paper, March, 1991 , wps635

([3]) موتنده أ. ج. جونسون، " تخفيض سعر العملة وتوسيع الصادرات "، مجلة التمويل والتنميـة، مـارس 1987، مجلـد رقـم (24)، صـ 23، 24

([4]) انظر جدول (8-4)

وبالنسبة لسياسة التعويم فإن البعض يرى أنها ذات أهمية في تحقيق الاستقرار في سعر الصرف بشكل خاص، بالإضافة إلى تأثيرها على النشاط الاقتصادي بشكل عام، كما ينظر لها البعض الآخر بأنها وسيلة لتصحيح الخلل في الحساب الجاري وميزان المدفوعات، وبذلك فإنهم يعتبروها أداة هامة لتحقيق التوازن الخارجي فقط، إلا أن تجارب بعض الدول أظهرت إمكانية التوفيق بين الهدفين في حال توفر المصداقية في تحقيق استقرار سعر الصرف والمرونة في تعديله بدون تضخم من آجل تحقيق التوازن الخارجي[1].

ولأن أغلب البلدان النامية تعاني من اختلالات داخلية، ومنها اليمن الذي عاني اقتصادها خلال النصف الأول من عقد التسعينات من اختلال داخلي انعكس على تفاقم معدل التضخم الذى وصل دروته في عام 1994 م حيث وصل إلى (104%)، وسيطر العجز المستمر على ميزان المدفوعات بسبب قصور الطاقة الانتاجية وعدم قدرتها على مواكبة الطلب الكلي، وبذلك فإن الهدف الرئيسي لسياسة تعويم الريال اليمني، لم تكن من أجل تحقيق التوازن الخارجي فحسب بل كان الهدف منها أيضاً تحقيق الاستقرار في سعر صرف العملة المحلية الذي شهد تذبذبا كبيراً بين السعر الرسمي والسعر الموازي في السوق السوداء[2].

والجدول التالي يبين لنا التغيرات الحاصلة في مكونات الميزان التجاري لليمن، قبل وبعد تعويم سعر العملة اليمنية، للتعرف على الدور الذي خلفته سياسة التعويم على وضع الميزان التجاري ومن ثم مساهمتها في تحقيق التوازن الخارجي.

([1]) محمد الأفندي، الآثار الاقتصادية والاجتماعية لتعويم العملة اليمنية،المؤتمر الاقتصادي اليمني الثاني، صنعاء (18- 20) 1998م، صـ 500.

([2]) أنظر جدول (2 – 4)

جدول (17 -4)

" تطور الميزان التجاري في اليمن خلال الفترة (1990 - 2004)

(ملايين الريالات)

	الصادرات		إجمالي الصادرات (2)	إجمالي الوردات(3)	الميزان التجاري 4= (3-2)	معدل نمو الصادرات النفطية %	معدل نمو الصادرات غير النفطية%	نسبة أ: 3 %	نسبة ب: 3 %
	نفطية (أ)	غير نفطية(ب)							
1990	14434.8	2178	16612.8	17844	1231.2-	-	-	%81	%12
1991	2136.8	2226	14362.8	23046	8683.2-	%16-	%2	%53	%10
1992	1963.6	8200.2	18163.8	48184.1	30020.3-	%18-	%268	%21	%17
1993	10011.6	16206.8	26218.4	77975.2	51756.8-	%0.5	%98	%13	%21
1994	19400.9	14601.51	34002.4	77101.7	43099.3-	%94	%10-	%25	%19
1995	70276.6	296701	99946.7	172659.5	72712.8-	%262	%103	%41	%17
1996	225670.6	36736	262407.0	285035.0	22628-	%221	%24	%79	%13
1997	251436.7	42546	293982.7	311112.3	17129.6-	%11	%16	%81	%14
1998	166955.7	37371	204326.7	311002.3	106675.6-	%34-	%12-	%54	%12
1999	331934.5	54059.5	385994.0	330262.9	55729.1	%99	%45	%101	%16
2000	549693.5	64642.8	614336.3	401844.4	212491.9	%65	%20	%137	%16
2001	490056.0	77274	567330.0	439189.3	128140.7	%11-	%20	%112	%18
2002	458318.8	189020.4	647339.2	541755.0	105584.2	%6-	%144	%85	%35
2003	634500.7	85309.6	719810.3	652006.2	67254.1	%38	%56-	%97	%13
2004	796318.3	73839.4	870157.7	696923.7	173234.0	%26	%13-	%114	%11

المصدر: ديسمبر 2002، صـ 25

- الجهاز المركزي للإحصاء، كتاب الإحصاء العام 2001، صـ 413
- البنك المركزي اليمني، التطورات النقدية والمصرفية لشهر يناير 2005م، صـ20

يتضح من الجدول أعلاه أن الميزان التجاري ظل يعاني من العجز خلال الفترة (1990 - 1998)، في حين أن الحكومة أقدمت على أول تغيير لسعر الصرف في عام 1995 أملاً في غلق الفجوة بين سعر الصرف في السوق الرسمي والسوق الموازي، ومن ثم تقليص العجز في الميزان التجاري من خلال زيادة الصادرات وتخفيض الواردات.

وبالنسبة للصادرات يتضح من الجدول أن الصادرات النفطية كانت أكبر مساهمة في تغطية الواردات سواء في مرحلة تثبيت العملة المحلية أو بعد تعويمها، وقد ازدادت نسبة مساهمتها في تغطية الواردات خلال مرحلة التعويم حيث ارتفعت نسبتها من (79%) عام 1996م، إلى (114%) عام 2004م، بنسبة ارتفاع بلغت حوالي (44%)، إلا أن ذلك الارتفاع ناتج عن تغير أسعار النفط في السوق العالمية وليس نتيجة لتعويم العملة اليمنية، ويؤكد ذلك تراجع نسبة مساهمة الصادرات غير النفطية في تغطية الواردات، حيث تراجعت نسبتها من (21%) عام 1993 و (19%) عام 1994 إلى (13%،14%، 12%) خلال الأعوام (1996 - 1998)، بمعنى أن تعويم العملة

لم يحسن من وضع الصادرات غير النفطية، ويعزى ذلك إلى ضعف هياكل الإنتاجية للاقتصاد اليمني وسيطرة قطاع واحد على هيكل الصادرات هو القطاع النفطي، وشأن اليمن في ذلك شأن البلدان النامية التي تتصف اقتصادياتها بالأحادية في الإنتاج والتصدير، والمشكلة أن هذه القطاعات تتحكم فيها عوامل خارجية لا تخضع للسياسات الاقتصادية الداخلية، مما يجعل الاقتصاد الوطني عرضة للصدمات الخارجية الناتجة من تغيرات أسعار النفط في السوق العالمية، وهذا ما حدث بالفعل بالنسبة لليمن، حيث يتضح من الجدول أن عجز الميزان التجاري لعام 1998، ارتفع بنسبة (523%) مقارنة بالعام 1997م، وقد حصل هذا العجز بسبب انخفاض أسعار النفط في السوق العالمية، مما انعكس على انخفاض العائدات النفطية لليمن خلال هذا العام بنسبة (35%) مقارنة بالعام السابق.

أما بالنسبة للواردات فيوضح الجدول أنها ظلت تتزايد سنة بعد أخرى، وخاصة بعد تعويم العملة الذى كان المؤمل منه الحد من تنامي الواردات، فقد ارتفعت خلال الفترة (1996 - 2004) بمقدار (411888.7) مليون ريال وبنسبة (145%) وقد شكلت الواردات الاستهلاكية الجزء الأكبر منها، حيث بلغت نسبة الواردات للأغذية والحيوانات لعام 1996، حوالي (20%)[1] من إجمالي الواردات وارتفعت في عام 2003 لتصل نسبتها إلى إجمالي الواردات حوالي (24%) [2] وإجمالاً فإن انعكاسات تعويم العملة اليمنية (تخفيضها) وخضوعها لقوانين العرض والطلب كان لها تأثيراً محدوداً على تحقيق التوازن الخارجي من خلال تخفيض العجز في الميزان التجاري وميزان المدفوعات، وهذا يشير إلى أن سياسة تعويم العملة اقتصر تأثيرها على تحقيق

---

(1) البنك المركزي اليمني، التقرير السنوى لعام 1999، صـ 147

(2) البنك المركزي اليمني، التقرير السنوى لعام 2003، صـ 134

الاستقرار النسبي للأسعار وليس لها تأثير حقيقي ملموس على تحقيق التوازن الخارجي، ويرجع النجاح في تخفيض عجز الميزان التجاري إلى زيادة المتحصلات من الصادرات النفطية بسبب ارتفاع أسعارها العالمية [1].

ولكي تخطو الحكومة خطوات جادة نحو تقوية المركز الإنتاجي التنافسي للاقتصاد اليمني، فإن ذلك يتطلب منها تبني سياسات وبرامج هيكلية تؤدي إلى زيادة القدرة الإنتاجية من خلال التشجيع على جذب وإقامة الاستثمارات الأجنبية والمحلية.

ثالثاً: تقييم دور السياسات النقدية في تحقيق الاستقرار الاقتصادي في اليمن :

تعتبر السياسة النقدية من أهم السياسات الاقتصادية التي تساهم بشكل فعال في تحقيق الاستقرار الاقتصادي، ويتولى البنك المركزى إدارة السياسة النقدية وتوجيهها لتحقيق الأهداف الاقتصادية، وقد حدد قانون البنك المركزي اليمني لعام 2000م في مادته الخامسة أهداف واختصاصات البنك فيما يلي [2]:

يمارس البنك المركزي عملياته في إطار السياسة الاقتصادية للحكومة وله في سبيل تحقيق ذلك ممارسة المهام والاختصاصات الآتية:

أ- رسم وتبني وتنفيذ السياسة النقدية التي تنسجم مع هدفه الرئيسي في استقرار الأسعار والمحافظة على ذلك الاستقرار.

ب- تحقيق التوازن الاقتصادي الداخلي والخارجي.

جـ- إدارة السياسة النقدية والائتمانية بما يحقق الاستقرار الاقتصادي.

---

(1) محمد أحمد الأفندي " الاثار الاقتصادية والاجتماعية لتعويم العملة اليمنية " المؤتمر الاقتصادي اليمني الثاني، مرجع سابق صـ 527.

(2) الجمهورية اليمنية وزارة الشئون القانونية " قانون البنك المركزي لعام 2000م " مجموعة قوانين البنوك والمصارف، ديسمبر 2003 م، صـ 4

وسندرس فيما يلي مدى فعالية السياسات النقدية التي نفذها البنك المركزي في تحقيق الاستقرار الاقتصادي خلال الفترة (1990 - 2004) السياسة النقدية من حيث فعاليتها بمرحلتين هامتين هما: -

المرحلة الأولى: السياسة النقدية خلال فترة (1990 -1994) ما قبل برنامج الإصلاح الاقتصادي:

سبق أن تناولنا في المبحث الأول من هذا الفصل السياسات النقدية التي تم تطبيقها خلال فترة ما قبل برنامج الإصلاح الاقتصادي، وبتحليلنا لتلك السياسات نلاحظ أنها لم تكن فعالة في تحقيق أهداف السياسة النقدية، فقد شهدت هذه الفترة أفراطاً نقدياً كبيراً، حيث بلغ متوسط نمو عرض النقد خلالها حوالي (24.4%)، وهى نسبة عالية، خصوصاً في ظل عدم التناسب مع نمو الناتج المحلي الذي لم يتجاوز (4.1%) خلال نفس الفترة.

كما أن سياسة الائتمان التي طبقت خلال هذه الفترة اتصفت بتحيزها للائتمان الحكومي، حيث بلغ متوسط نسبة الائتمان الحكومي إلى إجمالي الائتمان حوالي (88%)[(1)]، وكان يتم مواجهة أغلب هذا الائتمان من خلال الإصدارات النقدية، حيث تشير البيانات الرسمية أن متوسط نمو الإصدارات الجديدة خلال هذه الفترة بلغ (53%)، [(2)] وقد كان لهذه الإجراءات أو السياسات أثاراً سلبية على الاقتصاد اليمني، حيث ساهمت في إحداث الضغوط التضخمية، إذ بلغ متوسط معدل التضخم حوالي (66%)[(3)] خلال الفترة، وبالنسبة لسياسة سعر الصرف فقد اتسمت بالثبات، حيث بقي السعر الرسمي ثابتا عند (12) ريال للدولار، في حين أن سعره الحقيقي في السوق الموازي بلغ أضعاف السعر الرسمي، مما أفقد الثقة لدى المواطن في العملة المحلية، وساهم

([1]) بيانات الجدول (1-4)

([2]) البنك المركزي اليمني، كتاب الإحصاء السنوي لعام 2004م صـ 94

([3]) بيانات الجدول (1-4)

ذلك الوضع في تفشي- ظاهرة الدولرة كمخزن للقيمة، والمحافظة على القوة الشرائية، بالإضافة إلى زيادة الإقبال على الأنشطة غير الإنتاجية كشراء الأراضي والعقارات كبدائل للاحتفاظ بالعملة المحلية في شكل نقود سائلة في ظل تراجع قيمتها الشرائية أمام العملات الأجنبية، وبذلك فإن سياسة سعر الصرف خلال فترة ما قبل الإصلاح كانت غير فعالة في تحقيق الاستقرار بل قد تكون تسببت في عدم تحقيقه.

وبالنسبة للسياسات النقدية الأخرى المتمثلة في سياسة الاحتياطي القانوني وسياسة سعر الخصم وسياسة السوق المفتوحة، فقد كانت هي الأخرى جامدة ولم تمارس أي تأثيرات فعالة على النشاط الاقتصادي، ولذلك فقد ظلت هذه السياسات بعيده عن التأثير على عمل البنوك التجارية بما يخدم أهداف الاستقرار الاقتصادي، وكذلك الحال بالنسبة لسياسة سعر الفائدة فعلى الرغم من أهميها كأداة تصحيحه وتوجيهية للحد من السلبيات الناتجة من زيادة الإفراط في العرض النقدي، إلا أنها ظلت خلال هذه الفترة بعيدة عن التأثير لأنها لم تواكب التغيرات التي شهدها الاقتصاد اليمني حيث ظلت في أغلب الأحيان سالبة [1].

ولذلك نستطيع القول أن السياسات النقدية المطبقة خلال فترة ما قبل برنامج الإصلاح الاقتصادي لم تكن فعالة في تحقيق الاستقرار الاقتصادي، فقد كانت السياسة النقدية المطبقة سياسة توسعية غلب عليها تبعيتها للسياسة المالية ويتضح ذلك من الائتمان الحكومي الذي شكل أكبر نسبة من إجمالي الائتمان خلال هذه الفترة، وكان ذلك على حساب الائتمان المقدم للقطاع الخاص، كما أن اتساع الفجوة بين نمو الناتج المحلي الإجمالي ونمو العرض النقدي ساهم في تسارع الضغوط التضخمية , وإجمالا فإن السياسات النقدية لفترة ما قبل برنامج الإصلاح الاقتصادي إتصفت بعدم الفعالية في مساندة السياسات الاقتصادية نحو تحقيق أهداف الاستقرار الاقتصادي.

([1]) انظر الجدول (3-4)

المرحلة الثانية: السياسات النقدية المنفذة في ظل برنامج الإصلاح الاقتصادي:

تعتبر هذه المرحلة بداية تحول بالنسبة للسياسة النقدية مقارنة بالمرحلة السابقة، حيث بدأت تظهر ملامح الاستقلالية للسياسة النقدية وتفعيل بعض أدواتها التي كانت مجمدة خلال المرحلة السابقة , ونستعرض أبرز المؤشرات التي توضح أن السياسة النقدية حققت قدراً لا بأس به من الاستقرار الاقتصادي خلال فترة الإصلاح الاقتصادي من خلال الآتي:

1- الاستقرار النسبي في سعر صرف العملة المحلية، ففي حين وصل معدل نمو سعر الصرف في السوق الموازي خلال الفترة (1990 – 1994) إلى (458 %)، نجد أن معدل نموه بعد تعويم سعر الصرف لم يتجاوز (85%) [1] خلال الفترة (1996 – 2004)، مع أن الفترة الزمنية الثانية تفوق الأولى بمعدل الضعف.

2- الاستقرار النسبي في معدل نمو السيولة المحلية، حيث كان معدل نمو شبه النقد حوالي (88%) خلال الفترة (1990 – 1994) ثم ارتفع إلى (526%) خلال الفترة (1995 – 2004) بمعنى أن العامل الرئيسي في نمو العرض للفترة الثانية كان يتم من خلال شبه النقد في حين كان العامل النقدي أكثر تأثيراً في نمو العرض النقدي في الفترة الأولى، ويتضح ذلك من خلال متوسط نسبة مساهمة شبه النقد في العرض النقدي،حيث كانت (21%) خلال الفترة (1990 – 1994)، وارتفعت إلى (49%) خلال الفترة (1995 – 2004) [2].

3- زيادة القروض والسلفيات التجارية الممنوحة للقطاع الخاص من الجهاز المصرفي من (37460) مليون ريال عام 1995 م إلى (185553.8) مليون ريال

([1]) جدول (2-4)، (8-4)

([2]) لمزيد من المعلومات انظر الجدولين (1-4)، (4-4).

عام 2004 بمعدل نمو قدره (395%)، في حين أن معدل نمو هذه القروض لم يتجاوز (68%) خلال الفترة (1990 - 1994).[1]

4- تنامي حجم الاحتياطيات الخارجية للجهاز المصرفي ساهمت الاحتياطيات الخارجية إلى جانب السياسة النقدية في تدعيم الاستقرار الاقتصادي، حيث تبين الإحصائيات أن صافي الأصول الخارجية للبنك المركزي بلغت (2235) مليون ريال فقط عام 1994 مع أنها كانت في عام 1990 حوالي (3051) مليون ريال أي أنها انخفضت بنسبة (27%)، أما خلال الفترة الثانية، فقد ارتفع صافي الأصول الخارجية للبنك من (1978) عام 1995 إلى (105749.9) مليون ريال عام 2004 أي أنها ارتفعت بنسبة (435%)،[2] وزيادة الاحتياطيات يشكل رافداً هاماً لتقوية دور السياسات النقدية في تحقيق الاستقرار الاقتصادي، كما أن الأصول الخارجية للبنوك التجارية ارتفعت هي الأخرى من (42453.3) مليون ريال عام 1996 إلى (165128.3) عام 2004 بنسبة زيادة بلغت حوالي (289%) وقد ساهم تراكم الاحتياطيات الخارجية في تدعيم وتقوية الثقة في وضع الاقتصاد اليمني، بسبب ارتفاع نسبة تغطية البنك الواردات السلعية من حوالي (3) أشهر عام 1995 إلى حوالي (15) شهر خلال عام 2004م[3].

([1]) البنك المركزي اليمني، نشرة احصائية (اكتوبر / ديسمبر 2002)، صـ 11

البنك المركزي اليمني، التطورات النقدية والمصرفية لشهر يناير 2005 م صـ 9

([2]) المرجع السابق صـ 8 - 9 على التوالي.

([3]) البنك المركزي اليمني، التقرير السنوى لعام، 2004، صـ 8

الفصل الخامس
السياسات النقدية والتنمية الاقتصادية

المبحث الأول: دور البنك المركزي فى التنمية الاقتصادية.

المبحث الثاني: دور السياسة النقدية فى حشد وتعبئة المدخرات

المبحث الثالث: دور السياسة النقدية فى توجيه الائتمان لأغراض التنمية

الفصل الخامس
السياسات النقدية والتنمية الاقتصادية

تمهيد:

يشير الأدب الاقتصادي (الكلاسيكي) أن هدف النمو الاقتصادي لم يظهر بوضوح كهدف من أهداف السياسة النقدية إلا بعد الحرب العالمية الثانية، حيث كان الاعتقاد السائد أن تراكم الثروة والتطور الاقتصادي يتم بشكل تلقائي، لذلك لم تُعير الحكومات اهتماماً خاصاً بمسألة النمو وانصب اهتمامها على تحقيق التوازن الداخلي والخارجي (الاستقرار الاقتصادي)، إلا أن الأمر تغير بعد الحرب العالمية الثانية، حيث بدأت البلدان النامية التي نالت استقلالها من الاستعمار الأجنبي في السعي لتطوير وتحديث اقتصادياتها فظهر هدف النمو الاقتصادي كأحد الأهداف الهامة للسياسات النقدية في هذه البلدان من خلال التوسع النقدي الذي سيوفر الأموال التي عجزت الادخارات المتراكمة عن تحقيقها والتي تمثل شرطًا أساسيًا للدفع بعملية التنمية الاقتصادية في هذه البلدان[1].

ومنذ خمسينيات القرن الماضي أصبح هدف النمو الاقتصادي هدفا مشتركا للبلدان النامية والمتقدمة، لأن الاستخدام الشامل والاستقرار الاقتصادي لم يحققا لوحدهما متطلبات النمو المطلوب، الأمر الذي يجب معه الملائمة بين هدفي الاستقرار والنمو الاقتصادي، بحيث يكون النمو في الطاقة الإنتاجية للبلد جزء من سياسة الاستخدام الشامل. مع إتباع السياسات الملائمة لتحقيق كل هدف كونهما متمايزين عن بعضهما بل قد يتصادما، فالنمو الاقتصادي هدفاً طويل الأجل يتم تحقيقه من

(1) Einzig , "Monetary Policy", Ends And Meains, Harmaonds Worth, Penguim Books, 1964, p. 190.

خلال سياسات عدة أهمها استثمارية توسعية وسياسات استهلاكية تقييدية بينما الاستقرار الاقتصادي هدف قصير الأجل يتطلب تحقيقه تشجيع سياسة الإنفاق الاستثماري أو الاستهلاكي، ولذلك يتطلب الأمر إتباع السياسات الملائمة بين تحقيق هدفي الاستقرار والنمو وخاصة في البلدان النامية[1].

ويعتبر الجهاز المصرفي بما فيه البنك المركزي أداة التنفيذ الفعلي للسياسة النقدية، حيث يتم من خلاله تحقيق أهداف السياسة النقدية المتمثلة في استخدام الوسائل القادرة على تعبئة المدخرات وتنميتها ومن ثم إعادة توجيهها نحو القطاعات الاقتصادية التي تساهم في رفد عملية التنمية الاقتصادية، وتحتل الأجهزة المصرفية في البلدان النامية أهمية قصوى باعتبارها أهم المؤسسات المالية التي تقوم بمهمة توفير وسائل الدفع كمصدر هام للأموال المقترضة، ويتحدد نجاح هذه الأجهزة بمدى قدرتها على اجتذاب الأموال من الأفراد وتوظيفها في المجالات الاستثمارية من خلال منح الائتمان اللازم للمستثمرين، إلا أن تخلف الأجهزة المصرفية في البلدان النامية وعدم توفر الأسواق المالية المنظمة، جعلها تركز نشاطها في منح القروض التجارية القصيرة الأجل نظرا لارتفاع سيولتها وضمان ربحيتها وعزفت عن منح القروض الصناعية والزراعية ذات الأجل الطويل والتي تعتبر الأساس للنهوض بعملية التنمية في البلدان النامية، الأمر الذي يتطلب تدخل السلطات المركزية لإحداث تغيرات هامة وضرورية في الأجهزة المصرفية سواء على مستوى التركيب الهيكلي أو على مستوى السياسات الائتمانية بما يحقق هدف تعبئة الموارد المالية وإعادة توجيهها نحو الاستثمارات المحفزة للنمو الاقتصادي[2].

---

(1) C/ R Whittlesey, "Relation of Money to Economic Growth", American Economic Review, Papers and Proceedings, May 1956, p.197.

(2) عبد المنعم السيد علي، " دور السياسة النقدية في التنمية الاقتصادية "، معهد البحوث والدراسات العربية، جامعة الدول العربية، القاهرة، 1975، ص 22، 150 .

وخلال مباحث هذه الفصل سنستعرض بالدراسة والتحليل للسياسة النقدية التي طبقتها السلطات النقدية في اليمن للتعرف على مدى ما حققته أدواتها من إنجازات من أجل تحقيق التنمية الاقتصادية، من خلال الجهاز المصرفي بدءًا بالبنك المركزي ثم البنوك التجارية فالبنوك المتخصصة وأخيرًا البنوك الإسلامية.

المبحث الأول
دور البنك المركزي في التنمية الاقتصادية

تعددت الآراء الاقتصادية حول ضرورة وجـود البنـوك المركزيـة وأهميـة دورهـا كناهض بعملية التنمية الاقتصادية، فهناك من لا يرى ضرورة لوجودها لأنهم يرون أنها ليست ناتجة عن النظام المصرفي بل مفروضة عليه، ولذلك فإن تكوينها لا يتناسب مع النظام المصرفي الحر، كما يرون أنها أصبحت تحت سيطرة الحكومات مما جعل الفصل بينها وبين الحكومات أمرًا غير موجود، ومن هؤلاء الاقتصاديين (M.Friedman) ملتون فريدمان و (Mynts) مينتس، إلا أن الواقع يؤكد أن وجود البنوك المركزية يعد أمراً هاماً وضرورياً لتأثيرها الإيجابي على النظام الاقتصادي, ومن المؤيدين لهذا الرأي الاقتصادي (Sayers) سايرر.

كما أن لجنة راد كليف (Radcliffe Committee) أيدت الاقتراح القائل بالتحول التدريجي لصندوق النقد الدولي إلى بنك مركزي انطلاقًا من إيمانها بأهمية البنوك المركزية[1], وبالنسبة للدول النامية تحديدًا فإن الاقتصادي فيشر (J.l. Fisher) يرى أن ليس لوجودها أهمية في هذه البلدان، حيث قلل من أهمية مساهمتها في الدفع بعملية التنمية الاقتصادية لأن هذه البلدان لم تصل بعد إلى المستوى المناسب من التطور النقدي والمصرفي اللازم لوجود بنك مركزي، إلا أن الحقيقة أن تواجد البنوك المركزية في البلدان النامية يعد أمراً ضرورياً لتنمية الوعي المصرفي في هذه البلدان، كما أن وظيفتها لا تقتصر على توفير الأرصدة النقدية والسيطرة على التضخم من خلال تنظيم عملية الائتمان، بل إن عليها تحمل مسئولية تقديم التسهيلات المصرفية عن طريق توفير الائتمان بمعدلات فوائد منخفضة للأنشطة التنموية المختلفة، بالإضافة إلى توجيه الائتمان إلى الأنشطة المرغوبة[2]،

---

(1) R.S.Sayers, "Moern Banking", Oxford, 7th edition, 1976, P. 112-128.

(2) سامي خليل , "اقتصاديات النقود والبنوك" , مرجع سابق , ص 436 – 337 .

ولأن البلدان النامية تعاني من تخلف وقلة أجهزتها النقدية والمالية، فإن على البنوك المركزية فيها توفير وتنظيم المؤسسات ودعم وتطوير بنوك الادخار وبنوك التسليف الزراعي وشركات التأمين إلى غير ذلك من المؤسسات التي تساهم في جذب مدخرات الأفراد وتوجهها نحو الاستثمارات المنتجة، لأن توفير مثل هذه المؤسسات وتطويرها وتحديث نشاطها يعتبر شرطاً مسبقاً لتكوين التراكم الرأسمالي الذي يعتبر المفتاح الرئيسي للقيام والنهوض بعملية التنمية الاقتصادية.

وبذلك فان البنك المركزي يساهم في دفع التنمية الاقتصادية في البلدان النامية بعده طرق أبرزها[1]:

أ- التمويل المباشر لعملية التنمية من خلال القروض التي يقدمها إلى المنشآت والمشاريع العامة العاملة في القطاعات الخدمية العامة كالكهرباء والمياه والطرقات وغيرها.

ب- التمويل غير المباشر لعملية التنمية: ويتم ذلك عن طريق تقديم القروض التي يقدمها البنك للمؤسسات المالية المتخصصة في التمويل الطويل الأجل، كالبنوك الزراعية والصناعية والإسكانية وغيرها من المؤسسات المشابهة.

جـ- خلق الهياكل المالية الضرورية لعملية التنمية الاقتصادية، كالأسواق المالية المنظمة، وصناديق الادخار وشركات التأمين وغيرها، على أن يعمل على توجيه وتحديث هذه المؤسسات بما يخدم عملية التنمية.

د- الاستخدام الفعال لأدوات السياسة النقدية الكمية والنوعية بما يحقق أغراض التنمية في هذه البلدان.

---

(1) عبد المنعم السيد علي، "دور السياسة النقدية في التنمية الاقتصادية"، مرجع سابق، ص 168-169.

وفيما يلي سنتناول الإنجازات التي قام بها البنك المركزي اليمني لتحقيق التنمية الاقتصادية.

1- دور البنك المركزي اليمني في التمويل المباشر لعملية التنمية:

إن الظروف الاقتصادية الصعبة التي رافقت إعادة توحيد اليمن عام 1990 على المستويات المحلية والإقليمية والدولية ألقت بظلالها على وضع الاقتصاد اليمني، حيث عانى من العجز المستمر والمتزايد في الموازنة العامة للدولة وكان على البنك المركزي مواجهة ذلك العجز طوال الفترة (1990-1998) الذي بلغ متوسطة السنوي حوالي (23.85%) مليار ريال، الأمر الذي انعكس سلبا على حجم القروض المباشرة التي قدمها البنك المركزي للمؤسسات العامة، حيث تبين الاحصائيات الرسمية أن إجمالي القروض التي قدمها البنك المركزي لهذه المؤسسات لم تتجاوز (2.77) مليار ريال خلال الفترة (1990-1999)، بمتوسط سنوي بلغ حوالي (276) مليون ريال[1]، وهو مبلغ ضئيل جدا إذا ما قورن بمتطلبات التنمية التي يحتاجها الاقتصاد اليمني، فمن الصعب أن تكفي هذه القروض في توفير البنية التحتية و تحديث هياكلها وزيادة قدرتها الإنتاجية لأنها من الصغر بحيث لا تفي لتحقيق ذلك، فوظيفة وفائدة البنك المركزي في الأقطار العربية النامية , لا تقتصر على أساس وسائله ووظائفه التقليدية كما هو الحال في الاقتصاديات المتقدمة , بل يجب أن يمتد دوره للمساهمة في عملية التنمية المباشرة بالإضافة إلى إقامة وتحديث الهياكل المالية اللازمة لذلك [2].

2- دور البنك المركزي في التمويل غير المباشر لعملية التنمية:

يتمثل الدور غير المباشر في عملية التنمية للبنك المركزي في حجم القروض التي يقدمها البنك للمؤسسات المالية المتخصصة، ويوجد في اليمن ثلاثة بنوك

(1) البنك المركزي اليمني , نشرة إحصائية فصلية (أكتوبر - ديسمبر) 2002 , ص 10.

(2) E.Nevin, "Capital Funds In Under Developed Countries", London, Mac Millan, 1961, P. 43-44.

متخصصة تم إنشاؤها لدعم مسيرة التنمية حيث هدفت هذه البنوك إلى تقديم القروض المتوسطة والطويلة الأجل التي تعتبر من الروافد الأساسية لدعم مسيرة التنمية فالمهمة المناطة بهذه البنوك هي المساهمة في رفع معدلات النمو الاقتصادي وتحقيق التنمية المستدامة، وقد أنشأ البنك الصناعي وبنك الإسكان في منتصف السبعينات، أما بنك التسليف التعاوني والزراعي فقد تكون في عام 1982 نتيجة لدمج ثلاث مؤسسات كانت قد أنشئت في منتصف السبعينات أيضا وهي صندوق التسليف التعاوني الزراعي (1975)، بنك التسليف الزراعي (1975)، بنك التعاون الأهلي للتطوير (1979)، وقد كان البنك المركزي اليمني يساهم في التمويل غير المباشر لعملية التنمية من خلال تقديم القروض لهذه البنوك التي تستخدمها بدورها في الدعم المباشر لعملية التنمية، وحسب البيانات الرسمية فقد بلغ حجم القروض المحلية والخارجية التي تلقتها هذه المؤسسات خلال الفترة (1990-1998) حوالي (8033) مليون ريال، وبالنسبة للبنك المركزي فقد توقف عن تقديم القروض لهذه المؤسسات منذ عام 1999م، وبدأ بوضع خطة لإعادة هيكلتها ودمج بعضها وتصفية البعض الآخر [1].

3- دور البنك المركزي في خلق وتنظيم السوق النقدية والمالية:

نظرا لأهمية الدور الذي تلعبه المؤسسات المالية والمصرفية في رفد مسيرة التنمية الاقتصادية ولحساسية وشفافية العلاقة بين التعاملات المالية والتشريعات القانونية، فقد قام البنك المركزي بإجراء عدة تعديلات على القوانين المالية وخصوصا بعد تبني برنامج الإصلاح لكي تواكب هذه القوانين التوجهات التنموية لبرنامج الإصلاح الاقتصادي، ومن أبرز القوانين التي تم تعديلها، قانون البنك المركزي اليمني، حيث تم تعديله بموجب القانون رقم (55) لسنة 1993)، وصدر تعديل آخر لقانون البنك بموجب القانون رقم (14) لسنة (2000م) كما قام البنك المركزي في إطار التوجهات الجديدة بإعطاء مزيد من الحريات للبنوك من خلال تعديل قانون البنوك وقانون

(1) البنك المركزي اليمني، التقارير السنوية للأعوام، 1993، 1995، 1998، صفحات متفرقة.

أعمال الصرافة، ويسعى حاليا لإنشاء السوق المالية المنظمة وهو بهذا يحاول تحديث وتطوير المؤسسات المالية تشريعاً وتنظيما من أجل أن تتمكن من أداء دورها التنموي بشكل جيد [1].

4- وسائل البنك المركزي في تحقيق التنمية:

هناك أداتان أو وسيلتان يستخدمها البنك المركزي هما الوسائل الكمية والوسائل الكيفية:

فالوسائل الكمية أو ما يسمى أيضا وسائل الرقابة العامة أو المباشرة، يعد من أبرز أدواتها سياسة سعر الخصم وسياسة الاحتياطي القانوني، وسياسة السوق المفتوحة، وهذه الوسائل تؤثر على الحجم الكلي للائتمان، أما الوسائل الكيفية أو غير المباشرة فهي تلك الوسائل التي تؤثر على قطاعات معينة بعكس الوسائل الكمية, ومن أبرز وسائلها تنظيم الائتمان وتحديد حصصه بالإضافة إلى التأثير والإقناع الأدبي.

والأدوات المتبقية من الوسائل الحديثة تستخدم للتأثير على قطاعات معينة، ولذلك توصف بأنها وسائل متحيزة بعكس الوسائل الكمية التي تؤثر على الحجم الكلي للائتمان، واستخدام هذه الوسائل في اليمن لا يزال محدوداً، حيث يتم الاعتماد على الوسائل الكمية العامة في الرقابة وتوجيه الائتمان، وقد بدأ البنك باستخدام الوسائل النوعية بشكل بسيط في السنوات الأولى من الخطة الخمسية الثانية، (2001-2005) حيث كثف من إصدار التعليمات والتوجيهات لمدارة البنوك التجارية، وحرص على الاجتماع بهم بين فترة وأخرى لتدارس الأوضاع معهم وحثهم على التفاعل والتقيد بأوامر وتعليمات البنك بما يخدم زيادة الثقة المصرفية وتعزيز دورها التنموي.

(2) الجمهورية اليمنية، وزارة الشؤون القانونية، قانون رقم (55) لسنة 1993بشأن تعديل لأئحة البنك المركزي رقم (21) لسنة 1991 م، الجريدة الرسمية العدد 8 ابريل، 1993، ص 56،54 .

المبحث الثاني
دور السياسة النقدية في حشد وتعبئة المدخرات

تعتبر البنوك بمختلف أنواعها تجارية أو إسلامية أو متخصصة أداة التنفيذ الفعلي للسياسة النقدية، وتستطيع هذه المؤسسات المساهمة في تحقيق التنمية الاقتصادية من جانبين، الأول من خلال قدرتها على جذب الأموال اللازمة لعملية التنمية من قبل أصحاب الفوائض المالية أفرادا كانوا أو مؤسسات، الثاني توجيه هذه الأموال نحو الاستثمارات المنتجة التي تساهم في الدفع بعملية النمو الاقتصادي، وبذلك فإن هذه المؤسسات لا تخلق موارد حقيقية، وإنما تساعد على نقل الموارد من المدخرين إلى المستثمرين، وتتوقف قدرة هذه المؤسسات على توسيع حجم موجوداتها ومطلوباتها على عدة عوامل أهمها رغبة الجمهور وطلبه على التزاماتها بالإضافة إلى وجود بنك مركزي يساهم في توفير عرض نقدي مرن يحد من تسارع الضغوط التضخمية.

وتمثل البنوك أهم المؤسسات المالية في البلدان النامية، وتكمن أهم خاصية في عملها في قدرتها على خلق النقود وهي صفة تميزها عن بقية المؤسسات المالية مما يجعلها أكثر قدرة على توفير الأموال للمشاريع الجديدة فتساهم بذلك في دفع مسيرة التنمية الاقتصادية في البلدان النامية، ويذكران المناخ الاقتصادي الذي تعمل خلاله هذه المؤسسات المصرفية يتصف بعدة أشياء أهمها [1]:

أ- افتقار هذه البلدان إلى الأسواق النقدية والمالية المنظمة.

ب- تضاؤل الادخارات القومية بالإضافة إلى عدم استثمار المتوفر منها بشكل فعال ومفيد للتنمية الاقتصادية.

(1) عبد المنعم السيد علي، " دراسات في النقود والنظرية النقدية " بغداد، مطبعة الغاني، بغداد 1970، ص 426، 431

ج- أن النسبة العالية من دخول هذه البلدان تعتمد على تصدير نوع واحد أو أنواع محددة من المنتجات الأولية، مما يخضعها لتبعة اقتصادية شديدة، وتقلبات كبيرة في مداخليها.

د- اعتماد الأفراد في هذه البلدان على عادات مصرفية غير متطورة، حيث لا يزال الكثير منهم يستعملون النقد على نطاق واسع كوسيلة للدفع.

وبناء على ذلك فإن السياسة الائتمانية في هذه البلدان مالت إلى تفضيل تمويل القطاع التجاري نظراً لارتفاع درجة سيولة القروض التجارية وسرعة تصفيتها وضمان إيفائها عند الأستحقاق، الأمر الذي جعل قروض البنوك التجارية تتركز في الأجل القصير، وتجنبت إلى حد ما التمويل الصناعي والزراعي الطويل الأجل، والذي يعتبر الأساس في عملية التنمية الاقتصادية، كما تهتم المصارف التجارية في البلدان النامية بالحفاظ على درجة عالية من السيولة بسبب ضيق السوق النقدية والمالية وتعرضها إلى سحوبات كبيرة ومفاجئة على ودائعها، إما بسبب التقلبات الدورية والموسمية أو بسبب عدم الاستقرار السياسي، ولأن هذه البنوك لا تلجأ للاقتراض من البنك المركزي إما لسيولتها العالية أو لكون بعضها فروع لبنوك أجنبية فأن ذلك يقلل من تأثير سياسات البنك المركزي على هذه البنوك[1].

ونظرا للدور التنموي الكبير للادخارات فإنها قد احتلت أهمية بالغة في مختلف الأفكار والمدارس الاقتصادية، فقد اعتبر (ادم سمث) أحد رواد المدرسة الكلاسيكية أن الادخارات هي المحرك الأساسي النمو الاقتصادي، وقد انطلق في نظريته للنمو معتمدا على قانون (ساي) القائم على أن العرض يخلق طلبه، كما أعتبر أن قرار الادخار وقرار الاستثمار واحداً، منطلقا من فرضية أن الطبقة المدخرة هي نفسها الطبقة المستثمرة

(1) عبد المنعم السيد علي، " دور السياسة النقدية في التنمية الاقتصادية " مرجع سابق، ص 142

[1]، كما أكد (بعض الاقتصاديين) على أهمية الادخار في تمويل الاستثمار واعتمدوا واعتمدوا في ذلك على فكرة الميل الأمثل للادخار التي ترى أن هناك حداً معيناً من الادخار يحتاج إليه المجتمع لتمويل الاستثمار، وإذا تجاوز الادخار ذلك المستوى فأن تأثيره سيكون سلبيا على الاستثمار [2].

وقد وجد البعض أن هناك علاقة طردية بين النمو في الدخل ومعدل الادخار، الأمر الذي قاد إلى القول وجود علاقة طردية بين معدل النمو الاقتصادي ومعدل الادخار [3].

ولم تغفل المدرسة الكنزية أهمية الادخار في عملية النمو الاقتصادي، حيث أكد نموذج (هارود - دورمار) أهمية العلاقة بين المدخرات وتكوين رأس المال في إحداث النمو المضطرد، ويعتمد النموذج الكنزي على معامل رأس المال والعمل، الذى يرى أن النمو يمكن أن يزداد إما بتوسيع نسبة الادخار أو تخفيض معامل رأس المال [4].

كما أكدت المدرسة الحديثة على أهمية الادخار، حيث أوضح (روبرت سولو) أن الادخار يعتبر محدداً أساسياً للمستوى الأمثل لرصيد رأس المال الفردي، وأكد بأن معدل الادخار المرتفع يؤدي إلى تحقيق رصيد مرتفع من رأس المال ومستوى مرتفع من الناتج والعكس [5].

---

(1) فايزة إبراهيم الحبيب، " نظريات التنمية والنمو الاقتصادي "، جامعة الملك سعود، الرياض الطبعة الأولى 1985، ص 19، 20

(2) نفس المرجع، ص، 31، 31 .

(3) عبد الله الصعيدي " الادخار والنمو الاقتصادي - علاقة الادخار المحلي والنمو الاقتصادي في مصر " دار النهضة العربية، القاهرة 1989، ص 126

(4) سالم النجفي ومحمد صالح القرشي، " مقدمه في التنمية الاقتصادية "، جامعة الموصل، العراق، 1991، ص 79، 80

(5) مايكل يدجمان، مرجع سابق، ص 464، 465

ونستنتج مما سبق أن الادخار احتل أهميةً بالغةً في مختلف المدارس الاقتصادية، واستناداً لذلك فإن السياسات النقدية اهتمت باستحداث الوسائل اللازمة لجذب وتعبئة الادخارات من خلال البنوك التجارية التي تقوم بخلق الودائع عندما تقوم بعملية الإقراض، ومما تجدر الإشارة إليه أن تعبئة المدخرات ليست سوى خطوة أولى نحو دعم التكوين الرأسمالي، حيث لابد أن يتبع تعبئة المدخرات انسياب الأموال المدخرة إلى القنوات الاستثمارية المختلفة، لأن القصور في الادخارات يقود إلى القصور في الاستثمارات، الأمر الذي يتطلب من الدولة اللجوء للعالم الخارجي للاقتراض لسد الفجوة أو اللجوء للتمويل التضخمي (الإصدار النقدي الجديد)،مع أن تحقيق معدلات عالية للنمو الاقتصادي لن يتم إلا من خلال قيام الجهاز المصرفي بتعبئة واجتذاب القدر اللازم من الادخارات للنهوض بعملية التنمية.

ومما لا شك فيه أن قصور رأس المال يمثل أحد أهم العوائق التي تواجه تمويل التنمية في البلدان النامية ومن ضمها اليمن، بسبب انخفاض مستويات دخول الأفراد ومن ثم معدلات الادخار، ومما زاد من حدة المشكلة أن هذه البلدان تعاني من نقص الخبرات الفنية والإدارية التي تمكنها من استخدام القدر المتاح من التراكم الرأسمالي استخداما جيدا في المشروعات التي تخدم عملية التنمية، ومن هنا ظهرت أهمية السياسات النقدية التي تفرضها السلطات النقدية على البنوك التجارية والهادفة إلى تحقيق التوازن بين الأموال المدخرة وبين التوظيف الأمثل لهذه الأموال في المجالات الاستثمارية المنتجة[1].

وفيما يلي سنقوم بدراسة وتحليل الدور الذي لعبته السياسات النقدية التي طبقتها السلطات النقدية اليمنية على البنوك التجارية والإسلامية والمتخصصة

(1) عبد الرحمن عبد المجيد، " التنمية الاقتصادية – نظرياتها وسياساتها " مكتبة الجلاء، المنصورة، 1981، ص85-90

بالشكل الذي يمكنها من المساهمة في جذب وتعبئة الادخارات اللازمة للدفع بعملية التنمية.

أولا: دور البنوك التجارية اليمنية في جذب وتعبئة الأدخارات:

تقوم المصارف التجارية في دعم مسيرة التنمية الاقتصادية من خلال دورها كوسيط بين أصحاب الفوائض المالية (المدخرين) وبين المستثمرين، فهي تساهم في زيادة عرض النقد من خلال خلق نقود الودائع أو ما يسمى بنقود الائتمان، ونظراً لأهمية الودائع كمورد هام ورئيسي للمصارف التجارية، فإنها تسعى لابتكار الوسائل والأساليب المختلفة لجذب المدخرات الخاصة من الأفراد والمؤسسات العامة [(1)].

وبالنسبة للقطاع المصرفي اليمني فإن أساليب جذب وتعبئة المدخرات قد أقتصرت على الودائع بمختلف أنواعها بالإضافة إلى حسابات التوفير وهو ما سنتناوله تفصيلا من خلال الجدول الآتي:

---

(2) عباس ناصر أحمد سيف، " الدور الاقتصادي للائتمان المصرفي في اليمن " دراسة تحليلية، رسالة ماجستير غير منشورة، جامعة صنعاء، يناير 2003، ص 52

جدول (4-10)

تطور العرض النقدي ومكوناته خلال الفترة (1990 -2004)

(مليون ريال)

البيان / السنوات	النقد (وسائل الدفع)		إجمالي النقد	معدل نمو إجمالي النقد %	شبه النقد				إجمالي شبه النقد	معدل نمو شبه النقد	إجمالي العرض النقدي	معدل نمو العرض النقدي	الأهمية النسبية إلى عرض النقد		
	النقد المتداول خارج الجهاز المصرفي	ودائع تحت الطلب			ودائع الآجل	ودائع الإدخار	الودائع الأجنبية	الودائع المخصصة والضمان					النقد %	شبه النقد	نسبة النقد المتداول
1990	39895	14641.5	54536.5	-	5861.3	4336.9	4946.5	2834.1	17978.5	—	72515	—	75	25	55
1991	45161.1	15707.2	60868.6	11.6	6671.7	5976.9	4038.1	1785.6	18472.3	2.7	79340.6	9.4	77	23	57
1992	55530.5	20248.8	75779.3	24.5	7477.0	6615.5	3854.0	1328.8	21400.2	15.8	97179.5	22.4	78	22	57
1993	79019.0	24335.3	103354.3	36.4	9167.8	6999.4	4011.0	1240.2	23638.3	10.5	126994.9	30.6	81	19	62
1994	111005.6	28703.2	139708.8	35.2	11982.8	7653.2	4394.6	1210.3	27460.5	16.2	167169.3	31.6	84	16	66
1995	129114.2	35021.1	164135.3	17.5	17220.5	9332.6	55599.5	1977.0	84129.6	26.4	248264.9	48.5	66	34	52
1996	120477.0	36221.0	156698.0	4.5-	30570.1	14747.1	63874.8	3661.3	112853.3	34.1	269551.3	8.6	58	42	45
1997	126903.7	39480.3	166384.0	6.2	33932.3	18122.4	76410.2	3539.6	132004.5	17	298388.5	10.7	56	44	43
1998	139668.4	40258.8	179927.2	8.1	33041.1	20705.3	95992.1	3684.2	153422.7	16.2	333349.9	11.7	54	46	42
1999	166923.7	40272.8	207196.5	15.2	30563.9	25681.2	111667.6	4185.0	172097.7	12.2	379294.2	13.8	55	45	44
2000	197122.5	50125.9	247248.9	19.3	41781.5	34651.8	146151.1	4692.3	227276.7	32	474525.1	25	52	48	42
2001	212794.8	69888.6	282683.4	14.3	50319.9	40952.1	184030.3	5063.8	280366.1	23.4	563049.5	18.6	50	50	38
2002	239329.3	67120.0	306449.5	8.4	78491.5	51581.5	219108.4	9.33.5	358214.9	27.8	664664.4	18	46	54	36
2003	268812.5	78652.9	347465.4	13.4	106947.2	59572.5	270477.7	12909.0	449906.4	25.6	797371.8	19.9	43.5	55.5	34
2004	297938.8	92602.4	390541.2	12.4	148234.4	72775.3	287229.8	18494.6	526734.1	17	917275.3	15	43	57	32

المصدر : التقارير السنوية للبنك المركزي للأعوام 1994 ، 1999 ، 2003

البنك المركزي نشرة التطورات النقدية والمصرفية لشهر يناير 2005

وبتحليل بيانات الجدول (1-5) نستنتج الآتي:

أ- **الودائع الجارية (تحت الطلب):** يتميز هذا النوع من الودايع بسيولته العالية، ولا يتسلم أصحاب هذا النوع أي فائدة على ودايعهم، وبملاحظة بيانات الجدول نلاحظ أن الودائع الجارية احتلت المرتبة الأولى بين مختلف الودائع خلال الفترة (1990-1994)، حيث بلغ متوسط أهميتها النسبية السنوية إلى إجمالي الودايع حوالي (47%)، كما بلغ متوسط نموها السنوي حوالي (19%) خلال نفس الفترة، ويشير النمو المتزايد لهذا النوع من الودايع إلى تحسن الوعي المصرفي وتراجع عادة الاكتناز، كما يعو تفضيل الأفراد لهذا النوع كونة خالي من أية فوايد ربوية، ولا يوجد أي بديل آخر يمكن أن يلجأ إليه هؤلاء المودعون خلال هذه الفترة.

أما خلال الفترة الثانية (1995-2004) فقد حصل تراجع للودائع الجارية حيث انخفضت أهميتها النسبية إلى المرتبة الثانية بمتوسط سنوي بلغ حوالي (17%) مقارنة بـ (47%) خلال الفترة الأولى، ويرى الباحث أن تراجع الأهمية النسبية لهذه الودائع قد يكون ناتجا عن دخول البنوك الإسلامية للسوق المصرفي اليمني، مما حدا بالمودعين إلى التحول بودائعهم إلى هذه البنوك كون أعمالها تتم وفق أحكام الشريعة الإسلامية , في حين أن الودائع الجارية لدى البنوك التجارية قد تستثمر في أعمال ربوية , فيقع المودعون في شبهة الربا رغم عدم تسلمهم أية فوائد على ودائعهم.

ب- **الودائع الآجلة:** وهي تلك الأموال التي تودع من قبل الأفراد والمؤسسات لآجال محددة، ولا يحق للمودع سحب المبلغ كلياً أو جزئياً قبل انتهاء الفترة المحددة وإلا فقد الفائدة المستحقة على تلك الوديعة، لذلك يعطي هذا النوع من الودائع مرونة أكبر للمصارف في استثمار هذه

الأموال التي تعتبر من أهم مصادر الموارد المالية للمصارف التجارية [1]، وبملاحظة الجدول نلاحظ أن هذه الودائع لم تشهد نموا كبيرا خلال فترة ما قبل برنامج الإصلاح (1990-1994) حيث لم يتجاوز نموها مبلغ (4849) مليون ريال ونسبة لم تتجاوز نسبتها (124%)، ويعزى سبب ذلك إلى ثبات أسعار الفوائد على هذه الودائع خلال هذه الفترة عند (15%)، أما خلال الفترة الثانية (1995-2004) فقد شهدت هذه الودائع نمواً واضحاً حيث ارتفعت خلال السنة الأولى من برنامج الإصلاح 1995م بمقدار (3639) مليون ريال بنسبة مقارنة بالعام 1995م (41%)، ويعزى سبب ذلك الارتفاع إلى قيام البنك المركزي برفع أسعار الفائدة على هذه الودائع إلى (22%) بزيادة قدرها (7%) عن فترة ما قبل برنامج الإصلاح، وبالرغم من انخفاض أسعار الفوائد لهذه الودائع إلى (11%) خلال عام 1996م، إلا أن ذلك لم يؤثر على معدل نموها حيث ارتفعت بمقدار (11965) مليون ريال وبنسبة (96%) مقارنة بالعام 1995م.

وقد ظلت أسعار الفائدة تتأرجح صعوداً وهبوطاً حتى عام 2000م، ثم شهدت جميع أسعار الفوائد ثباتاً عند (13%)، ومع ذلك فقد ارتفعت ودائع الأجل خلال الفترة (2000-2004) بمقدار (106452) مليون ريال وبنسبة (255%)، إلا أن حجم هذه الودائع لم تصل إلى المستوى المطلوب لتحقيق متطلبات التنمية المتزايدة.

ج- **الودائع الادخارية (التوفير):** وهي تلك الودائع الخاصة عادةً بصغار المدخرين وقد اتسم هذا النوع بالتزايد خلال الفترة (1990-1994) رغم ثبات أسعار الفوائد، حيث ارتفع بمقدار (3316) مليون ريال وبنسبة (76%)،

---

(1) ناظم الشمري، " النقود والمصارف والنظرية النقدية "، دار زهران للنشر والتوزيع، عمان الأردن، 1999، ص 148

كما بلغ المتوسط السنوي لأهميتها النسبية لإجمالي الودائع حوالي (16%) وهي نسبة متدنية تشير إلى أن معظم الأفراد لا يزالون يفضلون الاحتفاظ بأموالهم بشكل سائل (اكتناز)، إما لعدم توفر البنوك في مختلف المدن اليمنية أو لتحاشي الوقوع في التعاملات الربوية المصرفيه، إلا أن الفترة الثانية (1995-2004) بما شهدته من تغيرات في أسعار الفائدة قد انعكست إيجاباً على حجم الودائع الادخارية حيث ارتفعت بمقدار (63442) مليون ريال وبنسبة (680%)، وقد بلغ المتوسط السنوي لمعدل نمو هذه الودائع حوالي (26%) مقارنة بـ (16%) خلال الفترة الأولى، كما بلغت أهميتها النسبية لإجمالي الودائع حوالي (13%) مقارنة بـ (16%) خلال الفترة الأولى (1990-1994)، إلا أنها لا تزال متدنية إذا ما قورنت بالودائع الجارية والأجنبية.

د- **الودائع الأجنبية:** احتل هذا النوع المرتبة الثانية من حيث الأهمية النسبية بعد الودائع الجارية خلال الفترة الأولى (1990-1994)، حيث ارتفعت بمقدار (631) مليون ريال وبنسبة (14%)، كما بلغ المتوسط السنوي لأهميتها النسبية لإجمالي الودائع حوالي (13%) مقارنة بـ (47%) للودائع الجارية خلال نفس الفترة، أما الفترة الثانية (1995-2004) فقد حصل تحول لصالح الودائع الأجنبية حيث ارتفعت بمقدار (213981) مليون ريال وبنسبة (426%)، كما بلغ المتوسط السنوي لمعدل نمو هذه الودائع حوالي (106%) مقارنة بـ (11.5%) للودايع الجارية، واحتلت المرتبة الأولي من حيث الأهمية النسبية حيث بلغ المتوسط السنوي لأهميتها النسبية حوالي (49%) في حين لم تتجاوز الأهمية النسبية السنوية للودائع الجارية (17%) خلال الفترة الثانية، ويعزى تفوق الودائع الأجنبية على غيرها من الودايع إلى مجموعة الإجراءات التي أتخذها البنك المركزي والتي من أبرزها

السماح للبنوك التجارية بالتعامل بالعملات الأجنبية بالإضافة إلى ترك الحرية للبنوك التجارية في تحديد أسعار الفائدة المدنية على هذه الودائع منذ نهاية عام 1995م، وقد ساهم لتخفيض المستمر لقيمة العملة الوطنية كأحد الإجراءات الهامة لبرنامج الإصلاح الاقتصادي في تحول الكثير من الإيداع بالعملة المحلية إلى الإيداع بالعملة الأجنبية حفاظا على ثبات القوة الشرائية لمدخراتهم، كما أن ارتباط المصارف المحلية بالمصارف الأجنبية من أجل تمويل التجارة الخارجية جعل المصارف المحلية تسعى لاستقطاب الودائع الأجنبية لتتجنب فوارق أسعار العملة جراء المبادلة النقدية لأرصدتها في الخارج.

هـ- **الودائع المخصصة (المجمدة):** وهي عبارة عن تأمينات للتسهيلات غير المباشرة كالإعتمادات وخطابات الضمان، ولم ترقى هذه الودائع إلى المستوى الذي يعتد به، حيث سجلت معدلات نمو سالبة طوال الفترة الأولى (1990-1994) في حين لم يتجاوز معدل نموها السنوي خلال الفترة الثانية (35%)، كما أن أهميتها النسبية كانت متدنية جدا، حيث بلغ متوسطها في الفترة الأولى (5%) ولم يتجاوز في الفترة الثانية (0.2%).

و- **الودائع الحكومية:** سجلت معدلات النمو لهذه الودائع قيماً سالبة خلال الفترة (1990-1999)، باستثناء عامي 1993، 1994، وبلغ متوسط معدل نموها السالب خلال هذه الفترة حوالي (10%)، ويلاحظ أن متوسط الأهمية النسبية لهذه الودائع خلال الفترة (1990-1994) بلغ حوالي (5%)، وانخفضت الأهمية النسبية لهذه الودائع خلال الفترة (1995-20004) إلى (0.2%)، ويعزى سبب ذلك الانخفاض إلى قرار البنك المركزي بتحويل جميع حسابات المؤسسات العامة من البنوك التجارية إلى البنك المركزي منعا للمضاربة بأموال هذه المؤسسات.

ر- **إجمالي الودائع إلى إجمالي الموارد:** يتضح أن متوسط هذه النسبة بلغ خلال الفترة (1990-1994) حوالي (68%) وهي نسبة متدنية تدل على ضعف تدني قدرة البنوك في استقطاب المزيد من المدخرات الموجودة بحوزة الأفراد والمؤسسات، وقد يكون لجمود أدوات السياسة النقدية وتحديداً أسعار الفائدة دوراً في تدنى هذه النسبة، إما خلال الفترة الثانية (1995-2004) وهي الفترة التي شهدت فيها أسعار الفائدة وبقية أدوات السياسة النقدية تغيرات بفعل برنامج الإصلاح الاقتصادي فأن متوسط نسبة أجمالي الودائع إلى إجمالي الموارد للبنوك شهد تحسناً جزئياً بلغ حوالي (78%)، وهي لا تزال نسبة منخفضة لا تتناسب مع أهداف ومتطلبات التنمية في اليمن.

ز- **نسبة العملة المتداولة خارج القطاع المصرفي إلى إجمالي الودائع:** سجلت هذا النسبة قيماً أكبر من الواحد خلال الفترة (1990-1994)، حيث تراوحت بين (131%) عام 1990 و (222%) عام 1994 مما يشير إلى أن هناك الكثير من التعاملات النقدية تتم خارج النظام المصرفي، أما خلال الفترة (1995-2004) فقد حصل تحسن لهذه النسبة حيث سجلت هذه النسبة قيما أقل من الواحد الصحيح تراوحت بين (91%) عام 1997 و (52%) عام 2004م، مما يعني تحسن أداء البنوك التجارية وقدرتها على اجتذاب مدخرات الأفراد والمؤسسات، إلا أنها لا تزال بحاجة إلى بذل المزيد من النشاط واستحداث الوسائل الجديدة التي من شأنها تشجيع الأفراد والمؤسسات على إيداع المزيد من أموالهم لديها.

مدى كفاية المدخرات المحلية في تمويل خطط التنمية الاقتصادية:

مما لا شك فيه أن تحقيق معدلات أفضل للتنمية الاقتصادية يتوقف إلى حد بعيد على معدل الادخار الوطني، حيث يعتبر حجر الزاوية لأية خطة من خطط التنمية، إذ كلما كان هذا المعدل كبيراً كلما أمكن تحقيق معدلات أفضل للنمو، ومن أجل ذلك فقد استهدفت الخطة الخمسية الأولى للجمهورية اليمنية (1996-2000) تعبئة موارد مالية بحوالي (817.8) مليار ريال أو ما يعادل (8.2) مليار دولار لتحقيق معدلات التنمية المستهدفة في الخطة في مختلف القطاعات الاقتصادية من أجل الوصول بمعدل النمو الاقتصادي إلى معدل (7.2%) خلال فترة الخطة، وحددت الخطة الموارد المالية المستهدف تعبئتها وفقا لما يلي[1]:

أ- استثمارات أجنبية في مجال استخراج وتصدير النفط والغاز الخام بحوالي (3.9) مليار دولار وبنسبة (47.6%) من إجمالي حجم التراكم الرأسمالي المستهدف.

ب- استثمارات غير نفطية بمقدار (428.5) مليار ريال وبما يعادل (4.3) مليار دولار وبما نسبته (52.4%) من إجمالي التراكم الرأسمالي المستهدف يتم تمويلها من مختلف القطاعات الاقتصادية، بحيث تبلغ إجمالي الادخارات العامة الحكومية (1.2) مليار دولار، كما تبلغ مدخرات القطاع الخاص (1) مليار دولار، وعلى أن يصل نصيب المصادر الخارجية في تمويل الخطة الخمسية الأولى (2.1) مليار دولار، وهو ما نسبته (25.6%) من إجمالي حجم التراكم الرأسمالي المستهدف.

وبالنسبة للخطة الخمسية الثانية (2001-2005) فقد استهدفت تحقيق معدل نمو اقتصادي بمقدار (5.6%)، وقدرت الخطة الموارد المالية المتوقع تعبئتها لتمويل

---

(1) وزارة التخطيط والتنمية، الخطة الخمسية الثانية للتنمية الاقتصادية والاجتماعية، ص 52

الخطة بحوالي (1) تريليون ريال، تساهم الحكومة فيها بمقدار (410.8) مليار ريال أي بما نسبته (40.2%) من إجمالي حجم التراكم الرأسمالي، كما يساهم القطاع الخاص بمقدار (598.2) مليار ريال وهو ما يعادل (59.8%) من إجمالي حجم تراكم الرأسمالي، وباستقراء النتائج المحققة نجد أن معدل النمو المحقق بلغ خلال الخطة الخمسية الأولى (5.5%) بانحراف عن المعدل المستهدف بلغ (1.7%)، كما حقق معدل النمو المحقق خلال الأربع السنوات الأولى من الخطة الخمسية الثانية انحرافاً عن المعدل المستهدف بمقدار (1.96%)(1). وقد كان لتراجع الادخارات المحلية المحققة عن المعدلات المستهدف تحقيقها خلال الخطتين دوراً في انحراف معدلات النمو المحققة عن المعدلات المستهدفة، ولكي تتضح الصورة أكثر فسنستعرض حجم الادخارات المحلية المحققة و نقارنها مع المعدلات الواجب (المستهدفة) الوصول إليها لنتمكن من الحكم على فعالية السياسة النقدية في جذب المدخرات بما يحقق أغراض التنمية.

ولتحديد حجم المدخرات اللازمة لتنفيذ خطط التنمية الاقتصادية الأولى والثانية سنستخدم لصيغة الرياضية لنموذج (هارود - دومار) للنمو وهي(2):

حيث:

g: معدل النمو المستهدف للناتج المحلي الإجمالي

s: معدل الادخارات المطلوبة

v: حجم التراكم الرأسمالي المطلوب (معامل الرأس المال)

ΔI : معدل التغير في الاستثماريين سنة الأساس للخطة والسنة الأخيرة لها.

---

(1) الجهاز المركزي للأحصاء، كتاب الأحصاء السنوي لعام 2004، ص 375

(2) علي لطفي، رضاء العدل، " التخطيط الاقتصادي النظرية والأساليب "، مكتبة التجارة للتعاون والطباعة والنشر القاهرة، 1987م، ص 183

$V = \Delta I / \Delta GDP$

ΔGDP: معدل التغير في الناتج المحلي بين سنة الأساس للخطة والسنة الأخيرة لها

ونظرا لأن معدل النمو المستهدف للناتج المحلي الإجمالي للخطة الأولى هو (7.2%)، وكذلك معدل الاستثمار البالغ (817.8) مليار ريال، كما أن الزيادة السنوية للناتج المحلي الإجمالي حددت للخطة الأولى بحوالي (188.4) مليار ريال، فإنه بالإمكان الوصول إلى معامل رأس المال حجم التراكم الرأسمالي من خلال العلاقة الآتية[1]:

$$V = \Delta I / \Delta GDP \longrightarrow v = 817.4/188.4 = 4.34$$

وبذلك نستطيع الحصول على النسبة اللازمة من الادخارات التي تحقق معدل النمو المستهدف من خلال المعادلة الآتية:

$$v \times G = s/v \longrightarrow s = g$$

$$S = 7.2 \text{ X } 4.34 = 31.24$$

بمعنى أن نسبة الادخار المحلي المطلوب إلى الناتج المحلي الإجمالي يصل إلى (31.24) * في كل عام من أعوام الخطة الخمسية الأولى.

وبالنسبة للخطة الخمسية الثانية، فقد حددت الخطة معدل النمو المستهدف للناتج المحلي لإجمالي بحوالي (5.6%) كما تحددت زيادة معامل رأس المال بـ (5.1) وبذلك يصبح مقدار الزيادة السنوية في الناتج المحلي الإجمالي حوالي (28.6) ناتجة

(1) محمد علي المكردي، " الأدخار ودورة في النمو الاقتصادي في الجمهورية اليمنية "، مرجع سابق، صـ 117

* نحصل على الادخار السنوى المطلوب يضرب القيمة (31.24)× قيمة الناتج المحلي الإجمالي لكل سنة من سنوات الخطة الخمسية الأولى ويضرب (28.6 × قيمة الناتج المحلي الأجمالي) لكل سنة من سنوات الخطة الخمسية الثانية .

مـن المعادلـة $s = 28.6 \longrightarrow 5.6 = s/5.1$ وهـي تمثـل الادخـارات السـنوية المطلوب كنسبة من الناتج المحلي للوصول إلى معدل النمو المستهدف.

ومن خلال البيانات السابقة وبيانات الناتج المحـلي الإجـمالي نسـتطيع الوصـول إلى معدلات الادخار المستهدفة ومقارنتها بالادخارات المحققة لتحديد الانحرافـات التـي عجزت الادخارات المحلية عن تغطيتها في الخطتين من خلال الجدول الآتي:

جدول (2-5)
" فجوة الادخارات الفعلية عن المستهدفة خلال الفترة (1996-2004) "
(مليار ريال)

الفجوة الادخارية	الادخار المحلي الفعلي	الادخار المحلي المستهدف	الناتج المحلي الإجمالي الجاري	البيان / السنة
127.4-	104.6	232.0	742.7	1996
136.8-	143.3	280.1	896.7	1997
168.8-	99.3	268.1	858.2	1998
112.5-	250.8	363.3	1162.8	1999
80.2-	407.4	487.6	1560.9	2000
95.0-	329.4	424.4	1684.5	2001
188.6-	353.2	541.8	1894.5	2002
149.7-	473.0	622.7	2177.4	2003
178.9-	550.9	729.8	2552.0	2004

المصدر: البنك المركزي اليمني، نشرة إحصائية فصلية (أكتوبر-ديسمبر)، 2002، ص 60.

الجهاز المركزي للإحصاء، التقرير السنوي لعام 2004، ص 370، 379.

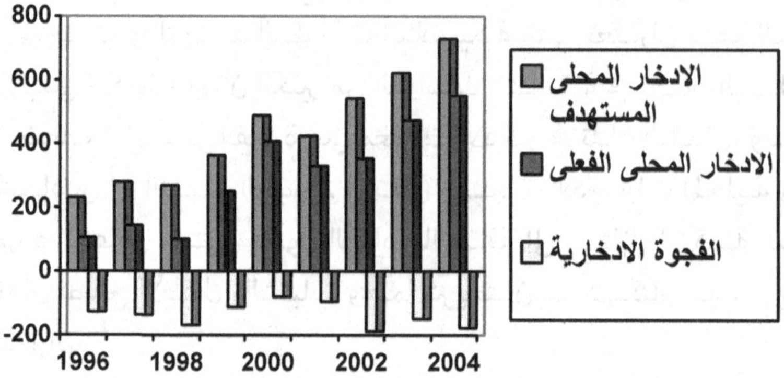

يلاحظ من الجدول أن الادخارات المحلية حققت انحرافاً عن المعدلات المستهدفة طوال سنوات الخطة الخمسية الأولى وبمتوسط انحراف سنوي قدره (125%)، وكذلك الحال بالنسبة للأربع السنوات الأولى من الخطة الخمسية الثانية بلغ متوسط الانحراف السنوي حوالي (153%)، مما يؤكد أن إجمالي الادخارات المحلية لم تكن عند مستوى طموح الخطتين الخمسيتين الأولى والثانية، الأمر الذي قاد إلى تراجع معدلات النمو المحققة عن المعدلات ا لمستهدفة، ومما زاد الأمر سوءًا أن المدخرات المحلية الفعلية التي أمكن تحقيقها لم تستخدم في دعم المشاريع التنموية بل كان يستخدم جزءاً كبيراً منها في تمويل عجز الموازنة في حين كان يستخدم الجزء المتبقي في استثمارات قصيرة الأجل لا تخدم أغراض التنمية.

وهذا الوضع يلقي على السلطات النقدية في اليمن مسئولية أكبر في استحداث الوسائل والأساليب التي تشجع الأفراد والمؤسسات على زيادة إدخاراتهم لدى القطاع المصرفي ليتمكن من القيام بالدور المناط بها في رفد مسيرة التنمية من خلال توفير الادخارات التي تطلبها خطط التنمية الاقتصادية المستقبلية.

دور سعر الفائدة وأهميته في حشد المدخرات المحلية:

على الرغم من الأهمية التي توليها النظريات الاقتصادية لسياسة سعر الفائدة في حشد المدخرات وبالتحديد النظريات الكلاسيكية التي تعتبران سعر الفائدة هو المحدد الرئيسي للادخار، إلا أن الكثير من الدراسات التطبيقية في بعض البلدان النامية (*) أثبت ضعف تأثير سعر الفائدة على معدلات الادخار في تلك البلدان، ويرى الكثير من الاقتصاديين أن السبب الرئيسي في تدني معدلات الادخارات المحلية في البلدان النامية مرده انخفاض مستوى دخول الأفراد، بالإضافة إلى اختلال التركيبة السكانية في هذه البلدان لصالح الأطفال والشباب وهما شريحتان مستهلكتان تؤثران سلبا على حجم المدخرات [1].

وبالنسبة لليمن يلاحظ أن تأثير سعر الفائدة على الادخارات كان هو لآخر ضعيفاً حيث تشير البيانات أن برنامج الإصلاح الاقتصادي استهدف إصلاح هيكل سعر الفائدة بعد أن ظل جامدا خلال فترة ما قبل البرنامج، أملاً منه في تحفيز الادخار المحلي، والجدول التالي يوضح تطور حجم الودائع الادخارية والآجلة وفقاً لتغيرات سعر الفائدة خلال الفترة (1990-2004).

(*) أجريت عدة دراسات في كل من مصر والسعودية وباكستان لمزيد من التفاصيل أنظر:

لبنى محمد أنبو العلاء، " العوامل المؤثرة على الأدخار العائلي في مصر "، المؤتمر السنوي السادس، جامعة المنصورة كلية التجارة، أبريل 1989، ص 44-69

- خالد المشغل، صياغة دالة الأدخار العائلي في المملكة العربية السعودية " مجلة أفاق اقتصادية، العدد 080)، الأمارات العربية المتحدة، ص 80

(1) محمد علي المكردي، مرجع سابق ص 144 .

جدول (3-5)

" تطورات الودائع الآجلة والادخارية وفقاً لتغيرات سعر الفائدة خلال الفترة (1990- 2004)

(مليار ريال)

البيان / السنة	1990	1991	1992	1993	1994	1995	1996	1997	1998	1999	2000	2001	2002	2003	2004
متوسط سعر الفائدة الرسمي %	10.5	10.5	12	12	12	21	26	11	15	18	13	13	13	13	13
معدل التضخم %	45	45	51	62	104	55	31	2	6	9	5	12	12	10	13
سعر الفائدة الحقيقي %	34.5-	34.5-	39-	50-	92-	34-	5-	9	9	9	8	1	1	3	0
ودائع الأدخار	4.3	5.9	6.6	7	7.6	9.3	14.7	18.1	20.7	25.6	34.6	40.9	51.5	59.5	72.7
ودائع الأجل	3.9	4.5	4.9	6.5	8.7	12.4	24.3	24	24.9	30.4	41.6	50.3	78.5	106.9	148.2

المصدر :

1- الجداول (3-4) ، (4-4) ، (4-6) ، (1-5)

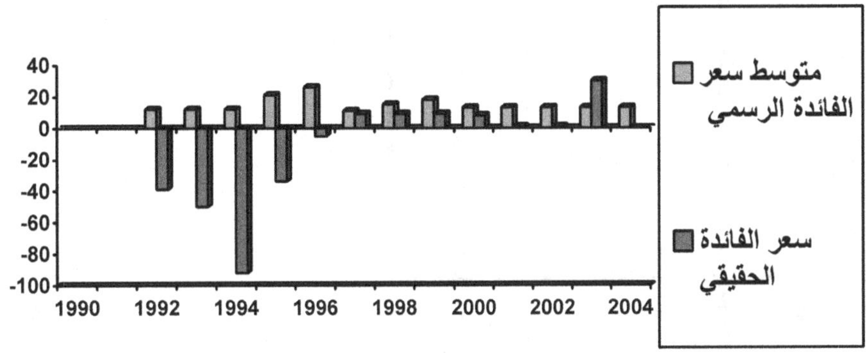

نلاحظ من خلال الجدول (3-5) أن سعر الفائدة الحقيقي ظل يحقق قيماً سالبه طوال الفترة (1990-1995)، وحقق أعلى معدل له خلال عام 1994 حيث حقق انخفاضاً سلبياً بمقدار (42%) مقارنة بالعام 1993، ويعود سبب ذلك إلى ارتفاع معدل التضخم الذي بلغ حوالي (104%) بالإضافة إلى ثبات معدلات الفائدة الاسمية خلال الفترة (1990-1994)، وانعكاساً لذلك فأن متوسط نسبة الودائع الادخارية ولأجله إلى إجمالي الودائع لم يتجاوز (16%، 15%) على التوالي خلال هذه الفترة. وبعد تبني الحكومة برنامج الإصلاح الاقتصادي في العام 1995 تم البدء بإصلاح هيكل سعر الفائدة حيث تم زيادته إلى (21%) بنسبة زيادة بلغت حوالي (75%) وقد أدى ذلك إلى تحسن سعر الفائدة الحقيقي حيث تراجع من (-192%) إلى (34%)، وانعكس ذلك إيجاباً على معدلات نمو الودائع الادخارية والآجلة حيث ارتفعنا بنسبة (22%، 43%) على التوالي.

وظل سعر الفائدة يتذبذب صعوداً وهبوطاً خلال الفترة (1996-1999) ليواكب التغيرات الاقتصادية، إلا أن الملاحظ من خلال الجدول أن سعر الفائدة انخفض في عام 1997م بنسبة (58%) عن العام 1996، ولم يؤثر ذلك على تراجع

معدلات نمو ودائع الادخار بل على العكس حققت هذه الودائع نمواً خلال عام 1997م بنسبة (24%)، مما يشير إلى عدم تأثر هذه الودائع بتغيرات أسعار الفائدة، رغم أن ودائع الأجل تراجعت بنسبة (1.2%) خلال عام 1997م، إلا أن هذه الأسعار شهدت ثباتاً خلال الفترة (2000-2004)، ومع ذلك فقد حققت الودائع الادخارية نمواً بمقدار (38.1) مليار ريال وبنسبة (110%) ويعزى ذلك إلى نمو حجم الادخارات العامة بسبب ارتفاع أسعار النفط في السوق العالمية مما نتج عنه زيادة في الإيرادات وتحديداً خلال الفترة (1999-2001)، وكذلك الحال بالنسبة للودائع الآجلة فقد حققت نمواً بمقدار (107) مليار ريال وبنسبة (256%) خلال نفس الفترة، مما يؤكد أن نمو هذه الودائع أو انخفاضها لا يتأثر حصرياً بتغيرات أسعار الفائدة خلال هذه الفترة، رغم تأثير تغير هذه الأسعار على معدلات نمو الودائع الادخارية والآجلة خلال عام 1995 عندما ارتفعت أسعار الفائدة إلى (21%) مقارنة بـ (12%) عام 1994م وأدى ذلك إلى نمو ودائع الادخار والأجل بنسبة (41%، 21%) على التوالي. مما يشير إلى أن هناك تأثراً بسيطاً لسياسة سعر الفائدة في حشد المدخرات الخاصة، إلا أنه يتعين على السلطات النقدية الاهتمام بإصلاح سعر الفائدة كجزء من تفعيل دور السياسة النقدية في جذب المزيد من الادخارات التي بحوزة الأفراد والتي تذهب إلى الاكتناز من خلال البحث عن وسائل ادخارية ملائمة تتناسب مع الميول والمعتقدات الدينية للمجتمع اليمني، ولو قمنا بتقدير المبالغ التي تذهب للاكتناز من خلال تقدير حجم ما تمتلكه كل أسرة يمنية من حلي ومجوهرات وأسلحة وفقا للافتراضات التالية:

- نفترض أن كل أسرة يمنية تمتلك حلي ومجوهرات ووسائل زينة بما يعادل (80) ألف ريال، وأسلحة شخصية بما يعادل (40) ألف ريال، فإذا علمنا أن إجمالي سكان اليمن حسب تعداد 2004م بلغ (19721) ألف نسمة، وبلغ متوسط عدد الأفراد في الأسرة الواحدة (7.1) [1]. فإن عدد الأسر في اليمن هو (2778) ألف أسرة، وبضرب إجمالي

(1) الجهاز المركزي للأحصاء، كتاب الأحصاء السنوي لعام 2004م، ص 26

متوسط ما تحوزه كل أسرة من حلي ومجوهرات وأسلحة (80 + 40) = (120) ألف ريال في عدد الأسر، فإن إجمالي المبالغ المكتنزة والتي يمكن أن تذهب للادخار في حال توفر الوسائل الادخارية المناسبة هو (120×2778) يساوي (333.4) مليار ريال، وهو مبلغ جيد يمكن أن يساهم في توفير المدخرات اللازمة لرفد مسيرة التنمية.

ونخلص مما سبق أن إصلاح سعر الفائدة وجعله متغيرا بحيث يشجع الأفراد على الادخار يعتبر من الأولويات التي يجب على السلطات النقدية مراعاتها، مع أن هذه الأداة لوحدها لا تعتبر كافية لجذب مدخرات الأفراد، الأمر الذي يتطلب استحداث الوسائل المناسبة لذلك وفي مقدمتها الإسراع بإنشاء السوق المالي كونه سيسهل وينوع الوسائل الاستثمارية التي تتناسب مع ميول الأفراد ومعتقداتهم الدينية.

ثانيا: دور البنوك المتخصصة والإسلامية في حشد وتجميع المدخرات:

1- دور البنوك المتخصصة في تجميع المدخرات:

من المعروف أن البنوك المتخصصة هي بنوك تنموية وظيفتها الأساسية تقديم التمويل للمشاريع الاستثمارية التي من شأنها رفد مسيرة التنمية، لذلك لا يعول عليها كثيرا في جذب المدخرات، كونها تعتمد في توفير الأموال اللازمة لها على القروض الحكومية والقروض والمساعدات والهيئات الخارجية، ويوجد في اليمن ثلاثة بنوك متخصصة أنشئت بهدف رفد مسيرة التنمية الاقتصادية هي، بنك التسليف التعاوني والزراعي و الذي يعتبر من أكثر البنوك المتخصصة مساهمةً في عملية التنمية سواء من حيث جذب الودائع أو منح القروض، ثم البنك الصناعي الذي ظلت مساهمته في تقديم القروض ضئيلة جداً، أما جذبه للودائع فلا تكاد تذكر، وبسبب تعثره المستمر فقد تم تصفيته في عام 1999م، أما آخر البنوك المتخصصة فهو بنك التسليف للإسكان، ومن حيث دور البنك في جذب الودائع فهو كسابقية لم يتمكن من جذب الايداعات التي يعتد بها، وسنتناول من خلال الجدول الآتي إجمالي الودائع التي حشدتها البنوك المتخصصة طوال الفترة (1990-2004) والتي يعود معظمها لبنك

التسليف التعاوني والزراعي على شكل ودائع جارية، ويعـزى سـبب ذلـك إلى أن قانون البنك يلزم الجمعيات التعاونية والزراعية والهيئات المحليـة ذات العلاقـة بنشـاط البنك بضرورة إيداع جزء من أموالهم لديه، عـلى شـكل ودايـع جاريـة كـما أن الهيئـات التعاونية تشارك بحوالي (30) من رأس مال البنـك والجـدول التـالي (4-5) يوضـح حجـم ودائع البنوك المتخصصة خلال الفترة (1990-2004).

جدول(4-5)

" ودائع البنوك المتخصصة ونسبتها إلى إجمالي الموارد خلال الفترة (1990-2004)" :

(مليون ريال)

السنوات / البيان	1990	1991	1992	1993	1994	1995	1996	1997	1998	1999	2000	2001	2002	2003	2004
ودائع البنوك المتخصصة	182.7	311.3	83.8	718.9	1080.5	271.8	-	-	2901	3001	3893	4785	5426	6101	13340
جمالي موارد البنوك	1396	1812	2053	3023	3910	4462	6510	7627	10416	8618	9600	10592	13070	12307	17431
نسبة الودائع للموارد	%13	%17	%4	%24	%28	%6	-	-	%28	%42	%41	%45	%42	%50	%77

المصدر :

البنك المركزي اليمني ، التقارير السنوية للأعوام (1990-1999).

بنك التسليف التعاوني والزراعي ، التقرير السنوي لعام 2004م ،ص 22.

بنك التسليف التعاوني والزراعي ، القوائم المالية كما في 2004/12/31م، ص2.

بنك التسليف للأسكان ، التقرير السنوي لعام 2003، ص 8.

* بيانات (2004) لا تشمل بنك التسليف للأسكان لعدم توفرها .

يلاحظ من الجدول، أن الودائع لا تشكل سوى نسبة ضئيلة من إجمالي الموارد للبنوك المتخصصة فخلال الفترة (1990-2000) لم يتجاوز المتوسط السنوي الأهمية النسبية لودائع هذه البنوك حوالي (28%) من إجمالي الموارد، وقد شكلت ودائع بنك التسليف التعاوني والزراعي حوالي (75%) من إجمالي ودائع البنوك المتخصصة خلال هذه الفترة، كما بلغ متوسط نسبة مساهمة ودائع بنك التسليف الزراعي إلى إجمالي الموارد خلاف الفترة (2001-2004) حوالي (52%)، في حين لم تتجاوز نسبة مساهمة بنك الإسكان (2%) خلال نفس الفترة[1]، ويبدو أن عزوف الأفراد والمؤسسات عن الإيداع لدى هذه البنوك مرده انخفاض أسعار الفائدة التي تمنحها والتي لا تتجاوز (10%) فقط هي نسبة غير مشجعة خصوصا في ظل تصاعد معدلات التضخم خلال فترة ما قبل برنامج الإصلاح الاقتصادي، بالإضافة إلى أن شريحة كبيرة من المجتمع لا تحبذ التعامل مع هذه البنوك باعتبارها بنوك ربوية محرمة شرعا[2].

2- دور البنوك الإسلامية في جذب المدخرات:

تزامن قيام البنوك الإسلامية مع تطبيق اليمن برنامج الإصلاح الاقتصادي، وقد وافقت السلطات الحكومية على قيام هذه المصارف وفقا للقانون (19) لسنة 1996م سعياً منها في تنويع النشاط المصرفي ليلبي ميول ورغبات كافة أفراد المجتمع، ويحد من ظاهرة الاكتناز باعتبار أن إحجام أغلب لافراد عن إيداع أموالهم في البنوك التجارية مردة أسباب دينية، كون هذه البنوك تتعامل بالربا، وقيام البنوك الإسلامية سيساهم في جذب مدخرات الأفراد وفقاً لأحكام الشريعة الإسلامية.

وللتعرف على الدور الذي لعبته البنوك الإسلامية اليمنية في جذب الادخارات نتناول ذلك من خلال الجدول الآتي:

---

(1) بنك التسليف التعاوني الزراعي، التقرير السنوي لعام 2004، ص 2

(2) ياسين حميد الحمادي، " تمويل التنمية الاقتصادية في اليمن "، رسالة ماجستير، مرجع سابق، ص68

جدول (5-5)

تطور ودائع البنوك الإسلامية ومقارنتها بودائع الجهاز المصرفي خلال الفترة (1996- 2004)

(مليون ريال)

السنوات / البيان	1996	1997	1998	1999	2000	2001	2002	2003	2004
البنك الإسلامي اليمني	494	2401	3780	5137	6095	7304	10423	13542	16430
بنك التضامن الإسلامي	459	3728	6531	12172	21921	33952	53100	72248	96445
بنك سباء الإسلامي	-	1899	2070	3548	6048	10064	17110	24157	35309
إجمالي ودائع البنوك الاسلامية	953	8028	12381	20857	34055	51320	80633	109947	148184
معدل النمو (%)	-	742	54	68	63	51	57	36	35
إجمال ودائع الجهاز المصرفي	119824	139160	165988	189845	249796	307309	387805	474452	573540
معدل النمو (%)	-	16.1	19.3	14.4	31.6	23	26.2	22.3	21
نسبة ودائع لبنوك الإسلامية إلى ودائع للجهاز المصرفي (%)	0.8	6	7.5	11	14	17	21	23	26

المصدر :

- **البنك الإسلامي اليمن ، الميزانيات السنوية والبيانات المالية المدفعة للأعوام (1996-2004) صفحات متفرقة**
- **بنك التضامن الإسلامي ، التقارير والميزانيات السنوية للأعوام (1996-2004) صفحات متفرقة .**
- **بنك سباء الإسلامي ، التقارير السنوية والبيانات المالية المدفعة للأعوام (1996-2004) صفحات متفرقة .**
- **جدول (5-3)**

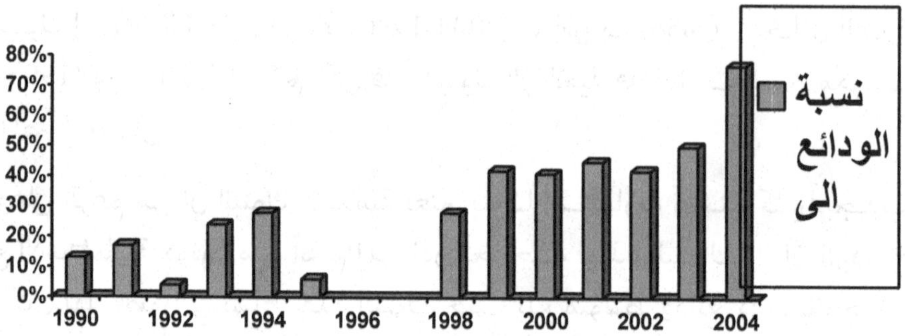

يلاحظ من بيانات الجدول (5 - 5) أن البنوك الإسلامية تمكنت من جذب قدر لا بأس به من الادخارات التي كان يتم تداولها خارج الجهاز المصرفي ويتم توظيفها في مجالات غير تنموية كشراء الأراضي والعقارات أو اكتنازها بشكل نقود سائلة والسبب في ذلك يعود إلى اقتناع الجمهور بأن هذه البنوك لا تتعامل بالربا، ومما يدل على أهمية البنوك الإسلامية في جذب الادخارات تنامي حجم الودائع الادخارية ولآجلة خلال الفترة (1997-2004) حيث بلغ معدل نمو حجم الودائع الادخار بشكل مطلق حوالي (140156) مليون ريال وبنسبة (1745%)، كما ارتفعت نسبة ودائع البنوك الإسلامية إلى إجمالي ودائع الجهاز المصرفي من (0.8%) عام 1996 إلى (26%) عام 2004م، وتجدر الإشارة أن بنك التضامن الإسلامي يحتل الأولوية بين البنوك الإسلامية من حيث قدرته على جذب الودائع، حيث بلغ متوسط أهميته ودائعه النسبية إلى إجمالي ودائع البنوك الإسلامية حوالي (52%) خلال الفترة (1996-2004)، في حين لم يتجاوز متوسط الأهمية النسبية للبنكين الأخيرين كل على حدة حوالي (24%) خلال نفس الفترة , وفيما يخص معدل نمو الودائع يلاحظ من الجدول أن معدل نمو الودائع لدى البنوك الإسلامية أعلى منه لدى الجهاز المصرفي حيث بلغ متوسط معدل نمو الودائع لدى البنوك الإسلامية خلال الفترة (1996-2004) حوالي (134%)، في حين لم يتجاوز متوسط معدل نمو إجمالي الودائع لدى الجهاز

المصرفي (22%) خلال نفس الفترة، وهذا يشير إلى زيادة إقبال الأفراد على التعامل مع البنوك الإسلامية، وهذا ما قد يفسر تراجع متوسط نسبة العملة المتداولة خارج البنوك إلى (39%) خلال الفترة (1996-2004) قياس بـ (58%) [1] خلال الفترة (1990-1995) وهي الفترة التي لم تكن فيها البنوك الإسلامية قد أنشئت ضمن مكونات الجهاز المصرفي اليمني.

وعلى الرغم من أن البنوك الإسلامية تعتبر بنوكاً استثمارية وتهتم كثيراً بجذب الودائع الاستثمارية كونها من أهم المصادر الخارجية لهذه البنوك، إلا أن الودائع الجارية كان لها حضوراً في نشاط هذه البنوك، حيث بلغ متوسط ودائع كل بنك خلال الفترة (1996-2004) حوالي (42%، 33%، 46%)[2] لكل من البنك الإسلامي اليمني وبنك التضامن الإسلامي وبنك سبأ الإسلامي على التوالي، ولعل محدودية وعدم تنوع الصيغ الاستثمارية لدى البنوك الإسلامية واقتصارها على صيغة المرابحات دفع البعض للاحتفاظ بأموالهم في شكل حسابات جارية، وهذه الحسابات تستفيد منها البنوك دون أن تتحمل أي أعباء جراء ذلك.

وإجمالاً فإن البنوك الإسلامية ساهمت بقدر جيد في جذب الأموال التي كانت تتداول خارج الجهاز المصرفي، حيث ارتفعت الأموال (الودائع) لدى هذه البنوك من (953) مليون عام 1996م إلى (148184) مليون ريال عام2004، بزيادة مطلقة قدرها (147231) وزيادة نسبية قدرها (15449%) مما يشير إلى أهمية هذه البنوك في القطاع المصرفي، ونتوقع تعاظم دورها المستقبلي وخاصة إذا ما نوعت هذه البنوك من صيغها الاستثمارية و تفهمت السلطات النقدية خصوصيتها بإعفائها من بعض الإجراءات التي تحد من نشاطها.

(1) جدول (4-1)، (4-4)

(2) التقارير والموازنات السنوية للبنوك الإسلامية، أعداد متفرقة .

المبحث الثالث
دور السياسة النقدية في توجيه الائتمان لأغراض التنمية الاقتصادية

إذا كانت وظيفة حشد وتجميع المدخرات تعتبر الوظيفة الرئيسية الأولى للجهاز المصرفي، فأن المهمة الرئيسية الثانية لهذا الجهاز تتمثل في قيامه بتوفير التمويل اللازم لعملية التنمية، وهي الوظيفة الأكثر أهمية من وجهة نظر رواد التنمية الاقتصادية، ويأتي دور السياسات النقدية في توجيه ومساعدة الجهاز المصرفي في توظيف المدخرات والقروض الممنوحة للقطاع الخاص في المجالات التي تساهم في دفع مسيرة التنمية، وتعتبر القروض من المصادر الهامة لتمويل مشروعات التنمية، وتنقسم القروض من حيث الأهداف النهائية إلى قروض تجارية أو صناعية أو زراعية أو خدمية أو غيرها، أما من حيث اجالها فتنقسم إلى قروض قصيرة ومتوسطة وطويلة، وما يفيد عملية التنمية هي تلك القروض ذات الآجال المتوسطة والطويلة، وبالنسبة للقطاع المصرفي اليمني فقد لأحظنا من خلال المبحث السابق تدنى حجم المدخرات التي تمكن من توفيرها رغم التحسن الواضح الذي حققته البنوك التجارية في نمو حجم الودائع حيث بلغ معدل نموها خلال فترة الإصلاح الاقتصادي (1995-20004) حوالي (485%)، قياسا بنسبة (64%) خلال الفترة (1990-1994)، ومع ذلك ظلت الفجوة الادخارية سالبة طوال الفترة (1996-2004) وبنسبة بلغت حوالي (41%) [(1)].

أ- تطور حجم الائتمان المقدم من البنوك التجارية:

لمعرفة تطور الائتمان المصرفي المقدم من البنوك التجارية ونسبيته إلى إجمالي الودائع والناتج المحلي الإجمالي خلال الفترة (1990-2004) يتضح ذلك من خلال التالي:

(1) جدول (4-5)

جدول (5-6)

" تطور الائتمان المصرفي ونسبته إلى إجمالي الودائع والناتج المحلي الإجمالي خلال الفترة (1990-2004) " مليون ريال

البيان / السنة	1990	1991	1992	1993	1994	1995	1996	1997	1998	1999	2000	2001	2002	2003	2004
حجم الائتمان للقطاع الخاص	8882	10124	11389	15204	16683	26449	27056	37906	54205	62426	76221	95992	109745	138567	185554
حجم الائتمان الحكومي	155	239	352	281	336	1295	3969	34873	36267	39972	63173	54814	75215	112467	158680
ائتمان المؤسسات العامة	2813	3822	3647	3250	3206	10826	2056	1453	12						
اجمالي الائتمان	11850	14185	15388	18735	20225	38570	36075	74232	90484						
معدل نمو الائتمان	-	21	10	15	9	103	13-	125	28	13	36	8	23	36	37
اجمالي الودائع	30438	32034	38153	43743	50042	97965	119824	139160	165988	189845	249796	307309	387805	474452	573540
نسبة الائتمان الخاص إلى اجمالي الائتمان (%)	72	68	71.5	78	80	66	71	49	58	59	5	63	59	55	54
نسبة الائتمان الحكومي إلى اجمالي الائتمان (%)	1.5	2	2.5	2	2	4	22	49	42	41	45	37	41	43.9	46
نسبة الائتمان للمؤسسات العامة إلى اجمالي الائتمان (%)	26.5	30	26	20	18	30	7	2	0.0	-	-	-	0.1	1.1	-
نسبة اجمالي الائتمان إلأى اجمالي الودائع (%)	35	40	37	37	35	37	26	51	52	51	56	49	48	53	60
الناتج المحلي الاجمالي بالأسعار الجارية	126489	150986	192047	238332	306404	515515	742709	896767	858201	1162876	1484115	1684554	1894497	2177463	2551994
نسبة اجمالي الائتمان إلى الناتج المحلي الأجمالي (%)	8	8	7	7	6	7	4	8	10	8	9	9	10	12	13

المصدر :

- البنك المركزي اليمني ، نشرة إحصائية مالية (اكتوبر - ديسمبر) 2002 ، ص 14 .
- البنك المركزي اليمني ، نشرة البطولات النقدية والمصرفية لشهر أكتور / 2005 م صـ 14

النسب من عمل الباحث .

جدول (6-5)

نسبة إجمالي الائتمان إلى الناتج المحلي الإجمالي (%)خلال الفترة (1990-2004)"

مليون ريال

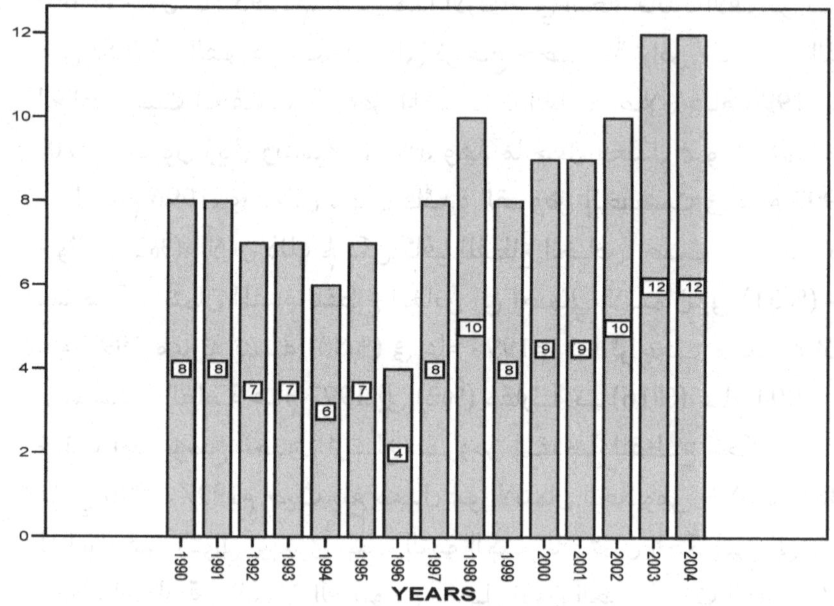

بتحليل الجدول (6-5) نستنتج الآتي:

- معدل نمو الائتمان: يتضح من الجدول أن معدل نمو الائتمان كان ضعيفا خلال فترة ما قبل برنامج الإصلاح (199-1994)، حيث لم يتجاوز معدل نموه السنوي خلال هذه الفترة حوالي (15%)، ويعزى ذلك إلى جمود أدوات السياسة النقدية، حيث ظلت أسعار الفائدة ثابتة عند (17%) طوال تلك الفترة، ولأن برنامج الإصلاح الاقتصادي ركز على إصلاح أسعار الفائدة، فقد حررت أسعار فائدة الإقراض وترك تحديدها للبنوك التجارية بموجب قرار البنك المركزي رقم (7) وتاريخ 1995/7/13، فارتفعت من (17%) عام 1994

إلى معدل (28%) عام 1995، بنسبة ارتفاع بلغت (65%) [1]، وقد شجع هذا الإجراء البنوك التجارية على منح المزيد من الائتمان، حيث بلغ نسبة مساهمة القروض المقدمة للقطاع الخاص والمؤسسات العامة إلى إجمالي الائتمان حوالي (69%) خلال عام 1995م، إلا أن هذا الارتفاع في أسعار فائدة الإقراض ضاعف من تكاليف القروض مما أدى إلى تراجع حجم الاقتراض من قبل القطاع الخاص، حيث إنخفضت قروض المؤسسات العامة خلال عام 1996 بمقدار (8770) مليون ريال وبنسبة (81%)، وهذ ما جعل معدل نمو الائتمان سالبا خلال عام 1996، ورغم أن معدل فائدة القروض إنخفضت في عام 1997 إلى حوالي (21%)، إلا أن ذلك لم يكن كافياً للقطاع الخاص، حيث تراجعت نسبة مساهمة الائتمان المقدم للقطاع الخاص إلى اجمالي الائتمان إلى (51%) خلال عام 1997 مقارنة بنسبة (80%) في عام 1994م، كما تراجعت مساهمة ائتمان المؤسسات العامة عام 1997 إلى (2%) مقارنة بـ (16%) عام 1994، ومن جانب آخر يوضح الجدول ارتفاع القروض المقدمة للقطاع الحكومي خلال عامي 1996، 1997م حيث بلغ معدل نمو الائتمان الحكومي خلالهما (438%، 401%) على التوالي، ويعزى سبب النمو الكبير للائتمان الحكومي إلى تفضيل البنوك التجارية للائتمان الحكومي مقابل أذون الخزانة ذات العائد المرتفع الذي تراوح بين (29%، 15%) [2]، كما أن القرار الذي اتخذه البنك المركزي في عام 1996 باعتماد فائدة على الاحتياطيات بالعملة المحلية بواقع (5%) شجع البنوك التجارية إلى زيادة أرصدتها لدى البنك المركزي بدلاً من إقراضها للقطاع الخاص، حيث ارتفعت نسبة هذه الأرصدة من (23%) عام 1995 إلى (29%)[3] عام 1996.

(1) جدول (6-4)

(1)جدول (6-4)

(2) جدول (5-4)

وظل معدل نمو الائتمان يتذبذب ارتفاعاً وانخفاضاً خلال الفترة (1998-2004) حيث بلغ متوسط معدل نموه السنوي خلال هذه الفترة حوالي (25%)، شكل متوسط مساهمة الائتمان الخاص منه حوالي (58%)، في حين شكل الائتمان الحكومي حوالي (42%) خلال نفس الفترة.

- الائتمان المقدم للقطاع الخاص: من المعروف أن الدور الهام الذي تسهم به البنوك التجارية في دعم مسيرة التنمية يكمن في حجم القروض التي تقدمها للقطاع الخاص، وبملاحظة حجم القروض التي قدمتها البنوك اليمنية للقطاع الخاص، نلاحظ أن أكبر مبلغ قدمته خلال فترة ما قبل برنامج الإصلاح لم يتجاوز (14) مليار ريال، كما لم تتجاوز مبلغ (186) مليار ريال خلال فترة ما بعد برنامج الإصلاح، وهذه المبالغ لا تزال متواضعة إذا ما قورنت بمتطلبات التنمية، حيث لم تصل إلى القدر اللازم لدعم مسيرة التنمية المتعثرة في اليمن، بل أنها لم تصل إلى النسبة الموازية للودائع المدخرة ونسبة اجمالي الائتمان إلى إجمالي الودائع هي من المعايير الهامة التي تقيس فاعلية المصارف ودورها في عملية التمويل المالي، فكلما اقتربت نسبة القروض إلى الودائع من الواحد صحيح دل ذلك على كفاءة البنوك في توظيف الادخارات، ويوضح الجدول أن متوسط نسبة إجمالي الائتمان إلى إجمالي الودائع المدخرة بلغت (41%) خلال فترة ما قبل برنامج الإصلاح ولم يتجاوز (50%) خلال فترة ما بعد برنامج الإصلاح، وهذا يشير إلى ضعف البنوك التجارية في توظيف الودائع المدخرة، كما يشير أيضاً إلى أن تواضع القروض المقدمة للقطاع الخاص ليس ناتجاً عن نقص السيولة لدى هذه البنوك بقدر ما هو ناتج عن عوامل أخرى يأتي قي مقدمتها وجود مجالات أخرى منافسة للائتمان الخاص تتمثل في استحداث الحكومة لأذون الخزانة وشهادات الإيداع والتي فضلت البنوك التجارية استثمار جل أموالها فيهما نظراً لعوائدهما المرتفعة،

- بالإضافة إلى ضمان رأس المال والعوائد، بعكس ما هو الحال في الائتمان الخاص الذي تتحيز إجراءات التقاضي فيه لصالح المقترضين في حال لجوء البنوك للمحاكم للمطالبة بإسترداد أموالها من المقترضين وخصوصاً من ذوي النفوذ السياسي، الذين يتلكأون عن سداد الديون رغم مقدرتهم على ذلك، وخير مثال على ذلك استحواذ ما يقارب من (20) مدين على حوالي (9) [1] مليار من أموال البنك اليمني للإنشاء والتعمير والبنك الأهلي اليمني خلال الفترة (1990-1994)، وقد شكل هذا المبلغ حوالي (64%) من إجمالي القروض المقدمة للقطاع الخاص خلال عام 1994م.

- نسبة الائتمان إلى الناتج الإجمالي: تشير هذه النسبة إلى مدى قدرة الجهاز المصرفي على توفير التدفقات النقدية اللازمة لعملية التنمية، فكلما ارتفعت هذه النسبة دلت على فعالية الائتمان المصرفي في دعم مسيرة التنمية، وبملاحظة النسب الواردة في الجدول يتضح تواضع مساهمة الائتمان المصرفي في الناتج المحلي الإجمالي، حيث لم تجاوز متوسط نسبة مساهمته خلال الفترة (1990-1994) حوالي (8%) و(9%) خلال الفترة (1995-2004)، ناهيك عن أن معظم الائتمان المقدم من الجهاز المصرفي للقطاع الخاص يتم توظيفة في مجالات استثمارية قصيرة الأجل ذات طابع خدمي كالائتمان التجاري، بسبب سيولته وسرعة استرداده، إلا أنه لا يخدم عملية التنمية التي تحتاج إلى ائتمان طويل ومتوسط الأجل يوجه للنشاطات الاستثمارية ذات الطابع الإنتاجي.

ب- توزيع الائتمان المصرفي على الأنشطة الاقتصادية خلال الفترة (1990-2004):

بعد أن تناولنا حجم الائتمان المصرفي بشكل إجمالي للقطاعين الخاص والحكومي، لاحظنا تواضع حجم الائتمان المقدم للقطاع الخاص قياساً بحجم الودائع

(1) ياسين حميد هايل، مرجع سابق، ص75

التي بحوزة القطاع المصرفي، ويبقى السؤال الهام هل تم توظيف وتوجيه هذه القروض المتواضعة في المجالات الاستثمارية التي تساهم في دفع عملية التنمية الاقتصادية من خلال استحواذ الأنشطة الاقتصادية المنتجة على النصيب الأوفر من الائتمان المقدم من القطاع المصرفي، وكم يمثل الائتمان المتوسط والطويل الأجل من إجمالي الائتمان، باعتباره الأكثر فائدة في دعم المشاريع التنموية، هذا ما سيوضحه الجدول التالي (7-5):

جدول (5-7)

هيكل القروض المصرفية الممنوحة من البنوك التجارية للقطاع الخاص خلال الفترة (1990 – 2004)

البيان السنة	القروض القصيرة الأجل: تمويل الزراعة: إجمالي قروض الزراعة	تمويل الزراعة: نسبتها الى إجمالي القروض%	تمويل قطاع الصناعة: إجمالي قروض الصناعة	تمويل قطاع الصناعة: نسبتها إجمالي القروض	تمويل البناء والتشييد: إجمالي قروض البناء والتشييد	تمويل البناء والتشييد: نسبتها الى إجمالي القروض	تمويل قطاع التجارة: إجمالي قروض التجارة	تمويل قطاع التجارة: نسبتها الى إجمالي القروض	تمويل الخدمات وأخرى: إجمالي قروض الخدمات	تمويل الخدمات وأخرى: نسبتها الى إجمالي القروض	إجمال القروض قصيرة الأجل	نسبتها الى إجمالي القروض %	القروض المتوسطة والطويلة الأدل	نسبتها الى إجمالي القروض %	المجموع الكلي للقروض
1990	430	%41	1119	%11	93	%0.9	6583	%63	2169	%21	10394	100	-	-	10394
1991	396	%33	1467	%12	84	%0.7	8672	%72	1420	%12	12.39	%96	461	%4	12530
1992	226	%2	0514	%4	342	%2	9971	%75	2214	%17	13267	%97	420	%3	13687
1993	819	%6	1414	%10	661	%4	10500	%72	1192	%8	14592	%92	1311	%8	15903
1994	351	%2	0843	%5	248	%6	11196	%69	3627	%22	16264	%94	1085	%6	17349
1995	371	%1	3198	%82	544	%2	34954	%80	1693	%5	31242	%90	3448	%10	34690
1996	352	%2	8853	%14	452	%2	16780	%74	1894	%8	22676	%93	1738	%7	24414
1997	130	%0.3	6176	%27	241	%0.7	21935	%66	3030	%6	33059	%92	2774	%8	35833
1998	100	%0.2	7830	%13.4	906	%2	23109	%50	15678	%34.4	45969	%90	4844	%10	50812
1999	307	%0.6	9530	%15.1	2602	%5	22291	%43	18786	%36.3	51816	%92	4725	%8	56541
2000	1593	%2	11507	%13	2265	%3	22700	%31	37536	%5	72338	%95	3409	%5	75747
2001	2024	%52	17508	%13	2702	%3	31985	%35	42951	%47	91169	%96	4149	%4	95318
2002	1139	%1	17508	%17	5763	%6	40584	%39	38611	%37	103605	%95	5617	%5	109222
2003	711	%0.5	21424	%16	8873	%7	52995	%40	48289	%36.5	132292	%96	5550	%4	137842
2004	2186	%1	39201	%16	12175	%7	74419	%42	60552	%34	176347	%96	7264	%4	183611
متوسط النسبة %		%2		%17		%4		%56		%21		%94		%6	

المصدر : - البنك المركزي اليمنيت : نشرة إحصائية فصلية (أكتوبر – ديسمبر) 2002 ، صـ 19 ، نشرة إحصائية مالية (يوليو – سبتمبر) 1998 ، صـ 19 ، 20

– البنك المركزي اليمني ، التقرير السنوي لعام 2004 ، صـ 74 .

● القطاع الخاص يشمل ائتمان المؤسسات واستثمارات البنوك الإسلامية .

- النسب من عمل الباحث

نستنتج من الجدول ما يلي:

القطاع الزراعي: من المعروف أن هذا القطاع يعتبر من القطاعات الحيوية والهامة في الاقتصاد اليمني، حيث يعتبر القطاع الأول استيعاباً للعمالة اليمنية إذ يستوعب ما يقارب من (52%)[1] من قوة العمل، كما يوفر المعيشة لحوالي (75%) من السكان، وبرغم من تراجع مساهمته في الناتج المحلي الإجمالي، إلا أنه لا يزال يتصدر القطاعات الإنتاجية، حيث بلغت مساهمته حوالي (14.2%) من الناتج المحلي الإجمالي لعام 2000م ولذلك فأن هذا القطاع يحتاج إلى المزيد من الاهتمام والدعم ليتمكن من المساهمة في دعم مسيرة التنمية الاقتصادية، إلا أن الملاحظ من خلال الجدول (7-5) أن القروض المقدمة لهذا القطاع متدنية جداً ولا تلبي متطلبات التنمية، حيث كان متوسط نسبة القروض المقدمة للقطاع الزراعي إلى إجمالي القروض (1.3%) فقط خلال الفترة (1990-1994) ولم يتجاوز (2%) خلال الفترة (1995-2004)، مما يدل على عدم الكفاءة في تخصيص الموارد التمويلية وتوزيعها على القطاعات الإنتاجية.

القطاع الصناعي: يحتل هذا القطاع أهميةً كبيرة في تحديث الاقتصاد ودفع عجلة التنمية، ولكي يقوم بدورة المطلوب فإنه يحتاج إلى تمويلات كبيرة وذات آجال متوسطة وطويلة، وبالنظر للجدول (7-5) نجد أن التمويلات المقدمة للقطاع الصناعي في اليمن لا تزال متواضعة ولا تلبي احتياجات تنمية وتطوير هذا القطاع

(1) وزارة التخطيط والتنمية، الخطة الخمسية الثانية (2001-2005)، مرجع سابق، ص 179

بالشكل المطلوب، حيث لم يتجاوز متوسط نسبة إجمالي القروض المقدمة له خلال الفترة (1990-2004) (17%) من إجمالي القروض المقدمة للقطاع الخاص، وهي نسبة ضئيلة، ناهيك عن أن هذه القروض تركزت في تمويل المواد الخام، مما يعكس توجه البنوك والمصارف اليمنية في التركيز على الائتمان التقليدي القصير الأجل الهادف إلى تحقيق الربح السريع , وبالنظر لبيانات الجدول نلاحظ أن متوسط نسبة القروض المقدمة للقطاع الصناعي إلى إجمالي القروض كانت (8%) خلال الفترة (1990-1994)، وارتفعت هذا النسبة خلال الفترة الثانية إلى (23%) خلال الفترة (1995-2004) ونعتقد أن هذا الأرتفاع مرده ارتفاع أسعار فوائد القروض من (17%) خلال الفترة (1990-1994) إلى ما بين (15-30%) خلال عام 1995، و(15-20%) خلال الفترة (2001-2004)(1)، مما شجع البنوك التجارية على منح المزيد من القروض للقطاع الخاص بالإضافة إلى تحول الكثير من المقترضين الصناعيين إلى البنوك التجارية إثر تصفية البنك الصناعي عام 1999م، ومما تجدر الإشارة إليه أن إجمالي ما قدم من قروض للقطاع الصناعي خلال الفترة (1990-2004) لا تزال متواضعة جداً حيث بلغ أكبر قرض ائتماني قدم لهذا القطاع (29201) مليون ريال في عام 2004م، وهو ما يمثل حوالي (16%) من إجمالي الائتمان لنفس العام، كما أن متوسط النسبة لإجمالي القروض لهذا القطاع لم تتجاوز (17%) خلال الفترة (1990-

(1) جدول (3-4)، (6-4)

2004)، مما يعكس تدني دور القطاع المصرفي في دعم وتحديث القطاع الصناعي في اليمن.

القطاع التجاري الخارجي: استأثر هذا القطاع بالنصيب الأكبر من التسهيلات الائتمانية حيث بلغ متوسط نسبة القروض المقدمة له حوالي (56%) من إجمالي الائتمان المقدم للقطاع الخاص خلال الفترة (1990-2004)، وبمقارنة نسبة مساهمة هذا القطاع في الناتج المحلي الإجمالي والبالغة حوالي (11%) في عام 2004م بما استحوذ عليه من إجمالي الائتمان، نجد أنه لم يساهم في الناتج المحلي الإجمالي بمقدار يتناسب مع حجم الائتمان حيث لم تتجاوز متوسط نسبة مساهمته (10%)[1] خلال الفترة (2000-2004، وقد ساهم ذلك في اختلال ميزان المدفوعات كون أغلب الائتمان وجه لتمويل الواردات حيث شكلت الواردات حوالي (35%) من الناتج المحلي الإجمالي خلال الفترة (1996-2000) في حين لم تتجاوز نسبة الصادرات غير النقطية للناتج المحلي الإجمالي عن (1%) خلال نفس الفترة ولم تزيد عن (10%)[2] من إجمالي الصادرات.

واعتماداً على ما سبق نستطيع القول إن الائتمان الممنوح من البنوك التجارية للقطاع الخاص عكس توجه وسياسة هذه البنوك في التمويل والتي تركزت على منح التمويلات القصيرة الآجل، حيث بلغ متوسط القروض القصير الأجل إلى إجمالي القروض خلال الفترة (1990-2004) حوالي (94%) خلال نفس الفترة، وهذا يشير بجلاء إلى فشل السياسة النقدية في توجيه الائتمان المصرفي نحو القطاعات الإنتاجية

(1) الجهاز المركزي، كتاب الأحصاء السنوي لعام 2004، ص 373

(2) وزارة التخطيط والتنمية، الخطة الخمسية الثانية، مرجع سابق، ص 198

التي يعول عليها النهوض بعملية التنمية الاقتصادية في اليمن، الأمر الذي يتطلب إعادة النظر في السياسة القائمة وضرورة استحداث الأساليب التي من شأنها تشجيع البنوك التجارية على التوسع في منح القروض ذات الآجال المتوسطة والطويلة الأجل باعتبارها المعنية برفد مسيرة التنمية في اليمن.

ورغم ضآلة الائتمان المقدم للمؤسسات العامة والقطاع الخاص، فإنه يجب الإشارة إلى أن بيانات الجدول (7-5) اشتملت أيضاً على استثمارات البنوك الإسلامية وهو ما رفع نسبة القروض المقدمة من الجهاز المصرفي، فإذا ما استبعدنا استثمارات البنوك الإسلامية فأننا سنلاحظ هامشية القدر المقدم من البنوك التجارية للقطاعات الاقتصادية، فخلال الفترة (2000-2004) بلغ متوسط الائتمان القصير الأجل المقدم من البنوك التجارية لمختلف القطاعات الاقتصادية حوالي (46507) مليون ريال بمتوسط نسبة إلى إجمالي الائتمان حوالي (40%)، ولم يتجاوز الائتمان المتوسط والطويل الأجل (5198) مليون ريال خلال نفس الفترة، بمتوسط نسبه إلى إجمالي الائتمان بلغت حوالي (4%)، في حين أن متوسط استثمارات البنوك الإسلامية بلغت خلال نفس الفترة حوالي (43080) مليون ريال وهو ما يشكل نسبة متوسطة قدرها (34%) من إجمالي الائتمان، مما يشير إلى تواضع الائتمان المقدم من البنوك التجارية في حال استبعاد استثمارات البنوك الإسلامية.

ج - استثمارات البنوك الإسلامية ومؤشرات توزيعها على القطاعات الاقتصادية:

تلعب البنوك الإسلامية دوراً هاماً في عملية التنمية الاقتصادية والاستثمارية وتحقيق الرخاء للمجتمع، من خلال ما تقوم به من استقطاب مدخرات الأفراد وتوجيهها نحو الاستخدامات المنتجة، وبالنسبة لتجربة البنوك الإسلامية فقد حققت نجاحاً ملموساً في جذب وتعبئة المدخرات وتوجيهها نحو بعض المجالات الاستثمارية رغم اقتصارها على صيغة المرابحة، إلا أننا نتوقع أن يشهد نشاط هذه البنوك تطوراً أكبر في المستقبل وتنوعاً في المجالات الاستثمارية المختلفة، ونستعرض فيما يلي

استثمارات البنوك الإسلامية من بداية تأسيسها وحتى عام 2004م، بالإضافة إلى توزيع هذا الاستثمارات على القطاعات الاقتصادية المختلفة لنتعرف من خلالها على مدى مساهمة هذه البنوك في رفد مسيرة التنمية الاقتصادية في اليمن.

1- استثمارات البنوك الإسلامية في اليمن:

يعتبر الاستثمار جوهر عمل البنوك الإسلامية ومحور نشاطها، ونستعرض من خلال الجدول الآتي (8-5) نشاط البنوك الإسلامية في اليمن خلال الفترة (1996-2004).

جدول (8-5)

" حجم استثمارات البنوك الإسلامية ونسبتها إلى القطاع المصرفي خلال الفترة (1996-2004) "

(مليون ريال)

البيان / السنة	إجمالي الاستثمارات(1)	إجمالي الودائع للبنوك الإسلامية (2)	نسبة % (3) (2: 1)	أجمالي أصول البنوك الإسلامية (4)	أجمالي أصول القطاع المصرفي (5)	نسبة %(6) (5:4)	معدل نمو الاستثمارات
1996	1205	953	%126	2330	179252	%13	-
1997	6591	8028	%82	11583	191487	%6	%447
1998	10929	12381	%88	17400	212059	%8	%66
1999	15915	20857	%76	13270	242146	%5	%46
2000	22701	34055	%67	40780	310585	%13	%43
2001	28095	51320	%55	59185	345542	%17	%24
2002	38790	80633	%48	91802	417797	%22	%38
2003	70326	109947	%64	124419	562995	%22	%81
2004	96298	148184	%65	170244	686435	%25	%64
متوسط النسب			%78			%14	%101

المصدر :

- تقارير البنوك الإسلامية أعداد متفرقة للأعوام (1996-2004) .
- البنك المركزي اليمني ، التقرير السنوي لعام 2004 ، ص 109.
- البنك المركزي اليمني ، نشرة التطورات الفصلية (أكتوبر – ديسمبر) 272 ، ص14.

النسب من عمل الباحث .

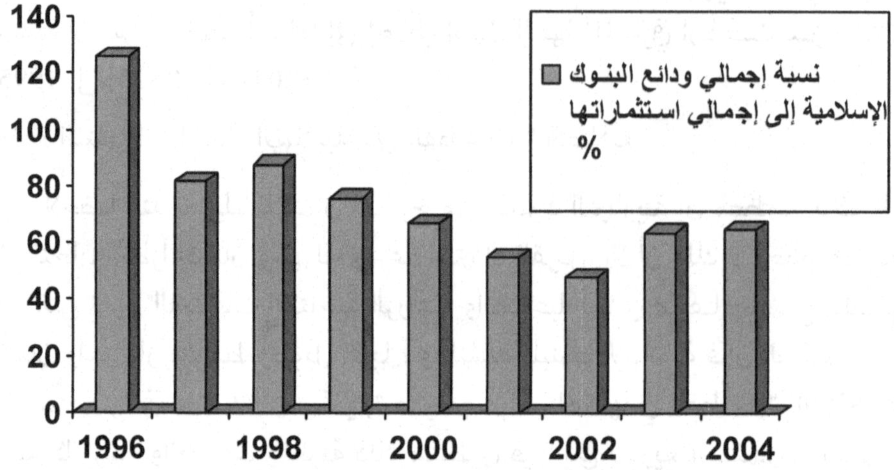

بتفحص بيانات الجدول (8-5) يتضح أن البنوك الإسلامية تمكنت من تحقيق نجاحاً ملموساً في الجانب الاستثماري رغم قصر الفترة الزمنية لبدء نشاطها، حيث ارتفعت استمارات هذه البنوك خلال الفترة (1997-2004) [1] من (6591) مليون ريال إلى (96298) مليون ريال عام 2004م، بريادة مطلقة قدرها (89707) مليون ريال ونسبه قدرها (1361%) وهي نسبة مرتفعة تدل على نجاح هذه البنوك وقدرتها على تنفيذ الاستثمارات، وخاصة إذا ما قارنا ذلك بحجم الائتمان المقدم من البنوك التجارية حيث لم يتجاوز نسبة نموه (384%) خلال نفس الفترة، كما تشير بيانات الجدول إلى كفاءة البنوك الإسلامية في توظيف الموارد , حيث بلغ متوسط نسبة الاستثمارات إلى الودائع حوالي (78%) خلال الفترة (1996-2004)، في حين لم تتجاوز متوسط نسبة الائتمان إلى الودائع لدى البنوك التجارية حوالي (50%)[2] خلال نفس

(1) أخترنا بداية الفترة 1997 لأنه العام الذي أصبح فيه قوم البنوك الإسلامية مكتملا ثلاثة بنوك
(2) جدول (8-5)

الفترة، وبذلك فإن هذه البنوك شكلت رافداً قوياً للقطاع المصرفي اليمني، ومما يؤكد ذلك أن نسبة إجمالي أصولها إلى إجمالي أصول الجهاز المصرفي ارتفعت من (6%) عام 1995 إلى (25%) عام 2004م.

2- توزيع استثمارات البنوك الإسلامية على القطاعات الاقتصادية:

لاحظنا عند تحليلنا للائتمان الممنوح من البنوك التجارية أن معظمه تركز في المجال التجاري نظراً لضمان وسهولة وسرعة استرداد القرض، إلا أن ذلك لا يخدم عملية التنمية التي تعتبر القطاعات الإنتاجية الزراعية والصناعية أساس نموها وتحتاج بالتالي إلى ائتمان واستثمار متوسط وطويل الأجل، وبالنسبة للبنوك الإسلامية فإن الحكم على مدى مساهمتها في عملية التنمية يرتبط بحجم مساهمتها في القطاعات الإنتاجية الرئيسية كالزراعة والصناعة، ولمعرفة ذلك سنتطرق فيما يلي لتوزيع استثمارات البنوك الإسلامية على القطاعات الاقتصادية المختلفة من خلال الجدول الآتي (9-5):

جدول (8-5)

" حجم استثمارات البنوك الإسلامية ونسبتها إلى القطاع المصرفي خلال الفترة (1996-2004) "

(مليون ريال)

البيان / السنة	إجمالي الاستثمارات(1)	إجمالي الودائع للبنوك الإسلامية (2)	نسبة % (3) (2: 1)	أجمالي أصول البنوك الإسلامية (4)	أجمالي أصول القطاع المصرفي (5)	نسبة %(6) (5:4)	معدل نمو الاستثمارات
1996	1205	953	%126	2330	179252	%13	-
1997	6591	8028	%82	11583	191487	%6	%447
1998	10929	12381	%88	17400	212059	%8	%66
1999	15915	20857	%76	13270	242146	%5	%46
2000	22701	34055	%67	40780	310585	%13	%43
2001	28095	51320	%55	59185	345542	%17	%24
2002	38790	80633	%48	91802	417797	%22	%38
2003	70326	109947	%64	124419	562995	%22	%81
2004	96298	148184	%65	170244	686435	%25	%64
متوسط النسب			%78			%14	%101

المصدر :

- **تقارير البنوك الإسلامية أعداد متفرقة للأعوام (1996-2004) .**
- **البنك المركزي اليمني ، التقرير السنوي لعام 2004 ، ص 109.**
- **البنك المركزي اليمني ، نشرة التطورات الفصلية (أكتوبر – ديسمبر) 272 ، ص14.**

النسب من عمل الباحث .

شكل (9-5).

"توزيع استثمارات البنوك الإسلامية على القطاعات الاقتصادية والأهمية النسبية لكل قطاع "، " لعامي 1996 و 2004"،

(مليون ريال)

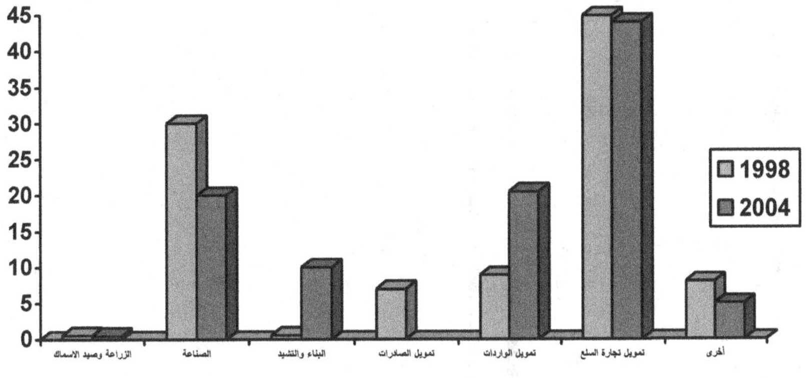

يوضح الجدول أن البنوك الإسلامية لم تساهم بشكل فاعل في تنمية القطاع الزراعي، حيث كان نصيب هذا القطاع متواضعاً جداً مقارنة ببقية القطاعات الاقتصادية رغم أهميته القصوى في الاقتصاد اليمني واعتماد أغلب السكان عليه، ومن خلال الجدول يتبين أن نصيب القطاع الزراعي من إجمالي استثمارات البنوك الإسلامية خلال الفترة (1998-2004) تتراوح بين (0.3%) عام 1999 وهي أقل قيمة له وبين (2.4%) عام 2001م وهي أعلى قيمة تم استثمارها في هذا القطاع، ومما يدل على تدني مساهمة البنوك الإسلامية في هذا القطاع أن متوسط الأهمية النسبية له لم يتجاوز (0.8%) خلال الفترة (1998-2004)، وهذا يعكس حقيقة عزوف البنوك الإسلامية عن الاستثمارات الطويلة والمتوسطة الأجل كما هو الحال في البنوك التجارية، لكونها تحتوي على بعض المخاطرة كون القطاع الزراعي تتحكم في إنتاجيته عوامل خارجية كمعدل سقوط الأمطار السنوي الذي يتغير من سنة لأخرى، وبذلك نجد أن هذا البنوك ركزت استثماراتها في المجالات التجارية والصناعية، فقد استحوذ القطاع التجاري على النصيب الأوفر من الاستثمارات حيث بلغ متوسط نصيبه حوالي

(80%) من إجمالي الاستثمارات للبنوك الإسلامية خلال الفترة (1998-2004)، وهي أعلى نسبة مقارنة ببقية القطاعات الاقتصادية، يأتي في المرتبة الثانية القطاع الصناعي حيث بلغ متوسط نسبة الاستثمارات المخصصة لهذا القطاع حوالي (27%) خلال نفس الفترة، وهذا يعتبر مؤشر جيد يحسب للبنوك الإسلامية لأن القطاع الصناعي من القطاعات التي تساهم في رفد مسيرة التنمية الاقتصادية والاجتماعية، إلا أن ما يؤخذ على هذه البنوك هو توجيهها لأغلب الاستثمار الصناعي في المواد الخام التي تتصف بكونها قصيرة الأجل وبالتالي فإن تأثيرها في دعم التنمية ظل محدوداً، ويأتي في المرتبة الثالثة تمويل الواردات الذي بلغ متوسط نسبة استثماراته حوالي (16%) خلال نفس الفترة، ويلاحظ من الجدول أن البنوك الإسلامية لم تعر الصادرات أي اهتمام من نشاطها , حيث لم يتجاوز في المتوسط (1%) خلال الفترة (1996-2004)، رغم أن الأهتمام بالنشاط الذي يزيد من حجم الصادرات من شأنه الدفع بعملية التنمية، وبذلك فإن إسهام البنوك الإسلامية في النشاط التنموي لا يزال متدنياً وقد يعزى ذلك إلى عدم تنوع الفرص الاستثمارية التي تطرحها البنوك الإسلامية حيث اقتصر معظم نشاطها التمويلي على صيغة المرابحات [1] , كما يشير إلى عدم تمكن السياسات النقدية التي تتبعها السلطات النقدية لتسيير نشاط هذه البنوك من التأثير عليها لما يجعلها تزيد من استثماراتها في المجالات الإنتاجية فعلى الرغم من تعدد الصيغ الأخرى التي يعول عليها رفد مسيرة التنمية الاقتصادية، كالمشاركة والمضاربة ولاستصناع والاستتزراع وغيرها من النشاطات الاستثمارية الإسلامية الأخرى , إلا هذه البنوك اقتصر نشاطها على صيغة المرابحة التي تصنف بأنها أداة للاستثمار القصير الأجل.

(1) محافظ البنك المركزي اليمني " البنوك الإسلامية ودورها في الاقتصادي الوطني "، مجلة المصارف الإسلامية العدد الثاني (سبتمبر - ديسمبر) 2005، اصدار بنك سباء الإسلامي صنعاء، ص14

ونخلص مما سبق أنه وعلى الرغم من تواضع مساهمة البنوك الإسلامية في دعم الأنشطة الإنتاجية إلا أنها تظل أفضل من البنوك التجارية ويؤكد ذلك ما يلي:

أن معدل نمو استثمارات البنوك الإسلامية خلال الفترة (1998-2004) بلغ حوالي (781%)، في حين لم يتجاوز في البنوك التجارية (261%)خلال نفس الفترة[1].

بلغ متوسط استثمارات البنوك الإسلامية في القطاع الإنتاجي السلعي والخدمي حوالي (36%)، في حين لم يتجاوز في البنوك التجارية (25%) خلال نفس الفترة.

ونتوقع ان يشهد النشاط المستقبلي للبنوك الإسلامية انتعاشاً خصوصاً في ظل توجه بعض البنوك القائمة (بنك سباء الإسلامي) في إدخال صيغ جديدة كصيغة التأجير المنتهي بالتملك الذي بدأ لبنك العمل بها منذ نهاية عام 2002م، حيث بلغ عدد الشقق المؤجرة تأجيراً منتهياً بالتملك (184) شقة، سلمت منها (41) شقة، بتكلفة إجمالية بلغت (808400) دولار، وتصل مدة التأجير المنتهي بالتملك إلى خمس سنوات[2]كما يتوقع دخول مصارف إسلامية جديدة للسوق المصرفي اليمني، حيث تفيد بعض المصادر أن مستثمرين قطرين تقدموا للبنك المركزي للترخيص بإنشاء بنك إسلامي في اليمن يصل رأس ماله إلى (100) مليون دولار، بالإضافة إلى تقدم رجال أعمال يمنيين بطلبات مماثلة لإنشاء بنوك إسلامية جديدة[3]، وبذلك نتوقع أن يشهد النشاط المصرفي الإسلامي تطوراً ملحوظاً، ونتأمل أن يتركز النشاط المستقبلي لهذه البنوك في النشاطات الاقتصادية المنتجة التي ستسهم في الدفع بمسيرة التنمية الاقتصادية في اليمن خصوصاً إذا قامت السلطات النقدية بدعم هذه البنوك وتشجيعها في تنمية استثماراتها ذات الطابع الإنتاجي من خلال مدها بالقروض اللازمة

(1) جدول (5-7)، (5-9)

(2) جدول (5-7)، (5-10)

(3) المجلس العام للبنوك الإسلامية، " توجه لإنشاء مصارف إسلامية في اليمن " مجلة المصارف الإسلامية، مرجع سابق، ص10.

لاستثمارات معينة وفق مبدأ المشاركة الإسلامية وإعفائها من النسب المفروضة عليها لأنشطة بعينها وغير ذلك من الأساليب المباشرة والغير مباشرة للسياسة النقدية.

د - البنوك المتخصصة ودورها في التنمية الاقتصادية:

يتحدد دور البنوك المتخصصة في تقديم الائتمان للقطاع الخاص لتساعده في القيام بالدور المنوط به في دعم مسيرة التنمية الاقتصادية، وأهم ما يميزها عن البنوك التجارية أنها بنوك تنموية خدمية لا تهدف للربح، إلا أن ضآلة المبالغ المقدمة لهذه البنوك سواء من قبل الحكومة أو المنظمات العربية والدولية في شكل قروض ومساعدات جعل إسهامها في المجال التنموي ضعيفاً، وللتعرف على مساهمة هذه البنوك في دعم مسيرة التنمية في اليمن نستعرض ذلك من خلال حجم القروض التي قدمتها للقطاع الخاص القصيرة منها والطويلة خلال الفترة (1990-2004) من خلال الجدول الآتي (10-5).

جدول (5-10)

" القروض القصيرة والمتوسطة والطويلة الأجل التي قدمتها البنوك المتخصصة للقطاع الخاص خلال الفترة (1990-2004)

البيان / السنة	1990	1991	1992	1993	1994	1995	1996	1997	1998	1999	2000	2001	2002	2003	2004
قروض قصيرة الأجل	53	101	113	129	147	214	287	413	374	350		389	298	609	337
قروض متوسطة وطويلة الأجل	752	887	857	1400	1510	2037	3838	5057	5400	3412		1226	1364	4104	3460
إجمالي القروض	805	988	970	1529	1657	5521	4125	5470	5774	3762		1615	1653	4713	3837
نسبة القرض القصيرة لأجمالي القروض	7	10	16	8	9	10	7	8	6	9		24	18	13	9
نسبة القروض المتوسطة والطويلة الأجل إلى إجمالي القروض	93	90	84	92	91	90	93	92	94	91		96	92	87	91
نسبة إجمالي القروض إلى الناتج المحلي إجمالي	0.6	0.7	0.5	0.6	0.5	0.4	0.6	0.6	0.7	0.7		0.9	0.2	0.2	0.2

المصدر :

- التقارير السنوية للبنوك المتخصصة للفترة (1990-2004) .

– البنك المركزي اليمني تقارير سنوية متنوعة حتى عام 1999م.

– تم تصفية البنك الصناعي في هذا العام

– البيانات لهذا العام لبنك التسليف الزراعي فقط .

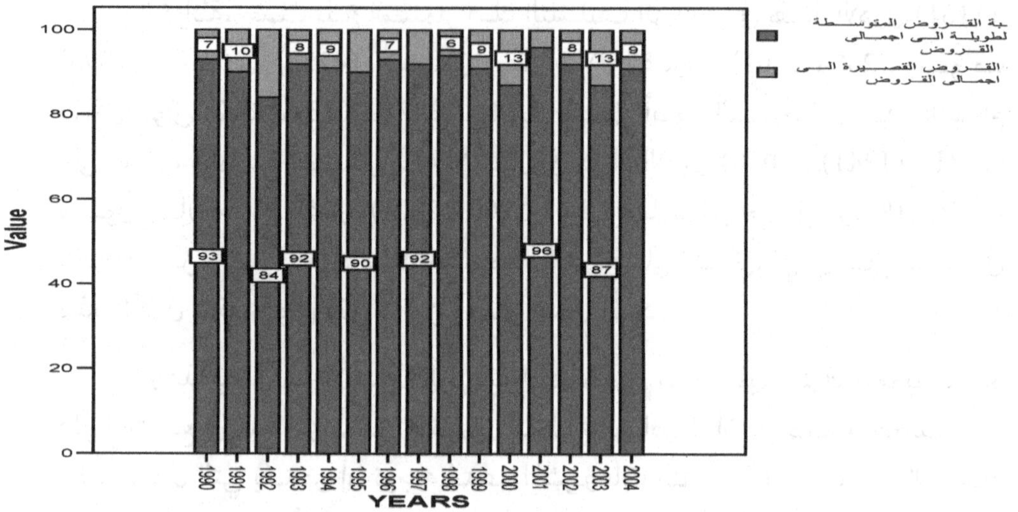

يتضح من بيانات الجدول أن البنوك المتخصصة عكست التوجـه والهـدف التـي أنشأت من أجله، حيث كانت أغلب القروض المقدمة من هذه البنـوك للقطـاع الخـاص ذات أجال متوسطة وطويلة الأجل، حيث بلغ متوسط نسبة هـذه القـروض إلى إجـمالي القروض حوالي (90%) خـلال الفـترة (1990-2004)، في حـين لم تتجـاوز نسـبة القـروض القصيرة الأجل (10%) خلال نفس الفترة، وهذا يؤكد الطبيعة التنموية لهـذه القـروض، إلا أن تواضع موارد هـذه البنـوك انعكـس عـلى مقـدار القـروض التـي تقـدمها للقطـاع الخاص، حيث كانت ضئيلة جدا، مما جعل مساهمتها في الناتج المحلي الأجمالي لا تكـاد تذكر، فخـلال الفـترة (1990-1998) قبـل تصـفية البنـك الصـناعي بلـغ متوسـط نسـبة القروض للناتج المحلي الإجمالي (0.6%)، وبعد تصفية البنـك الصـناعي لم تبلـغ متوسـط نسبة مساهمة القروض المقدمة من بنك التسليف الزراعي وبنـك الإسـكان سـوى (0.2) خلال الفترة (1999-2004)، وهـي نسـبه لا يعتـد بهـا، ويعـود سـبب تواضـع القـروض المقدمة من هذه البنوك بالإضافة إلى تواضـع مواردهـا تعثرهـا في اسـترداد قروضـها مـن قبل المدينين إلى جانب تحوله في توظيـف مـوارده منـذ عـام 2001م، حيـث شـاركت أو بالأصح نافست البنوك التجارية في استثمار جزء من مواردها في أذون

الخزانة، حيث بلغ استثمار بنك التسليف الزراعي في هذه الأذون (1181)، (1398)[1]، (2631)، (4252) [2] مليون ريال خلال الفترة (2001-2004)، وهو ما يشكل حوالي (12%)، (13%)، (27%)، (24%) إجمالي أصول البنك خلال هذه الأعوام على التوالي، وكما بلغ استثمار بنك الإسكان في هذه الأذون (1010)، (1241)، (1231) مليون ريال خلال الفترة (2001-2003)م، وهو ما شكل حوالي (56%)، (50%)، (50%)[3] من إجمالي أصول البنك خلال هذه الأعوام على التوالي، أي أن ما يستثمر في هذه الأذون شكل حوالي (52%) من إجمالي أصول البنك.

وهذا يتنافى مع الأهداف الرئيسية لإنشاء هذه البنوك فهي بنوك تنموية يتحتم عليها التوسع في منح المزيد من الائتمان للقطاع الخاص لا أن تزاحمه وتحجب عنه هذه الأموال التي يفترض أن توجه لدعم المشروعات التنموية التي تخدم الاقتصاد اليمني، ولذلك فإن الأمر يستدعي إعادة هيكلة هذه البنوك ودعمها بشكل جاد وتوجيه نشاطها في دعم المجالات الإنتاجية الرئيسية.

وبعد استعراضنا لأنشطة مختلف البنوك اليمنية (التجارية والإسلامية والمتخصصة) لاحظنا أن نشاط هذه البنوك تحسن فيما بعد فترة الإصلاح الاقتصادي بفضل جملة من الإجراءات التي طبقتها السلطات النقدية خلال هذه الفترة، حيث حصل تحسن ملحوظ في حجم الادخارات والودائع التي تمكنت هذه المؤسسات من استقطابها والتي كان لتغير أدوات السياسة النقدية دورا فيها لأنها لم تكن بالقدر الكافي أو المخطط له حسب خطط التنمية، كما أن توزيع هذه الادخارات على شكل قروض ائتمانية للقطاعات الاقتصادية لم يكن في الاتجاه الذي يخدم عملية التنمية، حيث تركزت أغلب القروض الممنوحة من هذه البنوك في المجالات الخدمية والتجارية

---

(1) بنك التسليف التعاوني والزراعي، التقرير السنوي لعام 2002، ص 22.

(2) بنك التسليف التعاوني والزراعي، القوائم المالية في 2004/12/31م، ص 2.

(3) بنك الإسكان، التقرير السنوي لعام 2003، ص 8.

القصيرة الأجل وذات العائد السريع، مما يشير إلى قصور أدوات السياسة النقدية في توجيه الائتمان نحو الاستثمارات المنتجة التي تساهم في رفد عملية التنمية، الأمر الذي يتطلب من السلطات النقدية البحث عن الوسائل والأساليب الجديدة التي تساهم في تعبئة وتوجيه الادخارات بما يحقق أهداف التنمية في اليمن.

الفصل السادس

التحليل القياسي للسياسة النقدية في اليمن

الفصل السادس

التحليل القياسي للسياسة النقدية في اليمن

تناولنا في الفصول السابقة وضع السياسة النقدية التي انتهجتها السلطات النقدية في اليمن خلال الفترة (1990- 2004)، وتم تتبع تطور هذه السياسة ومدى تأثيرها على بعض المتغيرات الاقتصادية والنقدية، بهدف معرفة الدور الذي لعبته هذه السياسة في تحقيق الاستقرار والتنمية الاقتصادية خلال فترة الدراسة، وتحقيقاً لهدف الدراسة تم تناول العرض النقدي والعوامل المؤثرة عليه، بالإضافة إلى دور البنوك التجارية في خلق ومنح الائتمان، ولأن الاقتصاد شهد إختلالات كبيرة وخصوصاً خلال الفترة (1990- 1994)، وهي الفترة التي سبقت قيام الحكومة بتبني برنامجاً للإصلاح الاقتصادي، فإن آثار تلك الاختلالات قد ألقت بظلالها على مسيرة الاقتصاد اليمني خلال السنوات التالية لبرنامج الإصلاح الاقتصادي، إلا أن إجراءات السياسة النقدية لعبت دوراً هاماً في تخفيف تلك الاختلالات وتحقيق قدراً جيداً من الاستقرار الاقتصادي، نقوم في هذا الفصل لتطبيق النموذج القياسي المناسب لقياس دور السياسة النقدية في اليمن في تحقيق الاستقرار والنمو الاقتصادي خلال فترة الدراسة .

أولاً: الأساس النظري للنموذج :

يعتمد أساس النموذج الذي سيتم استخدامه لقياس دور السياسة النقدية في اليمن على المنهج النقدي لميزان المدفوعات وهو من النماذج الهيكلية التي طبقها صندوق النقد الدولي على بعض البلدان النامية، التي تناسب مع هدف الدراسة، ومن أبرز هذه النماذج ذلك النموذج الذي طبقه (Bijan B. Aghevli and Mohsins khan) بهدف قياس العلاقة بين نمو العرض النقدي وارتفاع الأسعار

وقد طُبق النموذج على عدد من الدول النامية منها (تايلاند، البرازيل، كولومبيا)، يذكر أن التحليلات النقدية تفسر ظاهرة عدم الاستقرار الاقتصادي (التضخم) بناءً على دراسة (Cagan) كاجان التي قام بها عام1956 [1] والتي تفيد أن التغيرات في الأسعار ناتجة عن التغيرات التي تحدث في النقود، حسب التحليلات الكلاسيكية، إلا أن الدراسة التي قام بها كل من (Wallack) و (Sargent) عام 1973[2]، وأكدتها دراسة (فرانكل) (Frankel) وجاكوبر (Jacobs) عام 1973، التي أثبتت أن زيادة العرض النقدي الناتج عن تمويل عجز الموازنة من خلال الجهاز المصرفي وتحديداً البنك المركزي تؤدي إلى حدوث التضخم، وقد توصل اجيفيلي (Aghevli) ومحسن خان (M. Khan) إلى نفس النتيجة في دراستهما المطبقة عام 1977 على الأرجنتين وأندونسيا [3].

ثانياً: هدف النموذج :

يهدف النموذج إلى اختبار أثر السياسة النقدية (العرض النقدي والعوامل المؤثرة عليه) على الاستقرار والتنمية الاقتصادية (معادلة الأسعار معادلة الإنفاق الحكومى، ومعادلة التضخم والناتج المحلي الإجمالي) في الجمهورية اليمنية خلال الفترة (1990-2004) .

وسيتم استخدام طريقة المربعات الصغرى العادية (ordinary least squares)

ثالثا : خصائص النموذج:

1- النموذج خطى في المعلمات ويستخدم بيانات سنوية
2- النموذج ديناميكى (يدخل عامل الزمن في الاعتبار أي إن القيمة عند نقطة زمنية معينة تترتب على القيمة الزمنية السابقة.

(1) Cagan, Phillp, " The Monetary Dynamics Of Hyperinflation In Studies In The Quantity Of Money, University Chicago, 1956.

(2) Frankel, Jacobs, " The Forward Exchange Rate, Expectations And Dedand For Money", The German Hyperinflation, American Economic Review, Vol, 76, September, 1977.

(3) IMF, Staff Papers, Vol, 25, 1978. P. 384.

3- تم استخدام المعادلات بالصورة اللوغارتيمية لعدة أسباب أهمها:

أ- الحصول على المرونات بصورة مباشرة من المعادلات وذلك بمعنى :

$Y=b_0+b_1X$

When

X: INCOME

Y: CONSUMPTION

ويعنى هذا النموذج أن التغير في الدخل بمقدار وحدة واحدة يؤدي إلى التغير في الاستهلاك بمقدار b1، ولكن :

$LN\ Y = b_0+b_1\ LN\ X$

يختلف التفسير في هذه الحالة فتعبر b1 عن المرونة أي التغير النسبي, وبذلك يمكن القول أن التغير النسبي في الدخل بمقدار وحدة واحدة يؤدى إلى التغير النسبي في استهلاك بمقدار(b1*%100).

ب- للتخلص من مشكلة عدم تباين الأخطاء.

ج-هذه الصيغة مفضلة من الناحية العملية.

د- لتقريب الفروق بين البيانات وتوضيحها بشكل أسهل.

رابعا : توصيف معادلات النموذج :

بهدف قياس أثر السياسة النقدية على الاستقرار الاقتصادي ونموه والعوامل المؤثرة عليه فقد قمنا بإعداد (5) معادلة هيكلية و (4) معادلات تعريفية، وتشمل المعادلات الهيكلية المتغيرات الآتية :

1. المعروض النقدي
2. الرقم القياسي العام للأسعار
3. معدلات التضخم
4. الإنفاق الحكومي الإجمالي
5. الناتج المحلي الإجمالي .

وهذه المعادلات تعتمد عل مجموعة من المعادلات التعريفية وهى:

1- $E = MC + DD$.

2- $MS = E + QM$.

3- $FD = GEX - GR$.

4- $GNP = GDP + NIA$.

وكل المتغيرات تم قياسها بملايين الريالات اليمنية، بالمقابل تم التعبير عن المعادلات بالصورة اللوغاريتمية الطبيعية وذلك للأسباب التي تم ذكرها سابقاً، وكل معادلة من هذه المعادلات قمنا تحليلها وعمل تقديرات الانحدار المختلفة لها, وتستند هذه التقديرات على مجموعة من المعايير الاحصائية والاقتصادية نوضحها فيما يلي:

أولا: المعايير الاقتصادية:-

تم عمل المقدرات لكل معادلة، وإشارة المعامل المقدر تحدده النظرية الاقتصادية من حيث دوره في تحقيق الاستقرار والتنمية من خلال السياسة النقدية المتبعة , وتأثيره على المعروض النقدي وعلى الناتج المحلي الإجمالي وباقي المعادلات الهيكلية الذي يتضح من التحليل القياسي فيما بعد.

ثانيا : المعايير الإحصائية:-

وتهدف هذه المعايير إلى اختبار الثقة في القيم المقدرة للنموذج وعمل اختبار المعنوية لهذه المقدرات عن طريق اختبار (t) أو t-test ومرفق لكل قيمة من t ما يعرف ب p- value وهى التي تحدد معنوية كل مقدر على حده، وهي عند درجة ثقة 95% وتكون القاعدة هي اختبار الفرض العدمي أو الفرض البديل

والفرض العدمي هو :

أن القيمة المقدرة للمعامل تكون مساوية للصفر , وهذا يعنى أن المتغير المفسر- غير معنوي أي ليس له أي تأثير على المتغير التابع (تأثير معنوي)على الرغم من وجود قيمة لهذا المتغير Significant Estimator

الفرض البديل هو :

Yن القيمة المقدرة للمعامل تكون غير مساوية للصفر، وهذا يعني أن المتغير المفسر معنوي أي تأثير على المتغير التابع (تأثير معنوي) Significant Estimator ، وهو ما يعرف بالإحصاء الاستدلالي ويستخدم هذا النوع من الإحصاء لعدم القدرة على الحصول على المعلمة الحقيقية في المجتمع وبذلك نأخذ تقدير لهذه المعلمة .

وبعد تحديد كل من الفرض العدمي والفرض البديل لكل متغير نختبر معنوية كل منهما عن طريق قيمة P-Value

ونرفض الفرض العدمي , إذا كانت P-Value للمتغير أقل من (05%) ويتم رفض الفرض العدمي بدرجة ثقة (95%)، وهذا يعنى أن القيمة المقدرة غير معنوية Significant Estimator .

ونقبل الفرض العدمي إذا كانت P-Value للمتغير أكبر من أو يساوى 05.ويتم قبول الفرض العدمي بدرجة ثقة 95% ،وهذا يعنى أن القيمة المقدر معنوي Insignificant Estimator

المعيار الإحصائي الثاني :

معامل التحديد المعدل (Adjusted Coefficient Determination) وهو يحدد النسبة المئوية من القيمة المقدرة للمتغير التابع التي تفسرها المتغيرات المستقلة ،وتم استخدام معامل التحديد المعدل بدلا من معامل التحديد ،وذلك لان الأخير يكون غير

دقيق في حالة أكثر من متغير مفسر، أي يزيد بشكل غير معبر عن النسبة المفسرة من المتغير التابع بواسطة المتغيرات المفسرة، ويشير ارتفاع قيمة R-2 إلى جودة التوفيق .

ونقوم باستخدام المقاييس الإحصائية في التقدير للتأكد من معايير اختبارات الارتباط الذاتي (Auto Correlation) للكشف عن وجود أو عدم وجود ارتباط بين قيم الحد العشوائي ووجود هذه الظاهرة يؤدى إلى أخطاء معياريه متحيزة تؤثر على قيمة مستوى المعنوية لهذه المعاملات ،وبالتالي إلى عدم دقة فترات الثقة التي تستخدم الأخطاء المعيارية في الحساب، مما يؤدي إلى المقدرات على الرغم أن هذه الظاهرة لا تؤدى إلى تحيز القيم المقدرة للمعلمات في المجتمع، وإذا كانت ظاهرة (Auto Correlation) الارتباط الذاتي تعبر عن وجود ارتباط بين القيم والحد العشوائي فإنه يوجد ظاهرة أُخرى لابد من تحاشيها وهى (Multicollinearity) ارتباط متعدد علاقة ارتباط خطي بين متغيرين تفسيريين في المعادلة المطلوب تقدير معاملات انحدارها, وهي ظاهرة شائعة الوجود في العلاقات الاقتصادية وعادةً ما يتم يتوقف عن تقدير المعاملات الانحدار في حالة وجود ارتباط تام بين متغيرين تفسيريين، في حالة وجود ارتباط قوى بين هذين متغيرين لأن معاملات الانحدار المقدرة تكون غير معنويه احصائيا .

المعيار الاحصائى الثالث : هو اختبار "داربين واطسون"Durbin Watson" ويقوم هذا الاختبار باكتشاف (Auto Correlation) وأهم فروض هذا الاختبار هى :

- وجود حد ثابت لنموذج الانحدار.
- المتغيرات المفسرة غير عشوائية
- العلاقة لا تشمل على قيم مبطئة للمتغير التابع كأحد المتغيرات المفسرة ونستخدم هذا الاختبار كالتالي :

H_O: يوجد ارتباط سلسلي

H_1: لا يوجد ارتباط سلسلي

ويتحدد ذلك وفقا للجدول التالي " أين تقع قيمة D قيمة الإحصاء لهذا الاختبار

نقبل وجود ارتباط عكسي	عدم اتخاذ قرار	حالة استقلال	عدم اتخاذ قرار	نقبل وجود ارتباط طردي

4-DL 4-DU DU DL

تحدد DU,

القيمة الجدولية الصغرى: DL

القيمة الجدولية الكبرى :DU

وتحدد القيمة DL,DU وفق للجدول على أساس كل من Nعدد المشاهدات في العينة وK عدد المتغيرات المفسرة عند درجة ثقة (96%).

خامسا : معادلات النموذج :

1- المعادلات الهيكلية :

لغرض قياس أثر السياسة النقدية على الاستقرار الاقتصادي والنمو وكذا العوامل المؤثرة على السياسة النقدية تم تكوين المعادلات الانحدارية الخطية بصورة لوغاريتمية طبيعية مزدوجة على النحو التالي :

أولا :معادلات المعروض النقدى :

1- $LnMs = \alpha + b_1\ LnMl + b_2\ LnGR + b_3\ LnE + b_4\ LnGDP + b5LnNAF + b6LnFL$

2- $Ln\ Ms = \alpha + b_1\ LnDD + b_2\ LnDS + b_3 Ln\ DF + b_4\ Ln\ DC$

3- $Ln\ Ms = \alpha + b_1\ LnCP + b_2\ LnCG$

ثانيا: معادلة الأسعار :

$$Ln\ pI = \alpha + b_1\ LnMS + b_2\ LnGNP + b_3\ LnFD$$

ثالثا :معادلة الإنفاق الحكومي:

$$Ln\,GEX = \alpha + b_1\ LnPI + b_2\ LnGNP + b_3\ Ln\,MS$$

رابعا: معادلة التضخم:

$$Ln\,INF = \alpha + b_1\ LnPI + b_2\ LnInF_{-1}$$

خامسا: معادلة الناتج المحلى الإجمالي:

$$Ln\,GDP = \alpha + b_1\ LnMS + b_2\ LnPI + b_3\ LnINF$$

2- المعادلات التعريفية :

1- $E = MC + DD$.

2- $MS = E + QM$.

3- $FD = GEX - GR$.

4- $GNP = GDP + NIA$.

سادساً : متغيرات النموذج :

1- المتغيرات الداخلية (Endogenous Variables) :

MS = المعروض النقدي .

INF = معدلات التضخم .

GEX = الاتفاق الحكومي الإجمالي .

PI = الرقم القياسي العام للأسعار .

GDP = الناتج المحلي الإجمالي .

GNP= الناتج القومي الإجمالي .

2- المتغيرات الخارجية (Exogenous Variables):

ML = المضاعف النقدي .

E = القاعدة النقدية.

MC = النقود المتداولة .

DD = ودائع تحت الطلب .

DS = ودائع الادخار .

DF= الودائع الأجنبية.

DC = الودائع المخصصة والضمان .

CG = الائتمان الحكومي .

CP = الائتمان الخاص .

NAF = صافي الأصول الأجنبية .

INF-1 = معدلات التضخم لفترة إبطاء سنة واحدة .

QM= شبه النقد .

NIA=صافي الدخل من الخارج .

3- تقديرات معادلات النموذج :

تم تقدير معادلات النموذج باستخدام طريقة المربعات الصغرى لكون هذه الطريقة تتميز بمجموعة من الصفات الإحصائية وتسمى BLUE ويعنى ذلك أنها

Best Linear Unbaised Estimator

Best:تكون اقل تباين

Linear :تكون خطية

Unbaised:غير متحيزة

أولا :معادلات العروض النقدي :

تم التحليل القياسي للعروض النقدي في ثلاث معادلات هامة توضح أثر المتغيرات المفسرة على التغير الذي يحدث في المعروض النقدي من خلال المعادلات التالية:

المعادلة الأولى

$$\ln Ms = -25384 + 0.070 LnML + 0.00 LnGR + 0.063 LnE + 3.025 LnGDP + 0.003 LnNAF + 0.004 LnG$$

T (-5.937) (1.125) (1.361) (1.052) (7.580) (.085) (-0.631)

p-value (0.00) (0.293) (0.21) (.324) (0.00) (.934) (-0.546)

$R^2 = 0.989$ $R^{-2} = 0.98$ DW = 2.015

يتضح أنه تم اختيار مجموعة من المتغيرات المفسرة وهى المضاعف النقدي (ML) و الإيراد الحكومي (GR)، القاعدة النقدية (E) ،الناتج المحلى الإجمالي (GDP) صافي الأصول الأجنبية (NAF) وأخيراً العجز الحكومي(GD)، وبعد تحليل هذه المتغيرات ودراسة أثرها في تفسير التشتت الذي حدث في المتغير التابع نجد أن :

قيمة معامل التحديد المعدل R-2 بلغت (98%) وهي قيمة عالية تشير إلى أن العلاقة بين المتغير التابع والمتغيرات المستقلة تكاد تكون خالية من الأخطاء, ويعنى هذا أن المتغيرات المستقلة قد فسرت نسبة (98%) من التغيرات التي حدثت في المتغير التابع

وفى هذا التحليل اختلفت القيم للمتغيرات المفسرة، وهذا يعنى اختلاف درجات المرونة، ومن ثم اختلاف اثر المتغيرات المستقلة على المتغير التابع،وتشير نتائج التقدير إلى أن مرونة المضاعف النقدي عبارة عن 070. وهذا يعنى أن التغير النسبي في المضاعف النقدي بمقدار وحدة يؤدى إلى التغير النسبي في المعروض النقدي بمقدار (0.07%) , ولكن رغم وجود تأثير لهذا المضاعف نجد انه غير معنوي بالنسبة للمجتمع وهذا يتضح من خلال قيمة P-VALUE الخاصة بالإحصاء الخاص بهذا المقدر ،حيث P-VALUE =0.293 أي أنها أكثر من 0.05 ولكن الحال يختلف اختلافاً كبيراً عند تحليل تأثير الناتج المحلى

الإجمالي على المعروض النقدي فنجد درجة المرونة للمتغير (3.025%)، وهذا يعنى أن التغير النسبي في الناتج المحلى الإجمالي بمقدار وحدة يؤدى إلى التغير النسبي في المعروض النقدي بمقدار(3.025%) وبالنظر إلى العلامة المرافقة لهذا المتغير في موجبة ،أي يوجد علاقة طردية بين التغير النسبي فقد كانت الناتج المحلى الإجمالي وبين التغير النسبي في المعروض النقدي ،وبالنظر إلى معنوية هذا المقدر باستخدام الإحصاء Tيكون (T- VALUE) يساوى (7.580) وتكون P-VALUE المناظرة لهذا الإحصاء هي (0.00) أي أقل من (05%.) وهذا يعنى أن الناتج المحلى الإجمالي معنوي بما يعنى انه مفسر للتغير الذي يحدث في المعروض النقدي بدرجة ثقة (95%).ولكن قد لا نجد معنوية لباقي المتغيرات المستخدمة في هذه المعادلة .

ولمعرفة حول وجود الإرتباط السلسلي من عدمه؟

يتم استخدام اختبار داربن واطسون وفقا لما يلي :

H_O:يوجد ارتباط سلسلي

H_1:لا يوجد ارتباط سلسلي

وبالنظر إلى التحليل والقاعدة المستخدمة في الحكم (على المعروض سابقا) نجد أن

D.W = 2.015

N=15 K=6

DL=.447 4-DL=3.553

أي لا يوجد ارتباط تسلسلي بين الأخطاء عند درجة ثقة (95%) .

وبهذا يتضح أهمية علاقة النمو الاقتصادي بالناتج المحلى الإجمالي بما يوضح أن السياسة النقدية (الفرض النقدي) له تأثير طردي ملحوظ يمكن استخدامه في تحقيق عملية الاستقرار والتنمية

والمعادلة الثانية

$$2\text{-}\quad Ln\,Ms = 0.284 + 0.966\,LnDD + 0.092\;LnDS + 0.128\,Ln\,DF - 0.024\,Ln\,DC$$

t (.345) (6.692) (1.1061) (4.23) (-.726)

p- value (.737) (.000) (.314) (.003) (.485)

R^2 =0.994 R^{-2} = 0.991 DW = 1.869

والمعادلة الثانية توضح تأثير مجموعة أخرى من التغيرات وهي الودائع بأنواعها المختلفة

الودائع تحت الطلب (DD) و ودائع الادخار (DS)، الودائع الأجنبية(DF) ،الودائع المخصصة والضمان (DC)، وبعد تحليل هذه المتغيرات ودراسة أثرها في تفسير التشتت الذي حدث في المتغير التابع نجد أن:

قيمة معامل التحديد المعدل R-2 بلغت (99%) وهي قيمة عالية أيضاً تشير إلى أن العلاقة بين المتغير التابع والمتغيرات المستقلة تكاد تكون خالية من الأخطاء ويرجع (1%) من التشتت في المتغير التابع يعود إلى المتغيرات غير المدرجة في النموذج، ويعني هذا أن المتغيرات المستقلة قد فسرت نسبته (99%) من التغيرات التي حدثت في المتغير التابع، وفى هذه المعادلة اختلفت القيم للمتغيرات المفسرة وهذا يعني اختلاف درجات المرونة، ومن ثم اختلاف أثر المتغيرات المستقلة على المتغير التابع، وتشير نتائج التقدير إلى أن مرونة الودائع تحت الطلب تساوي 966،وهذا يعني أن التغير النسبي في الودائع تحت الطلب بمقدار وحدة واحدة، يؤدى إلى التغير النسبي في المعروض النقدي بمقدار(96%)، وبالنظر إلى العلامة المرافقة لهذا المتغير نجد أنها موجبة، بمعنى يوجد علاقة طردية بين التغير النسبي في الودائع تحت الطلب، وبين التغير النسبي في المعروض النقدي ،وبالنظر إلى معنوية هذا المقدر باستخدام الإحصاء T يكون T- VALUE مساوي (6.692%) ،وتكون P-VALUE المناظرة لهذا الإحصاء هي (0.00) أي أقل من (05%) وهذا يعنى أن الودائع تحت الطلب معنوية بما يعنى أنها مفسرة للتغير الذي يحدث في المعروض النقدي بدرجة ثقة (95%) .وبالنظر إلى باقي المتغيرات نجد أن هناك متغير آخر معنوي أي له تأثير على المتغير التابع وهو الودائع الأجنبية (DF) حيث كانت مرونة هذا المتغير هي (0.128%) وهذا يعنى أن التغير النسبي في الودائع الأجنبية بمقدار وحدة واحدة، يؤدى إلى التغير النسبي في المعروض النقدي بمقدار(12%)، وبالنظر إلى العلامة المرافقة لهذا المتغير في موجبة ،أي يوجد علاقة طردية بين التغير النسبي في الودائع الأجنبية، وبين التغير النسبي في المعروض النقدي ،وبالنظر إلى معنوية هذا المقدر باستخدام الاختبار (T) يكون T- VALUE يساوى (4.23%) ،وتكون P-VALUE المناظرة لهذا الاحصاء هي (0.00%)، أي أقل من (05%)

وهذا يعنى أن الودائع الأجنبية معنوية بما يعني أنها مفسره للتغير الذي يحدث في المعروض النقدي بدرجة ثقة (95%) ،ولكن قد لا نجد معنوية لباقي المتغيرات المستخدمة في هذه المعادلة.

وبالنظر إلى التساؤل حول وجود الارتباط السلسلي من عدمه؟

يتم استخدام اختبار داربن واطسون وفقا لما يلي :-

H_O:يوجد ارتباط سلسلى

H_1:لا يوجد ارتباط سلسلى

وبالنظر إلى التحليل والقاعدة المستخدمة في الحكم (المعروض سابقا)نجد أن

D.W = 1.869

N=15 K=4

DL=.685 4-DL=3.315

أي لا يوجد ارتباط سلسلي بين الأخطاء بدرجة ثقة 95%

بهذه النتيجة تتسلط الأضواء وتتركز على أهمية الودائع في زيادة المعروض النقدي وتدل على فاعليتها في تحقيق الاستقرار والتنمية في اليمن، وبذلك أداة قوية من أدوات السياسة النقدية تؤثر بشكل طردي ملحوظ يمكن استخدامه في عملية الاستقرار والتنمية..

والمعادلة الثالثة

3- $Ln\,Ms = 3.654 + .837\,LnCP + 0.000\,LnCG$

t (3.141) (7.88) (-.009)

p- value (.896) (.000) (.993)

R^2 =0.896 $\bar{R}^2$ = 0.879 DW = 1.720

توضح المعادلة الثالثة تأثير مجموعة أخرى من التغيرات وهى الائتمان بأنواعه المختلفة، وهى الائتمان الخاص(CP) و الائتمان الحكومي(CG)، وبعد تحليل هذه المتغيرات ودراسة أثرها في تفسير التشتت الذي حدث في المتغير التابع نجد أن:

قيمة معامل التحديد المعدل R-2 بلغت .(879%)، وهي قيمة عالية تشير قيمتها إلى أن العلاقة بين المتغير التابع والمتغيرات المستقلة تكاد تكون خالية من الأخطاء في حين يرجع نسبة(12.1%)، من التشتت في المتغير التابع إلى متغيرات غير مدرجة في النموذج، ويعني هذا أن المتغيرات المستقلة قد فسرت نسبة (879%) من التغيرات التي حدثت في المتغير التابع، وفي هذه المعادلة اختلفت القيم للمتغيرات المفسرة وهذا يعني اختلاف درجات المرونة، ومن ثم اختلاف اثر المتغيرات المستقلة على المتغير التابع،وتشير نتائج التقدير إلى مرونة الائتمان الخاص تساوى(0.837) ، هذا يعنى أن التغير النسبي في الائتمان الخاص بمقدار وحدة واحدة، يؤدى إلى التغير النسبي في المعروض النقدي بمقدار(83%). وبالنظر إلى العلامة المرافقة لهذا المتغير نجد أنها موجبة، بمعنى أنه يوجد علاقة طردية بين التغير النسبي في الائتمان الخاص، وبين التغير النسبي في المعروض النقدي ،وبالنظر إلى تقدير معنوية هذا المتغير باستخدام الاحتبار Tيكون T- VALUE يساوى (7.889) ،وتكون P-VALUE المناظرة لهذا الإحصاء هي (0.00) أي أقل من هي (0.05%) وهذا يعني أن الائتمان الخاص ذات معنوية بما يعنى أنه مفسر للتغير الذي يحدث في المعروض النقدي بدرجة ثقة (95%). ولكن قد لا نجد معنوية لباقي المتغيرات المستخدمة في هذه المعادلة .

وبالنظر إلى التساؤل حول وجود الارتباط السلسلي من عدمه؟

يتم استخدام اختبار داربن واطسون وهو

يوجد ارتباط سلسلي:HO

لا يوجد ارتباط سلسلي:H1

وبالنظر إلى التحليل والقاعدة المستخدمة في الحكم (المعروض سابقا)نجد أن

D.W = 1.720

N=15	K=2
DL=.982	4-DL=3.018

أي لا يوجد ارتباط تسلسلي بين الأخطاء بدرجة ثقة (95%)

بهذه النتيجة تتسلط الأضواء وتتركز على الائتمان الخاص في زيادة المعروض النقدي وتدل على فاعليتها في تحقيق الاستقرار والتنمية في اليمن .

ومما سبق نستخلص من معادلات المعروض النقدي أنة يوجد مجموعة من المتغيرات التي يمكن استخدامها في التأثير على المعروض النقدي، بمعنى أن هناك تأثير إيجابي للسياسة النقدي على تحقيق نوع من الاستقرارالنقدي في اليمن

ثانيا: معادلة الأسعار :

$$Ln\ pI = -8.918 + 1.089\,LnMS - 0.048\,LnGNP - 0.008\,LnFD$$

t	(-5.706)	(10.813)	(-.430)	(-.419)
p- value	(.000)	(.000)	(.676)	(.419)

$R^2 = 0.954$ $\bar{R}^2 = 0.941$ DW = 1.643

ومعادلة الأسعار توضح تأثير مجموعة من التغيرات وهى المعروض النقدي (MS) الناتج القومي الإجمالي (GNP) ،العجز الحكومي(GD) ، وبعد تحليل هذه المتغيرات ودراسة أثرها في تفسير التشتت الذي حدث في المتغير التابع نجد أن:

قيمة معامل التحديد المعدل R-2 بلغت (0.941%)، وهى قيمة عالية تشير قيمتها إلى أن العلاقة بين المتغير التابع والمتغيرات المستقلة تكاد تكون خالية من الأخطاء، ويرجع ذلك إلى أن نسبة (6%) من التشتت في المتغير التابع يعود إلى المتغيرات غير المدرجة في النموذج، ويعني هذا أن المتغيرات المستقلة قد فسرت ما نسبنه (941%) من التغيرات التي حدثت في المتغير التابع، وفى هذه المعادلة اختلفت القيم للمتغيرات المفسرة وهذا يعنى اختلاف درجات المرونة، ومن ثم اختلاف اثر المتغيرات المستقلة على المتغير التابع، وتشير نتائج التقدير إلى أن مرونة المعروض النقدي تساوى (1.086%)، وهذا يعنى أن التغير النسبي في المعروض النقدي بمقدار وحدة واحدة، يؤدى إلى التغير النسبي في الرقم القياسي العام للأسعار بمقدار (108%). وبالنظر إلى العلامة المرافقة لهذا المتغير نجد أنها في موجبة ،بمعنى أنه يوجد علاقة طردية بين

التغير النسبي في الرقم القياسي العام للأسعار، وبين التغير النسبي في المعروض النقدي ،وبالنظر إلى معنوية هذا المتغير المقدر باستخدام اختيار Tيكون T- VALUE يساوى (10.813) ،وتكون P-VALUE المناظرة لهذا الإحصاء هي(0.00) أي أقل من (0.05)، وهذا يعنى أن مرونة المعروض النقدي معنوية بما يعنى أنها مفسره للتغير الذي يحدث في الرقم القياسي العام للأسعار بدرجة ثقة (95%)، وبالنظر إلى باقي المتغيرات نجد أن هناك متغير آخر معنوي أي له تأثير على التغير التابع وهو الناتج القومي الإجمالي فنجد أن مرونة هذا المتغير هي (0.048-) وهذا يعنى أن التغير النسبي في الناتج القومي الإجمالي بمقدار وحدة واحدة، يؤدى إلى التغير النسبي في الرقم القياسي العام للأسعار بمقدار (4%)، وبالنظر إلى العلامة المرافقة لهذا المتغير نجد أنها سالبة، أي يوجد علاقة عكسية بين التغير النسبي في الناتج القومي الإجمالي، وبين التغير النسبي في الرقم القياسي العام للأسعار، وبالنظر إلى معنوية هذا المتغير المقدر باستخدام الاختيار T تكون T- VALUE يساوى (430.-) ،وتكون P-VALUE المناظرة لهذا الإحصاء هي(0.676) أي اكبر من (0.05) وهذا يعني أن الناتج القومي الإجمالي غير معنوي بما يعني أنها غير مفسر للتغير الذي يحدث في المعروض النقدي بدرجة ثقة (95%). ولكن قد لا نجد معنوية لباقي المتغيرات المستخدمة في هذه المعادلة.

وبالنظر إلى التساؤل حول وجود الارتباط السلسلي من عدمه؟

يتم استخدام اختبار داربن واطسون وفقاً لما يلي :

يوجد ارتباط سلسلي:H_O

لا يوجد ارتباط سلسلي:H_1

وبالنظر إلى التحليل والقاعدة المستخدمة في الحكم (المعروض سابقا)نجد أن

D.W = 1.787

N=15 K=3

DL=.643 4-DL=3.018

أي لا يوجد ارتباط سلسلي بين الأخطاء بدرجة ثقة 95%

بهذه النتيجة تتسلط الأضواء وتتركز على المعروض النقدي في التأثير على زيادة الرقم القياسي العام للأسعار ،وتدل على فاعليتها في التأثير على تحقيق الاستقرار والتنمية في اليمن .

ثالثا :معادلة الإنفاق الحكومي

$$Ln\,GEX = 1.761 - 0.406\,LnPI + 0.009\,LnGNP + 0.862\,Ln\,MS$$

t	(.993)	(-1.998)	(.124)	(3.922)
p- value	(.342)	(.071)	(.903)	(.002)

$R^2 = 0.903$ $\bar{R}^2 = 0.877$ DW = 1.787

و معادلة الإنفاق الحكومي توضح تأثير مجموعة من التغيرات وهى الرقم القياسي العام للأسعار (PI)، الناتج القومي الإجمالي (GNP)، المعروض النقدي (MS)، وبعد تحليل هذه المتغيرات ودراسة أثرها في تفسير التشتت الذي حدث في المتغير التابع نجد أن:

قيمة معامل التحديد المعدل R-2 بلغت (877 %)، وهي قيمة غير عالية حيث تشير قيمتها إلى أن العلاقة بين المتغير التابع والمتغيرات المستقلة قليلة، وترجع نسبة (12%) فقط من التشتت في المتغير التابع إلى المتغيرات غير المدرجة في النموذج، ويعني هذا أن المتغيرات المستقلة قد فسرت نسبة (877%) من التغيرات التي حدثت في المتغير التابع، وفي هذه المعادلة اختلفت القيم للمتغيرات المفسرة ومما يعنى اختلاف درجات المرونة، ومن ثم اختلاف أثر المتغيرات المستقلة على المتغير التابع،وتشير نتائج التقدير إلى مرونة المعروض النقدي تساوى (0.862) ،وهذا يعنى أن التغير النسبي في المعروض النقدي بمقدار وحدة واحدة، يؤدى إلى التغير النسبي في الرقم القياسي العام للأسعار بمقدار(86%) وبالنظر إلى العلامة المرافقة لهذا المتغير فهى موجبة ،أي يوجد علاقة طردية بين التغير النسبي في الرقم المعروض النقدي، وبين التغير النسبي في الإنفاق الحكومي، وبالنظر إلى معنوية هذا المتغير المقدر باستخدام الإحصاء Tيكون T- VALUE يساوى (3.922%) ،وتكون P-VALUE المناظرة لهذا الإحصاء هي (0.002)

أي أقل من (0.05) وهذا يعنى أن المعروض النقدي معنوي بما يعنـى انـه يفسر التغير الذي يحدث في الإنفاق الحكومي بدرجة ثقة (95%)، ولكن قد لا نجـد معنويـة لباقي المتغيرات المستخدمة في هذه المعادلة.

وبالنظر إلى التساؤل حول وجود الارتباط السلسلي من عدمه؟

يتم استخدام اختبار داربن واطسون وفقاً لما يلي :

HO:يوجد ارتباط سلسلي

H1:لا يوجد ارتباط سلسلي

وبالنظر إلى التحليل والقاعدة المستخدمة في الحكم (المعروض سابقا)نجد أن

D.W = 1.787

N=15 K=3

DL=.643 4-DL=3.018

أي لا يوجد ارتباط سلسلي بين الأخطاء بدرجة ثقة (95%)

بهذه النتيجة تتسلط الأضواء وتتركز على المعروض النقدي في التأثير عـلى الإنفـاق الحكومى، ونظراً لأهمية الإنفاق الحكومي فإن ذلك يقودنا إلى القول بأهميـة السياسـة النقدية على الاستقرار الاقتصادي من خلال (أثر عرض النقد على الإنفاق الحكومي) :

رابعا: معادلة التضخم

$$LnINF = 0.609 - 0.061 LnPI + 0.123$$

t (1.206) (-0.537) (0.351)

p- value (0.259) (0.604) (0.734)

$R^2 = 0.047$ $R^{-2} = 1.0165$ DW = 1.837

توضح معادلة التضخم تأثير مجموعة مـن التغـيرات وهـى الـرقم القيـاسي العـام للأسعار (PI)، القيم المبطئة لمعدل التضخم، وبعد تحليل هذه المتغيرات ودراسة أثرهـا في تفسير التشتت الذي حدث في المتغير التابع نجد أن:

قيمة معامل التحديد المعدل R-2 بلغت (16 %)، وهى قيمة غير مرتفعة تشير قيمتها إلى أن العلاقة بين المتغير التابع والمتغيرات المستقلة بها الكثير من الأخطاء، ويرجع ذلك إلى أن التشتت في المتغير التابع لم يتم تفسيره من خلال المتغيرات المدرجة في النموذج، ويعنى هذا أن المتغيرات المستقلة قد فسرت نسبة 0.16% من التغيرات التي حدثت في المتغير التابع، وفى هذه المعادلة اختلفت القيم للمتغيرات المفسرة وهذا يعنى اختلاف درجات المرونة، ومن ثم اختلاف اثر المتغيرات المستقلة على المتغير التابع،وتشير نتائج التقدير إلى أن مرونة القيم المبطئة لمعدل التضخم تساوى (123%)، وهذا يعني أن التغير النسبي في القيم المبطئة لمعدل التضخم بمقدار وحدة واحدة، يؤدى إلى التغير النسبي في معدل التضخم بمقدار(12%). وبالنظر إلى العلامة المرافقة لهذا المتغير في موجبه ،تشير إلى وجود علاقة طردية بين التغير النسبي في حجم المعروض النقدي، وبين التغير النسبي في الإنفاق الحكومي، وبالنظر إلى معنوية هذا المقدر باستخدام الإحصاء T يكونT- VALUE يساوى (0.351) ،وتكون P-VALUE المناظرة لهذا الإحصاء هي (0.734) أي أكثر من 0.5 وهذا يعنى أن القيم المبطئة لمعدل التضخم غير معنوية بما يعنى أنها مفسر التغير الذي يحدث في الإنفاق الحكومي بدرجة ثقة (95%)، ولكن قد لا نجد معنوية لباقي المتغيرات المستخدمة في هذه المعادلة.

وبالنظر إلى التساؤل حول وجود الارتباط السلسلي من عدمه؟

يتم استخدام اختبار داربن واطسون وهو

يوجد ارتباط سلسلي:HO

لا يوجد ارتباط سلسلي:H1

وبالنظر إلى التحليل والقاعدة المستخدمة في الحكم (المعروض سابقا)نجد أن

D.W = 1.837

N=15 K=3

DL=.982 4-DL=3.018

وفى هذه الحالة لا نستطيع استخدام هذا الاختبار وفق للشروط المطروحة سابقا وهذا يعني أن المتغيرات المفسرة تحتوى على قيم مبطأة للمتغير التابع.

خامسا: معادلة الناتج المحلي الاجمالي

$$Ln\,GDP = 7.280 + 0.49\,LnMS - 0.097\,LnPI - 0.001\,LnINF$$

t	(9.639)	(6.492)	(-2.285)	(-1.626)
p- value	(0.000)	(0.000)	(0.048)	(0.77)

$R^2 = 0.980$ $\quad R^{-2} = 0.973$ $\quad DW = 1.508$

توضح معادلة الناتج المحلى الإجمالي توضح تأثير مجموعة من التغيرات وهى المعروض النقدي (MS)، الرقم القياسي العام للأسعار (PI)، معدل التضخم (INF) وبعد تحليل هذه المتغيرات ودراسة أثرها في تفسير التشتت الذي حدث في المتغير التابع نجد أن:

قيمة معامل التحديد المعدل R-2 بلغت 97%، وهى قيمة عالية حيث تشير قيمتها إلى أن العلاقة بين المتغير التابع والمتغيرات المستقلة تكاد تكون خالية من الأخطاء، ويرجع ذلك إلى أن نسبة (2%) من التشتت في المتغير التابع يعود إلى المتغيرات غير مدرجة في النموذج، ويعنى هذا أن المتغيرات المستقلة قد فسرت نسبة (97%) من التغيرات التي حدثت في المتغير التابع، وفى هذه المعادلة اختلفت القيم للمتغيرات المفسرة وهذا يعنى اختلاف درجات المرونة، ومن ثم اختلاف اثر المتغيرات المستقلة على المتغير التابع،وتشير نتائج التقدير إلى أن مرونة المعروض النقدي تساوي (49%) ،وهذا يعنى أن التغير النسبي في العروض النقدي بمقدار وحدة واحدة، يؤدى إلى التغير النسبي في الرقم القياسي العام للأسعار بمقدار(40%)، وبالنظر إلى العلامة المرافقة لهذا المتغير نجد أنها موجبة ،أي يوجد علاقة طردية بين التغير النسبي في الرقم المعروض النقدي، وبين التغير النسبي في الناتج المحلى الإجمالى، وبالنظر إلى معنوية هذا المقدر باستخدام الإحصاء T يكونT- VALUE يساوى (6.492) ،وتكون P-VALUE المناظرة لهذا الاحصاء هي(0.000) أي أقل من (05%) وهذا يعنى أن المعروض النقدي معنوية بما يعنى أنها تفسر التغير الذي يحدث في الناتج المحلى الإجمالي

بدرجة ثقة (95%)، ولكن قد لا نجد معنوية لباقي المتغيرات المستخدمة في هذه المعادلة.

وبالنظر إلى التساؤل حول وجود الارتباط السلسلي من عدمه؟

يتم استخدام اختبار داربن واطسون وهو

يوجد ارتباط سلسلي:HO

لا يوجد ارتباط سلسلي:H1

وبالنظر إلى التحليل والقاعدة المستخدمة في الحكم (المعروض سابقا)نجد أن

D.W = 1.508

N=15 K=3

DL=.643 4-DL=3.018

أي لا يوجد ارتباط سلسلي بين الأخطاء بدرجة ثقة 95%

بهذه النتيجة تتسلط الأضواء على المعروض النقدي في التأثير على الناتج المحلى الإجمالي ،ويمكن استخدام ذلك من خلال السياسة النقدية

مما يدل على فاعليتها في تحقيق الاستقرار والتنمية في اليمن .

سابعاً : القدرة التنبؤية للنموذج :

بعد إجراء تقديرات لمعادلات النموذج تم احتساب معامل ثايل (M) لحد الخطأ العشوائي وفقاً للصيغة التالية :

$$U_e = \frac{\sqrt{MSE}}{\sqrt{\sum \gamma_t^2 / n} + \sqrt{\sum \hat{\gamma}_t / n}}$$

حيث تتراوح قيمة U (معامل ثايل) بين (1، 0) والذي يعكس قدرة النموذج التنبؤية .

وكذا احتساب جذر متوسط مربعات الخطأ (RMSPE)

Rot mean square percentage error

وفقاً الصيغة التالية :

$$RMSPE = \left[\frac{1}{T} \sum_{i=1}^{T} \frac{(F_t - A_E)^2}{A_{-c}^2} \right]^{1/2} X100$$

حيث :

القيم حقيقية :.A

القيم المقدرة: .F

وباحتسابنا لـ RMSPE بهدف التأكد من جودة التفريق بين القيم الحقيقية والمتنبأ بها .

يشير جدول رقم (1-6) إلى قيمة معامل ثايل وقيم جدول متوسط مربعات الخطأ للمتغيرات، العرض النقدي، معدلات التضخم، الرقم القياسي العام للأسعار، العجز الحكومي، الإنفاق الحكومي، والناتج المحلي الإجمالي، الذي يتبين أن تلك المتغيرات أخذت قيم مختلفة، ولكي نوضح أهمية كل متغير قمنا بترتيب المتغيرات تصاعدياً وفقاً القيم جذر متوسط مربعات الخطأ كما هي مبينة في الجدول (2-6).

حيث تشير النتائج أن الناتج المحلي الإجمالي حصل على المرتبة الأولى بينما معدلات التضخم والعرض النقدي في المرتبة الثانية والثالثة مما يعكس جودة التفريق بين القيم الأصلية والمتنبأ بها , ويعكس أيضاً أن هناك تحسناً في وضع السياسة النقدية كما يتضح من خلال دورها في تخفيض معدل التضخم والعرض النقدي، والذي أدى إلى استقرارٍ اقتصاديٍّ نسبياً، أما الإنفاق الحكومي، العجز الحكومي فقد حصلوا على المراتب (5، 6) مما يعني تراجع أثر دور السياسة المالية، إلا أن العجز الحكومي لا زال يمثل إحدى سمات الاقتصاد اليمني على الرغم من انخفاضه نسبياً وتحقيق فائض في بعض السنوات إلا أن السنوات التي سبقت الإصلاحات الاقتصادية (90 - 94) والتي شهد الاقتصاد اليمني خلالها اختلالات هيكلية في بنيته الاقتصادية الأمر الذي جعل

العجز المالي الكبير خلالها يستمر على مدار السنوات التالية التي شهدت الإصلاحات الاقتصادية ولكن بمعدلات أقل .

أما نتائج معامل ثايل كما هي مبينة في الجدول (1) فهي ضئيلة وأقل من الواحد الصحيح مما يعكس المقدرة التنبؤية الجيدة للمعادلات .

ومما تقدم تشير النتائج أن العوامل المؤثرة على العرض النقدي كانت المضاعف النقدي، الإنفاق الحكومي، الأسعار، والائتمان الخاص وتظهر النتائج أن أدوات السياسة النقدية كانت أكثر فعالية وكفاءة من السياسة المالية، حيث تبين أن هناك أداءً جيداً لأدوات السياسة النقدية ساهمت في تحسين الاستقرار الاقتصادي، مما يدل أن السياسة النقدية كانت ذات أثر إيجابي على خلق استقرار اقتصادي وذلك من خلال الإصلاحات الاقتصادية التي تبنتها الدولة في مارس 1995 التي أدت بدورها إلى انخفاض معدلات التضخم والعجز الحكومي وزيادة نسبية في معدلات النمو الاقتصادي نتجت عن الإصلاحات النقدية مما أدى إلى الاستقرار الاقتصادي .

جدول (1 -6) يبين معامل ثايل وجذر متوسط مربعات الخطأ للقيمة الأصلية للمتغيرات خلال الفترة (1990-2004)

المرتبة	معامل تايل	جذر متوسط مربعات الخطأ	المتغيرات
3	0.004	0.11	**المعرض النقدي MS**
2	0.001	0.09	**معدلات التضخمInf**
4	0.018	0.15	**الرقم القياسي العام للأسعار PI**
6	0.34	5.40	**العجز الحكومي FD**
5	0.008	0.18	**الإنفاق الحكومي GEX**
1	0.001	0.032	**الناتج المحلي الإجمالي GDD**

جدول (2 -6) ترتيب المتغيرات وفقاً لقيم جذر متوسط مربعات الخطأ

المرتبة	قيم جذر متوسط مربعات الخطأ RMS	المتغيرات
1	0.03	**الناتج المحلي الإجمالي GDP**
2	0.09	**معدلات التضخم Inf**
3	0.11	**المعرض النقدي MS**
4	0.15	**الرقم القياسي العام للأسعار PI**
5	0.18	**الإنفاق الحكومي GEX**
6	5.40	**العجز الحكومي FD**

ثامناً : بيانات النموذج

السنوات OBC	النقد المتداول خارج إلى المصرف MC	معدلات التضخم INF	الواردات IMR	الإيراد الحكومي GRR	الناتج القومي الإجمالي GNPR	الاستثمار الإجمالي GINVR
1990	10.59000	0.450000	10.14000	11.17000	11.73000	9.820000
1991	10.72000	0.450000	10.72000	10.38000	11.72000	9.980000
1992	10.92000	0.510000	10.75000	10.12000	11.82000	10.35000
1993	11.28000	0.620000	11.02000	10.05000	11.87000	10.29000
1994	11.62000	0.104000	10.77000	9094.000	11.90000	10.35000
1995	11.77000	0.550000	11.16000	10.31000	11.98000	10.50000
1996	11.69000	0.310000	11.33000	10.91000	11.96000	10.61000
1997	11.75000	0.200000	11.34000	11.75000	12.14000	10.78000
1998	11.85000	0.600000	11.45000	10.94000	12.16000	11.07000
1999	12.03000	0.900000	11.29000	11.09000	12.20000	10.83000
2000	12.19000	0.500000	11.32000	11.44000	12.31000	10.63000
2001	12.27000	0.120000	11.44000	11.41000	14.41000	10.81000
2002	12.39000	0.120000	11.59000	11.39000	12.45000	10.95000
2003	12.02000	0.100000	11.62000	11.47000	12.44000	10.67000
2004	12.60000	0.130000	11.81000	11.77000	12.70000	10.77000

السنوات OBS	البواقي RESID	الإنفاق الاستهلاكي الخاص PCONR	صافي الأصول الأجنبية NFA	العرض النقدي ذات ابطاء لسنه MRS-1	العرض النقدي MRS	معامل الاستقرار النقدي MGP
1990	0.247454-	11.43000	8.390000	0.0000000000	11.19000	0.057000
1991	0.323311-	11.63000	8.700000	11.28000	11.28000	0.615000
1992	0.112751-	11.62000	8.140000	11.478000	11.48000	0.695000
1993	0.058703	10.29000	7.630000	11.75000	11.75000	0.873000
1994	0.22021	11.68000	8.180000	12.03000	12.03000	1.125000
1995	0.093797-	11.84000	10.56000	12.42000	12.42000	1.497000
1996	0.070772	11.74000	11.55000	12.50000	12.50000	1.532000
1997	0.074533-	11.78000	11.88000	12.61000	12.61000	1.572000
1998	0.193593-	11.88000	11.63000	12.72000	12.72000	1.647000
1999	0.743911	11.84000	9.910000	12.85000	12.85000	1.815000
2000	0.011923-	11.92000	13.09000	13.07000	13.07000	2.167000
2001	0.017302-	12.05000	13.39000	13.24000	13.24000	2.456000
2002	0.033503	12.08000	13.63000	13.41000	13.41000	2.789000
2003	0.017884	12.25000	13.78000	13.59000	13.59000	3.211000
2004	0.070130-	12.55000	11.67000	13.73000	13.73000	3.291000

السنوي OBC	الإيراد الحكومي ذات ابطاء لسنه GRR-1	قيم الإنفاق الحكومي ذات إبطاء لسنه GEXPR-1	صافي الأصول الأجنبية ذات الإبطاء لسنة INF-1	الرقم القياسي للأسعار P1	مضاعف النقود ML	القاعدة النقدية E	سرعة التداول VC
1990	0.000000	0.000000	0.000000	2.440000	5.610000	10.90000	1.700000
1991	10.38000	10.54000	0.450000	2.760000	4.930000	11.06000	1.900000
1992	10.12000	10.63000	0.510000	3.020000	5.140000	11.23000	2.000000
1993	10.05000	10.64000	0.620000	3.330000	5.420000	11.54000	1.880000
1994	9.940000	10.65000	0.104000	3.730000	5.690000	11.84000	1.850000
1995	10.31000	10.56000	0.550000	4.170000	6.010000	12.01000	2.070000
1996	10.91000	10.92000	0.310000	4.440000	6.110000	11.96000	2.720000
1997	11.75000	11.09000	0.200000	4.460000	6.210000	12.02000	2.690000
1998	10.94000	11.16000	0.600000	4.450000	6.320000	12.10000	2.530000
1999	11.09000	11.04000	0.900000	4.610000	6.540000	12.24000	3.110000
2000	11.44000	11.02700	0.500000	4.650000	6.160000	12.42000	3.280000
2001	11.41000	11.34000	0.120000	4.760000	5.230000	10.25000	2.990000
2002	11.39000	11.41000	0.120000	4.870000	5.410000	12.03000	2.850000
2003	11.47000	11.43000	0.100000	4.980000	5.380000	12.76000	3.000000
2004	11.77000	11.85000	0.130000	5.090000	4.450000	12.87000	2.780000

الائتمان الحكومي CE	الائتمان الخاص CP	الودائع المخصصة والضمان DC	ودائع وقت الطلب DD	الودائع الأجنبية DF	ودائع الآجل DL	السنوات OBC
11.09000	9.390000	7.950000	9.590000	8.510000	8.680000	1990
11.18000	9.570000	7.490000	9.660000	8.300000	8.810000	1991
11.41000	9.360000	7.190000	9.920000	8.260000	8.920000	1992
11.68000	9.830000	7.120000	10.09000	8.296000	9.120000	1993
11.98000	9.910000	7.098000	10.26000	8.390000	9.390000	1994
12.11000	10.53000	7.590000	10.46000	10.93000	9.750000	1995
12.01000	10.28000	8.210000	10.49000	11.06000	10.33000	1996
11.97000	10.58000	8.170000	10.58000	11.24000	10.43000	1997
12.27000	10.92000	8.210000	10.60000	11.47000	10.41000	1998
12.03000	10.07000	8.340000	10.60000	11.62000	10.33000	1999
8.420000-	11.24000	8.450000	10.82000	11.89000	10.64000	2000
10.84000-	11.47000	8.530000	11.15000	12.12000	10.83000	2001
11.69000-	11.61000	6.840000	11.11000	12.29700	11.27000	2002
10.73000-	11.84000	9.470000	11.27000	12.51000	11.58000	2003
11.07000	12.31000	9.830000	11.45000	12.56000	11.91000	2004

ودائع الادخار	الصادرات	العجز الحكومي	قيمة الناتج المحلي	الناتج المحلي الإجمالي	الإنفاق الحكومي	السنوات OBC
8.370000	9.800000	9.210000-	100.0000	11.71000	10.49000	1990
8.695000	9.720000	8.560000-	117.0600	11.77000	10.54000	1991
8.797000	9.700000	9.720000-	137.7600	11.85000	10.63000	1992
8.850000	9.900000	9.840000-	163.9200	11.89000	10.64000	1993
8.940000	9.920000	9.970000-	206.2700	11.91000	10.65000	1994
9.140000	10.52000	9.050000-	310.3400	12.01000	10.56000	1995
9.598000	11.12000	4.840000-	422.3100	12.10000	10.92000	1996
9.810000	11.13000	7.410000-	471.5900	12.15000	11.09000	1997
9.490000	10.87000	9.490000-	429.5800	12.19000	11.10000	1998
10.15000	11.22000	8.080000	552.4700	12.23000	11.04000	1999
10.45000	11.52000	9.630000	640.2600	12.36000	11.27000	2000
10.62000	11.46000	8.670000	622.6600	12.41000	11.34000	2001
10.85000	11.57000	7.680000-	656.3000	12.45000	11.41000	2002
10.99000	11.59000	8.300000	723.4000	12.48000	11.43000	2003
11.19500	11.77000	8.400000	855.6000	12.54000	11.85000	2004

الخاتمة

تناولت هذه الدراسة تحليل أبرز مؤشرات أداء الاقتصاد اليمني ، بالإضافة إلى الإصلاحات التي تمت على مستوى الجهاز المصرفي بغية الوصول إلى الدور الذي لعبته تلك الإصلاحات على مستوى البنك المركزي وسياساته المنفذة خلال برنامج الإصلاح الاقتصادي من أجل القضاء على الاختلالات النقدية والاقتصادية والسير بإتجاه تحقيق الاستقرار الاقتصادي، كما تناولت الدراسة الإصلاحات التي تمت على مستوى الجهاز المصرفي، من أجل التوصل إلى الدور الذي لعبته السياسات النقدية من خلال الجهاز المصرفي في تحقيق التنمية الاقتصادية من خلال حثها على تعبئة المزيد من الادخارات وتوجيهها نحو الاستثمارات المنتجة ، وسنتناول فيما يلي أهم النتائج التي تحققت على مستوى البنك المركزي والجهاز المصرفي خلال فترة الدراسة ، ثم نقوم باقتراح بعض التوصيات التي نرى أنها ستساهم في تحسين مستوى أداء السياسات النقدية مستقبلا بما يحقق أهداف ومتطلبات التنمية في اليمن .

أولا : النتائج :

سنقوم باستعراض النتائج المحققة على مستوى البنك المركزي ثم الجهاز المصرفي وفقا لما يلي:

1- النتائج المحققة مستوى البنك المركزي :

شهدت السياسات النقدية جموداً واضحاً خلال الفترة (1990 -1994) ، حيث ظلت أغلب أدواته التي يستخدمها في التأثير على المتغيرات النقدية بغية تحقيق متطلبات الاستقرار الاقتصادي بعيدة عن التأثير ، مما أدى إلى ظهور جملة من الاختلالات النقدية ، تمثل أبرزها في تنامي حجم السيولة المحلية بسبب تزايد الإصدار النقدي الجديد لمواجهة متطلبات تمويل الموازنة العامة، الذي تصاعد سنة بعد أخرى خلال هذه الفترة ، كما اتسعت الفجوة بين قيمة العملة المحلية في السوق الموازي وقيمتها في السوق الرسمي، مما أدى عدم الثقة في العملة المحلية وزاد من حدة المضاربة على العملة الأجنبية كملجأ للحفاظ على القوة الشرائية لمدخرات الأفراد

النقدية ، وقد أدت هذه الاختلالات في الجانب النقدي إلى انعكاسات سلبية على المستوى الاقتصادي ، حيث تفاقم عجز الموازنة وميزان المدفوعات وتصاعدت معدلات التضخم وتراجعت إنتاجية القطاعات الاقتصادية ، وإزاء هذه الوضع المتردى باشرت الحكومة اليمنية في تبني برنامجا للإصلاح الاقتصادي ركزت خلاله على إصلاح أدوات السياسة النقدية وضبط معدلات نمو العرض النقدي والبحث عن وسائل تمويل حقيقية لعجز الموازنة ، وتحقيقاً لذلك قام البنك المركزي بإتخاذ عدة إجراءات أبرزها :

أ- تحرير أسعار الصرف للعملة أمام العملات الأجنبية بالإضافة إلى تحرير أسعار الفائدة المدنية وترك الحرية للبنوك في تحديدها .

ب- ضبط وترشيد معدلات نمو العرض النقدي .

جـ- تعديل نسب الاحتياطي القانوني ، ودفع فوائد على الاحتياطيات لدى البنك المركزي .

د- إصدار أذون الخزانة وشهادات الإيداع بهدف إيجاد مصادر حقيقية لتمويل عجز الموازنة وتعزيز إدارة السيولة .

هـ- تعديل قانون البنك المركزي ومنحه المزيد من الصلاحيات والاستقلالية عن الحكومية ، بما يمكنه من تنفيذ سياساته بشكل فعال ، بالإضافة إلى زيادة فعاليته في الرقابة على أداء المؤسسات المصرفية وتوجيه نشاطها بما يحقق أهداف النمو.

ونستعرض فيما يلي أبرز نتائج الاصلاحات التي تمت على مستوى السياسات النقدية خلال الفترة (1995 -2004) :

(1) تحسن وضع الموازنة العامة للدولة، حيث انخفض العجز من (26) مليار عام 1995م والذي يشكل (5%) من الناتج المحلي الإجمالي، إلى حوالي (530) مليون ريال عام 1996 وبنسبة (0.07%) من الناتج المحلي الإجمالي شكلت (1.5% ، 6% ، 3%) على التوالي ، إلا أن العجز عاود ثانية خلال الأعوام (2002-2004) بسبب تفوق النفقات العامة على الإيرادات العامة، حيث بلغ معدل نمو

النفقات العامة خلالها حوالي (48%) في حين لم يتجاوز معدل نمو الإيرادات العامة (42%) خلال نفس الفترة(1).

(2) اتجه معدل التضخم للانخفاض ، حيث انخفض من (55%) عام 1995 ليصل إلى حوالي (3%) عام 1997م ، إلا أنه عاود للارتفاع في عام 1998 ليصل إلى (6%) وانخفض في نهاية عام 2000 إلى حوالي (5%)، أما خلال السنوات الاربع من الخطة الخمسية الثانية (2001- 2004) ، فلم يصل معدل التضخم السنوي إلى المعدل المستهدف والذي تحدد بمتوسط سنوي قدره (9%) ، حيث بلغ المتوسط السنوي الفعلي لمعدل التضخم خلال السنوات الأربع من الخطة حوالي (12%) .

(3) اتسم سعر صرف العملة الوطنية (الريال) بالثبات النسبي في السوق النقدية، بعد اعتماد سياسة تعويم سعر الصرف ، حيث ارتفع السعر من (128) ريال للدولار عام 1996 بعد التعويم إلى (160) ريال بحلول عام 2000م، وظل سعر الصرف يحافظ على استقراره النسبي خلال سنوات الخطة الخمسية الثانية حيث لم يتجاوز (185) ريال للدولار بنهاية عام 2004 ، وبزيادة نسبية قدرها (15%) عن العام 2000 م ، وهي نسبة معقولة إذا ما قيست بفترة ما قبل برنامج الإصلاح الاقتصادي التي كان الفرق خلالها بين معدل سعر الصرف الرسمي والموازي كبيراً بلغ بنهاية عام 1994 حوالي (69) ريال وبنسبة (567%).

(4) تراجع معد لنمو العرض النقدي من (49%) عام 1995 إلى (9%) عام 1996 ، ثم أخذ يتصاعد بعدها خلال الأعوام (1997- 2000) ليصل متوسطه السنوي حوالي (16%) ، وارتفع خلال الأربع سنوات للخطة الخمسية الثانية بمتوسط سنوي (18%)(2).

---

(1) الجدول (6-2) .

(2) - وزارة التخطيط والتنمية ، الخطة الخمسية الثانية (2001- 2004) ، صنعاء.

(5) حقق ميزان المدفوعات تحسناً ملحوظاً حيث تحول وضع الميزان من عجز قدره (710) مليون ريال عام 1994 وبنسبة (19%) من الناتج المحلي الإجمالي ، إلى (491) مليون ريال عام 1995 وبنسبة (11%) ثم تحول عجز ميزان المدفوعات إلى فائض خلال عام 1999 وبنسبة (4%) من الناتج المحلي الإجمالي وارتفع الفائض إلى حوالي (14%) من الناتج المحلي الإجمالي عام 2000م، وظل يحافظ على تحقيق الفائض طوال السنوات (2001- 2004) وبمتوسط سنوي إلى الناتج المحلي الإجمالي قدره (5%)(1).

وإذا كانت المؤشرات السابقة تشير إلى تحسن وضع الاقتصاد اليمني جراء تطبيق برنامج الإصلاح الاقتصادي ، وهي مؤشرات تدل على نجاح البرنامج في مرحلته الأولى المتمثلة في سياسات التثبيت الاقتصادي، فإن هناك بعض المؤشرات تدل على إخفاق البرنامج في تحقيق الأهداف المرجوة منه وخاصة تلك المتعلقة بتحقيق النمو الاقتصادي، والتي تقع ضمن مهام المرحلة الثانية للبرنامج المتمثلة بمرحلة الإصلاح الهيكلي ، حيث تشير البيانات أن معدل نمو الناتج المحلي الإجمالي الحقيقي قد تراجع من (11%) عام 1995 إلى حوالي (4 %) عام 2004م[2]، ويعزي سبب ذلك إلى تدني معدلات النمو للقطاعات الرئيسية المكونة للاقتصاد اليمني ، حيث يوضح الجدول (3-2) الانحرافات لكل قطاع بين المعدلات المستهدفة والمعدلات المحققة خلال فترتي الخطتين الخمسيتين الأولى والثانية , كما أن السياسة النقدية والاستثمارية عجزت عن اجتذاب رؤوس الأموال اللازمة للمساهمة في عملية التنمية ، حيث يوضح الجدول (11-2) أن الفجوة بين الاستثمارات المستهدفة والاستثمارات المحققة بلغ متوسط نسبتها السنوي إلى الناتج المحلي الإجمالي حوالي (9%) خلال الفترة (1996- 2004)، مما يشير إلى عدم نجاح البرنامج في اجتذاب الأموال اللازمة لعملية التنمية .

– البنك المركزي اليمني ، نشرة إحصائية فصلية (أكتوبر – ديسمبر) 2002 ، صـ 37 .

– الجهاز المركزي للإحصاء ، كتاب الإحصاء السنوي لعام 2004 .

(1) جدول (9-2) .

(2) الجهاز المركزي للإحصاء ، كتاب الإحصاء السنوي لعام 2001 ، 2004 .

وإجمالاً فإن البرنامج الذي نفذته الحكومة بالتعاون مع البنك وصندوق النقد الدوليين قد نجح في تحقيق الاستقرار الاقتصادي لكنه أخفق في تحقيق معدلات النمو المطلوبة خلال سنوات الخطتين الخمسيتين الأولى والثانية ، وهذا يعني نجاح البرنامج في مرحلته التثبيت وإخفاقه في مرحلته الإصلاح الهيكلي ، مما يتطلب جهوداً حثيثة من الحكومة في رفع إنتاجية القطاعات الإنتاجية الرئيسية المكونة للناتج المحلي الإجمالي وتحسين أدائها لتتمكن من تحقيق الأهداف المخططة من أجل الوصول إلى معدلات النمو المطلوبة .

2- النتائج المتحققة على مستوى الجهاز المصرفي :

لم تتوقف الإصلاحات المنفذة على مستوى البنك المركزي بل شملت أيضا الجهاز المصرفي (البنوك التجارية) حيث تم تعديل قانون البنوك الذي تضمن منح البنوك المزيد من الحرية والصلاحيات بما يمكنها من المساهمة الفاعلة في النشاط الاقتصادي من خلال جذب المزيد من الادخارات توجيهها نحو الاستثمارات المنتجة ، ومن أبرز الإصلاحات التي تم تبنيها على مستوى البنوك التجارية ما يلي[1]:

- السماح للبنوك بالإقراض بالعملات الأجنبية للمشاريع التي تدر دخلاً بالنقد الأجنبي .
- السماح بإنشاء بنوك جديدة والتعامل في سوق الصرف الأجنبي بالسعر الحر.
- تحديد فوائد تأشيرية عدلت من (20-22) في المائة عام 1995 إلى (25-27) في المائة عام 1996 .
- تحرير أسعار الفائدة المدينة منذ عام 1995 .

(1) أحمد عبد الرحمن السماوي، محافظ البنك المركزي ، "تجربة السياسة النقدية وإصلاح القطاع المصرفي في الجمهورية اليمنية" ، ورقة مقدمة لمجلس محافظي المصارف المركزية، ومؤسسة النقد العربي، بيروت، سبتمبر 2005م، صـ 11 ، 14.

- إعطاء فوائد على متطلبات الاحتياطي الإلزامي وإزالة القيود على الرسوم والمصاريف البنكية .
- رفع الحد الأدنى لرؤوس أموال المصارف من (250) مليون ريال ، إلى (500) مليون ريال ، إلى (750) مليون ريال ، وأخر قرار حدد بموجبه البنك المركزي أدنى حد إلى (6) مليار ريال يستوجب على كل بنك استيفاؤه بنهاية 2009 م.

أما أبرز النتائج المتحققة جراء هذه الإصلاحات ، على مستوى القطاع المصرفي فتتمثل فيما يلي[1]:

- ارتفاع رؤوس أموال القطاع المصرفي من (3) مليار ريال عام 1994 إلى حوالي (38) مليار ريال بنهاية عام 2004م.
- ارتفعت الودائع للقطاع المصرفي من (119824) مليون ريال عام 1996 إلى (573540) مليون ريال عام 2004م ، بنسبة زيادة قدرها (378 %).
- ارتفعت إجمالي القروض والتسهيلات الائتمانية من (24414) مليون ريال عام 1996 إلى (183611) مليون ريال عام 2004م ، بنسبة زيادة قدرها (652%)(2).
- ارتفعت فروع البنوك من (80) فرعاً عام 1995 إلى (180) فرعاً بنهاية عام 2004م منتشرة في أمانة العاصمة والمحافظات.
- أدخلت أغلب البنوك خدمات الصراف الآلي ضمن عملياتها، وبدأت تستخدم أحدث تكنولوجيا المعلومات في تسيير معظم أعمالها .
- ارتفعت ودائع البنوك الإسلامية من (8028) مليون ريال

(1) أحمد عبد الرحمن السماوي ، المرجع السابق ، صـ 38 ، 39 .

(2) جدول (5-7)، (5-9) .

إلى (148184) مليون ريال بنسبة زيادة مطلقة قدرها (140156) مليون ريال وزيادة نسبية قدرها (1745%)، وفي المجال الاستثماري وخلال نفس الفترة حققت البنوك الإسلامية نجاحاً ملحوظاً ، حيث ارتفعت استثماراتها من (6591) مليون ريال إلى (96298) مليون ريال بزيادة مطلقة قدرها (89707) مليون ريال وزيادة نسبية قدرها (1361%) ، كما ارتفعت نسبة أصول هذه البنوك إلى إجمالي أصول القطاع المصرفي من (6%) عام 1997م ، إلى (25%) عام 2004م، وارتفعت نسبة ودائعها إلى إجمالي ودائع القطاع المصرفي من (6%) عام 1997م إلى (26%) عام 2004م (1)، وهذا يؤكد على أهمية هذه البنوك وتعاظم دورها في فترة وجيزة، كما يعكس رغبة المجتمع اليمني في التعامل مع البنوك الإسلامية كونها لا تتعامل الربا وهذا سبب إحجام الكثير من الأفراد التعامل مع البنوك التجارية وتفضيل الاكتناز قبل إنشاء هذه البنوك.

ثانياً : التوصيات :

تواجه السلطات النقدية في البلدان النامية بشكل عام صعوبات جمة عند محاولتها دعم جهود التنمية في ظل شرط المحافظة على التوازن النقدي , بسبب وجود اتجاهات متناقضة في مستوى نشاطات القطاعات المختلفة من الاقتصاد القومي , حيث تظهر القطاعات الإنتاجية تباطؤاً في نموها في حين يتسع نشاط الصناعات الاستهلاكية بشكل متزايد , وهذا الوضع يجعل السلطات النقدية لا تتبع سياسات نقدية تصحيحه عامة واحدة , كما أنها لا تتمكن من أن تمارس تأثيراً كمياً فعالاً وعاماً على الدخل دون أن تمارس تأثيراً نوعياً وقطاعياً مناسباً على النشاط الاقتصادي.

وتتمثل أبرز التوصيات التي من شأنها زيادة فعالية السياسة النقدية في الجمهورية اليمنية فيما يلي :

---

(1) انظر جدول رقم (5-10) ، (5-7) .

1- التوصيات المقترحة على مستوى البنك المركزي :

سبق التوضيح بأن البنك المركزي قام بعدة إصلاحات قانونية تم بموجبها زيادة استقلالية البنك وزيادة صلاحياته الرقابية على البنوك التجارية , إلا أن تلك الإجراءات لم تكن بالقدر الكافي الذي يمكن السياسة النقدية من المساهمة الفاعلة في تحقيق التنمية الاقتصادية الأمر الذي يتطلب قيام البنك ببعض الإجراءات التي من شأنها زيادة فعاليته ليتمكن من تطبيق سياساته النقدية على الوجه المطلوب ومن الإجراءات التي من شأنها زيادة فعالية نشاط البنك وتحسين رقابته على البنوك التجارية ما يلي :

أ- أن يقوم البنك المركزي بإعادة تقييم أداء البنوك التي لا تساهم بفعالية في عملية التنمية الاقتصادية , وأن تكون ميزة الإعفاء الضريبي واستحداث بعض المزايا الأخرى مرتبطة بمدى مساهمة تلك البنوك في دعم الاستثمارات المطلوبة.

ب- أن يعزز البنك المركزي من إشرافه على البنوك من خلال ممارسة الأساليب المختلفة لحثها على المزيد من النشاط الاستثماري، على أن يضع البنك المزيد من الضوابط التي تكفل زيادة فاعليتها في الاستثمار وخاصة ذات التمويل المتوسط والطويل الأجل.

ج- تحديث أنشطة البنك وإدخال التقنية التكنولوجية الحديثة ضمن إدراته لزيادة وتحسين نوعية الخدمات المصرفية , وألاّ يقتصر دوره على التحقق من سلامة المراكز المالية للبنوك ومدى التزاماتها بالتشريعات , بل يجب أن يمتد ليشمل تقييم أدائها في مختلف المناطق , وهذا يتطلب رفع كفاءة العاملين لديه ولدى كافة الأجهزة المصرفية لتتمكن من استيعاب التطورات المتلاحقة في العمل المصرفي.

أما أهم التوصيات التي من شأنها تفعيل أدوات السياسة النقدية فتتمثل فيما يلي : -

أولاً : الأدوات الكمية (غير المباشر)

أ- **سياسة نسبة الاحتياطي القانوني :** على الرغم من أن هـذه الأداة تحتل المرتبة الأولى من بين أدوات السياسة النقدية في البلدان النامية , من حيث تأثيرها المباشر على التدخل في سوق الائتمان , إلا أن قيام البنك المركزي اليمني بدفع فوائد على هذه الاحتياطات حقق له ما يريد حيث أودعت الكثير من المصاريف فوائضها المالية لديه للاستفادة من تلك الفوائد التي فاقت في بعض الأحيان متوسط سعر الفائدة على السلفيات والقروض التي تمنحها البنوك التجارية، ألا أن هذه السياسة ساهمت في تعطيل جزء من موارد هذه البنوك , وللتغلب على ذلك نرى إلغاء أو تخفض الفوائد على الاحتياجات الفائضة ويعاد النظر في احتساب نسبة الاحتياطي القانوني بما يضمن تحرير أكبر قدر من موارد هذه البنوك والتشجيع على استخدامها في مصادر لتمويلات الطويلة الأجل , من خلال استحداث الوسائل والحوافز التي تحقق ذلك , مع تعديل فترة احتساب نسبة الاحتياطي القانوني بالشكل الذي يضمن استقرار أسعار الفائدة في السوق النقدية .

ب- **سياسة سعر إعادة الخصم :** يرتبط نجاح وفعالية هذه السياسة بمدى احتياج البنوك التجارية للاقتراض من البنك المركزي , وفي حالة اليمن لوحظ عدم فعالية هذه السياسة حيث خلت ميزانية البنك المركزي من القروض المقدمة للبنوك التجارية معظم سنوات الدراسة ، ويبدو أن إحتساب سعر إعادة الخصم على أساس أذون الخزانة لم يكن محفزاً للبنوك التجارية للاقتراض , ولذلك فإن تفعيل هذه الأداة يستلزم تحديد معدلات متفاوته لسعر إعادة الخصم , بحيث تكون منخفضة في المجالات التي

يستخدم القرض فيها لتمويل مشاريع استثمارية طويلة الأجل , ومرتفعة في المجالات الأخرى التي تستهدف المضاربة أو التمويلات التي لا تخدم عملية التنمية , بالإضافة إلى استحداث أدوات حكومية جديدة للاستثمار تتسم بالأمان بآجال طويلة لتتمكن البنوك من إعادة خصمها لدى البنك المركزي.

ج- **سياسة السوق المفتوحة :** يتحدد مجال عمل هذه السياسة في السوقين النقدية والمالية , ففي السوق النقدية يتم التعامل بالأوراق التجارية وأذونات الخزانة , أما في السوق المالية فيتم التعامل بالأسهم والسندات , ونظراً لضيق هذين لسوقين في اليمن كغيرها من البلدان النامية ونظراً لأهمية الأسواق المالية في جذب المدخرات وتنويع الأدوات الاستثمارية التي تلائم كافة المدخرين , فإن تفعيل هذه الأداة يستلزم من الجهات المختصة (البنك المركزي) الإسراع بإستيفاء الشروط اللازمة لقيام سوق الأوراق المالية واستحداث السندات الحكومية ذات التمويل الطويل الأجل ليتم تداولها في هذا السوق , مع الحرص على تفعيل الرقابة والإفصاح المالي لكل الجهات المساهمة في السوق لضمان نجاحه وفعاليته.

ثانياُ : الأدوات النوعية (المباشرة) :

يأتي أهمية الأدوات النوعية من كونها تؤثر في توجيه الائتمان إلى أنواع معينة من القطاعات الاقتصادية التي تحقق أهداف التنمية المطلوبة ، ونظراً لضعف استخدام هذه الأدوات وضعف تأثيرها على توجيه الائتمان نحو الاستثمارات المنتجة , فإن تفعيل هذه الأداة يستلزم القيام بما يلي :

أ- منع البنوك التجارية من منح القروض لوحدات تمارس أنشطة غير مرغوب فيها , وعدم الاكتفاء بسياسة تحرير تكلفة الائتمان (سعر الفائدة) كونها لن تحقق الأهداف المطلوبة.

ب- التوسع في استخدام نظم السوق الائتمانية وتدعيمه , بحيث لا يمثل عائقاً أمام تحقيق خطط التنمية الاقتصادية , ومن خلال إتباع الآتي :

- عدم وضع حدود قصوى للائتمان القطاعي الممنوح للقطاعات الإنتاجية بالقطاع الزراعي والقطاع الصناعي.

- التفرقة في تقييد الائتمان بين المشروعات الإنتاجية التي تؤدي إلى تنمية فرص العمل , وبين المشروعات التي تطلب القروض لأنشطة تجارية لا تساهم في دفع مسيرة التنمية.

ج- إشراك المصارف التجارية والمؤسسات المالية في مناقشة الأوضاع النقدية واقتراح المعالجات , لكي تلتزم هذه الجهات بتوجيهات وتعليمات البنك المركزي عن علم منها مسبق بأن هذه الإجراءات تعزز من كفاءة النظام المصرفي.

2- أهم التوصيات التي من شأنها تفعيل السياسة النقدية على مستوى الجهاز المصرفي :

أ- اتخاذ السياسات المالية والاقتصادية والمالية التي تستهدف القضاء على عجز الموازنة حيث أدى هذا العجز قبل برنامج الإصلاح إلى اللجوء للتمويل التضخمي لسد عجز الموازين مما أدى إلى تسارع الضغوط التضخمية , أما بعد برنامج الإصلاح فقد تم استحداث آليات أذون الخزانة وشهادات الإيداع , إلا أنهما عطلا سياسة سعر الفائدة وأديا إلى تحول البنوك التجارية والمتخصصة للاستثمار في هذه الأدوات على حساب تمويل القطاع الخاص ، وبذلك أضعف دور سياسة سعر الفائدة كأداة لجذب المدخرات وتوجيهاً نحو الاستثمارات المنتجة.

ب- تطوير الجهاز المصرفي وتدعيم قدرته على الاستثمار المباشر , وذلك من خلال اتباع نظام التأجير التمويلي للآلات والمعدات الذي يتصف بكونه تمويل طويل الأجل , بالإضافة إلى قيام البنوك بتبني نظام (كونسر تيوم

البنوك) الذي من شأنه التقليل من المخاطر التي يتعرض لها أي بنك إذا قام منفرداً بتقديم القروض المتوسطة والطويلة الأجل.

ج- فتح فروع للبنوك اليمنية في البلدان التي تتواجد بها جاليات يمنية من المغتربين للاستفادة من تحويلاتهم ومساعدتهم في استثمارها في المشروعات المنتجة , أو إنشاء الشركات الاستثمارية لتوظيف أموال المغتربين من العاملين اليمنيين في تلك البلدان .

د- رفع فاعلية البنوك المتخصصة الحالية لأهميتها في دفع عملية التنمية , من خلال إعادة هيكلتها وتوسيع نشاطها واستحداث الأساليب المناسبة لجذب مدخرات الأفراد للمساهمة في المشاريع الاستثمارية وذات التمويل الطويل الأجل ولأهمية الصادرات في تحفيز النمو فإن إنشاء بنك متخصص في تمويل الصادرات سيؤدي إلى دعم التصدير وزيادة الصادرات اليمنية للخارج وخاصة الصادرات الزراعية ومما سيؤدي بالتالي إلى تحفيز النمو الاقتصادي , وأن تنتشر البنوك التمويلية في أرجاء المحافظات لتصل خدماتها للجميع ولا تبقى نشاطها محصور على بعض المدن الرئيسية.

هـ- نظراً لما لاحظناه من تزايد السيولة النقدية لدى البنوك التجارية , مما جعلها تودع المزيد منها لدي البنك لمركزي , فإنه وحلاً لهذه المشكلة يمكن استثمار هذه الفوائض عن طريق البنوك المتخصصة التي تحول تدني رؤوس أموالها دون قيامها بدورها المطلوب , وبذلك يتم استثمار فوائض هذه البنوك في المشروعات الاستثمارية المنتجة وبضمان البنك المركزي.

و- القيام بإصلاح هيكلي ومالي للقطاع المصرفي , والتشجيع على إجراء بعض الاندماجات بين البنوك من أجل خلق كيانات مصرفية قوية , تحت إشراف البنك المركزي كونه قادر على استخدام أدوات السياسة النقدية للمساهمة في رفع معدلات النمو الاقتصادي , وزيادة الاستثمار فيه , ويجري حالياً الإعداد لدمج البنك الأهلي (قطاع عام) مع البنك اليمني للإنشاء

والتعمير (مختلط) ونرى أن الإسراع بإتمام عملية دمج هذين المصرفين والتشجيع للبنوك الأخرى سيقوي من مراكز هذه البنوك ويمكنها من المنافسة في ظل العولمة المالية .

ن- تمثل الصناديق المالية (صندوق التقاعد وصندوق الضمان الاجتماعي) بالإضافة لشركات التأمين مورداً مالياً هاماً , إلا أن هذه الموارد لا تزال موارد معطلة وغير مستغلة بما يخدم عملية التنمية , ولذا يجب أن تُفَّعل نشاطات هذه المؤسسات وأن يتكامل عملها مع المؤسسات المصرفية التجارية والمتخصصة لكي يتم الاستفادة من مواردها المالية في دعم المشروعات الاستثمارية المنتجة .

ح- ضرورة التنسيق بين البنك المركزي كجهة مسئولة عن تنفيذ أهداف السياسة النقدية , وباقي الجهات الحكومية المسئولة عن رسم وتنفيذ السياسة المالية والسياسة التجارية وغيرها من السياسات الاقتصادية العامة , وذلك من أجل تحقيق معدلات النمو المطلوب.

3- أهم التوصيات التي من شأنها تفعيل السياسات النقدية في البنوك الإسلامية :

أ- استندت السياسة النقدية لمطبقة على البنوك الإسلامية على قانون المصارف الأسلامية رقم (21) لسنة 1996م الذي نص في مادته السادسة عشرة من القانون عدم أحقية البنك استثمار أكثر من (25%) في المشاريع التي تنفذها ولأن طبيعة عمل البنوك الإسلامية قائم على النشاط الاستثماري المباشر أكثر من النشاط الائتماني فإن هذه المادة تحد من نشاط هذه البنوك ، مما قد يجعلها تستثمر جزء من أموالها الفائضة عن هذه النسبة في مجالات استثمارية قصيرة الأجل بعيدة عن الأنشطة التنموية الطويلة الأجل التي تحتاجها عملية التنمية , وعليه نرى أهمية إعادة النظر في هذه المادة وغيرها من

المواد التي أحتواها قانون البنوك الإسلامية والتي تحد من نشاط وفاعليه هذه البنوك .

ب- سياسة الاحتياطي القانوني : اشترط قانون المصارف الإسلامية في الفقرة (أ) من المادة (13) على أن (تخضع المصارف الإسلامية لنفس نسبة الاحتياطيات بحسب ما هو منصوص عليها في قانون البنوك شريطة ان لا يستخدمها البنك المركزي على أساس الفائدة) ، والفقرة الأخيرة من المادة أرادبها المشرع تلبية رغبة وتوجه البنوك الإسلامية ، لكنها في الحقيقة لا تلغي الضرر عن هذه البنوك والمتمثل بحجز نسبة كبيرة من أموال هذه البنك، خصوصا وأن مكونات نسبة الاحتياطي شملت مختلف الودائع ولم تقتصر على الودائع الجارية ، ويتمثل لضرر الواقع على البنوك الإسلامية باعتبارها لا تساهم في اشتقاق وخلق النقود كما تفعل البنوك الجارية ، ولذلك يتوجب ان يعيد البنك المركزي النظر في النسبة المفروضة على البنوك الإسلامية إما بتخفيضها أو اشتراط استثمار نسبة معينة منها في مجالات تنموية معينة تخدم أهداف التنمية زراعية كانت أو صناعية.

وإذ كانت النسبة المفروضة على الودائع الجارية مبررة لحماية أموال المودعين ، فإن فرضها على الودائع الاستثمارية لا يعتبر مبرراً كونها قائمة على الربح والخسارة برضاء المودعين كونهم يتعاملون مع البنوك الإسلامية على أساس مبدأ الغرم بالغنم.

الأمر الذي يتطلب من السلطات النقدية مراجعة القانون وإلغاء أو تخفيض النسبة على الودائع الاستثمارية أو اشتراط توظيف نسبة منها في مجالات تنموية محدده.

ج-سياسة سعر الخصم : على الرغم من أن المادة (13) الفقرة (ب) من القنون نصت على عدم خضوع المصارف الإسلامية لسعر الخصم كونه قائم على أساس مبدأ

الفائدة ، فإن البنوك التجارية تستطيع الحصول على السيولة اللازمة لها بإعادة خصم أذون الخزانة لدى البنك المركزي على اساس سعر الخصم المقر لديه والذي يزيد على سعر أذون الخزانة بنقطتين ، ولأن هذه الأذون قائمة على مبدأ ربوي فإن البنوك الإسلامية لا تتعامل بهذه الأذون ، وبذلك فهي تفتقر لمن يوفر لها السيولة ، وقد يستطيع البنك المركزي تحقيق ذلك من خلال إمدادها بودائع مالية على أساس استثماري تشارك في الأرباح السنوية بنسبة يحددها أو يتفق بشأنها مع البنك المركزي والبنك الإسلامي الطالب للتمويل من البنك ، كما أن بالإمكان فتح صندوق يسمى بصندوق السيولة تودع فيه جزء من احتياطيات البنوك الإسلامية في حساب لدى البنك المركزي ، بحيث تمنح البنوك الإسلامية المحتاجة للمال من هذا الصندوق.

قائمة المراجع

أولاً: المراجع العربية:

أ - الكتب:

1) أحمد جامع، " النظرية الاقتصادية - التحليل الكلي "، الجزء الثاني، دار النهضة العربية، القاهرة، 1987.

2) أحمد جامع، النظرية الاقتصادية، دار النهضة العربية، الجزء الثاني، القاهرة، 1973.

3) أحمد عبد العزيز الألفي، الائتمان المصرفي والتحليل الائتماني، بنك التنمية الصناعي المصرين، القاهرة، بدون تاريخ.

4) أحمد فريد مصطفى، سهير محمد السيد، السياسة النقدية والبعد الدولي لليورو، مؤسسة شباب الجامعة، الإسكندرية، مصر، 2000م.

5) باري سيجل، " اقتصاديات النقود والمصارف "، ترجمة: محمد إبراهيم منصور، عبد الفتاح عبد الرحمن، دار المريخ للنشر، المملكة العربية السعودية، الرياض، 1998.

6) جمال الدين عطية، البنوك الإسلامية بين الحرية والتنظيم، سلسلة فصلية تصدر عن رئاسة المحاكم الشرعية والشئون الدينية، قطر، 1407.

7) جودة عبد الخالق، " الاقتصاد الدولي من المزايا النسبية إلى التبادل اللامتكافئ"، دار النهضة العربية، القاهرة، 1990.

8) حازم الببلاوي، " النظرية النقدية مقدمة إلى الاقتصاد التجميعي "، مطبوعات، جامعة الكويت، 1975.

9) حسن محمد حسنين، البنوك التجارية بين الائتمان القصير والطويل الآجل، معهد البحوث والدراسات المصرفية محاضرات 1988.

10) حمدي عبد العظيم، " السياسات النقدية والمالية في الميزان ومقارنة إسلامية"، مكتبة النهضة المصرية، الطبعة الأولى، القاهرة، 1986.

11) رمزي زكي، " مشكلة التضخم في مصر – أسبابها ونتائجها "، الهيئة المصرية العامة للكتاب، القاهرة، 1980م.

12) سالم النجفي ومحمد صالح القريشي، مقدمة في التنمية الاقتصادية، جامع الموصل، العراق، 1991.

13) سرمد كوكب الجمل، " التحديات والخيارات في عصر العولمة"، المؤسسة المصرفية العربية، مركز الدراسات الاستراتيجية، الإمارات العربية المتحدة، العدد رقم 72، 2002.

14) سهير محمود معتوق، " الاتجاهات الحديثة في التحليل النقدي "، الدار المصرية اللبنانية، القاهرة، 1988.

15) سهير محمود معتوق، " النظريات والسياسات النقدية "، الدار المصرية اللبنانية، القاهرة، 1989.

16) صبحي تادرس قريصة، " النقود والبنوك "، الدار الجامعية للطباعة والنشر والتوزيع، الاسكندرية، 1986م.

17) ضياء مجيد، اقتصاديات البنوك والمصاريف، مؤسسة شباب الجامعة، الإسكندرية، 2001.

18) عبدالرحمن عبدالمجيد، التنمية الاقتصادية – نظرياتها وسياستها، مكتبة الجلاء، المنصورة، 1981.

19) عبد اللـه الصعيدي، الإدخار والنمو الاقتصادي، علاقة الإدخار المحلي والنمو الاقتصادي في مصر- دار النهضة العربية، القاهرة، 1989.

20) عبدالمنعم السيد علي، " التطور التاريخي للأنظمة النقدية العربية "، مركز دراسات الوحدة العربية، صندوق النقد الدولي، ط1، 1983.

21) عبدالمنعم السيد علي، " دراسات في النقود والنظرية النقدية "، طبعة الغاني، بغداد، 1970.

22) عبدالمنعم السيد علي، " دور السياسة النقدية في التنمية الاقتصادية"، المنظمة العربية للتربية والثقافة والعلوم، القاهرة، 1975.

23) عبدالمنعم راضي، " مقدمة في النقود والبنوك والتجارة الخارجية "، الجزء الثاني، القاهرة، 1975.
24) عبدالمولى السيد، " النقود والبنوك "، دار النهضة العربية، القاهرة، 1999.
25) عصام البدراوي، " النقود والبنوك "، مطابع دار الأصدقاء، جامعة المنصورة، 2001.
26) علي لطفي، رضاء العدل، " التخطيط الاقتصادي النظري والأساليب "، مكتبة التجارة للتعاون والطباعة والنشر، القاهرة، 1987.
27) عوض محمود الكفراوي، " البنوك الإسلامية "، مركز الإسكندرية للكتاب، 2001.
28) فؤاد هاشم عوض، " اقتصاديات النقود والتوازن النقدي "، دار النهضة العربية، القاهرة، 1974.
29) فايزة إبراهيم الحبيب، " نظريات التنمية والنمو الاقتصادي "، جامعة الملك سعود، ط1، الرياض، 1985.
30) مايكل ايدحمان، " الاقتصاد الكلي – النظريات والسياسات "، ترجمة: محمد إبراهيم منصور، دار المريخ للنشر والتوزيع، الرياض، 1983.
31) محمد زكي شافعي، " التنمية الاقتصادية "، الكتاب الأول، دار النهضة المصرية، القاهرة، 1975.
32) محمد زكي شافعي، " مقدمة في النقود والبنوك "، دار النهضة العربية، الطبعة التاسعة، القاهرة، 1981.
33) محمد سعيد العطار، "التخلف الاقتصادي والاجتماعي في اليمن"، مطبعة دار الطليعة، بيروت.
34) محي الدين الغريب، " اقتصاديات النقود والبنوك "، دار الهناء للطباعة، القاهرة، 1979.
35) محي الدين الغريب، عجز الموازنة وحجم وسائل الدفع في جمهورية مصر العربية، معهد البحوث والدراسات المصرفية، القاهرة، 1969.

36) مصطفى النشرتي، السياسة النقدية المصرفية، دار النهضة العربية، القاهرة، 2003.

37) مصطفى رشيد شيحة، " الاقتصاد النقدية والمصرفي "، الدار الجامعية للطباعة والنشر والتوزيع، الإسكندرية، 1982.

38) مطهر عبد العزيز العباسي، " اقتصاديات النقود والبنوك "، دار الفكر، ط1، دمشق، 1996.

39) ناظم الشمري، " النقود والمصارف والنظرية النقدية "، دار زهران للنشر والتوزيع، عمان الأردن، 1999.

40) نبيل الروبي، " نظرية التضخم "، مؤسسة الثقافة الجامعية "، ط2، الإسكندرية، 1984.

41) نبيل سدرة محارب، " النقود والمؤسسات المصرفية "، مكتبة النهضة المصرية، القاهرة، 1986.

(ب) الرسائل العلمية:

1) إيمان عطية العطوي، فعالية السياسة النقدية في مكافحة التضخم في مصر، رسالة غير منشورة، كلية التجارة، جامعة عين شمس، 1997.

2) طه أحمد الفسيل، " أثر سياسات سعر الصرف على ميزان المدفوعات في الجمهورية اليمنية "، رسالة ماجستير غير منشورة، كلية الاقتصاد والعلوم السياسية، جامعة القاهرة، 1992.

3) عباس ناصر أحمد سيف، " الدور الاقتصادي للائتمان المصرفي في اليمن"، دراسة تحليلية، رسالة ماجستير غير منشورة، جامعة صنعاء، يناير 2003.

4) عزة رضوان أحمد، " السياسة النقدية في مصر"، رسالة دكتوراه غير منشورة، كلية الاقتصاد والعلوم السياسية، جامعة القاهرة، 1989.

5) عصام الدين فؤاد، فعالية السياسة النقدية في الاقتصاد المصري في ظل سياسة الانفتاح الاقتصادي، كلية التجارة، جامعة عين شمس، 1989.

6) علي يحيي المليكي، فاعلية السياستين المالية والنقدية في اليمن خلال الفترة (1980- 1999)، رسالة دكتوراه، كلية الإدارة والاقتصاد، جامعة بغداد، 2002.

7) عوض محمد ربيع، اتجاهات التحول للقطاع الخاص، رسالة ماجستير غير منشورة، جامعة الكوفة، 1997.

8) ماجدة فايق جندي، السياسة النقدية في الكويت، رسالة ماجستير غير منشورة، كلية الاقتصاد والعلوم السياسية، جامعة القاهرة، 1982.

9) محمد ضيف القطابري، دراسة إمكانية إنشاء سوق الأوراق المالية في الجمهورية اليمنية المبررات والمعوقات، رسالة ماجستير منشورة، كلية الاقتصاد والعلوم الإدارية، جامعة اليرموك، 1998.

10) محمد عزت محمد إبراهيم غزلان، دور السياسة النقدية في التنمية والاستقرار الاقتصادي، كلية التجارة، جامعة الإسكندرية، 1993.

11) محمد علي المكردي، الإدخار ودوره في النمو الاقتصادي في اليمن "، رسالة ماجستير غير منشورة، كلية التجارة، جامعة صنعاء، 2004.

12) محمود إبراهيم القصاص، فعالية السياسة النقدية المستخدمة في ظل برنامج الإصلاح الاقتصادي في مصر، رسالة ماجستير غير منشورة، جامعة عين شمس، القاهرة، 1995.

13) محمود علي إبراهيم القصاص، فعالية السياسة النقدية المستخدمة في الإصلاح الاقتصادي في مصر- واثرها على البنوك "، رسالة ماجستير غير منشورة، جامعة عين شمس، 1995.

14) مسعد أبو العينين، " سياسات سعر الصرف في السودان "، رسالة دكتوراه غير منشورة، كلية الاقتصاد والعلوم السياسية، جامعة القاهرة، 1989.

15) ياسين حميد هايل العماري، تمويل التنمية الاقتصادية في اليمن، رسالة ماجستير غير منشورة، قسم الاقتصاد، جامعة القاهرة، أكتوبر 2002.

(جـ) التقارير الإحصائية والوثائق الرسمية:

1) البنك المركزي اليمني، تقارير سنوية ونشرات فصلية، سنوات متفرقة.

2) التقارير السنوية للبنوك الإسلامية، سنوات متفرقة.
3) التقارير السنوية للبنوك المتخصصة، سنوات متفرقة.
4) الجمهورية العربية اليمنية، القاهرة رقم (76) لسنة 1977 بشأن إنشاء بنك الإسكان المادة 251 من القانون.
5) الجمهورية العربية اليمنية، قانون البنك المركزي اليمني رقم (21) لسنة 1971.
6) الجمهورية العربية اليمنية، قرار مجلس القيادة بالقانون رقم (55) لسنة 1976 بإنشاء البنك الصناعي اليمني، 1976/4/17.
7) الجمهورية اليمنية، وزارة التخطيط والتنمية، الخطة الخمسية الأولى للتنمية الاقتصادية والاجتماعية (1996- 2000) صنعاء، 1996.
8) الجمهورية اليمنية، وزارة التخطيط والتنمية، الخطة الخمسية الثانية للتنمية، الاقتصاد والاجتماعية (2001- 2004) صنعاء، 2001.
9) الجمهورية اليمنية، وزارة الشئون القانونية، قانون البنك المركزي لعام 2000، مجموعة قوانين البنوك والمصارف، ديسمبر 2003.
10) الجهاز المركزي للإحصاء، كتاب الإحصاء السنوي، سنوات متفرقة.
11) شركة النخبة، الدليل المصرفي اليمني، صنعاء، 2004.
12) مجلس الشورى، أذون الخزانة وأثرها على الاقتصاد والاستثمار، اللجنة المالية، مايو 2003.
13) المركز العام للدراسات والبحوث والإصدار، التقرير الاستراتيجي السنوي لعام 2000، صنعاء.
14) المركز العام للدراسات والبحوث والإصدار التقرير الاستراتيجي لعامي 2000، 2003، صنعاء.
15) وزارة الشئون القانونية، القرار الجمهوري بالقانون رقم (21) لسنة 1991، بشأن البنك المركزي اليمني، الجريدة الرسمية، العدد 71، الجزء الأول، 15 إبريل 1991.

16) وزارة المالية، تقرير صادر من الإدارة الاقتصادية، صنعاء.

د- الدوريات والمؤتمرات:

1) أحمد حسن الرفاعي، الفجوة الادخارية في دول الخليج العربي، مجلة التعاون الصناعي لدول الخليج العربي، العدد (74)، أكتوبر 1998.

2) أحمد عبدالرحمن السماري، النظام المصرفي اليمني والإصلاحات، مجلة الثوابت، صنعاء، العدد (16)، يونيو 1999.

3) أحمد عبدالرحمن السماوي، أذون الخزانة نقدية ومالية ضرورية، ورقة مقدمة لمجلس الورى، صنعاء، 15 يونيو 2003.

4) أحمد عبده محمود، " النقديون والسياسات النقدية "، المجلة العلمية للاقتصاد والتجارة، كلية التجارة، جامعة عين شمس، العدد 2، 1982.

5) إسماعيل حسن، استقلالية حالية واستقلالية مستقبلية، مجلة البنوك العدد الرابع عشر، أغسطس، 1998.

6) الأمم المتحدة، اللجنة الاقتصادية والاجتماعية لغربي آسيا (اسكوا)، " أبرز القضايا الاقتصادية التي يواجهها اليمني الموحد، نوفمبر، 1993.

7) الأمم المتحدة، اللجنة الاقتصادية والاجتماعية لغربي آسيا (اسكوا)، القطاع الصناعي في الجمهورية اليمنية الأوضاع الراهنة والآفاق المستقبلية "، ديسمبر 1993.

8) بدر صالح عبدي، تطور الاستثمار الأجنبي المباشر وأثره على النمو الاقتصادي في اليمن، مجلة دراسات اقتصادية، المؤتمر الشعبي العام، العدد (6)، صنعاء، 2003.

9) بدر صالح عبدي، جعفر منيعم، الموازنة العامة وأثرها على النمو الاقتصادي في الجمهورية اليمنية، مجلة دراسات اقتصادية، المؤتمر الشعبي العام، العدد (5)، (أكتوبر - ديسمبر) صنعاء، 2002.

10) البنك الدولي، النمو الاقتصادي في الجمهورية اليمنية، الدراسات القطرية اليمني، 2005.

11) بيجان جيفيلي ومحسن خان وبيتر مونتيل، " سياسة سعر الصرف في البلاد النامية"، صندوق النقد الدولي، دراسة رقم (78)، واشنطن، 1991.

12) الجمهورية العربية اليمنية، القانون رقم (39) لسنة 1982 بشأن إنشاء بنك التسليف التعاوني والزراعي، صنعاء، 1982.

13) الجمهورية اليمنية، وزارة الصناعة، ندوة تطوير القطاع الصناعي، 25-27 يناير 1994 - صنعاء.

14) حازم الببلاوي، " الطلب على النقود "، مجلة مصر المعاصرة، العدد (343)، القاهرة 1971.

15) حسن ثابت فرحان، دور الدولة في إصلاح رسائل السياسة النقدية، مجلة كلية التجارة، عدد خاص بأبحاث المؤتمر العلمي الخامس 2000، 2001، جامعة صنعاء، العدد (17)، سبتمبر 2001.

16) خليفة المهدي، " تحليل العوامل المؤثرة في عرض النقد في مصر"، مجلة البحو التجارية المعاصرة، كلية التجارة، سوهاج، جامعة جنوب الوادي، العدد الاني، المجلد العاشر، ديسمبر 1996.

17) صندوق النقد الدولي، نشرة الصندوق لشهر سبتمبر 1995.

18) طه أحمد الفسيل، الآفاق المستقبلية للاستثمار الخاص في اليمن، مجلة دراسات اقتصادية، المؤتمر الشعبي العام، العدد (5)، 2001- 2002.

19) طه أحمد الفسيل، سياسات التثبيت الاقتصادي لصندوق النقد الدولي في الجمهورية اليمنية، المؤتمر الاقتصادي اليمني الأول، مجلة الثوابت، المؤتمر الشعبي العام، صنعاء، 1996.

20) عبد الحميد القاضي، " السياسة النقدية والائتمانية كأداة للسياسة التنمية الاقتصادية "، مصر المعاصرة، يناير، 1974.

21) عدنان عباس علي، " الأساس النظري لبرامج التصحيح الاقتصادي "، مجلة العلوم الاجتماعية، مجلد (30)، عدد (4)، 2002.

22) علي لطفي، السياسة النقدية في الاقتصاد المصري، المؤتمرات العلمي السنوي الرابع والعشرون للاقتصاد بين المصريين للفترة (5-7) مايو 2005، الجمعية المصرية للاقتصاد السياسي والإحصاء والتشريع، القاهرة.

23) علي محمد الشاطر، الاقتصاد اليمني رؤية مستقبلية، مجلة كلية التجارة، جامعة صنعاء، العدد (18-19) سبتمبر 2001، مارس 2002.

24) عمر عبدالحي صالح، استخدام البنك المركزي لأدوات السياسة النقدية، مجلة البحوث التجارية بكلية التجارة، سوهاج، المجلد العاشرة، العدد الأول، يونيو 1996.

25) فتحي خليفة، تأثير سوق الصرف الأجنبية على بعض المتغيرات الاقتصادية، المجلة العلمية، كلية التجارة، جامعة أسيوط، المجلد الواحد والعشرون، العدد الخامس عشر، يونيو 1995.

26) مجلة دراسات اقتصادية، إنجازات الخطة الخمسية الثانية، العدد (5) صنعاء، 2002.

27) المجلس الاستشاري، واقع النظام المصرفي في اليمن، ندوة النظام المصرفي في اليمن خلال الفترة (7-9) ديسمبر 1998.

28) مجلس الشورى، أذون الخزانة وأثرها على الاقتصاد والاستثمار، اللجنة المالية، مايو 2003.

29) مجلس الوزراء، برنامج البناء الوطني للإصلاح السياسي والاقتصادي والمالي والإداري، دائرة الصحافة والنشر، صنعاء، 1998.

30) محافظ البنك المركزي اليمني، البنوك الإسلامية ودورها في الاقتصاد الوطني، مجلة المصارف الإسلامية، العدد الثاني (سبتمبر - ديسمبر) 2005، إصدار بنك سبأ الإسلامي، صنعاء.

31) محمد أحمد أفندي، الآثار الاقتصادية والاجتماعية لتعويم العملة اليمنية، المؤتمر الاقتصادي، اليمني الثاني تنظيم مجلة الثوابت خلال الفترة (18-20) إبريل 1998، تحرير أحمد البشاري.

32) محمد أحمد الأفندي، المصارف الإسلامية اليمنية بين الطموح والواقع، مجلة الاقتصاد الإسلامي، العدد (20)، دبي، 1997.

33) محمد أحمد الأفندي، مستقبل الدور الاقتصادي للدولة في الجمهورية اليمنية، مجلة كلية التجارة والاقتصاد، عدد خاص بأبحاث المؤتمر العلمي (2000-2001)، 17 سبتمبر، صنعاء، 2001.

34) محمد رفعت مصطفى، دور البنوك اليمنية في عملية التنمية، مجلة الثوابت، المؤتمر الشعبي العام، العدد (9)، (إبريل - يونيو)، 1997.

35) محمد كامل مروان، " فعالية السياسة النقدية والائتمانية وبرنامج الإصلاح الاقتصادي"، المجلة العلمية للكلية التجارة، جامعة عين شمس، 1994.

36) موتنده أ.ج، جونسون، " تخفيض سعر العملة وتوسيع الصادرات "، مجلة التمويل والتنمية، مجلد رقم (34) مارس، 1987.

37) ناجي التوني، " أدوات السياسة النقدية الحدية "، المعهد العربي للتخطيط، الكويت، 2002.

38) نجوى عبد الله سمك، " علاقة النمو المالي بالنمو الاقتصادي "، مؤتمر تحديات النمو والتنمية في مصر والبلدان العربية، قسم الاقتصاد، جامعة القاهرة، 1998.

39) هدى عبد اللطيف البان، برنامج صندوق النقد الدولي والبنك الدولي للإصلاح والتكيف الهيكلي، مجلة جامعة عن للعلوم الاجتماعية والإنسانية، المجلد الرابع، العدد (7) يوليو 2001.

40) يحيي يحيي المتوكل، الاقتصاد اليمني وفجوة الموارد المحلية، مجلة كلية التجارة والاقتصاد، جامعة صنعاء، العدد (22) سبتمبر 2004، مارس 2005.

ثانياً: المراجع الأجنبية

أ - الكتب (Books):

1) Brown. W.s. , " macro economics " , new jersey: prantic – hall, international , 1990.

2) C.I. Jahin. " Contem Porary Monetary Economics Theory And Policy " , U.S.A Grase Wag , Publishing , 1981.

3) David E. W. Laidler, " The Demand For Maney Theories, Evidence And Problems " , 3rd Edition , New Yourk, 1985.

4) Eduin Mans Field , Principles Of Macro Economics " Www.Noron And Company , New Yourk , 1998.

5) Grandner Ackly , " Macro Economic Theory " , Printing , Hong Kong , Wok Printing Prss, 1970.

6) Horivtz, Paul. M, " Monetary Policy and The Finance and System " 4th Edition , New , Ersay , Prentice Hall, 1977.

7) J. M. Keynez, " the general theory of employment interest and money " , 1936.

8) Johanson Harry, " Essays in Monetary Economics ' , 2nd Edition , London , Georg allen , 1964.

9) K.C. Shekhar, " Banking – Trade and Practice " , New Delhi, Vikas Publishing House , 1982.

10) M. Friedman , " The Optimum Quantity Of Money And Other Essays ' , London,Macmllan ,1973.

11) M.C. Vaish, " Money Banking and International Trade", New Delhi , Vikas, Publishing House , 1978.

12) Mishkin. f.s. " The Economics Of Money Banking And Financial Markts " , Boston: Uttle, Brown And Company , 1986.

13) Norman. C. Miller, " macro economics ' , houghton co., 1st edition , u.s.a 1983.

14) Paul A. Meyer , ' Monetary Policy and Financial Markets ' , University , Mary land , U. S. A, 1982.

15) Thomas F. Cargill, " The Financial System and Monetary Policy " , N J: Prentice Hall , 1979.

16) W.J. Baumol. " Dynamic economics " , 2nd Edition , Macmllan , 1970.

ب - الدوريات :Periodicals

1) Ball Assa. Bela " Exchange Rated and Foreign Tradein Koria " , The World Bank Working Paper , March , 1991.

2) Cagan, Phillp, " The Monetary Dynamics of Hyperinflation in Studies in The Quantity of Money " , University Chicago, 1956.

3) Chandra , D. " Income Velocity of Money in Various Sectors of Economy " , INDIAN of Economics , vOl. 25. No: 275 April 1998.

4) D. r. Katkhate, " Analytical Basis of Working of Monetary Policy in Less Development Countries " , I.M.F, Staff Papers , No. 11 , 1972.

5) Franck , Jacobs, " The Forward Exchange Rate, Expectations and Demand of Money in The Germany Hyperinflation " , American Economic Review , Vol , 76, September , 1977.

6) IMF, Staff Papers , Vol, 25, 1978.

7) James - Tobin , Liquity Preference as Behavior Toward Risk", Review of Economics Studies , VOL 25 , February, 1958.

8) M. Friedman , " The Vole of Monetary Policy " , American Economics Review , vol. ivii, march.

9) Robert. P. Flood, " Activist in The Open Economy" , The American Economic Review , May, VOL (72) 1982.

10) W. L. Silber, " Port Folio Substitubility " Regulations , and Monetary Policy , Q. J. Economic , Vol. LXX, 1969.

Printed in the United States
By Bookmasters